A REALI DADE EM JOGO

Jane McGonigal

A REALIDADE EM JOGO

Tradução
Eduardo Rieche

2ª edição

Rio de Janeiro | 2024

CIP-BRASIL. CATALOGAÇÃO NA FONTE
SINDICATO NACIONAL DOS EDITORES DE LIVROS, RJ.

M127r McGonigal, Jane
2ª ed. A realidade em jogo / Jane McGonigal; tradução: Eduardo Rieche. — 2ª ed. — Rio de Janeiro: Best*Seller*, 2024.

Tradução de: Reality is broken
ISBN 978-85-7684-522-5

1. Jogos por computador — Aspectos sociais. 2. Videogames. I. Rieche, Eduardo. I. Título.

11-7680.
CDD: 306.487
CDU: 379.82

Texto revisado segundo o novo Acordo Ortográfico da Língua Portuguesa.

Título original norte-americano
REALITY IS BROKEN
Copyright © 2011 by Jane McGonigal
Copyright da tradução © 2012 by Editora Best Seller Ltda.

Publicado mediante acordo com The Gernert Company, Inc.
136 East 57th Street, New york, NY 10022

Capa: Diana Cordeiro
Editoração eletrônica: FA Studio

Todos os direitos reservados. Proibida a reprodução,
no todo ou em parte, sem autorização prévia por escrito da editora,
sejam quais forem os meios empregados.

Direitos exclusivos de publicação em língua portuguesa para o Brasil
adquiridos pela
EDITORA BEST SELLER LTDA.
Rua Argentina, 171, parte, São Cristóvão
Rio de Janeiro, RJ — 20921-380
que se reserva a propriedade literária desta tradução.

Impresso no Brasil

ISBN 978-85-7684-522-5

Seja um leitor preferencial Record.
Cadastre-se e receba informações sobre nossos lançamentos
e nossas promoções.

Atendimento e venda direta ao leitor:
sac@record.com.br

Para o meu marido, Kiyash,

que é melhor do que eu em todos os jogos,

exceto no Werewolf

São os jogos que nos dão algo para nos ocuparmos quando não há nada a ser feito. Por isso, costumamos chamá-los de "passatempos" e os consideramos um frívolo tapa-buracos em nossas vidas. Mas eles são muito mais do que isso. São sinais do futuro. E cultivá-los com seriedade agora será, talvez, nossa única salvação.

— BERNARD SUITS, filósofo[1]

Conteúdo

Introdução: A realidade em jogo   11

PARTE UM
Por que os jogos nos deixam mais felizes

1. O que exatamente é um jogo?   29
2. O surgimento dos engenheiros da felicidade   44
3. Trabalho mais gratificante   61
4. Fracasso divertido e melhores chances de sucesso   73
5. Conectividade social mais forte   86
6. Tornando-se parte de algo maior do que nós mesmos   103

PARTE DOIS
Reinventando a realidade

7. Os benefícios das realidades alternativas   125
8. Upando na vida   152
9. Divertindo-se com estranhos   173
10. O hack da felicidade   187

PARTE TRÊS
Como os grandes jogos podem mudar o mundo

11. A economia do envolvimento 221

12. Missões impossíveis 248

13. Superpoderes colaborativos 267

14. Salvando o mundo real juntos 295

Conclusão: A realidade é melhor 343

Agradecimentos 353

Apêndice: Como jogar 356

Notas 360

INTRODUÇÃO
A realidade em jogo

Qualquer pessoa que vir um furacão se aproximando deve avisar aos outros. Eu vejo um furacão se aproximando.

Daqui a uma ou duas gerações, um número cada vez maior de pessoas — centenas de milhões — estará imersa nos mundos virtuais e jogos on-line. Enquanto estivermos jogando, coisas que costumávamos fazer do lado de fora, na "realidade", não estarão mais acontecendo ou não acontecerão da mesma maneira. Não se pode roubar milhões de pessoas e horas de uma sociedade sem criar um acontecimento em nível estratosférico.

Se isso acontecer em uma geração, acredito que o século XXI verá um cataclismo social maior do que aquele causado por carros, rádio e televisão juntos... O êxodo dessas pessoas da realidade, da vida cotidiana normal, criará uma mudança na sociedade que fará o aquecimento global parecer uma tempestade em um copo d'água.

EDWARD CASTRONOVA,
Exodus to the Virtual World [1]

Os jogadores de videogame estão cansados da realidade. Eles estão abandonando-a em levas — umas poucas horas aqui, um fim de semana inteiro ali, cada minuto livre do dia em frente ao console apenas "para relaxar um pouco" —, em prol de ambientes estimulantes e jogos on-line. Talvez você seja um desses jogadores. Se não, definitivamente conhece alguns deles.

Mas quem são eles? São trabalhadores comuns que chegam em casa e aplicam toda a inteligência e o talento subutilizados no emprego para planejar e coordenar complexas raids e quests nos populares jogos on-line para multidões, como *Final Fantasy XI* e *Lineage*. São os amantes de música que investiram centenas de dólares nos instrumentos de plástico do *Rock Band* e *Guitar Hero*, e passaram noite após noite ensaiando, a fim de se tornarem jogadores de videogame virtuosos.

São fãs do *World of Warcraft*, tão determinados a dominar os desafios de seu jogo favorito que, coletivamente, já escreveram 250 mil artigos no WoWWiki — criando o maior wiki depois da própria Wikipédia. São os jogadores de *Brain Age* e *Mario Kart*, que levam seus consoles portáteis para onde quer que vão, infiltrando-se, sempre que possível, em pequenos quebra-cabeças, corridas e minijogos, eliminando assim quase todo o tempo ocioso em suas vidas.

São as tropas norte-americanas situadas em outros países, que dedicam tantas horas por semana para aprimorar seus relatórios de serviço no *Halo 3* que ganhar medalhas em um combate virtual já é considerada a atividade mais popular durante as folgas dos soldados. São os jovens adultos chineses, que gastaram tanto dinheiro de jogo (ou "moedas QQ") para comprar espadas mágicas ou outros poderosos objetos virtuais que o Banco Popular da China interveio para prevenir a desvalorização do yuan, a moeda chinesa do mundo real.[2]

Acima de tudo, são crianças e adolescentes ao redor do mundo que preferem passar horas em frente a um jogo de computador ou videogame a ter de fazer qualquer outra coisa.

Esses jogadores não estão rejeitando completamente a realidade. Eles têm empregos, objetivos, deveres de casa, famílias, compromissos e vidas reais com as quais se preocupam. Porém, à medida que dedicam uma parcela maior de seu tempo livre aos mundos virtuais, parece que, cada vez mais, falta algo ao mundo *real*.

Os jogadores querem saber: onde, no mundo real, existe esse sentimento de estar inteiramente vivo, focado e ativo em todos os momentos? Onde está a sensação de poder, de propósito heroico e senso de comunidade experimentados pelo jogador? Onde estão as explosões de alegria típicas de jogos criativos e estimulantes? Onde está a empolgante emoção de sucesso e vitória em equipe? Embora jogadores possam, de vez em quando, experimentar esses prazeres em suas vidas reais, eles os vivenciam quase diariamente quando envolvidos em seus jogos favoritos.

O mundo real simplesmente não oferece com tanta facilidade os prazeres cuidadosamente elaborados, os emocionantes desafios e o poderoso vínculo social conquistado em ambientes virtuais. A realidade não nos motiva com tanta eficácia. Ela não foi concebida para maximizar nosso potencial e não foi planejada para nos fazer felizes.

E, assim, há uma percepção cada vez maior na comunidade dos videogames:

A realidade, em comparação aos jogos, se esgotou.

Na verdade, é mais do que uma percepção. É um fenômeno. O economista Edward Castronova o classifica como um "êxodo em massa" para os espaços virtuais, e já é possível observá-lo a partir das estatísticas. Centenas de milhões de pessoas ao redor do mundo estão preferindo renunciar à realidade por períodos de tempo cada vez maiores. Apenas nos Estados Unidos, há 183 milhões de *jogadores ativos* (indivíduos que, em pesquisas, informam que se dedicam "regularmente" aos jogos de computador ou aos videogames — em média, 13 horas por semana).[3] Mundialmente, a comunidade de jogadores on-line — incluindo consoles, PCs e jogos de telefonia móvel — conta com mais de 4 milhões de jogadores no Oriente Médio, 10 milhões na Rússia, 105 milhões na Índia, 10 milhões no Vietnã, 10 milhões no México, 13 milhões na América Central e América do Sul, 15 milhões na Austrália, 17 milhões na Coreia do Sul, 100 milhões na Europa e 200 milhões na China.[4]

Embora um jogador típico dedique-se por apenas uma ou duas horas diariamente, há, nesse momento, mais de 6 milhões de pessoas na China que passam pelo menos 22 horas por semana jogando, o equivalente a um emprego de meio período.[5] Mais de 10 milhões de jogadores "hardcore" no Reino Unido, França e Alemanha passam pelo menos vinte horas por semana jogando.[6] E, no ápice dessa curva em crescimento, mais de 5 milhões de jogadores "extremos" nos Estados Unidos jogam, em média, 45 horas por semana.[7]

Com tudo isso, transformamos os jogos digitais — de nossos computadores, de nossos telefones celulares e de nossos *home entertainment systems* — em uma indústria que, até 2012, deve movimentar 68 bilhões de dólares anuais.[8] E estamos criando um arcabouço virtual massivo de esforço cognitivo, energia emocional e atenção coletiva disseminados nos mundos dos jogos, em detrimento do mundo real.

A quantidade assustadoramente maior de tempo e dinheiro gastos em videogames está sendo observada com alarmante preocupação por alguns — pais, professores e políticos— e com ansiedade por outros — as muitas indústrias de tecnologia que esperam enormes lucros com o *boom* dos jogos. Ao mesmo tempo, eles estão se confrontando com a confusão e o desdém de uma multidão de não jogadores, que ainda representa metade da população dos EUA, embora esse número esteja em progressivo declínio. Muitos deles consideram os jogos uma perda de tempo.

Enquanto nos ocupamos com esses julgamentos de valor, organizando debates morais sobre as características viciantes desses jogos e, ao mesmo tempo, correndo para alcançar a expansão industrial completa, um ponto crucial está sendo ignorado: o fato de que tantas pessoas, de diferentes idades e nacionalidades, estarem escolhendo passar uma quantidade enorme de tempo nos mundos virtuais é um indício de algo importante, uma verdade que precisamos reconhecer um quanto antes.

E a verdade é esta: na sociedade atual, os jogos de computador e videogames estão satisfazendo as *genuínas necessidades humanas* que o mundo real tem falhado em atender. Eles oferecem recompensas que a realidade não consegue dar. Eles nos ensinam, nos inspiram e nos envolvem de uma maneira pela qual a sociedade não consegue fazer. Eles estão nos unindo de uma maneira pela qual a sociedade não está.

E, a menos que algo dramático aconteça para reverter o êxodo resultante, estamos nos movendo rapidamente para nos tornarmos uma sociedade na qual uma parte substancial da população se dedicará ao máximo para jogar, criar suas melhores memórias em ambientes virtuais e vivenciar seus maiores sucessos em mundos de jogos.

Talvez pareça difícil de acreditar. Para um não jogador, essa previsão pode parecer surreal, ou algo saído de uma obra de ficção científica. Os grandes setores da civilização realmente estão submergindo nos mundos virtuais? Estamos, de fato, caminhando rapidamente para um futuro no qual a maioria de nós usará jogos para satisfazer nossas necessidades mais importantes?

Se assim for, não será a primeira vez que ocorre um êxodo em massa da realidade para o mundo de jogos. De fato, a primeira narrativa registrada pela humanidade sobre o assunto, *Histórias*, de Heródoto, o relato da Grécia Antiga sobre as guerras na Pérsia — datando de mais de 3 mil anos atrás —, descreve um cenário praticamente idêntico. Se o jogo mais antigo do qual se tem notícia é um velho jogo de somar chamado Mancala — as evidências mostram que ele era jogado no Antigo Egito, entre os séculos XV e XI A.C. —, Heródoto foi o primeiro a ter a ideia de registrar as origens ou as funções culturais desses jogos. E, a partir desse texto da antiguidade, podemos aprender bastante sobre o que está acontecendo hoje em dia — e o que muito provavelmente acontecerá daqui para frente.

É um pouco incongruente pensar o futuro em termos do passado. Mas como chefe de pesquisa do Institute for the Future — uma usina de ideias sem fins lucrativos, localizada em Palo Alto, Califórnia, e a mais antiga organização mundial de prognóstico do futuro —, aprendi um truque importante: para desenvolver o prognóstico, é preciso praticar a percepção tardia. Tecnologias, culturas e climas podem mudar, mas as necessidades e os desejos humanos mais básicos — sobreviver, cuidar de nossos familiares e levar vidas felizes e significativas — continuam os mesmos. Portanto, no IFTF, gostamos de dizer: "Para compreender o futuro, temos de olhar para trás duas vezes mais profundamente que olhamos para a frente." E, quando se trata de jogos, podemos olhar ainda mais longe do que isso. Eles têm sido um componente fundamental da civilização humana por milhares de anos.

No livro de abertura de *Histórias*, Heródoto escreve:

> Quando Atys era o rei da Lídia, na Ásia Menor, há cerca de 3 mil anos, uma grande escassez de alimentos ameaçou seu governo. Por um curto período, as pessoas aceitaram seu quinhão sem reclamar, com a esperança de que os tempos de abundância retornariam. Mas, quando as coisas não melhoraram, os lidianos conceberam um estranho remédio para o problema. O plano

adotado contra a fome era se envolver com jogos durante um dia inteiro, de modo tão intenso que eles abstraíssem a vontade de comer... e, no dia seguinte, eles se alimentariam e se absteriam dos jogos. Dessa forma, passaram-se 18 anos, e, nesse processo, eles inventaram os dados, as bolinhas de gude, a bola e todos os jogos comuns.[9]

O que os dados antigos, feitos de ossos de carneiro, têm a ver com o futuro dos jogos de computador e os videogames? Mais do que você imagina.

Heródoto inventou a história conforme a conhecemos, e descreveu seu objetivo como a revelação dos problemas e das verdades morais, com base em informações concretas da experiência. Se a história de Heródoto sobre uma inanição de 18 anos que foi superada através dos jogos é real ou apócrifa (como alguns historiadores modernos acreditam), suas verdades morais revelam algo importante sobre a essência dos jogos.

De modo geral, pensamos que a imersão nos jogos é "escapista", uma espécie de retraimento passivo da realidade. Porém, através das lentes da história de Heródoto, é possível perceber como eles podem representar uma fuga *intencional*, ativa, ponderada e, mais importante, extremamente útil. Para os lidianos, jogar coletivamente em tempo quase integral pode ter sido um comportamento altamente adaptativo às condições adversas. Os jogos tornavam a vida suportável, deram à população faminta uma sensação de poder em uma situação de impotência, um sentido de estrutura em um ambiente caótico. Os jogos lhes proporcionavam uma maneira melhor de viver, quando as circunstâncias poderiam ser completamente insuportáveis e desfavoráveis.

Não se engane: somos muito similares aos antigos lidianos. Atualmente, muitos sofrem uma vasta e primitiva inanição. Mas não é uma fome por alimentos — é uma fome por um maior e melhor envolvimento com o mundo à nossa volta.

Da mesma forma que os antigos lidianos, muitos jogadores já descobriram como usar o poder imersivo dos jogos para distrair essa fome: uma fome por trabalhos mais gratificantes, por um senso de comunidade mais forte, por uma vida mais envolvente e significativa.

Coletivamente, o planeta está gastando, agora, mais de 3 bilhões de horas por semana jogando.

Estamos famintos, e os jogos estão nos alimentando.

E, ASSIM, em 2011, nos encontramos em um ponto culminante.

Podemos permanecer no mesmo caminho. Podemos continuar alimentando nossos apetites com jogos. E podemos observar a indústria de videogames continuar a criar mundos virtuais maiores, melhores e mais imersivos, de modo a proporcionar alternativas cada vez mais irresistíveis em comparação com a realidade.

Se nos mantivermos nesse caminho, é quase certo que observaremos o êxodo da realidade continuar. De fato, já estamos bem próximos de um mundo no qual muitos, como os antigos lidianos, passam metade de suas vidas jogando. Considerando todos os problemas que existem no mundo, seria realmente tão ruim passar as próximas décadas da mesma forma que eles?

Ou poderíamos tentar inverter esse curso. Poderíamos sondar maneiras de bloquear o êxodo dos jogadores da realidade — talvez forçando-os culturalmente a passar mais tempo na realidade, ou tentando manter os videogames longe das mãos das crianças, ou, como alguns políticos norte-americanos já propuseram, taxando-os pesadamente, de modo que os jogos se tornem um estilo de vida inacessível.[10]

Honestamente, nenhuma dessas opções me parece um futuro no qual eu gostaria de viver.

Por que iríamos querer desperdiçar o poder dos jogos, considerando-os um entretenimento escapista?

Por que iríamos querer desperdiçar o poder dos jogos, tentando menosprezar o fenômeno como um todo?

Talvez devêssemos considerar uma terceira alternativa. Em vez de a questão central oscilar entre os jogos e a realidade, que tal redimensionar totalmente a escala e tentar algo completamente diferente?

E se decidíssemos usar tudo o que sabemos sobre jogos para consertar o que a realidade tem de errado? E se começássemos a viver nossas vidas reais como jogadores, e a conduzir nossos negócios e comunidades reais como designers de jogos, e pensar em solucionar os problemas do mundo real como teóricos dos jogos de computador e videogames?

Imagine um futuro próximo no qual a maior parte do mundo real funcione como um jogo. É realmente possível criar isso? Viveríamos mais felizes nessa realidade? Ela tornaria o mundo um lugar melhor?

Quando considero esse futuro, não se trata apenas de uma ideia hipotética. Já a propus como um desafio bastante real para a única comunidade que pode verdadeiramente dar início a essa transformação: as pessoas que vivem de criar jogos. Eu sou uma delas — na última década, meu trabalho consistiu em elaborar jogos. E cheguei à conclusão de que as pessoas que sabem fazer isso precisam começar a se concentrar na tarefa de melhorar a vida real para o maior número possível de pessoas.

Nem sempre estive tão segura dessa missão. Custou-me uns bons dez anos de pesquisa e uma série de projetos de jogos cada vez mais ambiciosos para chegar a esse estágio.

Em 2001, comecei minha carreira trabalhando à margem da indústria de jogos, em pequenas empresas recém-criadas e em laboratórios experimentais de design. Com bastante frequência, trabalhei de graça, projetando quebra-cabeças e missões para jogos de baixo orçamento destinados a computadores e telefones celulares. Ficava feliz quando esses jogos eram admirados por algumas centenas de pessoas ou — quando eu realmente tinha sorte — uns poucos milhares. Estudei aqueles jogadores o mais detalhadamente que pude. Observei-os enquanto jogavam e entrevistei-os depois. Eu estava apenas começando a aprender o que confere poder aos jogos.

Durante esses anos, também fui uma "faminta" estudante de graduação — conquistando um Ph.D. em estudos de performance na University of California, em Berkeley. Fui a primeira em meu departamento a analisar os jogos de computador e os videogames, e tive de compreendê-los à medida que continuava meus estudos, reunindo diferentes descobertas da psicologia, da ciência cognitiva, da sociologia, da economia, da ciência política e da teoria da performance, para tentar descobrir o que exatamente faz um bom jogo. Eu estava particularmente interessada em como os jogos poderiam mudar a maneira como pensamos e agimos na vida cotidiana — uma questão que, naquele tempo, poucos (se tanto) analisavam.

Por fim, como resultado de minha pesquisa, publiquei inúmeros artigos acadêmicos (e, finalmente, uma dissertação de quinhentas páginas), propondo como poderíamos alavancar o poder dos jogos para reinventar todas as coisas — desde a administração governamental, o sistema público de saúde e o de educação até a mídia tradicional, o marketing e o empreendedorismo — e, até mesmo, a paz mundial. E, cada vez mais, fui solicitada a auxiliar grandes companhias e organizações a adotar o design de jogos como uma estratégia inovadora — desde o Banco Mundial, a American Heart Association, a National Academy of Sciences e o Departamento de Defesa americano até o McDonald's, a Intel, a Corporation for Public Broadcasting e o Comitê Olímpico Internacional. Neste livro, você lerá sobre muitos dos jogos que criei para essas organizações — e, pela primeira vez, compartilho minhas motivações e estratégias para criá-los.

A inspiração para escrever este livro apareceu na primavera de 2008, quando fui convidada para dar o "discurso" anual na Game Developers Conference, a mais importante conferência sobre jogos daquele ano. Supõe-se que o discurso seja um chamado para uma tomada de consciência, uma intimação para sacudir a indústria. É sempre uma das sessões mais populares do encontro. Naquele ano, a sala estava abarrotada até o limite de sua capacidade, com pessoas em pé e mais de mil dos mais importantes designers e criadores de jogos do mundo. E, no meu discurso, eles ouviram o mesmo argumento que você está lendo aqui: a realidade está esgotada, e precisamos começar a fazer jogos para consertá-la.

Quando terminei, os aplausos levaram o que me pareceu uma eternidade para acabar. Eu estava nervosa e achei que meu discurso poderia ser rejeitado por meus companheiros. Ao contrário, ele pareceu provocar uma resposta na indústria. Diariamente, comecei a receber e-mails de pessoas que tinham ouvido falar do discurso ou haviam lido sua transcrição on-line e queriam colaborar. Alguns estavam dando seus primeiros passos nessa indústria e não tinham ideia de como fazê-lo. Outros eram líderes da indústria que genuinamente queriam melhorar os jogos. Praticamente da noite para o dia, foram criadas empresas, levantou-se o capital, e, hoje, há centenas de jogos sendo desenvolvidos que desejam mudar a realidade para melhor. Eu não ousaria creditar a mim mesma essa mudança de rumos, é claro. Apenas tive a sorte de ser uma das primeiras pessoas a vê-la acontecer e uma das vozes mais firmes em sua defesa.

Em 2009, fui convidada novamente para a Game Developers Conference para dar uma palestra sobre o que os criadores de jogos precisariam fazer na próxima década para reinventar a realidade da forma como a conhecemos. Dessa vez, não me surpreendi ao ver que algumas das mais populares sessões da conferência eram sobre "jogos para mudanças pessoais e sociais", "jogos de impacto positivo", "jogos de realidade social", "jogos sérios" e "aumentando os jogos no planeta". Para onde quer que eu olhasse, constatava que esse movimento de fortalecer o poder dos jogos para o bem já havia começado a acontecer. Subitamente, minha missão pessoal de ver um criador de jogos ganhar um Prêmio Nobel da Paz nos próximos 25 anos não parecia tão improvável.

Quando observo o notável trabalho de mudar o mundo que os profissionais da indústria de jogos estão começando a fazer, vejo uma oportunidade de reinventar a antiga história dos jogos para o século XXI.

Há cerca de 2.500 anos, Heródoto olhou para trás e avaliou que os primeiros jogos dos gregos eram uma tentativa explícita de aliviar o sofrimento. Hoje, encaro um futuro no qual os jogos, mais uma vez, serão explicitamente criados para melhorar a qualidade de vida, prevenir o sofrimento e criar uma felicidade real e abrangente.

Quando Heródoto olhou para trás, ele identificou jogos que eram sistemas em larga escala, projetados para organizar enormes massas de pessoas e tornar toda uma civilização mais resistente. Observo, agora, um futuro no qual jogos on-line para multidões serão novamente projetados para reorganizar a sociedade de forma melhor e fazer com que coisas aparentemente milagrosas aconteçam.

Heródoto via os jogos como uma maneira surpreendente, inventiva e eficaz de intervir em uma crise social. Eu também os considero como potenciais soluções para nossos problemas comuns mais urgentes. Ele constatou como os jogos poderiam dar conta de nossos poderosos instintos de sobrevivência. Vejo jogos que, mais uma vez, conferirão uma vantagem evolutiva àqueles que os jogarem.

Heródoto nos diz que, no passado, os jogos foram criados como uma solução virtual para uma fome insuportável. E, sim, vejo um futuro no qual os jogos continuarão a satisfazer nossa fome de desafios e recompensas, de criatividade e sucesso, de socialização, e de sermos parte de algo maior do que nós mesmos. Mas também vejo um futuro no qual os jogos *estimulem* nosso apetite pelo envolvimento, nos motivando e nos capacitando a estabelecer conexões mais fortes — e fazendo contribuições maiores — com o mundo à nossa volta.

A história moderna dos jogos de computador e videogames é a história dos criadores de jogos ascendendo a posições bastante poderosas na sociedade, cativando, efetivamente, os corações e as mentes — e direcionando as energias e a atenção — de massas cada vez maiores de pessoas. Atualmente, os designers de jogos têm exercido plenamente esse poder, sem dúvida mais do que em qualquer outro tempo da humanidade. Eles vêm burilando sua técnica e refinando suas táticas por cerca de trinta anos. E, assim, mais e mais pessoas estão sendo seduzidas pelo poder dos jogos de computador e videogames — e descobrindo-se envolvidas por períodos de tempo gradativamente maiores, para alcançar objetivos cada vez mais amplos em suas vidas.

Surpreendentemente, algumas pessoas não têm interesse em entender por que esse fenômeno está acontecendo ou em descobrir o que podemos fazer com ele. Elas nunca pegarão um livro sobre jogos, pois já estão plenamente convencidas para o que eles servem — desperdiçar tempo, ausentar-se e sair perdendo na vida real.

As pessoas que continuarem a desprezar os jogos estarão em uma grande desvantagem nos próximos anos. Aquelas que consideram que eles não merecem seu tempo ou sua atenção não saberão alavancar o poder dos jogos em suas comunidades, em seus negócios ou em suas próprias vidas. Estarão menos preparadas para moldar o futuro. E, portanto, perderão algumas das oportunidades mais promissoras que temos para resolver problemas, criar novas experiências e consertar o que há de errado na realidade.

Felizmente, a distância entre jogadores e não jogadores tem diminuído com o tempo. Nos Estados Unidos, o maior mercado de jogos do mundo, a maioria já é formada por jogadores. Eis aqui algumas recentes estatísticas relevantes do estudo anual da Entertainment Software Association — a maior e mais respeitada pesquisa de mercado desse tipo:

- 69% de todos os chefes de família dedicam-se a jogos de computador ou videogames.
- 97% dos jovens dedicam-se a jogos de computador ou videogames.
- 40% de todos os jogadores são mulheres.
- Um em cada quatro jogadores tem mais de 50 anos de idade.
- O jogador médio tem 35 anos de idade e joga há cerca de 12 anos.
- A maioria dos jogadores espera continuar jogando para o resto de suas vidas.[11]

Enquanto isso, a publicação de cunho científico *Cyberpsychology, Behavior, and Social Networking* relatou, em 2009, que 61% dos diretores executivos, diretores financeiros e outros executivos seniores pesquisados afirmam que fazem pausas diárias no trabalho para jogar.[12]

Esses números demonstram a rapidez com que uma cultura de jogos pode se instalar. E tendências de todos os continentes — da Áustria, do Brasil e dos Emirados Árabes Unidos, até a Malásia, o México, a Nova Zelândia e a África do Sul — mostram que os mercados de jogos estão emergindo rapidamente com dados demográficos semelhantes. Ao longo da próxima década, esses novos mercados irão se assemelhar cada vez mais, e poderão, inclusive, se equivaler completamente àqueles dos atuais países líderes em jogos, como a Coreia do Sul, os Estados Unidos, o Japão e o Reino Unido.

Como o jornalista de jogos Rob Fahey observou, de modo notável, em 2008: "É inevitável: em breve, todos seremos jogadores."[13]

Temos de começar a levar a sério essa crescente maioria. Vivemos em um mundo repleto de jogos e jogadores. E, portanto, precisamos decidir agora que tipo de jogos devemos criar coletivamente e como os jogaremos juntos. Precisamos de um planejamento para determinar como os jogos irão impactar nossas sociedades e vidas. Precisamos de uma estrutura para tomar essas decisões e para organizar esses planos. Este livro, espero, poderá servir como essa estrutura. Foi escrito para jogadores e para todos aqueles que se tornarão jogadores algum dia — em outras palavras, virtualmente para qualquer pessoa deste planeta. É uma oportunidade de entender como os jogos funcionam, por que os humanos se mostram tão seduzidos por eles e como eles podem nos ajudar em nossas vidas reais.

Se você é um jogador, é hora de abandonar qualquer remorso que possa ter pelo fato de passar tanto tempo jogando. Você *não* está desperdiçando seu tempo. Está apenas construindo uma rica experiência virtual que, conforme mostrará a primeira parte deste livro, pode ensiná-lo sobre seu verdadeiro eu: quais são suas principais forças, o que realmente o motiva e o que o torna mais feliz. Como poderá ver, você também terá desenvolvido meios de pensar, organizar e agir que podem mudar o mundo. E, como este livro revela, já existem inúmeras oportunidades para você começar a usá-los para o bem do mundo real.

Se você ainda não tem muita experiência pessoal com jogos, então este livro o ajudará a acelerar seu envolvimento com a mais importante mídia do século XXI. Quando terminar de lê-lo, estará profundamente familiarizado com os mais importantes títulos que podem ser jogados hoje em dia — e ser capaz de imaginar os tipos de jogos que faremos e aos quais nos dedicaremos nos próximos anos.

Se você ainda não é um jogador, é perfeitamente possível que não se tornará o tipo de pessoa que passará horas diante de um videogame. Mas, ao ler este livro, entenderá melhor as pessoas que o fazem. E mesmo que você *nunca* jogue videogames, e nem mesmo os crie, poderá se beneficiar enormemente em aprender como os bons jogos funcionam — e como eles podem ser usados para corrigir os problemas do mundo real.

Os criadores de jogos sabem melhor do que ninguém como despertar esforços extremos e recompensar o trabalho árduo. Eles sabem como promover a cooperação e a colaboração em escalas anteriormente inimagináveis. E estão continuamente inventando novas formas de motivar jogadores a se comprometer com desafios mais difíceis, por mais tempo e em grupos cada vez maiores. Essas habilidades cruciais no século XXI poderão ajudar todos nós a encontrar novas formas de causar um impacto profundo e duradouro no mundo à nossa volta.

O design de jogos não é apenas um ofício tecnológico. É a maneira do século XXI pensar e liderar. E jogar não é apenas um passatempo. É a maneira do século XXI de trabalhar em grupo para conquistar uma mudança real.

Antoine de Saint-Exupéry escreveu certa vez:

> O futuro não é um lugar para onde estamos indo, mas um lugar que estamos criando.

Os jogos, no século XXI, serão a principal plataforma para criar o futuro.

PORTANTO, deixem-me descrever o futuro que desejo criar.

Em vez de oferecer aos jogadores mais e melhores alternativas imersivas para a realidade, quero que todos sejamos responsáveis por oferecer ao mundo, como um todo, uma realidade melhor e mais imersiva. Quero que todos dediquem tempo aos videogames e jogos de computador, porque entenderão que eles podem ser uma solução real para problemas, além de uma fonte de felicidade. Quero que todos aprendam a criar e desenvolver jogos, pois entenderão que eles são uma plataforma válida para mudanças e para realizar tarefas. E quero que famílias, escolas, empresas, indústrias, cidades, países e o mundo inteiro se unam para jogá-los, porque, finalmente, estamos criando jogos para lidar com dilemas reais e melhorar vidas reais.

Se usarmos tudo o que os criadores de jogos aprenderam sobre a otimização da experiência humana e a organização de comunidades colaborativas, e aplicarmos isso à vida real, prevejo jogos que nos estimularão a começar bem o dia depois de acordarmos. Prevejo jogos que reduzirão nosso estresse no trabalho e aumentarão dramaticamente a satisfação profissional. Prevejo jogos que poderão consertar os sistemas educacionais. Prevejo jogos que irão tratar de depressão, obesidade, ansiedade e transtorno de déficit de atenção. Prevejo jogos que auxiliarão os idosos a se sentirem envolvidos e socialmente conectados. Prevejo jogos que aumentarão os níveis de participação democrática. Prevejo jogos voltados para problemas em escala global, como as mudanças climáticas e a pobreza. Em suma, prevejo jogos que aumentarão nossas capacidades humanas mais essenciais — sermos felizes, resistentes, criativos — e nos darão poder para mudar o mundo de formas significativas. De fato, como você verá nas próximas páginas, tais jogos já estão começando a aparecer.

Para mim, o futuro que descrevi parece tão desejável quanto plausível. Mas, para criarmos esse amanhã, inúmeras coisas precisam acontecer.

Teremos de superar o persistente preconceito cultural contra os jogos, para que quase a metade do mundo não seja excluída de seu poder.

Precisaremos construir indústrias híbridas e estabelecer parcerias não convencionais, para que os pesquisadores e criadores de jogos possam trabalhar com engenheiros, arquitetos, articuladores de políticas públicas e executivos de todos os tipos para fortalecer o poder dos videogames.

Por último (e talvez mais importante do que tudo), todos precisamos desenvolver nossas principais habilidades de jogos, de modo que possamos assumir um papel ativo na mudança de nossas vidas e tornar tal futuro possível.

Esse livro foi escrito para fazer exatamente isso. Ele fortalecerá sua habilidade para apreciar mais a vida, para resolver problemas difíceis e para liderar os outros em esforços que mudarão o mundo.

Na **Parte Um: Por que os jogos nos deixam mais felizes**, você conhecerá as mentes dos maiores criadores e pesquisadores de jogos. Descobrirá exatamente quais emoções os jogos de maior sucesso são cuidadosamente elaborados para despertar — e como essas sensações podem repercutir, de maneira positiva e surpreendente, nas vidas reais e nos relacionamentos.

Na **Parte Dois: Reinventando a realidade**, você descobrirá o mundo dos jogos de realidade alternativa (ARG, na sigla em inglês). É um campo de rápido crescimento de novos softwares, serviços e experiências que pretendem nos tornar mais felizes e bem-sucedidos em nossas vidas reais, exatamente como ficamos quando jogamos nossos videogames prediletos. Se você nunca ouviu falar em ARGs, poderá ficar chocado ao descobrir quantas pessoas já estão criando e jogando esse tipo de jogo. Centenas de novas empresas e criadores independentes têm se dedicado a aplicar designs de jogos e suas tecnologias de ponta para aprimorar nossas vidas cotidianas. E milhões de jogadores já descobriram, em primeira mão, os benefícios dos ARGs. Nessa seção, você descobrirá como eles já estão começando a aumentar a qualidade de vida no lar e na escola, em nossas vizinhanças e em nossos ambientes de trabalho.

Finalmente, na **Parte Três: Como os grandes jogos podem mudar o mundo**, você terá uma pequena visão do futuro. Conhecerá dez jogos criados para ajudar pessoas comuns a alcançarem os objetivos mundiais mais urgentes: a cura do câncer, o fim das mudanças climáticas, a disseminação da paz, a erradicação da pobreza. Você descobrirá como as novas plataformas participativas e os ambientes colaborativos estão tornando possível a qualquer um ajudar a inventar um futuro melhor, apenas por meio de um jogo.

Ao fim, as pessoas que entenderem o poder e o potencial dos jogos, tanto para nos tornar felizes quanto para mudar a realidade, serão aquelas que inventarão nosso futuro. Quando terminar de ler este livro, *você* será um especialista em como os jogos de qualidade funcionam. Com esse conhecimento, fará escolhas melhores sobre a quais jogos dedicar seu tempo e quando. Mais importante do que isso, estará pronto para começar a inventar seus próprios jogos. Estará preparado para criar poderosas realidades alternativas para si mesmo e para sua família; para sua escola, seu trabalho, sua vizinhança e qualquer outra comunidade com a qual você se preocupe; para sua causa favorita, para uma indústria inteira ou para um movimento completamente novo.

Podemos jogar qualquer jogo que tivermos vontade. Podemos criar qualquer futuro que sejamos capazes de imaginar.

Que os jogos comecem.

PARTE UM

Por que os jogos nos deixam mais felizes

De uma forma ou de outra, se a humanidade continuar evoluindo, precisaremos aprender a apreciar a vida com mais plenitude.

— MIHÁLY CSÍKSZENTMIHÁLYI[1]

CAPÍTULO UM

O que exatamente é um jogo?

Hoje em dia, quase todos têm uma visão tendenciosa em relação os jogos — até mesmo os jogadores. É impossível evitar. Esse comportamento é parte de nossa cultura, parte de nossa linguagem, e está até mesmo embutido na forma como usamos as palavras "jogo" e "jogador" nas conversas cotidianas.

Consideremos a expressão popular "jogando com o sistema". Se eu digo que você está jogando com o sistema, quero dizer que está explorando-o para seu próprio benefício. Claro que, tecnicamente, você está seguindo as regras, mas está jogando de uma forma pela qual não deveria jogar. Falando genericamente, não admiramos esse tipo de comportamento. Ainda assim, de forma um tanto paradoxal, quase sempre damos este conselho às pessoas: "É melhor você começar a jogar com o sistema." O que queremos dizer é para fazer o que for preciso para continuar em frente. Quando falamos sobre "jogar o jogo" nesse sentido, estamos realmente falando em abandonar a moral e a ética em prol de regras que não são as nossas.

Ao mesmo tempo, utilizamos com frequência o termo "jogador" ao descrever alguém que manipula os outros para conseguir o que quer. Na verdade, não confiamos muito em jogadores. Temos de nos manter alertas quando estamos perto deles e é por isso que podemos alertar alguém: "Não faça esses joguinhos comigo." Não gostamos de perceber que uma pessoa está usando estratégias contra nós ou nos manipulando para seu próprio divertimento. Não gostamos quando jogam conosco. E quando falamos: "Isso não é um jogo!", o que queremos dizer é que alguém está se comportando com descaso ou que não está levando a situação a sério. Essa advertência significa que os jogos encorajam e treinam as pessoas para agir de um modo que não é apropriado na vida real.

Quando começamos a prestar atenção, percebemos o quanto suspeitamos dos jogos. Basta observar a linguagem utilizada para constatar o quanto desconfiamos da maneira pela qual os jogos nos encorajam a agir e no que provavelmente nos tornaremos se dedicarmos nosso tempo a eles.

Mas essas metáforas não refletem com precisão o que realmente significa participar de um jogo bem desenvolvido. Elas são apenas o reflexo de nossos piores temores a respeito deles. E, no fim, aquilo que realmente tememos não são os jogos — temos medo de perder a noção de onde o jogo termina e onde a realidade começa.

Se pretendermos corrigir a realidade por meio de videogames, temos de superar esse medo. Precisamos focar em como os jogos reais funcionam e em como podemos agir e interagir quando jogamos a mesma coisa *juntos*.

Vamos começar com uma definição realmente boa de *jogo*.

As quatro características que definem um jogo

Atualmente, os jogos aparecem em mais formas, plataformas e gêneros do que em qualquer outro momento da história da humanidade.

Temos jogos single-player, multiplayer e jogos on-line para multidões. Temos jogos que podem ser rodados em seu computador pessoal, em seu console, em dispositivos portáteis e em seu telefone celular — isso sem mencionar os jogos que continuamos jogando em campos ou quadras, com cartas ou em tabuleiros.

Podemos escolher entre minijogos de cinco segundos, jogos casuais de dez minutos, jogos de ação de oito horas e jogos de RPG que ocupam 24 horas por dia, 365 dias por ano. Podemos nos dedicar a jogos que se baseiam em uma história ou jogos sem história nenhuma. Podemos marcar (ou não) um placar. Podemos entrar em jogos que desafiem prioritariamente nossos cérebros ou nossos corpos — e, indefinidamente, várias combinações dos dois.

E, ainda assim, de alguma forma, mesmo com todas essas variantes, simplesmente sabemos quando estamos jogando. Há algo essencialmente único sobre a maneira pela qual os jogos estruturam a experiência.

Quando as diferenças de gênero e as complexidades tecnológicas são colocadas à parte, todos os jogos compartilham quatro características que os definem: *meta, regras, sistema de* feedback e *participação voluntária*.

A **meta** é o resultado específico que os jogadores vão trabalhar para conseguir. Ela foca a atenção e orienta continuamente a participação deles ao longo do jogo. A meta propicia um *senso de objetivo*.

As **regras** impõem limitações em como os jogadores podem atingir a meta. Removendo ou limitando as maneiras óbvias, as regras estimulam os jogadores a explorar possibilidades anteriormente desconhecidas para atingir o objetivo final. Elas *liberam a criatividade* e *estimulam o pensamento estratégico*.

O **sistema de *feedback*** diz aos jogadores o quão perto eles estão de atingir a meta. O sistema pode assumir a forma de pontos, níveis, placar ou barra de progresso. Ou, em sua forma mais básica, pode ser tão simples quanto tomar conhecimento de um resultado objetivo: "O jogo estará concluído quando..." O *feedback* em tempo real serve como uma *promessa* para os jogadores de que a meta é definitivamente alcançável, além de fornecer *motivação* para continuar jogando.

Finalmente, a **participação voluntária** exige que cada um dos jogadores aceite, consciente e voluntariamente, a meta, as regras e o *feedback*. Isso *estabelece uma base comum* para múltiplas pessoas jogarem ao mesmo tempo. E a liberdade para entrar ou sair de um jogo por vontade própria assegura que um trabalho intencionalmente estressante e desafiador é vivenciado como uma atividade *segura* e *prazerosa*.

Essa definição pode surpreendê-lo exatamente pelo que ela não tem: interatividade, gráficos, narrativa, recompensas, competitividade, ambientes virtuais ou a ideia de "ganhar" — características nas quais geralmente pensamos quando se trata dos jogos da atualidade. É verdade, essas são características comuns a muitos jogos, mas não são características *que os definem*. O que define um jogo são as metas, as regras, o sistema de *feedback* e a participação voluntária. Todo o resto é um esforço para consolidar e fortalecer esses quatro elementos principais. Uma história envolvente torna a meta mais sedutora. Uma complexa métrica de pontuação torna o sistema de *feedback* mais motivador. Conquistas e níveis multiplicam as oportunidades de vivenciar o sucesso. Jogos multiplayer e para multidões podem tornar a experiência de jogar mais imprevisível e prazerosa. Gráficos imersivos, sons convincentes e ambientes em 3D aumentam nossa atenção ao trabalho que estamos fazendo no jogo. E algoritmos que aumentam as dificuldades à medida que jogamos são apenas formas de redefinir a meta e introduzir regras mais desafiadoras.

Bernard Suits, grande filósofo já falecido, resumiu tudo isso no que considero ser a mais convincente e útil definição já formulada a respeito de um jogo:

Dedicar-se a um jogo é a tentativa voluntária de superar obstáculos desnecessários.[1]

Em poucas palavras, essa definição dá conta de tudo que é motivador, recompensador e divertido em relação aos jogos. E nos leva à primeira correção da realidade:

↻ CORREÇÃO #1: OBSTÁCULOS DESNECESSÁRIOS

> Em comparação aos jogos, a realidade é muito fácil. Os jogos nos desafiam com obstáculos voluntários e nos ajudam a empregar nossas forças pessoais da melhor forma possível.

Para constatar como essas quatro características são essenciais para qualquer jogo, vamos submetê-las a um teste rápido. Esses quatro critérios poderiam efetivamente descrever o que há de tão irresistível em jogos tão diferentes quanto, digamos, o golfe, o Scrabble e o *Tetris*?

Vamos começar com o golfe. O golfista tem uma meta clara: colocar a bola em uma série de buracos pequenos, com um número de tentativas menor do que seus oponentes. Se você não estivesse em um jogo, atingiria essa meta da maneira mais eficiente possível: andaria até cada um dos buracos e colocaria a bola lá dentro com a mão. O que faz do golfe um jogo é que é preciso concordar voluntariamente em ficar longe de cada um dos buracos e lançar a bola com um taco. O golfe é envolvente exatamente porque você, ao lado de outros jogadores, concordou em tornar a tarefa mais desafiadora do que ela racionalmente deveria ser.

Acrescente-se a esse desafio um sistema de *feedback* confiável — existe tanto a medida objetiva de se a bola entrou ou não no buraco, quanto o somatório do número de tentativas que foram feitas nesse processo —, e você terá um sistema que não apenas permite saber se a meta foi atingida e quando, mas que ainda mantém acesa a expectativa de atingi-la potencialmente de forma cada vez mais satisfatória: em menos tacadas ou contra mais jogadores.

Para Bernard Suits, o golfe é, na verdade, o exemplo favorito, a quintessência dos jogos — é, realmente, uma demonstração elegante de exatamente como e por que ficamos tão completamente envolvidos quando jogamos. Mas e quanto a um jogo no qual os obstáculos desnecessários são mais sutis?

No Scrabble, a meta é soletrar palavras longas e interessantes com pecinhas nas quais se encontram as letras. Há muita liberdade: pode-se soletrar qualquer palavra encontrada no dicionário. Na vida real, existe um nome para esse tipo de atividade: ela é chamada de digitação. O Scrabble transforma a digitação em um jogo pela restrição de nossa liberdade, sob várias formas importantes. Para começar, só podemos trabalhar com sete letras de cada vez. Não é possível escolher quais peças ou quais letras usar. Também é preciso basear suas palavras nos termos que os outros jogadores já criaram. E há um número finito de vezes que uma letra pode ser utilizada. Sem essas limitações arbitrárias, penso que todos nós concordaríamos que soletrar palavras com pecinhas pintadas com letras não seria exatamente um jogo. A liberdade de trabalhar da maneira mais lógica e eficaz é justamente o *oposto* do ato de jogar. Mas acrescentar um conjunto de obstáculos e um sistema de *feedback* — nesse caso, pontos — que mostrem exatamente o quanto você está progredindo no ato de soletrar palavras longas e complicadas diante de obstáculos? Aí, nesse caso, formamos um sistema de tarefas completamente desnecessárias que já cativou mais de 150 milhões de pessoas em 121 países nos últimos setenta anos.

Tanto o golfe quanto o Scrabble têm uma condição de vitória clara, mas a capacidade de ganhar não é uma característica que necessariamente define os jogos. O *Tetris*, geralmente apelidado de "o maior jogo de computador de todos os tempos", é um perfeito exemplo de um jogo em que não é possível vencer.[2]

Quando jogamos o *Tetris* tradicional, em 2D, a meta é empilhar peças cadentes de quebra-cabeças, deixando o menor número possível de lacunas entre elas. As peças começam a cair cada vez mais rápido, e o jogo simplesmente fica mais e mais difícil. Ele nunca termina. Ao contrário, ele simplesmente espera até que você erre. Quem joga *Tetris* tem a *garantia* de que vai perder.[3]

Diante disso, não parece muito divertido. O que há de tão irresistível em trabalhar cada vez mais até perder? Entretanto, o *Tetris* é um dos jogos de computador mais adorados já concebidos — e o termo "viciante" foi provavelmente aplicado com mais propriedade ao *Tetris* do que a qualquer outro jogo singleplayer criado. O que torna o *Tetris* tão viciante, apesar da impossibilidade de ganhar, é a intensidade do *feedback* que ele proporciona.

À medida que empilhamos com sucesso as peças do *Tetris*, conseguimos três tipos de *feedback*: *visual* — você pode ver, fileira após fileira, as peças desaparecendo, como uma prova concreta; *quantitativo* — um enorme placar aumenta constantemente; e *qualitativo* — você vivencia um aumento regular do potencial desafiador do jogo.

Essa variedade e intensidade do *feedback* é a mais importante diferença entre os jogos digitais e os não digitais. Em computadores e videogames, o circuito interativo é satisfatoriamente elevado. Parece não haver lacuna entre nossas ações e as respostas do jogo. Podemos, literalmente, observar o impacto causado na realidade do jogo pelas animações e pelo placar. Também é possível perceber como o sistema do jogo está extraordinariamente atento a seu desempenho. Ele só fica mais difícil quando você está jogando bem, criando um perfeito equilíbrio entre o desafio mais complexo e a capacidade de vencê-lo.

Em outras palavras, em um bom jogo de computador ou videogame, você sempre está no limite de seu nível de habilidade, sempre à beira do fracasso. Quando efetivamente perde, você sente a urgente necessidade de voltar ao jogo. Isso porque não há nada mais virtualmente envolvente do que esse estado de trabalhar no exato limite da habilidade — ou o que tanto os criadores de jogos quanto os psicólogos chamam de "fluxo".[4] Quando estamos em um estado de fluxo, o desejo é permanecer ali: desistir *e* ganhar são resultados igualmente insatisfatórios.

A popularidade de um jogo que não se pode vencer, como é o caso do *Tetris*, derruba completamente o estereótipo de que jogadores de videogames são pessoas altamente competitivas que se preocupam mais em ganhar do que com qualquer outra coisa. A competição e a vitória *não* são características que definem os jogos — nem são os interesses que definem as pessoas que adoram jogá-los. Muitos jogadores prefeririam continuar jogando a vencer — e, assim, terminar o jogo. Em jogos de alto *feedback*, o estado de intenso envolvimento pode, em última análise, ser mais prazeroso do que a satisfação da vitória.

O filósofo James P. Carse escreveu que existem dois tipos de jogos: *jogos finitos*, que jogamos para vencer, e *jogos infinitos*, que jogamos para continuar jogando pelo máximo de tempo possível.[5] No mundo dos jogos de computador e videogames, o *Tetris* é um excelente exemplo de jogo infinito. Dedicamos nosso tempo ao *Tetris* pelo simples propósito de continuar em um bom jogo.

VAMOS TESTAR a definição que propusemos para o jogo com um exemplo final, um videogame significativamente mais complexo: o single-player de ação/puzzle *Portal*.

Quando o *Portal* começa, você se encontra em uma pequena e asséptica sala, sem nenhuma saída óbvia. Há muito pouco nesse ambiente 3D com o que interagir: um rádio, uma mesa e algo que parece ser uma cama. Você pode se movimentar em torno da pequena sala e olhar fixamente pelas janelas de vidro, mas isso é tudo. Não há nada óbvio para fazer: nenhum inimigo a combater, nenhum tesouro a ser encontrado, nenhum objeto cadente a evitar.

Com tão poucas pistas sobre como proceder, sua meta no começo do jogo é, de fato, descobrir quais são, afinal, as metas. Racionalmente, você pode supor que seu primeiro objetivo é sair da sala lacrada, mas não há como ter certeza absoluta disso. Parece que o principal obstáculo a enfrentar é não ter nenhuma ideia do que deve ser feito. Você terá de aprender por conta própria como ir adiante nesse mundo.

Bem, não exatamente por conta própria. Se bisbilhotar bastante a sala, talvez possa pensar em pegar a prancheta que está em cima da mesa. Esse movimento desperta um sistema de inteligência artificial que começa a falar com você. A IA o informa que você está prestes a passar por uma série de testes laboratoriais. Porém, ela não lhe diz em que sentido você está sendo testado. Novamente, depende do jogador descobrir.

À medida que continua jogando, o que você descobre, por fim, é que o objetivo do *Portal* é escapar de salas que operam segundo regras que você desconhece. Você percebe que cada sala é um quebra-cabeça, cada vez mais semelhante a uma armadilha, e que o jogo exige que entenda a física gradativamente mais complexa para sair dali. Se você não compreender a física de cada nova sala — isto é, se não aprender as regras do jogo —, ficará preso para sempre, ouvindo o sistema de IA repetindo a mesma coisa.

Hoje em dia, muitos (se não a maioria) dos jogos de computador e videogames são estruturados dessa forma. Os jogadores começam cada fase enfrentando o obstáculo de *não saber o que fazer* e *não saber como jogar*. Esse tipo de jogo ambíguo é notavelmente distinto dos jogos históricos, pré-digitais. Tradicionalmente, precisamos de instruções para jogar. Porém, agora, somos frequentemente convidados a aprender conforme avançamos. Exploramos o espaço do jogo, e o código do computador nos limita e orienta. Aprendemos a jogar observando cuidadosamente o que o jogo nos permite fazer e como ele responde a nossos estímulos. Como resultado, a maior parte dos jogadores nunca lê os manuais de instruções. De fato, esse é um sinal para a indústria: um jogo bem elaborado deve ser passível de ser jogado imediatamente, sem nenhum tipo de instrução.

O *Portal* faz com que nossa definição de jogo vire de cabeça para baixo, mas não a anula completamente. Os quatro elementos principais (metas, regras, *feedback* e participação voluntária) continuam os mesmos — eles apenas se manifestam em ordem distinta. Em geral, costumávamos receber espontaneamente a meta e as regras e, então, procuraríamos pelo *feedback* ao avançar. Entretanto, cada vez mais, aprendemos primeiro os sistemas de *feedback*. Eles nos guiam até a meta e nos ajudam a decodificar as regras. E essa é uma motivação tão poderosa quanto qualquer outra: descobrir exatamente o que é possível nesse recente mundo virtual.

PENSO que seria justo dizer que a definição de Suits, e, indo além, a *nossa* definição, dá conta razoavelmente bem desses diversos exemplos. Qualquer jogo bem concebido — digital ou não — é um convite para enfrentar um obstáculo desnecessário.

Quando compreendemos os jogos sob essa ótica, as sombrias metáforas que utilizamos para descrevê-los revelam-se como medos irracionais. Os jogadores não querem trapacear o sistema. Eles querem jogar o jogo. Querem explorar, aprender e aprimorar-se. Eles estão se voluntariando para um trabalho árduo e desnecessário — e se preocupam genuinamente com o resultado de seus esforços.

Se a meta for de fato atraente, e se o *feedback* for suficientemente motivador, continuaremos lutando contra as limitações do jogo — de forma criativa, sincera e entusiasmada —, por um período bastante longo. Jogaremos até extinguir completamente nossas próprias habilidades ou até que o desafio seja vencido. E levaremos o jogo a sério, porque não há nada de trivial em jogar um bom jogo. O jogo *importa*.

É isso que significa agir como um jogador ou ser uma pessoa que realmente adora jogar. É nisso que nos transformamos quando jogamos um bom jogo.

Mas essa definição nos leva a uma questão desconcertante. Por que diabos há tantas pessoas se voluntariando para enfrentar obstáculos completamente desnecessários? Por que estamos todos gastando 3 bilhões de horas semanais, trabalhando no limite de nossas habilidades, em troca de nenhuma recompensa externa óbvia? Em outras palavras: *por que os obstáculos desnecessários nos tornam felizes?*

Quando se trata de entender como os jogos realmente funcionam, a resposta para essa pergunta torna-se tão crucial quanto as quatro características definidoras.

Como os jogos despertam emoções positivas

Os jogos nos deixam felizes porque são um trabalho árduo que escolhemos para nós mesmos, e, no fim das contas, quase nada nos dá mais felicidade do que o bom e velho trabalho árduo.

Normalmente, não pensamos em jogos como trabalho árduo. Afinal, nós *jogamos*, e fomos ensinados a pensar em videogames como algo oposto ao trabalho. No entanto, nada pode estar mais distante da realidade. Na verdade, como certa vez Brian Sutton-Smith, psicólogo especialista em jogos, disse: "O oposto de um jogo não é o trabalho. É a depressão."[6]

Quando estamos deprimidos, de acordo com a definição clínica, sofremos de duas coisas: uma *sensação pessimista de inadequação* e uma *desanimadora falta de atividade*. Se revertêssemos essas duas características, teríamos algo como: *uma sensação otimista de nossa própria potencialidade* e *uma descarga revigorante de atividade*. Não há nenhum termo clínico da psicologia para descrever essa condição positiva. Mas trata-se de uma perfeita descrição do estado emocional que sentimos quando estamos jogando. Um jogo é a oportunidade de focar nossa energia, com um otimismo incansável, em algo no qual somos bons (ou no qual nos tornamos melhores) e apreciamos. Em outras palavras, *o jogo é o oposto emocional direto da depressão*.

Quando participamos de um bom jogo — ou estamos enfrentando obstáculos desnecessários —, nos movemos em direção à extremidade positiva do espectro emocional. Ficamos intensamente envolvidos, e isso nos deixa com a disposição mental e a condição física adequadas para gerar todos os tipos de emoções e experiências positivas. Todos os sistemas neurológicos e fisiológicos que estão na base da felicidade — nossos sistemas de atenção, nosso centro de recompensas, nossos sistemas de motivação, nossos centros de emoção e memória — são inteiramente ativados com os jogos.

Essa ativação emocional extrema é a principal razão pela qual os atuais jogos de computador e videogames de maior sucesso são tão viciantes e suscetíveis a mudar nosso humor. Quando estamos em um estado concentrado de envolvimento otimista, temos, subitamente, mais probabilidades biológicas para pensar positivamente, estabelecer conexões sociais e desenvolver forças pessoais. Estamos condicionando nossas mentes e nossos corpos para sermos mais felizes.

Quem dera o trabalho árduo no mundo real tivesse o mesmo efeito. Em nossas vidas verdadeiras, o trabalho duro é, muito frequentemente, algo que fazemos porque *temos* de fazer — ganhar a vida, seguir adiante, atender às expectativas de outras pessoas ou, simplesmente, cumprir a tarefa que alguém nos deu. Nós nos ressentimos desse tipo de trabalho. Ele nos estressa. Ele nos rouba tempo que, de outra forma, passaríamos com amigos e familiares. Ele traz consigo muitas críticas. Temos medo de fracassar. Geralmente, não conseguimos ver o impacto direto de nossos esforços, e, portanto, raramente nos sentimos satisfeitos.

Ou, pior, nosso trabalho no mundo real não é suficientemente árduo. Ficamos aborrecidos. Sentimos que somos completamente subutilizados, desvalorizados. Estamos desperdiçando nossas vidas.

Quando não conseguimos escolher o trabalho árduo por nós mesmos, de um modo geral trata-se do trabalho errado, na hora errada, para a pessoa errada. Não é perfeitamente adequado às nossas forças, não estamos no controle do fluxo de trabalho, não temos um panorama claro para o que estamos contribuindo e nunca vemos como será a recompensa no fim. O trabalho árduo que alguém nos pede para fazer simplesmente não ativa nossa felicidade da mesma maneira. Quase sempre, ele não nos absorve, não nos torna otimistas e não nos revigora.

Que grande estímulo teria a felicidade mundial se pudéssemos ativar positivamente as mentes e os corpos de centenas de milhões de pessoas, oferecendo-lhes um trabalho árduo melhor. Poderíamos oferecer-lhes missões e tarefas desafiadoras e customizadas, para serem cumpridas sozinhas ou com amigos e familiares, onde e quando elas bem entendessem. Nós lhes ofereceríamos relatórios claros e em tempo real sobre o progresso que estão fazendo e uma visão nítida sobre o impacto que estão provocando no mundo à sua volta.

Isso é *exatamente* o que a indústria dos jogos está fazendo atualmente. Ela está preenchendo a necessidade de um trabalho árduo melhor — e nos ajudando a escolher o trabalho certo na hora certa para nós mesmos. Então, você pode esquecer aquele velho aforismo: "Muito trabalho e pouca diversão faz de Jack um bobão." Todo bom jogo *é* trabalho árduo, mas trabalho árduo que apreciamos e escolhemos para nós mesmos. E quando realizamos um trabalho árduo com o qual nos importamos, estamos programando nossas mentes para a felicidade.

O trabalho árduo certo assume formas diferentes em épocas diferentes para pessoas diferentes. Para atender a essas necessidades individuais, há décadas os jogos têm oferecido um número cada vez maior de diferentes tipos de trabalho.

Há o **trabalho de grandes desafios** — exatamente o que muitas pessoas pensam quando se trata de videogames. É rápido e orientado para a ação, e nos empolga não apenas com a possibilidade de sucesso, mas também de um fracasso espetacular. Seja ao fazermos uma curva fechada em alta velocidade em um videogame de corrida, como na série *Gran Turismo*, ou combatendo zumbis em um jogo de primeira pessoa, como o *Left 4 Dead*, o que nos faz sentir mais vivos é o risco de colidir, incendiar ou ter nossos cérebros comidos.

Porém, há também o **trabalho de distração**, que é completamente previsível e monótono. O trabalho de distração, em geral, tem má reputação em nossas vidas reais, mas quando o escolhemos por nós mesmos, ele nos deixa razoavelmente contentes e produtivos. Quando estamos trocando joias multicoloridas em um jogo casual como o *Bejeweled* ou cultivando produtos agrícolas virtuais em um jogo social como o *FarmVille*, ficamos felizes apenas por manter nossas mãos e mentes ocupadas em uma atividade focada que produz um resultado claro.

Há o **trabalho mental**, que potencializa nossas faculdades cognitivas. Ele pode ser rápido e condensado, como os problemas de matemática de trinta segundos nos jogos *Brain Age*, da Nintendo. Ou pode ser longo e complexo, como as campanhas de conquistas de 10 mil anos simulados no jogo de estratégia *Age of Empires*. Em qualquer uma das formas, sentimos um entusiasmo de realização quando colocamos nossos cérebros para funcionar.

E há o **trabalho físico**, que faz com que nosso coração bata mais rápido, nosso pulmão trabalhe mais intensamente e nossas glândulas funcionem desesperadamente. Se o trabalho for suficientemente árduo, alimentaremos nosso cérebro de endorfinas, a substância química do bem-estar. Porém, mais importante do que isso, se estivermos dando socos no *Wii Boxing* ou pulando no *Dance Dance Revolution*, simplesmente apreciamos o fato de ficar completamente esgotados.

Há o **trabalho de descoberta**, que trata do prazer de investigar de forma ativa objetos e espaços não familiares. O trabalho de descoberta ajuda a nos sentirmos confiantes, poderosos e motivados. Quando exploramos misteriosos ambientes em 3D, como uma enorme cidade escondida no mar, no jogo de RPG de tiro em primeira pessoa *BioShock*, ou quando estamos interagindo com estranhas personagens, como os adolescentes *fashions* mortos-vivos que povoam Tóquio no jogo de combate portátil *The World Ends with You*, apreciamos a chance de podermos ficar curiosos sobre qualquer coisa.

Nos jogos atuais de computador e videogames, há, cada vez mais, o **trabalho em equipe**, que enfatiza a colaboração, a cooperação e as contribuições para um grupo maior. Quando buscamos tarefas especiais em uma missão complexa como as raids de 25 jogadores no *World of Warcraft* ou quando estamos defendendo a vida de nossos amigos em um jogo cooperativo para quatro jogadores na aventura cômica *Castle Crashers*, ficamos bastante satisfeitos em saber que temos um papel único e importante a desempenhar em um esforço muito maior.

Finalmente, há o **trabalho criativo**. Quando realizamos um trabalho criativo, somos levados a tomar decisões significativas e a nos sentirmos orgulhosos de algo que fizemos. O trabalho criativo pode assumir a forma de conceber casas e famílias na série *The Sims*, ou fazer o upload de vídeos de nossos próprios desempenhos em karaokês na rede *SingStar*, ou criar e gerenciar uma franquia virtual nos jogos *Madden NFL*. Em cada esforço criativo que fazemos, nos sentimos mais capazes em comparação ao momento em que começamos a jogar.

TRABALHO DE GRANDES DESAFIOS, trabalho de distração, trabalho mental, trabalho físico, trabalho de descoberta, trabalho em equipe e trabalho criativo — com todo esse trabalho árduo acontecendo em nossos jogos favoritos, lembro-me de algo que o dramaturgo Noël Coward afirmou certa vez: "O trabalho é mais divertido do que a diversão."

É claro que isso parece ligeiramente absurdo. O trabalho é mais divertido do que a diversão? Mas, quando se trata de jogos, esse é um fato mensurável e verdadeiro, graças a um método de pesquisa psicológica conhecido como "simulador da experiência".

Os psicólogos utilizam esse método de simulação da experiência, ou MSE, para descobrir como realmente nos sentimos em diferentes partes de nosso dia. Voluntários são interrompidos em intervalos randômicos com um *pager* ou com uma mensagem de texto e solicitados a relatar duas informações: o que estão fazendo e como se sentem.[7] Uma das descobertas mais comuns da pesquisa com o MSE é que o que julgamos "divertido" é, na verdade, ligeiramente deprimente.

Virtualmente, todas as atividades que descreveríamos como um tipo de diversão "relaxante" — ver televisão, comer chocolate, observar vitrines ou apenas sair para espairecer — não faz com que fiquemos felizes. Na verdade, frequentemente relatamos que nos sentimos piores depois dessas atividades do que quando as começamos: menos motivados, menos confiantes e menos envolvidos de forma geral.[8] Mas como tantos de nós podem estar enganados sobre o que é divertido? Não deveríamos ter uma sensação intuitiva mais apurada sobre o que realmente nos faz sentir melhores?

É claro que temos uma forte sensação intuitiva do que piora nosso humor, e estresse negativo e ansiedade estão, geralmente, no topo da lista. Os pesquisadores que utilizam o MSE acreditam que, quando procuramos conscientemente uma diversão relaxante, em geral estamos tentando reverter tais sentimentos negativos. Quando procuramos um entretenimento passivo ou atividades que não requerem um alto envolvimento, utilizamos esses passatempos como uma compensação para nosso nível de estimulação e estado emocional.

Todavia, ao tentarmos obter uma diversão fácil, terminamos quase sempre nos movendo para bem longe disso, na direção oposta. Saímos do estresse e da ansiedade diretamente para o tédio e a depressão. Faríamos muito bem a nós mesmos se evitássemos a diversão fácil e procurássemos a *diversão difícil* ou o trabalho árduo que apreciamos fazer.

A diversão difícil é o que acontece quando vivenciamos um estresse positivo ou *eustresse* (a combinação da palavra grega *eu*, "bem-estar", e *estresse*). Do ponto de vista fisiológico e neurológico, o *eustresse* é virtualmente idêntico ao estresse negativo: produzimos adrenalina, nosso circuito de recompensas é ativado e o fluxo sanguíneo aumenta nos centros de controle de atenção do cérebro. O que é fundamentalmente distinto é nosso estado de espírito.

Quando estamos com medo do fracasso ou do perigo, ou quando a pressão vem de uma fonte externa, a elevação neuroquímica extrema não nos deixa felizes. Ela nos deixa nervosos e agressivos, ou nos faz querer fugir ou nos fechar emocionalmente. Ela também pode despertar comportamentos que seria bom evitar, como comer em excesso, fumar ou consumir drogas.[9]

Mas durante o *eustresse*, não vivenciamos medo nem pessimismo. Geramos intencionalmente a situação estressante, e, portanto, nos sentimos confiantes e otimistas. Quando escolhemos nosso trabalho árduo, apreciamos a estimulação e a ativação. Isso nos faz querer mergulhar, participar e realizar tarefas. E esse revigoramento de otimismo reforça muito mais nosso humor do que simplesmente relaxar. Se nos sentirmos capazes de corresponder ao desafio, estaremos altamente motivados, extremamente interessados e positivamente envolvidos em situações estressantes. E esses são os estados emocionais decisivos que equivalem ao bem-estar geral e à satisfação na vida.

Com a diversão difícil nos sentimos mensuravelmente melhores do que quando começamos. Portanto, não é nenhuma surpresa que uma das atividades que os voluntários do MSE relatam como um dos maiores níveis de interesse e de humor positivo, tanto durante *quanto* depois, é quando estão jogando — incluindo esportes, jogos de cartas, jogos de tabuleiro e jogos de computador e videogames.[10] A pesquisa prova o que os jogadores já sabiam: dentro dos limites de nossa própria resistência, preferimos trabalhar arduamente a sermos entretidos. Talvez seja por isso que os jogadores passem menos tempo vendo televisão do que qualquer outra pessoa do planeta.[11]

Como Tal Ben-Shahar, professor de Harvard e especialista em felicidade, diz: "Somos muito mais felizes *vivendo* o tempo do que matando o tempo."[12]

HÁ MAIS UM importante benefício emocional da diversão difícil: ele é conhecido como *"fiero"*, e é, possivelmente, o estímulo emocional mais primitivo que podemos vivenciar.

Fiero é a palavra italiana para "orgulho", e tem sido adotada por criadores de jogos para descrever um estágio emocional para o qual não temos uma boa palavra em outras línguas.[13] *Fiero* é o que sentimos depois de triunfarmos sobre a adversidade. Só o conhecemos quando o sentimos — *e* quando o vemos. Isso porque quase todos nós expressamos o *fiero* exatamente da mesma forma: jogando os braços por sobre a cabeça e gritando.

O fato de que virtualmente todos os seres humanos expressam o *fiero* da mesma forma física é um sinal claro de que ele está relacionado às nossas emoções mais primitivas. Nossos cérebros e corpos devem ter evoluído muito cedo na linha do tempo da humanidade para vivenciar o *fiero* — e, efetivamente, os neurocientistas o consideram como um indício de nossa "ligação com o homem das cavernas". O *fiero*, de acordo com os pesquisadores do Center for Interdisciplinary Brain Sciences Research, em Stanford, é a emoção responsável pelo desejo de sair da caverna e conquistar o mundo.[14] É um desejo por desafios que possamos superar, batalhas que possamos vencer e perigos que possamos exterminar.

Os cientistas revelaram recentemente que o *fiero* é um dos estágios neuroquímicos mais poderosos que podemos experimentar. Ele envolve três estruturas diferentes do circuito de recompensas do cérebro, incluindo o centro mesocorticolímbico, tipicamente associado a recompensas e hábitos. O *fiero* é um estímulo diferente de todos os outros, e quanto mais desafiadores são os obstáculos que superamos, mais intenso ele é.

UM BOM JOGO é uma oportunidade única de estruturar a experiência e provocar uma emoção positiva. É uma ferramenta extremamente poderosa para inspirar a participação e motivar o trabalho árduo. E quando essa ferramenta é colocada no nível mais alto de uma rede, ela pode inspirar e motivar dezenas, centenas, milhares ou milhões de pessoas de uma só vez.

Esqueça por um momento tudo o que você pensa saber sobre jogos. Todo o bem que pode ser obtido por meio deles — cada maneira única pela qual eles podem nos tornar mais felizes no dia a dia e nos ajudar a mudar o mundo

— provém de sua habilidade para fazer com que nos organizemos em torno de um obstáculo voluntário.

Compreender que é assim que os jogos realmente funcionam pode nos ajudar a acabar com a preocupação de como as pessoas são capazes de trapacear com nossos sistemas e nos inspirar a lhes oferecer jogos reais e bem elaborados. Se nos cercarmos ativamente de pessoas dispostas a jogar o mesmo jogo que nós, então poderemos parar de nos preocupar tanto com os "jogadores" que jogam seu próprio jogo. Quando soubermos no que realmente consiste em jogar um bom jogo, poderemos parar de lembrar um ao outro: *isso não é um jogo*. Ao contrário, poderemos começar a encorajar energicamente as pessoas: isso *pode* ser um jogo.

CAPÍTULO DOIS

O surgimento dos engenheiros da felicidade

Não sou a primeira pessoa a perceber que a realidade está esgotada em comparação aos jogos, especialmente quando se trata de nos oferecer um bom e árduo trabalho. Na verdade, a ciência da felicidade nasceu há 35 anos, quando um psicólogo norte-americano chamado Mihály Csíkszentmihályi observou exatamente a mesma coisa. Em 1975, Csíkszentmihályi publicou um estudo científico revolucionário, chamado *Beyond Boredom and Anxiety*. O foco do estudo era um tipo específico de felicidade que Csíkszentmihályi denominou *fluxo*: "a sensação gratificante e empolgante da realização criativa e do funcionamento elevado."[1] Ele passou sete anos pesquisando esse tipo de envolvimento intenso e prazeroso: quando e onde o experimentamos, e como podemos reproduzi-lo?

Csíkszentmihályi identificou uma deprimente lacuna de fluxo na vida cotidiana, mas uma esmagadora abundância em jogos e atividades similares. Seus exemplos favoritos de atividades indutoras de fluxo eram o xadrez, o basquete, o montanhismo e dançar acompanhado: todos eles, esforços desafiadores com uma meta clara, regras bem-estabelecidas e potencial para o aumento da dificuldade e aprimoramento ao longo do tempo. Mais importante do que isso, as atividades de fluxo eram praticadas por puro prazer, em vez de status, dinheiro ou obrigação.

Segundo os escritos de Csíkszentmihályi, durante esse tipo de trabalho árduo altamente estruturado e motivador, atingimos regularmente a mais elevada forma de felicidade disponível para os seres humanos: *envolvimento intenso e otimista com o mundo à nossa volta*. Nesse momento, nos sentimos vivos, cheios de potencial e propósito — em outras palavras, nos ativamos completamente como seres humanos.

Evidentemente, é possível atingir esse tipo de ativação extrema fora do ambiente de jogos. Porém, a pesquisa de Csíkszentmihályi mostrou que o fluxo era mais *confiante* e *eficiente* se fosse produzido com a combinação específica de metas escolhidas pelo próprio jogador, obstáculos pessoalmente otimizados e *feedback* contínuo, que compõem a estrutura essencial dos jogos. "Os jogos são uma fonte óbvia de fluxo", escreveu ele, "e o jogo é a experiência de fluxo *par excellence*."[2]

"Mas se os jogos são a melhor e mais consistente fonte de envolvimento prazeroso em nossas vidas", ele pensou, "por que, então, a vida real se parece tão pouco com um jogo?" Csíkszentmihályi argumentou que o fracasso das escolas, escritórios, fábricas e outros ambientes cotidianos em oferecer o fluxo era uma questão moral séria, um dos problemas mais urgentes a serem enfrentados pela humanidade. Por que deveríamos desnecessariamente passar a maior parte de nossas vidas entre o tédio e a ansiedade, quando os jogos nos mostram uma alternativa mais clara e melhor? "Se continuarmos a ignorar o que nos deixa felizes", escreveu ele, "iremos ajudar efetivamente a perpetuar as forças desumanizadoras que estão ganhando impulso dia após dia."

A solução parecia óbvia para Csíkszentmihályi: gerar mais felicidade estruturando o trabalho real da mesma forma que o trabalho realizado nos jogos. Os jogos nos ensinam a criar oportunidades em trabalhos livremente escolhidos, trabalhos desafiadores que nos mantêm no limite de nossas habilidades, e tais lições podem ser transferidas para a vida real. Nossos problemas mais prementes — depressão, incompetência, alienação social e a sensação de que nada do que fazemos realmente importa — poderiam ser resolvidos, de forma bastante eficaz, integrando um trabalho mais divertido à vida cotidiana.[3] Não seria fácil, ele admitiu. Entretanto, se fracassássemos nessa simples tentativa de criar mais fluxo, arriscaríamos perder gerações inteiras para a depressão e o desespero.

Ele finalizou seu inovador estudo destacando as duas populações que mais necessitavam de trabalhos divertidos: "As crianças isoladas nos subúrbios e as donas de casa entediadas nos lares *precisam* experimentar o fluxo. Se não conseguirem, elas encontrarão substitutos na forma de fuga." Tal afirmação revelou-se estranhamente profética: hoje em dia, são exatamente esses dois grupos demográficos — crianças de subúrbio e mulheres que ficam em casa durante o dia

— que passam mais tempo fugindo para os jogos de computador e videogames.[4] Claramente, não fizemos muita coisa para aumentar o fluxo cotidiano.

Csíkszentmihályi estava certo sobre a necessidade de reinventar a realidade como se fosse um jogo. Ele apenas disse isso cedo demais. Em 1975, o restante do campo da psicologia moderna ainda estava altamente concentrado em entender a doença mental e as emoções negativas, e não em compreender as melhores experiências humanas. Não havia uma dinâmica suficientemente crítica entre seus pares para se concentrar no problema da felicidade cotidiana. Enquanto isso, as ferramentas das quais dispúnhamos em 1975 para inventar e compartilhar novos jogos com grandes audiências ainda estavam engatinhando. O *Pong*, o primeiro videogame comercial, tinha apenas 3 anos de idade. O console doméstico da Atari ainda demoraria dois anos para ser lançado. E somente uma grande obra teórica sobre a psicologia dos jogos havia sido publicada: em 1971, um livro intitulado, apropriadamente, de *The Study of Games*.[5]

Hoje, no entanto, estamos em uma posição bastante diferente. Desde o revolucionário estudo de Csíkszentmihályi, duas coisas cruciais aconteceram, tornando, repentinamente, o aumento da qualidade de vida por meio de jogos algo muito mais prático: o surgimento da psicologia positiva e a explosão da indústria dos jogos de computador e videogames.

A psicologia positiva é o campo relativamente novo da ciência que estuda a "prosperidade humana", ou como alcançamos diferentes tipos de felicidade. Há cerca de uma década, os pesquisadores da psicologia positiva vêm acumulando uma enorme quantidade de conhecimentos sobre como nossos cérebros e corpos funcionam para nos ajudar a alcançar bem-estar e satisfação.

Enquanto isso, a indústria de videogames está colocando todo esse conhecimento em prática. Os criadores de jogos entendem que, hoje em dia, os jogos fazem sucesso e produzem dinheiro em proporção direta à quantidade de satisfação dada e ao nível de emoções positivas provocadas — em outras palavras, no grau de felicidade propiciado a seus jogadores. Como resultado, os designers de jogos foram ensinados a perseguir incansavelmente resultados que produzam felicidade, incluindo o *fluxo* — e eles inventaram uma ampla gama de outras estratégias de felicidade ao longo desse percurso.

Evidentemente, nem sempre a felicidade foi a meta explícita da indústria de videogames, e nem todos os atuais criadores de jogos a compartilham. Muitos deles ainda continuam pensando mais em divertimento e distração do que em bem-estar e satisfação na vida. Porém, desde o surgimento da psicologia positiva, os líderes criativos da indústria passaram a se concentrar cada vez mais no impacto emocional e psicológico de seus jogos. Mais e mais diretores e criadores dos principais estúdios de jogos estão se baseando diretamente nas descobertas da psicologia positiva para conceber produtos melhores. A indústria até mesmo instituiu vários laboratórios de pesquisas científicas, expressamente dedicados a investigar a neurobiologia das emoções do ato de jogar.

Em resumo, uma mudança claramente está acontecendo. Como descreveu um jornalista, o laboratório de testes de jogos da Microsoft "parece mais um instituto de pesquisas psicológicas do que um estúdio de jogos".[6] Isso não é acidental. Os designers e criadores de jogos estão transformando efetivamente em ciência aplicada o que antes era uma arte intuitiva de otimizar a experiência humana. E, como resultado, estão se tornando os mais talentosos e poderosos engenheiros de felicidade do planeta.

Hoje, essas duas tendências históricas — a ciência da felicidade e a evolução emocional da indústria dos jogos — estão se unindo. Graças aos psicólogos positivos, sabemos mais do que nunca quais tipos de experiências e atividades realmente nos tornam felizes. E, graças aos criadores de jogos, temos sistemas cada vez mais poderosos e portáteis, capazes de proporcionar um envolvimento intenso e otimista, além das recompensas emocionais que mais desejamos.

Isso nos leva à segunda correção da realidade:

↻ CORREÇÃO #2: ATIVAÇÃO EMOCIONAL

> Em comparação aos jogos, a realidade é deprimente. Os jogos concentram nossa energia, com otimismo incansável, em algo no qual somos bons e apreciamos fazer.

Estamos, enfim, perfeitamente preparados para aproveitar o potencial dos jogos que nos fazem felizes e para melhorar nossa qualidade de vida cotidiana.

Vamos observar como chegamos até aqui.

EM 1983, um pianista de jazz e sociólogo chamado David Sudnow publicou um livro de suas memórias sobre videogame, o primeiro do gênero. Era uma crônica de 161 páginas sobre seus esforços para dominar um dos primeiros videogames domésticos: o jogo tipo ping-pong do Atari, chamado *Breakout*.

Sudnow não era o estereótipo de adolescente que passava o dia inteiro dentro de uma *lan house*. Era um professor de 43 anos de idade, com uma bem-sucedida carreira paralela na música e uma vida atarefada, sob qualquer ponto de vista. Ninguém poderia imaginar que jogar videogame se tornaria para ele um trabalho mais gratificante do que realizar pesquisas ou compor músicas — e, muito menos, o próprio Sudnow. Mas, para sua grande surpresa, foi exatamente isso o que aconteceu. Durante três meses, Sudnow jogou *Breakout* como se fosse um emprego em tempo integral: "Cinquenta horas, umas boas cinco horas por dia durante dez dias, à tarde, à noite, às três da manhã".

O que era tão fascinante a respeito do *Breakout*? Tratava-se, basicamente, de um *Pong* single-player: era preciso girar um botão de controle no *joystick* para mover uma haste reta na base da tela e esperar que uma bola caísse e tocasse a haste. Mova a haste, espere a bola; mova a haste, espere a bola. A meta era mirar a bola através da haste para derrubar os tijolos de uma parede localizada no topo da tela.

De início, esse trabalho era muito fácil: a haste era longa, a bola caía vagarosamente e havia muitos tijolos para derrubar. Entretanto, à medida que se derrubavam mais e mais tijolos, a bola caía cada vez mais rápido e batia nas paredes de forma irregular, e a haste se reduzia à metade de seu tamanho original. Gradativamente, ficava mais difícil manter a bola em jogo, e era preciso uma determinação cada vez maior para guiar a bola até os poucos tijolos remanescentes. Se você perdesse cinco bolas, perdia o jogo.

Ainda que fosse um videogame incipiente, já correspondia a uma pequena e perfeita carga de trabalho voluntário. Tinha tudo o que se poderia querer de um obstáculo desnecessário: uma meta clara (destruir a parede de tijolos), restrições arbitrárias (usar somente uma haste e cinco bolas), um *feedback* instantâneo, tanto visual quanto auditivo (os tijolos desapareciam da tela um de cada vez, sempre com um gratificante *bip*). Os algoritmos do computador ajustavam continuamente o nível de dificuldade para que você continuasse jogando até o exato limite de suas habilidades.

Como definiu Sudnow: "Eis aqui a motivação que você sempre quis (...), e o prêmio parecia estar apenas esperando por você."[7] O jogo dominava completamente a atenção de Sudnow, mesmo quando ele não estava em frente ao console do Atari. "Quando eu não estava diante da minha TV, praticava a sequência na cabeça, andando pela rua, sentado em um café girando um saleiro, olhando para uma treliça feita de bambu e papel de arroz, com retângulos no teto iguais aos do *Breakout*, jantando em um restaurante japonês... apenas esperando para voltar ao jogo."[8]

Quanto mais ele se aprimorava no jogo, mais queria jogar, e quanto mais jogava, mais se aprimorava. Sudnow ficou tão absorto pela intensidade de seu contínuo circuito de *feedback*, que se sentiu impelido a escrever um livro inteiro para entendê-lo. É uma meditação extensa e poética sobre as emoções do ato de jogar. Em apenas duas frases que se tornaram famosas, ele sintetiza quase tudo o que precisamos saber sobre o poder emocional dos primeiros videogames:

> Tratava-se de um negócio completamente diferente, nada do que eu jamais conhecera. (...) Trinta segundos de jogo, e já estou inteiramente em outro estágio do meu ser, com todas as minhas sinapses em atividade.[9]

O que Sudnow descreve é a extrema ativação neuroquímica que acontece nos cérebros e corpos quando começamos a jogar um bom jogo de computador ou videogame. Ele estava intensamente focado, altamente motivado, criativamente recarregado e trabalhando nos exatos limites de suas habilidades. A imersão era quase instantânea. O fluxo estava rápida e virtualmente garantido.

Do zero à experiência máxima em apenas trinta segundos — não é de surpreender que os videogames o tenham conquistado. Nunca antes na história da humanidade esse tipo de ativação emocional perfeita pôde ser acessado de modo tão barato, confiável e rápido.

No passado, as mais profundas experiências de fluxo haviam exigido anos de prática ou condições extraordinárias para serem atingidas. Quando Csíkszentmihályi escreveu sobre isso pela primeira vez, estava estudando jogadores *especialistas* em xadrez, basquete e montanhismo, ou que costumavam dançar acompanhados. O fluxo era, tipicamente, o resultado de anos, se não de décadas, de aprendizado da estrutura de uma atividade e do reforço das habilidades e destrezas exigidas. Além disso, era preciso estar mergulhado em um contexto verdadeiramente espetacular e incomum, como dançar nas ruas abarrotadas durante o carnaval ou esquiar em uma encosta excepcionalmente desafiadora.

O fluxo não era uma coisa fácil de acontecer. Contudo, como Sudnow e milhões de outros jogadores novatos descobriram, os videogames tornaram possível vivenciar o fluxo quase imediatamente. Os jogos eletrônicos usavam as propriedades tradicionais de atividades potencialmente indutoras de fluxo — meta, obstáculos, desafios crescentes e participação voluntária — e as combinavam, então, com um estímulo físico direto (o *joystick*), ajuste de dificuldade flexível (os algoritmos do computador) e *feedback* visual instantâneo (os gráficos do vídeo) para fortalecer dramaticamente o contínuo *feedback* dos jogos. E esse elo de *feedback* mais forte e rápido permitia que a recompensa emocional do *fiero* fosse atingida de forma mais confiável: cada micronível ou dificuldade à qual se sobrevivia provocava uma elevação do estágio emocional em uma fração de segundo.

O resultado era um ciclo muito mais rápido de aprendizado e recompensa, e, em último caso, uma sensação de controle perfeito e poderoso sobre o "micromundo" exibido na tela. Como descreveu Sudnow: "O botão do *joystick* parece uma verdadeira ação prática. *Bam, bam, bam,* te peguei. (...) Por favor, não perca, ande, vá em frente, pegue aquele tijolo, é fácil, não há surpresas, agora fique calmo, não entre em pânico, vá aos poucos, pegue-o agora. Acabe logo com isso. Ação de videogame. Você sabe quando isso acontece, da mesma forma quando toma seu primeiro porre."[10]

Foi esse rápido e confiável ajuste no fluxo e no *fiero* que fez com que Sudnow e todos os primeiros jogadores de videogame sempre retornassem por mais. Não é exagero dizer que, para muitos deles, provavelmente isso dava a sensação pela qual estiveram esperando a vida inteira: uma dose aparentemente livre e interminável de atividade revigorante e todas as razões do mundo para se sentirem otimistas sobre suas próprias habilidades.

Tanto naquela época quanto nos dias de hoje, o fluxo e o *fiero* mais rápidos e confiáveis distanciam os jogos de computador e videogames de todos os jogos que vieram antes deles. E isso é o que torna as memórias de Sudnow sobre jogar *Breakout* um objeto histórico tão importante. Ele foi o primeiro a expressar o que havia de tão novo e emocionalmente instigante sobre jogos digitais, antes dos gráficos espetaculares, antes das histórias épicas e antes dos mundos de jogos on-line para multidões. Naquela época, *todo* o poder emocional dos videogames provinha do fato de eles serem obstáculos interessantes, com um *feedback* melhor e desafios mais adaptativos. Como resultado, eles se destacavam em, e, basicamente, uma única coisa: provocar tanto fluxo e *fiero* que era praticamente impossível parar de jogá-los.

Na verdade, era apenas nisso que se baseavam esses primeiros videogames: continuar jogando pelo máximo de tempo possível. Um dos originais e mais conhecidos *slogans* da Atari era: "Descubra até onde você pode ir." Continuar no jogo era uma batalha constante, mas era também a principal satisfação em jogar. O fluxo e o *fiero* são as verdadeiras recompensas dos videogames, e jogando contra uma máquina incansável, podemos produzi-los indefinidamente por nós mesmos.

Bem, quase indefinidamente.

Depois de três meses, Sudnow exauriu, enfim, sua aparentemente infinita fonte de fluxo. Ele fez um jogo perfeito de *Breakout*, destruindo todas as paredes com apenas uma bola. Foi um dos maiores momentos de *fiero* de sua vida. Mas, naquele dia, quando conquistou o placar mais alto possível, sua obsessão pelo *Breakout* acabou. Ele tinha ido tão longe quanto o fluxo e o *fiero* o permitiram ir.

Felizmente, para os jogadores, esse não é o final da história.

O fluxo, como os psicólogos positivos relataram, é somente uma parte do quadro geral da felicidade. Foi o primeiro tipo de felicidade que esses psicólogos estudaram, mas a ciência progrediu significativamente desde então. Como explica Corey Lee M. Keyes, professor de psicologia da Emory University: "O fluxo é considerado *parte* da ciência da felicidade, mas não é tudo. (...) Ele é mais um estado temporário do que uma característica ou condição para o funcionamento humano. Ao mesmo tempo em que há estudos sobre como prolongá-lo, não se entende o fluxo como algo com que as pessoas possam conviver o tempo todo."[11]

O fluxo é estimulante no momento em que está acontecendo. Ele nos deixa energizados. Uma grande experiência de fluxo pode melhorar nosso estado de espírito por horas, ou mesmo por dias. Mas, pelo fato de ser justamente um estado de envolvimento extremo, ele acaba por consumir nossos recursos físicos e mentais.

Podemos suportar o fluxo indefinidamente — tanto quanto desejarmos. É por isso que, segundo Keyes, a prosperidade humana exige uma abordagem mais "contínua" para o bem-estar. Não pode ser apenas fluxo o tempo todo. Temos de encontrar meios de apreciar o mundo e aproveitar a vida mesmo quando não estivermos operando com todo o potencial humano máximo.

Isso é tão verdadeiro para os jogos quanto para a vida.

David Sudnow, por fim, ficou tão exaurido com os três meses que passou absorvido pelo fluxo praticamente contínuo de *Breakout* que, depois, ficou longe dos videogames por um tempo bastante considerável.

Fluxo demais pode levar à exaustão da felicidade. Ao mesmo tempo, *fiero* demais pode levar ao vício — uma palavra que Sudnow nunca utilizou em suas memórias, mas que, mesmo assim, inevitavelmente nos vêm à mente. O *fiero* desperta alguns de nossos circuitos mais primitivos, e a resposta emocional pode ser extrema.

Recentemente, Allan Reiss, professor de psiquiatria e ciência comportamental em Stanford, liderou uma equipe de pesquisadores em um estudo sobre a neuroquímica do *fiero* em jogadores. Seu laboratório capturou ressonâncias magnéticas dos cérebros de jogadores enquanto jogavam videogames particularmente desafiadores. Os cientistas observaram uma ativação excepcionalmente intensa no circuito cerebral responsável pelas dependências e vícios, exatamente nos momentos em que os jogadores vivenciavam momentos de triunfo. E, como resultado, identificaram o *fiero* como a causa subjacente mais provável para o fato de algumas pessoas se sentirem "viciados" em seus jogos favoritos.[12]

Essa dependência é um assunto que a indústria leva a sério — é um tópico frequente nas conferências e nos fóruns de criadores de jogos: o que provoca o vício e como podemos ajudar pessoas a evitá-lo? Isso pode parecer surpreendente: a indústria não desejaria que os jogadores gastassem *mais* tempo (e dinheiro) jogando, e não menos? E é verdade: mais jogos por mais pessoas *é* a meta principal da indústria. Porém, a indústria quer criar *jogadores duradouros*: pessoas que possam equilibrar seus jogos favoritos com vidas plenas e ativas. E, portanto, chegamos àquele que talvez seja o dilema central da indústria dos jogos nos últimos trinta anos: como capacitar os jogadores a jogar mais sem desprezar suas vidas reais? A indústria sabe que as pessoas que gostam de videogames podem desejar o fluxo e o *fiero* — e quanto mais os criadores de jogos lhes derem isso, mais tempo e dinheiro elas gastarão em seus jogos favoritos. Entretanto, para além de certo limiar do ato de jogar — para a maioria dos jogadores, parece ser algo em torno de vinte horas por semana —, eles começam a pensar na possibilidade de estarem perdendo a vida real.

O jornalista de tecnologia Clive Thompson batizou esse fenômeno de *remorso do jogador*.[13] E ele é o primeiro a admitir que sofre disso tanto quanto qualquer outro. Thompson lembra-se de ter verificado, certo dia, suas estatísticas pessoais — muitos jogos mantêm o registro de quantas horas passam jogando — e ter ficado chocado em constatar que havia atingido 36 horas de um único jogo em uma semana — como ele descreveu: "Uma experiência de perda de tempo tão grande que, normalmente, seria necessária uma abdução por um OVNI para alcançá-la." Ele percebeu que pensava no orgulho pelo que havia conquistado no ambiente virtual do jogo, e imaginava se todo aquele trabalho árduo realmente havia valido a pena.

Como escreve Thompson: "O segredo inconfessável dos jogadores é que lutamos contra esse dilema o tempo todo. Geralmente somos tomados por (...) uma sensação súbita e horripilante de vazio quando pensamos em todas as outras coisas que poderíamos ter feito com o tempo que gastamos jogando." E admite: "O júbilo que sinto quando termino um jogo está sempre ligeiramente impregnado por uma perturbadora sensação de vazio. Não teria sido melhor se eu tivesse feito algo difícil, desafiador *e* produtivo?"

Esse conflito interno aparece em fóruns de discussão por toda a rede. As perguntas gêmeas — "Quanto tempo você passa jogando?" e "Quanto tempo é muito tempo?" — são onipresentes na comunidade de jogos.

Como uma solução parcial para o remorso do jogador, muitos dos mais viciantes jogos on-line implementaram um "sistema de fadiga". Esses sistemas são mais comuns na Coreia do Sul e na China, onde os índices de jogos em rede para homens jovens podem equivaler a quarenta horas por semana.[14] Depois de três horas consecutivas jogando, os usuários recebem 50% a menos de bônus (e metade do *fiero*) por cumprir o mesmo montante de trabalho. Depois de cinco horas, torna-se impossível receber qualquer recompensa. Nos Estados Unidos, uma variante mais suave é normalmente empregada: os jogadores do *World of Warcraft*, por exemplo, acumulam "bônus de descanso" para cada hora que passam *sem* jogar. Quando fazem novamente o login, o avatar pode conquistar o dobro de bônus, até que seja a hora de descansar novamente.

No entanto, essas medidas são, na melhor das hipóteses, paliativas. Tentar fazer com que as pessoas parem de se dedicar a seus jogos favoritos nunca funcionará; o apetite de jogadores motivados pelo fluxo e *fiero* encontrará uma forma de burlar as restrições e limitações. O que é necessário, ao contrário, é que os jogos possam ir além do fluxo e do *fiero*, que nos deixam felizes naquele momento, e proporcionem um tipo de recompensa emocional mais duradoura. Precisamos de jogos que nos deixem felizes mesmo quando não estivermos jogando. Somente aí encontraremos o equilíbrio correto entre nos dedicarmos aos jogos e extrair o máximo de nossas vidas reais.

Felizmente, isso é exatamente o que está acontecendo agora no mercado dos videogames. Cada vez mais, os jogos estão nos ensinando os quatro segredos de como fabricar nossa própria felicidade — e estão nos dando o poder de fabricá-la a qualquer momento e em qualquer lugar.

Os quatro segredos para fabricar a própria felicidade

Muitas teorias antagônicas em relação à felicidade emergiram do campo da psicologia positiva, mas se há uma coisa sobre a qual praticamente todos os psicólogos positivos concordam é esta: há muitas maneiras de ser feliz, mas é impossível *encontrar* a felicidade. Nenhum objeto, nenhum acontecimento, nenhum resultado ou circunstância da vida pode nos dar a verdadeira felicidade. Temos de *fabricar nossa própria* felicidade — trabalhando arduamente em atividades que proporcionem sua própria recompensa.[15]

Quando tentamos encontrar a felicidade fora de nós mesmos, estamos concentrados no que os psicólogos positivos chamam de recompensas "extrínsecas" — dinheiro, bens materiais, *status* ou elogios. Quando conseguimos o que queremos, nos sentimos bem. Infelizmente, os prazeres da felicidade encontrada não duram muito tempo. Desenvolvemos uma tolerância às coisas que mais gostamos, e começamos a querer mais. São necessárias recompensas maiores e melhores apenas para despertar o mesmo nível de satisfação e prazer. Quanto mais tentamos "encontrar" a felicidade, mais difícil fica. Os psicólogos positivos chamam esse processo de "adaptação hedonista", e trata-se de um dos maiores obstáculos para a satisfação a longo prazo.[16] Quanto mais consumimos, adquirimos e elevamos nosso *status*, mais difícil é nos mantermos felizes. Não importa se queremos dinheiro, cargos profissionais, popularidade, atenção ou simples objetos materiais, os cientistas concordam: procurar por recompensas externas é um caminho certo para sabotar a própria felicidade.

Por outro lado, quando nos dispomos a fabricar nossa felicidade, estamos focados na atividade que gera recompensas *intrínsecas* — as emoções positivas, forças pessoais e vínculos sociais que construímos intensamente com o mundo ao redor. Não estamos em busca de elogios ou dividendos. O simples ato que estamos praticando, o contentamento de estarmos envolvidos, é suficiente.

O termo científico para esse tipo de atividade automotivada e autorrecompensadora é *autotélico* (das palavras gregas para "eu", *auto,* e "meta", *telos*).[17] Realizamos trabalhos autotélicos porque eles nos envolvem completamente, e porque o envolvimento intenso é o estado emocional mais prazeroso, gratificante e significativo que podemos vivenciar.

Se estivermos regularmente imersos em um trabalho árduo e autorrecompensador, estaremos felizes com mais frequência do que nunca — não importa como nossa vida está. Essa é uma das primeiras hipóteses da psicologia positiva e um conceito razoavelmente radical. Ele contradiz o que muitos de nós fomos ensinados a acreditar — que precisamos esperar até que a vida esteja minimamente em ordem para que possamos ser felizes e que quanto mais fácil ela for, mais felizes seremos. Entretanto, a relação entre o trabalho árduo, a recompensa intrínseca e a felicidade duradoura foi verificada e confirmada por centenas de estudos e experimentos.

Um estudo bastante conhecido, conduzido na University of Rochester, publicado em 2009, rompe claramente com uma das crenças mais comuns a respeito de como funciona a felicidade. Os pesquisadores acompanharam 150 jovens recém-formados por dois anos, monitorando suas metas e os níveis de felicidade que julgavam ter. Eles compararam os índices atingidos pelos formandos nas recompensas extrínsecas e intrínsecas com os níveis declarados de bem-estar e satisfação na vida. A conclusão inequívoca dos pesquisadores: "A consecução de metas extrínsecas ou o 'sonho americano' — dinheiro, fama e ser considerado fisicamente atraente por outros —, *não contribui para a felicidade como um todo*." Na verdade, segundo foi relatado, longe de criar o bem-estar, conquistar recompensas extrínsecas "contribui, de fato, para algum mal-estar". Se deixarmos que o desejo crescente por recompensas extrínsecas monopolize nosso tempo e nossa atenção, ficaríamos impedidos de nos envolver com atividades autotélicas que, de fato, aumentariam nossa felicidade.

Por outro lado, no mesmo estudo os pesquisadores descobriram que os indivíduos que focaram em atividades intrinsecamente recompensadoras, trabalhando arduamente para desenvolver, por exemplo, suas forças pessoais e construir relações sociais, eram mensuravelmente mais felizes ao longo de todo o período de dois anos, *completamente independentes das circunstâncias da vida externa*, como salário ou *status* social.

Essa pesquisa confirma o que dúzias de outros estudos importantes descobriram: a felicidade derivada de recompensas intrínsecas é incrivelmente resistente. Cada vez que nos envolvemos em atividades autotélicas, ocorre exatamente o oposto da adaptação hedonista. Ficamos livres do consumo e da aquisição como fontes de prazer e desenvolvemos nossa *resistência hedonista*. Como explica a pesquisadora de psicologia Sonja Lyubomirsky, especialista em recompensas intrínsecas: "Uma das razões principais para a durabilidade das atividades de felicidade é que (...) são arduamente conquistadas. Você dedicou tempo e esforço. (...) Você fez com que essas práticas acontecessem e tem a habilidade de fabricá-las novamente. Esse senso de capacidade e responsabilidade é um estímulo poderoso em si mesmo." Em outras palavras, ficamos mais capazes de proteger e fortalecer nossa qualidade de vida, independentemente das circunstâncias externas. Contamos cada vez menos com recompensas extrínsecas pouco confiáveis e de vida curta, e assumimos o controle de nossa própria felicidade. "Quando a fonte da emoção positiva é você mesmo, (...) ela pode continuar a abrir caminho para o prazer e fazê-lo feliz. Quando a fonte da emoção positiva é você mesmo, ela é *renovável*."[18]

A teoria da psicologia positiva prevalecente — de que somos a única fonte de nossa própria felicidade — não é apenas uma metáfora. É um fato biológico. Nossos cérebros e corpos produzem substâncias neuroquímicas e sensações fisiológicas que vivenciamos em diferentes quantidades e combinações, como prazer, alegria, satisfação, êxtase, contentamento, amor e todos os outros tipos de felicidade. E os psicólogos positivos mostraram que não precisamos esperar que a vida desperte essas substâncias e sensações. Nós mesmos podemos despertá-las com atividades autotélicas cientificamente mensuráveis.

Na verdade, de um ponto de vista neurológico e fisiológico, a "recompensa intrínseca" é apenas outra forma de descrever as recompensas emocionais que conseguimos ao estimular nossos sistemas internos de felicidade.

Ao assumir um desafio, como tentar finalizar uma tarefa em um tempo mais curto do que o normal, podemos produzir em nossos próprios corpos uma descarga de adrenalina, o hormônio da excitação que nos torna confiantes, enérgicos e altamente motivados.[19]

Ao conquistar algo que é muito difícil para nós, como resolver um quebra-cabeça ou terminar uma corrida, nossos cérebros liberam um potente coquetel de norepinefrina, epinefrina e dopamina. Combinadas, essas três substâncias neuroquímicas nos deixam satisfeitos, orgulhosos e altamente vigilantes.[20]

Quando fazemos alguém rir ou sorrir, nosso cérebro é inundado por dopamina, o neurotransmissor associado ao prazer e à recompensa. Se também rirmos ou sorrirmos, o efeito é ainda mais pronunciado.[21]

Cada vez que coordenamos ou sincronizamos nossos movimentos físicos com os outros, como na dança ou nos esportes, liberamos oxitocina em nossa corrente sanguínea, uma substância neuroquímica que nos faz sentir muito felizes e em êxtase.[22]

Quando procuramos aquilo que pode ser descrito como histórias, mídias ou apresentações "poderosas" e "emocionantes", estamos, na realidade, despertando nosso nervo vago, que nos faz sentir "engasgos" emocionais no peito ou na garganta, ou estimulando o reflexo pilomotor de nosso sistema nervoso, que nos traz arrepios prazerosos e calafrios.[23]

E, se provocarmos nossa curiosidade nos expondo a estímulos visuais ambíguos, como um presente embrulhado ou uma porta entreaberta, experimentamos uma descarga de substâncias bioquímicas do "interesse", também conhecidas como "opiatos internos". Isso inclui as endorfinas, que nos fazem sentir poderosos e no controle da situação, e a beta-endorfina, um neurotransmissor do "bem-estar", que é oitenta vezes mais poderoso do que a morfina.

Poucos entre nós se dispõem a despertar intencionalmente tais sistemas. Não pensamos na felicidade como um processo de ação estratégica sobre nossa neuroquímica. Simplesmente sabemos o que é significativo, gratificante e nos faz sentir bem, e esse será o tipo de atividade que faremos, independente do resto.

É claro, também desenvolvemos uma série de atalhos externos para despertar nossos sistemas de felicidade altamente complexos: álcool e drogas que geram dependência; comida saborosa, mas pouco saudável; e consumismo crônico, apenas para citar alguns. Porém, esses métodos não são sustentáveis ou eficazes a longo prazo. Como os cientistas demonstraram, a adaptação hedonista às recompensas externas fará com que nossos comportamentos que buscam um atalho para a felicidade se tornem incontroláveis, até que não funcionem mais, ou que não tenhamos mais recursos para bancá-los, ou, mesmo, até que nos matem.

Felizmente, não temos de lutar essa batalha perdida. Se focarmos na recompensa intrínseca, nunca ficaremos sem as matérias-primas para fabricar a própria felicidade. Somos programados com sistemas neuroquímicos para fabricar toda a felicidade de que precisamos. Apenas temos de trabalhar arduamente com as coisas que nos atraem e mergulhar em atividades que apreciamos, justamente por serem desafiadoras.

A escritora e autoproclamada exploradora da felicidade Elizabeth Gilbert define melhor: "A felicidade é consequência do esforço pessoal. (...) Você tem de participar incansavelmente nas manifestações de suas próprias bênçãos."[24] Temos a capacidade biológica de fabricar nossa própria felicidade por meio do trabalho árduo. E, quanto mais trabalharmos para vivenciar as recompensas intrínsecas, mais fortes se tornarão nossas capacidades internas de fabricar felicidade.

E QUAIS RECOMPENSAS intrínsecas são mais essenciais à nossa felicidade? Não há uma lista definitiva, mas algumas ideias-chave e exemplos aparecem repetidamente na literatura científica. Minha análise das descobertas significativas da psicologia positiva ao longo da última década sugere que as recompensas intrínsecas podem ser divididas em quatro categorias principais.[25]

Antes de mais nada, todo dia buscamos um **trabalho gratificante**. A natureza exata desse "trabalho satisfatório" é diferente de pessoa para pessoa, mas, para todos nós, ela significa ocupar-se de atividades claramente definidas e absorventes, que nos permitam perceber o impacto direto de nossos esforços.

Em segundo lugar, buscamos **a experiência, ou, ao menos, a esperança de sermos bem-sucedidos**. Queremos nos sentir poderosos em nossas próprias vidas, e mostrar aos outros no que somos bons. Queremos ser otimistas sobre nossas chances de sucesso, desejar algo e sentir que estamos ficando melhores ao longo do tempo.

Em terceiro lugar, buscamos a **conexão social**. Os seres humanos são criaturas extremamente sociais e até mesmo o mais introvertido de nós extrai um bom percentual de felicidade ao passar algum tempo com as pessoas com as quais se preocupa. Queremos compartilhar experiências e criar vínculos, e quase sempre cumprimos esse objetivo realizando em conjunto as coisas que mais nos importam.

Em quarto e último lugar, buscamos o **sentido** ou a chance de ser parte de algo maior do que nós mesmos. Queremos sentir curiosidade, admiração e encantamento em relação a coisas que evoluam em escalas épicas. E mais importante do que isso, queremos pertencer e contribuir com algo que tenha um significado duradouro para além de nossas próprias existências individuais.

Esses quatro tipos de recompensas intrínsecas são a base para otimizar a experiência humana. São as motivações mais poderosas além de nossas necessidades básicas de sobrevivência (comida, segurança e sexo). E o que essas recompensas têm em comum é que todas elas são formas de se envolver profundamente com o mundo à nossa volta — com o ambiente, com outras pessoas e com causas e projetos maiores do que nós mesmos.

SE A RECOMPENSA INTRÍNSECA é mais gratificante e eficaz ao estimular nossa felicidade do que a recompensa extrínseca, então não deveríamos naturalmente passar a maior parte do tempo enfrentando obstáculos desnecessários e nos envolvendo em atividades autotélicas?

Infelizmente, como explica de modo eloquente Sonja Lyubomirsky, "fomos condicionados a acreditar que as coisas erradas nos tornarão felizes por mais tempo".[26] Compramos o sonho americano. E, cada vez mais, não são apenas os americanos que estão desistindo da felicidade real em nome da busca por riqueza, fama e beleza. Graças à globalização do consumo e da cultura popular, o mesmo sonho da recompensa extrínseca está sendo vendido a cada ser humano do planeta. Isso é especialmente verdadeiro em economias emergentes, como a China, a Índia e o Brasil, onde mais e mais pessoas estão sendo lançadas ao mercado hedonista global, encorajadas a consumir mais e a competir por recursos naturais limitados, como forma de aumentar sua qualidade de vida.

Mas ainda há esperança. Um grupo está optando por renegar essa ladainha hedonista que entorpece as almas e exaure o planeta, e em números cada vez maiores: os jogadores hardcore.

Os jogos, afinal de contas, são a quintessência da atividade autotélica. Jogamos somente porque queremos. Eles não abastecem nosso apetite por recompensas extrínsecas: não nos pagam, não fazem nossa carreira progredir e não nos ajudam a acumular bens materiais. No entanto, nos enriquecem com recompensas intrínsecas. Eles nos envolvem ativamente em trabalho gratificante, no qual temos a chance de ser bem-sucedidos. Eles nos dão uma maneira altamente estruturada de passar o tempo e criar vínculos com pessoas das quais gostamos. E, se nos dedicarmos a um jogo por tempo considerável, com uma rede de jogadores grande o suficiente, nos sentiremos parte de algo maior do que nós mesmos — parte de uma história épica, um projeto importante ou uma comunidade global.

Os bons jogos nos ajudam a vivenciar as quatro coisas que mais buscamos — e eles o fazem de modo seguro, barato e confiável.

Os bons jogos *são* produtivos. Eles estão produzindo uma melhor qualidade de vida.

Quando percebemos que essa *reorientação para a recompensa intrínseca* é o que está realmente por trás das 3 bilhões de horas por semana que gastamos jogando em escala global, o êxodo em massa para os mundos virtuais deixa de ser surpreendente ou particularmente alarmante. Ao contrário, é a esmagadora confirmação do que os psicólogos positivos descobriram em suas pesquisas científicas: a atividade automotivada e autorrecompensadora realmente nos torna mais felizes. Mais importante do que isso: é uma evidência de que os jogadores não estão fugindo de suas vidas reais ao optar pelos jogos.

Eles estão transformando ativamente suas vidas reais em algo mais recompensador.

CAPÍTULO TRÊS

Trabalho mais gratificante

Jogar *World of Warcraft* é um trabalho tão gratificante que os jogadores já gastaram coletivamente 5,93 milhões de anos fazendo isso.
Parece impossível, mas é verdade: se somarmos todas as horas que os jogadores ao redor do planeta gastaram jogando *World of Warcraft* desde que esse jogo de RPG on-line para multidões (MMO, na sigla em inglês) foi lançado em 2004, obtém-se um total geral de mais de 50 bilhões de horas coletivas — ou 5,93 milhões de anos.[1]

Coloquemos esse número em perspectiva: 5,93 milhões de anos corresponde, praticamente, ao momento da história em que nossos primeiros ancestrais ficaram de pé.[2] Por essa medida, já passamos mais tempo jogando *World of Warcraft* do que evoluindo como espécie.

Nenhum outro jogo de computador jamais acumulou tanto dinheiro mantendo tantos jogadores ocupados por tanto tempo. Cada jogador do *WoW* passa uma média de 17 a 22 horas por semana no mundo virtual, mais tempo do que qualquer outro jogo de computador é capaz de atrair.[3] E o número de assinantes tem crescido regularmente, de 250 mil, em janeiro de 2004, para mais de 11,5 milhões, em janeiro de 2010, transformando-se na maior comunidade de jogo pago do planeta. (Assim como muitos MMORPGs, os jogadores do *WoW* têm de pagar uma mensalidade — em média, 15 dólares — para acessar o mundo virtual.) A criadora do *WoW*, a Activision Blizzard, recolhe atualmente algo em torno de 5 milhões de dólares todos os dias, somente com assinaturas ao redor do mundo.[4]

O que explica o sucesso sem precedentes do *World of Warcraft*? Mais do que qualquer outra coisa, é a sensação de "produtividade bem-aventurada" que o jogo provoca.[5]

A produtividade bem-aventurada é a sensação de estar imerso em um trabalho que produz resultados óbvios e imediatos. Quanto mais nítidos os resultados, e quanto mais rapidamente os atingimos, mais produtivos nos sentimos. E nenhum jogo nos dá uma sensação melhor de realização de trabalho do que o *WoW*.

A primeira tarefa no *World of Warcraft* é o autoaprimoramento — um tipo de trabalho que quase todos nós achamos naturalmente irresistível. Você tem um avatar e sua tarefa é torná-lo melhor, mais forte e mais rico, de várias maneiras diferentes: mais experiências, mais habilidades, mais armas, mais destreza, mais talento e uma reputação melhor.

Cada uma dessas suscetíveis características é exibida no perfil do avatar, ao lado de uma escala de pontos. Você se aprimora ao conseguir mais pontos, o que exige administrar um fluxo constante de quests, batalhas e treinamento pessoal. Quanto mais pontos ganhar, mais alto será seu nível, e quanto mais alto o nível, mais desafiadora é a missão desbloqueada. Esse processo é chamado de "upar". Quanto mais desafiadora a quest, mais motivado você se sente para realizá-la, e mais pontos você ganha... É um *ciclo vicioso* de produtividade. Como define Edward Castronova, especialista em pesquisas de mundos virtuais: "O desemprego é zero no *World of Warcraft*."[6] O fluxo de trabalho do *WoW* é notoriamente concebido para que sempre haja algo a fazer e maneiras diferentes de aprimorar seu avatar.

Parte do trabalho é emocionante e de grandes desafios: envolve combater oponentes poderosos, contra os quais você tem pouquíssimas forças para lutar. Parte do trabalho é exploração: você tem de descobrir como perambular ao redor das muitas regiões diferentes do reino para descobrir novas criaturas e explorar estranhos ambientes. Parte do trabalho é de distração: você estuda uma profissão virtual, como couraria ou ferraria, coletando e combinando matérias-primas para ajudá-lo a exercer a sua atividade comercial.

Grande parte do trabalho é trabalho em equipe: você pode somar forças com outros jogadores para cumprir quests em que é impossível sobreviver sozinho, e pode participar de raids que só podem ser completados com cinco, dez ou até mesmo 25 jogadores. Esse tipo de colaboração geralmente envolve trabalho estratégico antes que o desafio seja assumido. Você tem de estabelecer qual o papel que os outros irão desempenhar na raid, e talvez tenha de ensaiar e coordenar inúmeras vezes suas ações.

Entre o trabalho de grandes desafios, o trabalho de descoberta, o trabalho de distração, o trabalho em equipe e o trabalho estratégico, as horas da semana, definitivamente, vão aumentando. Há tanto a fazer que o jogador típico investe no WoW o mesmo número de horas semanais de um emprego de meio expediente. Em última análise, o jogador médio de WoW leva *quinhentas horas* para aprimorar seu avatar até o nível máximo permitido pelo jogo, momento em que muitos jogadores dizem que a diversão *realmente* começa.[7] Trata-se, é claro, de amor pelo trabalho.

Como, exatamente, um jogo convence um jogador a passar *quinhentas horas* jogando para poder chegar à parte "divertida"?

Para alguns jogadores, é a promessa do grande desafio que faz a incrível carga de trabalho valer a pena. Nos níveis mais altos, vivenciamos uma elevada descarga de adrenalina, que os jogadores chamam de *endgame*. Os jogadores que buscam trabalhos de grandes desafios e extrema ativação mental upam o mais rápido que podem para alcançar o *endgame*, pois lá estão os oponentes mais desafiadores e o trabalho mais árduo — em outras palavras, o jogo mais revigorador e estimulador da autoconfiança.

Todavia, há uma infinidade de jogos on-line que permitem arriscar sua vida virtual e enfrentar oponentes que o desafiam em ambientes que estimulam a descarga de adrenalina — e isso pode ser feito desde o início do jogo. Se essa fosse a recompensa principal ao se dedicar ao *World of Warcraft*, o requisito de se passar quinhentas horas subindo de nível seria um *bug*, e não uma característica. O *processo* de upar é, com certeza, tão importante — ou até mais importante — do que o endgame. Como explica um jogador: "Se tudo o que eu quisesse fazer fosse andar por aí e matar coisas, eu poderia jogar *Counter-Strike*, (...) que é um jogo gratuito."[8] Os jogadores do *WoW*, e de muitos outros jogos on-line para multidões que exigem assinatura, estão pagando para ter um privilégio particular. Eles estão pagando pelo privilégio de ter uma produtividade mais elevada dentro do próprio jogo.

Consideremos a reação de muitos fãs quando divulgaram que um novo e aguardadíssimo MMO, o *Age of Conan*, consumiria apenas 250 horas de jogo para alcançar o nível mais alto. Os blogueiros o descreveram como uma carga de trabalho "sofrível" e "anêmica", e os críticos profissionais se preocupavam com o fato de que os fãs rejeitariam um MMO que exigia "tão pouco esforço" para atingir o nível mais alto.[9]

Na vida real, se alguém lhe der uma tarefa que normalmente exija quinhentas horas de trabalho para ser concluída, e, em seguida, lhe oferecer uma maneira de realizá-la na metade do tempo, você provavelmente ficará bastante satisfeito.

Porém, nos jogos, em que tudo se resume a colocar as mãos no maior número possível de trabalho gratificante, 250 horas de trabalho é um desapontamento. Para esses dedicados jogadores de MMO, a possibilidade de atingir o nível mais alto é uma simples justificativa para o que eles realmente adoram: se aprimorarem.

Não é de surpreender que Nick Yee, especialista em pesquisas de MMOs e a primeira pessoa a receber um Ph.D. por estudar o *WoW*, defendeu que os MMOs são, na verdade, ambientes de trabalho massivos para multidões disfarçados de jogos. Como Yee observa: "Os computadores foram criados para trabalhar por nós, mas os videogames vieram solicitar que trabalhemos para eles." Isso é verdade — mas, é claro, somos *nós* que estamos pedindo por mais trabalho. Queremos que eles nos deem mais trabalho — ou, melhor dizendo, queremos que nos deem mais trabalho *gratificante*.

Isso nos leva à nossa próxima correção da realidade:

CORREÇÃO #3: TRABALHO MAIS GRATIFICANTE

Em comparação aos jogos, a realidade é improdutiva. Os jogos nos oferecem missões claras e trabalhos mais práticos e gratificantes.

O trabalho gratificante sempre *começa* com duas coisas: **uma meta clara** e **novos passos acionáveis** para atingi-la. Ter uma meta clara nos motiva a agir: sabemos aquilo que devemos fazer. E os novos passos acionáveis garantem que possamos trabalhar imediatamente para alcançar a meta.

O que acontece, entretanto, se tivermos uma meta clara, mas não soubermos como alcançá-la? Então não se trata de trabalho — e, sim, de um *problema*. Contudo, não há nada de errado em ter problemas interessantes a resolver; é algo que pode, inclusive, ser bastante envolvente. No entanto, isso não leva necessariamente à satisfação. Na ausência de passos acionáveis, nossa motivação para resolver um problema pode não ser suficiente para fazer um verdadeiro progresso. Um trabalho bem concebido, por outro lado, não deixa dúvidas de que o progresso será alcançado. Há uma *garantia de produtividade* implícita, e é isso o que o torna tão fascinante.

O *WoW* oferece uma garantia de produtividade de cada missão à qual você se submete. O mundo é povoado por milhares de personagens que estão querendo lhe oferecer tarefas especiais — cada uma mostrando uma meta clara e explicitando sua importância, acompanhada de passos acionáveis: aonde ir, instruções diretas sobre o que fazer quando se chegar lá e uma medida concreta das provas que devem ser reunidas para comprovar seu sucesso. Eis aqui, por exemplo, uma versão comentada de uma típica missão do *WoW*:

> **MISSÃO: Uma arma de valor**
>
> Leve a Lâmina de Drak'Mar ao Sicário Viscerae nos Campos de Torneiro Argênteo. (*Essa é a sua meta.*)
>
> Como é que isso foi acontecer logo agora? A minha espada de torneio sumiu! (*Essa é a importância de sua meta.*)
>
> Já ouvi os bardos contarem sobre viajantes que ofereciam jacintos de gelo para uma donzela solitária em troca de presentes. Esses jacintos crescem somente no gelo que sai do Dique da Muralha de Ferro, na divisa noroeste da Floresta do Canto Cristalino com a Coroa de Gelo. (*Essa é a direção que você deve seguir.*)
>
> Colha as flores e leve-as ao círculo de lampiões no Lago Drak'Mar, no nordeste do Ermo das Serpes, perto de Zul'Drak e da Serra Gris. (*Essas são as instruções passo a passo.*)
>
> Retorne a Jaelyne Evensong em Coroa de Gelo e entregue a Lâmina. (*Essa é a prova de que você completou a tarefa.*)

Quando você está em uma quest do *WoW*, não resta nenhuma dúvida sobre o que é preciso fazer, ou para onde deve ir, ou como deve proceder. Não se trata de um jogo que enfatiza a resolução de quebra-cabeças ou investigação por tentativa e erro. Você simplesmente tem de realizar a tarefa e, então, conseguir sua recompensa.

Por que buscamos esse tipo de produtividade garantida? Em *The How of Happiness*, Sonja Lyubomirsky argumenta que a maneira mais rápida de aprimorar a qualidade de vida das pessoas é "confiar a alguém uma *meta* específica, algo para fazer e perseguir".[10] Quando uma meta clara se combina a uma tarefa específica, ela explica, isso nos dá um impulso energizador, um senso de propósito.

É por isso que receber mais quests a cada missão completada no *World of Warcraft* é mais recompensador do que acumular pontos ou ouro. Cada missão é outra meta clara com passos acionáveis.

A verdadeira recompensa para nosso trabalho no *WoW* é sermos presenteados com mais oportunidades de trabalho. A concepção do fluxo de tarefas é decisiva aqui: o jogo constantemente nos desafia a tentar algo *apenas um pouco* mais difícil do que acabamos de cumprir. Esses pequenos aumentos de desafio são grandes o suficiente para continuar mantendo o interesse e a motivação vivos — mas nunca grandes o suficiente para gerar ansiedade ou a sensação de falta de habilidade. Como explica um experiente jogador do *World of Warcraft*: "Quando se aceita uma quest, raramente é preciso se autoquestionar *se* você pode completá-la; é preciso apenas descobrir *quando* você conseguirá ajustá-la à sua superlotada agenda de herói."[11] Essa série infindável de metas e passos acionáveis é exatamente o que torna o *World of Warcraft* tão revigorante.

MOTIVAÇÃO E PROGRESSO razoavelmente garantidos: esse é o começo de um trabalho gratificante. Porém, para ficarmos verdadeiramente satisfeitos, temos de ser capazes de *terminar* o trabalho tão nitidamente quanto começamos. E, para finalizá-lo de forma gratificante, devemos ser capazes de ver os resultados de nossos esforços tão direta, imediata e vividamente quanto possível.

Os resultados visíveis são gratificantes porque nos devolvem um senso positivo de nossas próprias potencialidades. Quando conseguimos apreciar o que conquistamos, construímos um sentido de autoestima. Como argumenta Martin Seligman, um dos fundadores da psicologia positiva: "A característica humana mais importante para aprimorar nossos recursos é a produtividade no trabalho."[12] A ideia, aqui, é *produzir recursos*: gostamos do trabalho produtivo porque ele nos faz sentir que estamos desenvolvendo nossos recursos pessoais.

O famoso *display* de abertura do *World of Warcraft*, que mostra nosso avanço em tempo real, serve para manter visível o aprimoramento de nossos recursos. Ele exibe o *feedback* aos jogadores permanentemente: +1 de vigor, +1 de inteligência, +1 de força. Podemos medir nossos recursos internos a partir dessa pontuação, observando como nos tornamos mais e mais habilidosos a cada esforço que fazemos: capazes de causar ou suportar mais estragos, ou capazes de lançar feitiços mais poderosos.

Também podemos ver os resultados do aprimoramento pessoal de nosso trabalho no jogo simplesmente observando nosso avatar, que exibe armaduras, armas e joias mais impressionantes conforme o tempo passa. E muitos jogadores instalam uma modificação que permite lhes mostrar uma história completa de cada uma das quests realizadas — o registro final e mais tangível do trabalho realizado.

E não se trata apenas de aprimoramento pessoal. Nos níveis mais altos do jogo, durante as missões mais colaborativas — as raids — o aprimoramento *coletivo* é o foco. Os jogadores podem participar do que se conhece como "guildas", ou alianças de longo prazo com outros jogadores, para realizar raids mais difíceis. Como explica um popular guia do *WoW*: "*Raidar* tem a ver com construir e manter uma equipe, um grupo coeso de jogadores que progridem juntos."[13] À medida que as estatísticas dos ataques das guildas e as estatísticas de conquistas vão evoluindo a olhos vistos, a satisfação de aprimorar os recursos é maximizada através da comemoração com tantos outros.

Contudo, talvez a forma mais arrebatadora de *feedback* que conseguimos ao trabalhar com o *World of Warcraft* não tenha estritamente a ver conosco. É um efeito visual chamado *alternância*, concebido para mostrar claramente o impacto que causamos no mundo à nossa volta.

A alternância funciona assim: quando jogo um MMO no computador, a maior parte do conteúdo do jogo não está no HD. Ela fica em um servidor remoto que processa as experiências do jogo para mim e para outros milhares de jogadores ao mesmo tempo. Essencialmente, se eu estiver em uma parte do mundo virtual no meu computador, e você estiver na mesma parte do mundo virtual no seu, e estivermos ambos jogando no mesmo servidor, veremos exatamente o mesmo mundo. O servidor nos envia exatamente as mesmas informações visuais sobre quem está participando do jogo, o que eles estão fazendo e como é o ambiente.

Porém, na alternância, o servidor compara as histórias dos avatares presentes no ambiente e mostra a cada jogador uma versão diferente do mundo, dependendo do que eles já conquistaram. Quando você completa uma missão heroica ou uma raid de alto nível, seu mundo virtual literalmente muda — você visualiza coisas diferentes em relação a um jogador que ainda não terminou aquela missão. Como explica o FAQ do *WoW*: "Você ajudou uma facção a conquistar uma área? Quando você retornar, eles terão um acampamento montado com comerciantes e outros serviços, e todos os vilões terão ido embora! A mesma área, agora, serve a um propósito diferente, refletindo o trabalho que você realizou."[14]

Trata-se de um efeito bastante poderoso. Não estamos apenas aprimorando nossas personagens — estamos aprimorando o mundo todo. Como um jogador, em um entusiasmado comentário sobre o conteúdo da alternância, escreveu: "Não está claro se isso é alcançado com uma bruxaria técnica ou um simples passe de mágica. Sua integração é impecável, e é incrivelmente gratificante. Você sente que se ações tiveram um impacto significativo no mundo ao redor."[15]

Essa é, afinal de contas, uma das coisas que mais buscamos na vida. Alain de Botton, em seu estudo *Os prazeres e desprazeres do trabalho*, sustenta que o trabalho é "significativo somente quando flui de forma ágil entre as mãos de um número restrito de atores e, portanto, quando trabalhadores particulares podem fazer uma conexão imaginária entre o que fizeram em seus dias de trabalho e o impacto causado sobre os outros".[16] Em outras palavras, temos de estar perto o suficiente da ação e verificar os resultados direta e rapidamente para satisfazer nosso desejo de causar impacto. Quando não conseguimos visualizar os resultados, de modo a poder conectá-los claramente a nossos próprios esforços, é impossível experimentar uma satisfação verdadeira no trabalho. Infelizmente, para muitos de nós isso se aplica ao cotidiano.

Em *Shop Class as Soul Craft*, o autor e mecânico de motocicletas Matthew Crawford reflete sobre as diferenças psicológicas entre trabalho manual e cotidiano em um escritório. Como ele observa:

> Muitos de nós fazemos trabalhos que parecem mais surreais do que reais. Trabalhando em um escritório, geralmente é difícil perceber qualquer resultado tangível de seus esforços. O que exatamente você atingiu ao fim de um dia qualquer? Como a cadeia da causa e efeito é pouco transparente e a responsabilidade é difusa, a experiência da ação individual pode ser ilusória. (...) Existe uma alternativa mais "real"?[17]

Embora não seja a solução à qual Crawford estava se referindo, jogos como o *World of Warcraft* são justamente isso: uma alternativa mais "real" para a insustentabilidade de tanto trabalho cotidiano. Apesar de considerarmos os jogos de computador como experiências virtuais, eles, de fato, nos dão uma *ação real*: a oportunidade de fazer algo que pareça concreto, por produzir resultados mensuráveis, e o poder de agir diretamente no mundo virtual. E, é claro, os jogadores trabalham com as mãos, mesmo que estejam manipulando apenas informação digital e objetos virtuais. Até (e a menos) que o mundo do trabalho real mude para melhor, jogos como o *WoW* atenderão a uma necessidade humana básica: a de se sentir produtivo.

É isso que o trabalho precisa ter para nos satisfazer: ele deve nos apresentar metas claras, imediatamente acionáveis, além de um *feedback* direto. World of Warcraft faz tudo isso de forma brilhante, e o faz *o tempo todo*. Como resultado, a cada dia, jogadores ao redor do mundo passam coletivamente 30 milhões de horas trabalhando no *World of Warcraft*. Com suas milhares de missões em potencial, sua sempre ilusória última partida e um servidor que gera mais obstáculos e oponentes a cada vez que você faz o *login*, trata-se, sem dúvida, de um dos trabalhos mais gratificantes jamais concebidos. Mesmo as pessoas que adoram seus trabalhos reais podem ser seduzidas pela produtividade bem-aventurada que ele provoca — como eu fui.

A primeira vez que me sentei para jogar *WoW*, meu amigo Brian me alertou animadamente que "esse jogo é a dose intravenosa de produtividade mais poderosa jamais criada".

Ele não estava brincando. Naquele fim de semana, passei 24 horas jogando *WoW* — que correspondeu, mais ou menos, a 23 horas a mais do que eu pretendia inicialmente.

O que posso dizer? Havia *muito* trabalho a ser feito para salvar o mundo.

Cada vez que eu completava uma quest, acumulava pontos de experiência e ouro. Porém, mais importante do que os pontos ou a riqueza acumulados, a partir do momento em que entrei no reino on-line de Azeroth, eu estava cheia de *metas*. Cada uma das quests vinha com instruções claras, urgentes — para onde ir, o que fazer e por que o destino do reino dependia que eu as realizasse o mais brevemente possível.

Na segunda-feira pela manhã, resisti à ideia de voltar para meu trabalho "real". Eu sabia que isso não era racional. No entanto, alguma parte de mim queria continuar ganhando pontos de experiência, acumulando riquezas, coletando meus pontos de atributo e completando as quests em minha lista de tarefas a cumprir para salvar o mundo.

"Jogar *WoW* parece, simplesmente, muito mais produtivo", lembro de ter dito a meu marido.

Eu voltei para o trabalho real, é claro. Contudo, me custou um pouco espantar a sensação de que eu deveria estar upando. Parte de mim sentia como se estivesse conquistando mais coisas no reino de Azeroth do que na vida real. E isso é exatamente a dose intravenosa de produtividade que *World of Warcraft* é exímio em proporcionar. Ele oferece um fluxo de trabalho e recompensa de modo tão certeiro quanto uma pequena dose de morfina.

Quando jogamos *WoW*, ficamos eufóricos com nossa própria produtividade — e não importa que esse trabalho não seja verdadeiro. As recompensas emocionais são reais — e para os jogadores, é isso que interessa.

O **WORLD OF WARCRAFT** é um exemplo de trabalho gratificante em *escala extrema*. Os jogadores se comprometem com esse ambiente de trabalho por períodos extraordinariamente longos.

Entretanto, há também *microexemplos* de jogos que geram a recompensadora sensação de capacidade e produtividade. Eles são chamados de "jogos casuais", e oferecem trabalho gratificante em rompantes muito rápidos de produtividade: de alguns minutos a uma hora. Quando entremeados com trabalho cotidiano, podem ser surpreendentemente estimulantes para a satisfação diária.

Os "jogos casuais" são como a indústria chama os jogos que tendem a ser simples de aprender, rápidos de jogar e exigem muito menos memória e poder de processamento do que outros jogos de computador e videogames (de um modo geral, são jogados on-line em *browsers* da rede ou em telefones celulares).

Esses jogos exigem menor comprometimento do que a maioria dos videogames: um jogador pode dedicar-se a seu jogo favorito por apenas 15 minutos por dia, poucas vezes na semana.

Mesmo que você não se considere um jogador, provavelmente já gastou alguns minutos em jogos casuais — incluindo as versões de *Paciência* e *Campo minado*, que vêm instalados em tantos computadores. Outros jogos casuais simbólicos incluem o *Bejeweled*, no qual a meta é rearranjar pedras preciosas coloridas e brilhantes em grupos de três; o *Diner Dash*, no qual se simula ser uma garçonete; e um dos meus favoritos, o *Peggle*, que exige que você mire e atire bolas para derrubar pinos de uma espécie de tabuleiro de *pachinko* psicodélico.

A maior parte dos jogos casuais é single-player, permitindo que os jogadores reservem alguns minutos para si sempre que precisarem. E um dos lugares em que mais parecemos precisar do estímulo dos jogos é, sem surpresa alguma, o escritório.

Uma importante pesquisa realizada recentemente com executivos de alto nível (incluindo diretores executivos, diretores financeiros e presidentes) revelou que 70% deles dedicam-se regularmente a jogos de computador no ambiente de trabalho. É isso mesmo: a grande maioria de executivos afirma fazer pausas diárias para jogos de computador, com duração média de 15 minutos a uma hora.

Como esses profissionais explicam sua tendência para jogar enquanto estão trabalhando? A maioria deles diz que opta pelos videogames para se sentir "menos estressado". Isso faz todo o sentido — os jogos casuais são, sem dúvida alguma, mais eficazes do que maneiras mais passivas de diminuir o estresse no trabalho, como navegar pela internet. Ao enfrentar um obstáculo desnecessário no meio de um dia de trabalho, esses executivos estão despertando um sentido de automotivação. Eles estão reorientando sua atenção mental das pressões que lhes são impostas no trabalho real, ou estresse negativo, para pressões internamente geradas, ou estresse positivo. Os profissionais relataram se sentir "mais confiantes, com mais energia e mais mentalmente focados" depois de um rápido jogo de computador — todos eles, indicadores de *eustresse*.

Porém, algo ainda mais interessante é que mais da metade desses executivos afirmam jogar durante o trabalho para "se sentirem produtivos".[18] Ora, essa é uma afirmação que parece insana — jogar para produzir mais no trabalho? Contudo, isso evidencia o quanto buscamos trabalhos simples e práticos, que pareçam genuinamente produtivos. Jogamos para nos ajudar a aliviar a sensação frustrante de que, em nosso trabalho real, não estamos fazendo nenhum progresso ou causando qualquer impacto.

Como escreve de Botton: "Muito tempo antes de ganharmos qualquer dinheiro, estávamos atentos à necessidade de nos manter em atividade: sabíamos a satisfação extraída em empilhar tijolos, colocar e retirar a água de recipientes e mover a areia de um buraco para outro, imperturbáveis pelo propósito maior de nossas ações."[19] Nos jogos casuais, não há propósitos maiores em nossas ações — estamos, simplesmente, apreciando nossa habilidade de fazer algo acontecer.

SEJA POR MEIO DE UM BREVE e simples rompante de produtividade nos videogames ou entrando em mundos expansivos, concebidos para nos envolver em infindáveis campanhas de atividade gratificante, jogar pode nos trazer um gosto daquela sensação ilusória de ação individual e impacto em um mundo onde o trabalho que fazemos pode ser algo desafiador, mas onde nossos esforços geralmente parecem inúteis.

O trabalho bem elaborado nos jogos parece mais produtivo porque parece mais *real*: o *feedback* vem de forma forte e rápida, e o impacto é visível e nítido. E, para muitos dos que não ficam plenamente felizes com os empregos diários ou que não sentem que seus esforços estão tendo um impacto direto, o trabalho realizado nos jogos é uma fonte real de recompensa e satisfação.

Por outro lado, por mais gratificante que seja acumular conquistas e realizar uma tarefa, também pode ser energizante — mas de uma forma bastante diferente — fracassar, fracassar, fracassar. Isso nos leva à próxima recompensa intrínseca, que é uma espécie de compensação à experiência do trabalho gratificante. É a *esperança* — porém não necessariamente a realização — do sucesso.

CAPÍTULO QUATRO

Fracasso divertido e melhores chances de sucesso

"**N**inguém gosta de fracassar. Então, como os jogadores podem passar 80% de seu tempo fracassando, e continuar adorando o que estão fazendo?"

A pesquisadora de jogos Nicole Lazzaro gosta de surpreender as plateias com perguntas difíceis, e essa é uma de suas favoritas. Lazzaro, especialista em emoções despertadas pelo ato de jogar, trabalha há vinte anos na indústria de jogos como consultora de projetos. Todos os anos, ela apresenta seus resultados de pesquisa e suas recomendações para a indústria, na Game Developers Conference. E sua mais significativa descoberta até hoje talvez seja esta: os jogadores passam a maior parte de seu tempo fracassando. De modo geral, a cada quatro vezes em cinco, os jogadores não completam a missão, estouram o tempo, não solucionam o quebra-cabeça, perdem a luta, não conseguem melhorar o placar, colidem e incendeiam-se ou morrem.[1]

E isso tudo nos faz pensar: os jogadores realmente *gostam* de perder?

Pelo que parece, sim.

Lazzaro suspeitava há muito tempo de que os jogadores adoram fracassar, e uma equipe de psicólogos do M.I.N.D. Lab, em Helsinque, Finlândia, confirmou recentemente a hipótese, por meio de evidências científicas. Quando estamos diante de um jogo bem elaborado, o fracasso não nos desaponta. Ele nos deixa felizes de uma forma bastante particular: empolgados, interessados e, acima de tudo, *otimistas*.[2]

Se tal descoberta o surpreende, então você não está sozinho — os pesquisadores finlandeses também não esperavam por esse resultado. Porém, hoje, o estudo do "fracasso divertido" é considerado uma das mais importantes descobertas na história das pesquisas em videogames.[3] Ele ajudou a identificar, pela primeira vez, como um jogo bem elaborado ajuda seus jogadores a desenvolver uma excepcional resistência mental.

Por que o fracasso nos torna felizes

O M.I.N.D. Lab é um avançado centro de pesquisas em psicofisiologia, equipado com sistemas biométricos projetados para medir a resposta emocional: monitores de batimentos cardíacos, monitores de ondas cerebrais, sensores elétricos e muito mais.

Em 2005, para dar início a uma nova pesquisa focada na resposta emocional aos videogames, o laboratório convidou 32 jogadores para jogar o altamente popular *Super Monkey Ball 2*, e os conectou a monitores biomédicos. No jogo (que parece um boliche), os jogadores lançam *monkey balls*, ou bolas de boliche transparentes com macacos em seu interior, ao longo de pistas tortas que flutuam no espaço sideral. Se você errar uma bola, o macaco ultrapassará o limite da pista e será arremessado na atmosfera.

Enquanto os jogadores se focavam no jogo, os pesquisadores mediam três indicadores de envolvimento emocional: batimentos cardíacos, pois nosso fluxo sanguíneo aumenta quando estamos emocionalmente despertos; a condutividade cutânea, pois suamos mais quando estamos sob estresse; e a ativação elétrica dos músculos faciais, pois movemos determinados músculos — como o músculo zigomático maior, que puxa as laterais da boca para trás e para cima até formar um sorriso — quando estamos felizes.

Depois de reunir todas essas informações fisiológicas, os pesquisadores as compararam com um logaritmo de eventos essenciais do jogo — no momento anterior ao lançamento de uma *monkey ball*, no momento de um strike bem-sucedido, logo depois de uma bola ser desperdiçada, e assim por diante. Seu objetivo: identificar o que despertava as reações emocionais mais fortes, tanto positivas quanto negativas.

A equipe do M.I.N.D. Lab esperava que os jogadores exibissem a emoção positiva mais forte quando atingissem pontuações mais elevadas ou concluíssem níveis mais difíceis — em outras palavras, durante os momentos triunfantes de *fiero*. E eles realmente mostraram picos de empolgação e satisfação durante esses momentos. Porém, os pesquisadores perceberam um outro conjunto de picos emocionais positivos que os apanharam desprevenidos. Eles descobriram que os jogadores exibiam a mais potente combinação de emoções positivas quando cometiam um erro e lançavam a *monkey ball* para fora da pista. A empolgação, a alegria e o interesse aumentavam de modo impressionante no exato segundo em que perdiam a *monkey ball*.

Inicialmente, os pesquisadores ficaram perplexos com a reação positiva dos jogadores para "o fracasso completo e inquestionável no jogo". Quando fracassamos na vida real, ficamos tipicamente desapontados, e não energizados. Experimentamos a diminuição do interesse e da motivação. E, se fracassamos repetidas vezes, ficamos mais estressados, e não menos. Todavia, no *Super Monkey Ball 2*, o fracasso parece ser mais emocionalmente recompensador do que o sucesso.

O que havia de tão interessante em fracassar no *Super Monkey Ball 2*? E por que isso deixava os jogadores mais felizes do que a vitória?

O M.I.N.D. Lab entrevistou os jogadores e consultou designers de jogos para tentar compreender suas descobertas. Depois de muito refletir, eles concluíram: de uma maneira estranha, o fracasso no *Super Monkey Ball 2* era motivo de orgulho para os jogadores.

Sempre que um jogador cometia um erro no *Super Monkey Ball 2*, algo muito interessante acontecia (e acontecia imediatamente): o macaco saía rodopiando e ganindo pela lateral da pista, até sumir no espaço. Essa sequência de animação desempenhava um papel crucial no sentido de tornar o fracasso apreciável. O macaco voador era uma recompensa: fazia os jogadores rirem. Entretanto, mais importante do que isso, era uma demonstração clara da ação dos jogadores no jogo. Eles não fracassaram passivamente. Eles fracassaram de maneira espetacular e divertida.

A combinação entre uma sensação positiva e um sentido mais forte de ação fazia com que os jogadores se interessassem em tentar mais uma partida. Se eles podiam mandar um macaco para o espaço sideral, então, certamente, também poderiam derrubar alguns pinos de boliche ou pegar mais algumas bananas da próxima vez.

Quando somos lembrados de nossas próprias ações de uma forma tão positiva, é quase impossível não nos sentirmos otimistas. E esse é o efeito positivo que os pesquisadores estavam medindo no M.I.N.D. Lab: empolgação, alegria e interesse. Quanto mais fracassamos, mais ávidos ficamos em melhorar. Os pesquisadores conseguiram demonstrar isso: o tipo correto de *feedback* de fracasso é uma recompensa. Ele nos deixa mais envolvidos e mais otimistas sobre nossas probabilidades de sucesso.

O *feedback* positivo do fracasso reforça nosso senso de controle sobre o resultado do jogo. E um senso de controle em um ambiente orientado para uma meta específica pode criar um impulso poderoso para ser bem-sucedido. Um jogador descreve este fenômeno perfeitamente: "O *Super Monkey Ball* é praticamente a definição do dicionário para a palavra 'viciante'. Ele equilibra de forma brilhante a intensa frustração de fracassar ao concluir um lance com o desejo absoluto de tentar 'só mais uma vez.'"[4] Para os otimistas, os reveses são energizantes — e quanto mais energizados ficamos, mais acreditamos ardentemente que o sucesso está prestes a chegar. E é por isso, enfim, que jogadores nunca desistem.

Não estamos acostumados a nos sentir tão otimistas diante de coisas que são extremamente difíceis para nós. É por isso que muitos jogadores adoram jogos com metas praticamente impossíveis de serem superadas. Quase todas as críticas sobre os jogos *Super Monkey Ball* os elogiam com descrições como "insanamente frustrante" e "amigavelmente difícil". Gostamos que seja assim exatamente porque é muito raro, na vida real, sentirmos uma esperança sincera e despudorada diante de desafios tão intimidadores.

Evidentemente, é recomendável que os jogadores acreditem ter todas as chances de sucesso quando sentam-se para experimentar um novo jogo. O otimismo justificável está implícito no próprio veículo. Por definição, todo quebra-cabeça de computador ou videogame está programado para ser resolvido, todas as missões a serem cumpridas e cada nível a ser superado por jogadores que disponham de tempo e motivação suficientes.

Porém, sem o *feedback* positivo do fracasso, essa crença é facilmente destruída. Se o fracasso parecer aleatório ou passivo, perdemos nosso senso de ação — e o otimismo desaparece. Como nos lembra o jornalista de tecnologia Clive Thompson: "Só é divertido fracassar se o jogo for justo — e desde que você tenha tido todas as chances de sucesso."[5]

É por isso que Nicole Lazzaro passa tanto tempo prestando consultoria a criadores de jogos sobre como criar sequências de fracassos que sejam espetaculares e envolventes. Esse truque é simples, mas o efeito é poderoso: você precisa mostrar aos jogadores o poder que eles têm no mundo do jogo, e, se possível, despertar um sorriso ou uma gargalhada. Enquanto nosso fracasso for interessante, continuaremos tentando — e permaneceremos esperançosos de que, no fim, sejamos bem-sucedidos.

O que nos leva à nossa próxima correção da realidade:

C CORREÇÃO #4: MAIS ESPERANÇA DE SUCESSO

> Em comparação aos jogos, a realidade não demonstra esperança. Os jogos eliminam nosso medo do fracasso e aumentam nossas chances de sucesso.

Em muitos casos, essa *esperança* do sucesso é mais empolgante do que o sucesso em si.

O sucesso é prazeroso, mas ele nos faz sentir falta de algo interessante para fazer. Se fracassarmos e pudermos tentar novamente, então ainda teremos uma missão.

A vitória tende a pôr fim à diversão. Mas e o fracasso? Ele faz a diversão continuar.

"Os jogos não duram para sempre", diz Raph Koster, importante diretor de criação de jogos on-line e mundos virtuais. "Jogo algo no qual sou bom, consigo progredir e ser bem-sucedido, e, depois, me canso".[6] E é aí que ele para de jogar e parte para o próximo jogo. Por quê? Porque ser realmente bom em algo é menos divertido do que *não ser bom o suficiente — ainda não, pelo menos*.

Koster escreveu um livro amado por toda a indústria dos jogos, *A Theory of Fun for Game Design*, no qual argumenta que os jogos são "divertidos" somente enquanto não os dominamos. Ele escreve: "A diversão dos jogos provém do exercício do domínio. Provém da compreensão. (...) Com os jogos, a *aprendizagem* é a droga." E é por isso que nosso divertimento nos jogos dura somente enquanto não formos consistentemente bem-sucedidos.[7]

É uma espécie de paradoxo. Os jogos são projetados para que aprendamos suas regras, nos tornemos melhores neles, e, por fim, sejamos bem-sucedidos. Qualquer jogador esforçado não vai conseguir outra coisa, a não ser se tornar melhor. E, ainda assim, quanto melhor formos em um jogo, menos desafiador ele será. Níveis mais difíceis e desafios insuperáveis podem preservar o sentido de "divertimento pesado" por um tempo. Porém, ao continuar jogando, continuaremos nos aprimorando — e então, é inevitável: ao longo do tempo, o obstáculo desnecessário vai se tornado cada vez menos um obstáculo.

Segundo Koster, é por isso que "o destino dos jogos é se tornar entediante, e não divertido. Aqueles que esperam que os jogos sejam divertidos estão lutando uma batalha perdida contra o cérebro humano".[8] A diversão sempre vai se transformar em tédio, depois de ultrapassarmos o ponto crítico de sermos definitivamente bem-sucedidos. É isso que torna os jogos *consumíveis*: os jogadores extraem deles toda a aprendizagem (e diversão).

O fracasso divertido é uma maneira de prolongar a experiência do jogo e estender o processo de aprendizagem. Ao mesmo tempo que podemos apreciar nosso próprio fracasso, podemos passar mais tempo em um estado de otimismo urgente — o momento de esperança imediatamente anterior ao sucesso real, quando nos sentimos inspirados a tentar até o fim e dar o máximo de nós mesmos.

Aprender a se manter otimista diante do fracasso é uma força emocional importante que podemos aprender com os jogos e aplicar em nossas vidas reais. Quando estamos energizados pelo fracasso, desenvolvemos uma resistência emocional. E a resistência emocional torna possível suportar tarefas por mais tempo, realizar trabalhos mais árduos ou enfrentar desafios mais complexos. Como seres humanos, precisamos desse tipo de otimismo para prosperar.

Os cientistas descobriram que o otimismo está intimamente relacionado a uma qualidade de vida mais elevada em praticamente todas as formas imagináveis: melhor saúde, vida mais longa, menos estresse e ansiedade, carreiras de maior sucesso, melhores relacionamentos, mais criatividade e melhor resistência no caso de adversidades. Isso não é surpreendente: o otimismo é o que nos permite agir para melhorar nossa vida e a vida dos outros. Ele nos ajuda em nosso desenvolvimento pessoal — ajuda a criar a melhor vida possível para nós mesmos. Esse desenvolvimento não está relacionado com o prazer ou a satisfação; está relacionado a fazer jus ao nosso potencial máximo. E, para verdadeiramente nos desenvolvermos, temos de ser otimistas sobre as habilidades e oportunidades de sucesso que temos.

Na verdade, ser otimista sobre as próprias habilidades não apenas nos torna mais felizes naquele momento como também aumenta a probabilidade de sucesso e felicidade no futuro. Inúmeros estudos mostraram que estudantes, executivos e atletas são consistentemente mais bem-sucedidos quando concordam com afirmações como: "Tenho a capacidade de mudar as coisas com minhas ações." Ou "Estou no controle de meu próprio destino."[9] Outros estudos mostram que, quando mantemos um estado otimista em mente, prestamos mais atenção, raciocinamos claramente e aprendemos mais rápido. A esperança nos prepara para o sucesso real.

Evidentemente, é possível extrapolar: otimismo demais pode ser tão prejudicial quanto de menos. Temos de ter o nível certo de otimismo para cada ocasião.

Martin Seligman recomenda adotar o que ele chama de "otimismo flexível": verificar continuamente nossas habilidades de atingir uma meta e intensificar ou reduzir nossos esforços de acordo com essa medição.

Quando praticamos o otimismo flexível, distinguimos mais oportunidades para o sucesso — mas não exageramos nossas habilidades e não superestimamos o quanto poderemos controlar os resultados. E reduzimos o otimismo quando recebemos um *feedback* de que estamos perseguindo metas inatingíveis ou operando em um ambiente sobre o qual temos pouco controle. Reconhecemos que nosso tempo e nossa energia seriam mais bem empregados em outro lugar.

Os jogos são um ambiente perfeito para se praticar o otimismo flexível. E nós *realmente* precisamos praticar mais esse tipo de otimismo na vida cotidiana. Randolph Nesse, professor de medicina evolutiva da University of Michigan, acredita que nossa felicidade depende disso — e depende disso desde os primeiros dias da civilização humana.

A pesquisa de Nesse está voltada para as origens evolutivas da depressão. Por que a depressão existe, afinal de contas? Ele argumenta que, se ela está em nossa matriz genética por tanto tempo, então deve haver um benefício genético para isso. Nesse acredita que a depressão pode ser um mecanismo adaptativo programado para nos prevenir de sermos vítimas do otimismo cego — e desperdiçar recursos em metas erradas.[11] Trata-se de uma vantagem evolutiva não desperdiçar tempo e energia em metas que não podemos atingir realisticamente. E, portanto, quando não temos nenhuma maneira clara de realizar um progresso produtivo, nossos sistemas neurológicos estabilizam-se em um estado de pouca energia e motivação

Segundo o professor, durante o período da depressão leve, podemos conservar nossos recursos e buscar metas novas e mais realistas. Contudo, e se persistirmos em metas inatingíveis? Então, o mecanismo se aproxima da saturação, gerando a depressão *grave*.

Nesse acredita que esse mecanismo, somado à tendência de estabelecer metas irreais, pode ser a causa de grande parte da depressão epidêmica que existe atualmente nos Estados Unidos. Estabelecemos nossas metas extremas: fama, fortuna, glória e conquistas pessoais superestimadas. Somos encorajados a acreditar que podemos cumprir tudo aquilo que decidirmos fazer, e, então, tentamos atingir sonhos que são, simplesmente, irreais. Não prestamos atenção às nossas habilidades e destrezas verdadeiras, nem direcionamos nossos esforços para metas que somos capazes de atingir. Nossa atenção é desviada por sonhos extremos —

mesmo quando o mecanismo evolutivo se manifesta, sinalizando nossos malfadados esforços.

Entretanto, os jogos podem nos tirar desse circuito depressivo. Eles nos dão uma *boa* razão para sermos otimistas, satisfazendo nossa urgência evolucionista de focar em metas atingíveis. Como a pesquisadora da felicidade Sonja Lyubomirsky descreve, "obtemos a felicidade máxima quando assumimos metas flexíveis e adequadas".[12] Os bons jogos proporcionam um fluxo constante de metas acionáveis em ambientes que sabidamente foram criados para o sucesso — e eles nos dão a chance de injetar metas mais flexíveis e adequadas na vida cotidiana, durante as vezes em que mais precisamos delas.

O sucesso que alcançamos nos jogos não é, evidentemente, o sucesso no mundo real. Mas, para muitas pessoas, ele é mais *realista* do que os tipos de sucesso que nos obrigamos a atingir — seja dinheiro, beleza ou fama.

É deprimente passar horas de nossas vidas perseguindo metas irreais. Para qualquer um que queira fugir dessa cultura de sonho extremado, os jogos ajudam muito: eles desviam nossa atenção das metas deprimentes e exercitam nosso otimismo flexível. Os melhores jogos da atualidade nos ajudam a acreditar *realisticamente* em nossas chances de sucesso.

Evidentemente, essa pode não ser a solução perfeita para o problema do estabelecimento de metas inatingíveis na sociedade contemporânea. Porém, enquanto isso, ela *realmente* nos dá mais felicidade e reforça nossa capacidade para o otimismo flexível. Podemos fugir daquilo que imaginamos ser "o sonho" e focar esforços em metas que nos forneçam uma prática real no trabalho árduo, em nosso aprimoramento e no domínio de algo novo.

Vamos considerar, por exemplo, o videogame extremamente popular *Rock Band 2*. A série de jogos de ritmos musicais provavelmente nos forneceu mais metas empolgantes e realistas do que qualquer outro jogo da história. Ela acumulou mais de 1 bilhão de dólares em vendas no seu primeiro ano.[13] E, além de se tornar o jogo número 1 em vendas em 2009, assim como um dos videogames mais bem-sucedidos de todos os tempos, transformou milhões de jogadores em aspirantes otimistas — *e* em retumbantes fracassos.

A esperança de ser um *rock star*

Ser *rock star* em nossa cultura é sinônimo de sucesso em grandes dimensões. Constitui-se em um de nossos símbolos favoritos de status e fama — e é algo que, virtualmente, quase nenhum de nós tem esperança *real* de alcançar. Contudo, quando você joga o *Rock Band 2*, começa a aspirar ao estrelato, com uma sensação íntima de que ele virá.

O *Rock Band* é um jogo para até quatro pessoas que desempenham o papel de estrelas do *rock* cantando em um microfone, tocando uma bateria de plástico e dedilhando acordes em guitarras de plástico com botões, em vez de cordas. Você segue as dicas musicais do jogo, que lhe dizem quais combinações de notas tocar — ou cantar — e o tempo certo de tocá-las. Enquanto isso, seu avatar personalizado de *rock star* aparece na tela, apresentando-se em um palco.

Evidentemente, você não se tornará uma lenda do rock'n'roll jogando um videogame. Porém, acabará tocando ao lado de amigos e familiares, executando os sucessos e adotando o papel das principais bandas de rock: The Who, Grateful Dead, Pearl Jam, Nirvana, Guns N' Roses, The Rolling Stones, Bob Dylan e The Beatles, só para citar alguns. E estará desempenhando o papel de uma forma que parecerá genuína, por se tratar de uma experiência bastante ativa e prática.

Quando você ocupa os vocais, canta as letras verdadeiras — e tem de cantar bem, pois o microfone possui um registro tonal para detectar se você está cantando as notas corretas nos tempos certos. A bateria também é um dublê razoavelmente realista, com quatro pratos diferentes sensíveis à pressão, agrupados em alturas reais, um pedal e dois címbalos adicionais. Quando você está tocando com suas baquetas, tentando coordenar o tempo e a combinação das notas que vão aparecendo na tela, realmente está fazendo um ruído rítmico. Até mesmo bateristas profissionais já observaram que ela assemelha-se bastante a uma verdadeira bateria de rock.[14]

Quanto à guitarra e ao baixo — bem, esse é um tipo de música mais abstrata de se produzir. Jesper Juul, um conhecido especialista acadêmico em videogames, estabelece a diferença entre "tocar música" (produzir sons musicais de fato) e "executar música" (realizar ações complexas que são traduzidas em sons musicais).[15]

Manter pressionadas diferentes combinações de palhetas *é quase igual* a usar diferentes palhetas para tocar diferentes acordes, e alternar o dedilhado para frente e para trás no braço da guitarra *é quase igual* a dedilhar as cordas. Mais realisticamente, você está tocando nos mesmos ritmos que um guitarrista real tocaria, e seus dedos *estão* se movendo de maneira semelhante à que se moveriam em uma palheta de acordes real. Não se trata de tocar música real, mas de desempenhar ações musicais e rítmicas que dão uma sensação de estar intimamente conectado à verdadeira música.

Em todos os instrumentos, quanto mais precisamente você atingir as notas, melhor e mais completas soarão as *song tracks*. Se você se confundir na bateria, a *song track* da bateria desaparecerá da canção. Se estiver acertando apenas metade das notas da guitarra, a *song track* da guitarra soará desigual. Mas se a banda inteira estiver tocando bem, a canção será virtualmente idêntica à gravação original daquele artista.

Alex Rigopulos, um dos criadores da série *Rock Band*, afirmou que uma das metas do jogo é que "a música nasça enquanto você estiver jogando".[16] E essa é a melhor maneira de descrever a sensação propiciada por esse jogo. Embora você não esteja realmente "tocando", *está* fazendo com que a música ganhe vida. Você pode até ouvir o impacto de seus esforços na canção que está produzindo — e, com um pouco de sorte, conseguirá fazer com que ela soe melhor. Quanto mais complicado for o trabalho de seus dedos (ou o trabalho rítmico) ou quanto mais o detector tonal exigir de você, mais real será a conexão entre o seu trabalho e o resultado final da canção.

Cada passo além no nível de dificuldade lhe trará um conjunto mais complicado de ações para executar. E cada camada adicional de complexidade parece mais firmemente ligada ao verdadeiro trabalho musical da canção: acordes mais complexos, ou rufos primorosamente sincopados, ou afinação tonal.

Por todas essas razões, aprimorar-se no *Rock Band* dá a sensação de uma meta realmente útil. Você está dominando suas canções favoritas de uma forma que lhe permitirá se conectar e interagir com elas, *e* potencialmente tocá-las diante de uma plateia. Esse é, talvez, o maior segredo do jogo para cultivar a esperança do sucesso: a cultura do jogo *Rock Band* oferece muitas oportunidades para tocar diante de plateias. Você pode tocar diante de seus amigos e familiares em casa. Você pode ir a bares em quase todas as grandes cidades do mundo para participar de noites de jogos *Rock Band* e tocar em um palco real. E, atualmente, o *Rock Band* também é uma das escolhas mais populares em torneios de videogames.

A possibilidade de não apenas dominar uma canção, mas também de mostrar que a dominou para os outros, maximiza o ímpeto otimista. E, felizmente, para os jogadores que realmente desejam dominar as versões mais difíceis e complexas de suas canções favoritas, o fracasso no *Rock Band* é tão divertido e energizante quanto pode ser.

O fracasso divertido no *Rock Band* começa com os efeitos sonoros. Se você perder o ritmo, sair do tom ou tocar muitas notas erradas, a canção começa a se dissolver de forma audível. Primeiro, você ouve as notas erradas no acompanhamento musical. Depois, ouve interrupções e vaias da plateia. Quanto mais você fracassa, mais a canção se desmancha. No fim, se você for suficientemente ruim, aparecerão os efeitos visuais: seu avatar será escorraçado pela acalorada plateia, ficará constrangido e tentará se esconder sobre o palco, e todos os membros da banda balançarão seus punhos e farão caretas uns para os outros. É uma sequência de fracasso altamente divertida — tão surreal que você não conseguirá parar de rir de si mesmo.

Melhor ainda, a "sequência do fracasso" na vida real geralmente é mais divertida do que a versão on-line. Quando sua barra de desempenho atinge a zona vermelha, indicando que você está prestes a ser escorraçado do palco, é impossível evitar: você faz uma última tentativa, atacando seu instrumento da melhor maneira que pode. Você agita as baquetas como um louco, ou tensiona suas cordas vocais até o limite, ou aperta a palheta da guitarra de plástico e dedilha como um maníaco. Essa última investida desesperada para jogar é energizante, mesmo quando se está jogando sozinho — e quando está jogando com pelo menos mais uma pessoa, também é histericamente engraçado.

Em combinação com as emoções positivas que esse espetacular tipo de fracasso desperta, você também adquire um pouco de informação crucial a cada vez que destrói uma canção: exibe-se uma porcentagem exata do quanto você progrediu antes de ser escorraçado do palco. Essa informação lhe mostra o que você conquistou positivamente — mesmo se for apenas 33%, você sobreviveu a um terço do caminho ao longo da canção. Você não fracassou — apenas atingiu um sucesso parcial. E, quanto mais alta for sua porcentagem, mais capaz e confiante você se sente — e surge o desejo de tentar aquela canção de novo.

Esse desejo não está mal-direcionado: o ambiente de jogos dá sustentação à sua esperança de sucesso em várias maneiras decisivas. Por exemplo, cada jogador de sua banda pode selecionar um nível de dificuldade diferente. Isso significa que o baterista mais experiente pode continuar tocando no *hard*, enquanto o vocalista no nível médio e o guitarrista iniciante começa no *easy*. Isso permite que cada jogador estabeleça sua meta personalizada e realista, enquanto continua tocando a mesma canção com o grupo.

Se você estiver jogando com amigos, também pode "salvar" cada um deles de um desastre musical. Se o baixista se atrapalhar, o guitarrista pode tocar um solo espetacular e, então, ressuscitá-lo. Se o baterista fracassar, o cantor pode perfeitamente cantar em voz alta o refrão, de modo a trazê-lo de volta ao jogo.

Na verdade, você pode fracassar e ser ressuscitado por outros membros da banda duas vezes antes de ser escorraçado do jogo definitivamente. E os salvamentos dependem do esforço bem-sucedido de outro membro do grupo. O fracasso de um dos membros obriga os outros a ter um desempenho melhor.

O *feedback* do jogo em tempo real também facilita a aprendizagem a partir de seus próprios erros. Quando você está tocando bateria ou instrumentos de corda, obtém confirmação visual de cada nota que acerta ou erra. Você sabe instantaneamente se está fora do ritmo ou tocando os acordes errados, e é fácil identificar exatamente em que está tropeçando. Quando você é o cantor, pode observar a equipe musical para ver se você está perfeitamente afinado, nos sustenidos e bemóis. E pode fazer ajustes em tempo real, deslocando seu tom de voz para cima ou para baixo para atingir a nota correta — e, depois de algumas tentativas na mesma canção, você realmente começa a soar melhor.

Todas essas características fazem com que o *Rock Band* se pareça com um ambiente de aprendizagem. E jogar parece nos ajudar a atingir um aprimoramento musical, mesmo que seja uma compreensão maior dos ritmos e dos trechos de canções das quais já gostávamos ou uma confiança maior em tocar diante de amigos e familiares.

Mais do que isso, pesquisadores sugerem que os jogadores de videogames de música ficam cada vez mais motivados a tocar instrumentos musicais *reais*. Em um estudo realizado em 2008 com mais de 7 mil jogadores de *Rock Band* e *Guitar Hero*, 67% dos não musicistas no grupo relataram que se sentiram estimulados a experimentar um instrumento real desde que começaram a jogar os videogames. Enquanto isso, 72% dos jogadores que se consideravam músicos relataram haver passado mais tempo tocando seus instrumentos reais depois de começar a jogar esse tipo de jogo.[17]

Ainda não foi publicada nenhuma pesquisa importante sobre a hipótese de jogos como o *Rock Band* conferirem uma habilidade musical real. Contudo, esses jogos estão, sem dúvida, propiciando um verdadeiro otimismo, que, por sua vez, inspira a criar uma participação musical de verdade.

VOCÊ PODE JOGAR o *Rock Band* sozinho — praticando qualquer um dos quatro instrumentos por sua conta —, mas pesquisas indicam que quase ninguém faz isso. Na verdade, um estudo de 2008, conduzido pelo Pew Internet & American Life Project, avaliou o papel dos videogames na vida familiar e dos videogames explicitamente classificados como musicais, como o *Rock Band*, no aumento do tempo que jogadores de todas as idades passam jogando em conjunto.

Não é nenhuma coincidência que um dos videogames que mais ajuda a reforçar o otimismo seja também um dos mais sociáveis. Um dos grandes desejos que temos em relação ao próprio sucesso é a possibilidade de compartilhá-lo. Queremos que os outros vejam nossos esforços e reflitam sobre nossas conquistas. O sucesso solitário não significa nada. Mesmo com todo o *feedback* positivo que um jogo possa nos dar, buscamos, cada vez mais, o elogio e a admiração de nossos amigos e familiares.

Na verdade, estudos têm demonstrado que o otimismo torna mais provável a possibilidade de procurarmos apoio social e desenvolvermos relacionamentos mais sólidos.[18] Quando sentimos uma forte sensação de ação e motivação, atraímos pessoas para nossas vidas. E é por isso que grande parte do fracasso divertido que vivenciamos nos jogos está assumindo, progressivamente, um importante papel no contexto social. Cada vez mais, estamos convidando amigos e familiares a jogar conosco, seja pessoalmente ou on-line. Procuramos por oportunidades de jogar nossos jogos favoritos diante de plateias. E formamos equipes de longo prazo, como as guildas do *World of Warcraft* e as bandas de rock.

Talvez seja verdade que, no passado, os jogos de computador nos encorajavam a interagir mais com as máquinas do que com outras pessoas. Porém, se você ainda pensa em jogadores como seres solitários, então não tem jogado muita coisa.

CAPÍTULO CINCO

Conectividade social mais forte

Mais de 5 milhões de pessoas estão jogando *Lexulous*, um jogo de palavras on-line no Facebook. E a maior parte delas está jogando com suas mães.

Quando o jogo foi lançado, em 2007, tornou-se o primeiro aplicativo do Facebook a conquistar uma enorme audiência, e sua familiaridade foi um de seus principais atrativos. Se você sabe jogar *Scrabble*, então já sabe jogar *Lexulous* — trata-se, simplesmente, de uma versão ligeiramente modificada e não autorizada do clássico jogo de tabuleiro, combinada com bate-papo on-line.[1] Não há limite de tempo nas rodadas, e os jogos permanecem ativos mesmo quando você se desconecta da rede social. Sempre que for sua vez de jogar, o Facebook enviará um alerta para sua página inicial, seu e-mail ou seu telefone celular.

Eis aqui como um crítico do *Lexulous* resume seu apelo transgeracional: "Todos os membros de sua rede social, até mesmo sua mãe, sabem como jogar Scrabble."[2] Sem dúvida, é por isso que muitos dos entusiasmados comentários on-line incluem a frase "minha mãe" — como este aqui: "Moro em Atlanta, e minha mãe no Texas. Adoramos ficar jogando à noite, a milhas de distância. Mesmo assim, estou certo de que ela precisa descansar de vez em quando, de tantas vezes que perdeu para mim. (Te amo, mãe!)"[3]

Tenho lido comentários sobre jogos durante grande parte de minha vida e nunca vi nada semelhante, com tantas referências às mães. Na verdade, não seria exagero dizer que, para muitos, a principal razão de jogar *Lexulous* é ter uma desculpa para falar com a mãe todos os dias.

Não foram apenas os comentários on-line que me levaram a suspeitar disso — há provas fotográficas, também. Os jogos de *Lexulous* são reservados, mas os jogadores geralmente postam *screenshots* de seus momentos mais triunfantes em sites de compartilhamento de fotos, como o Flickr e o Photobucket. Nesses *screenshots*, que costumam trazer títulos como "Scrabble on-line com mamãe" ou "Ganhei da mamãe no *Lexulous*", podemos ter uma noção do tipo de atualização diária de informações familiares, que corre paralelamente à ação no jogo.[4] A maior parte das conversas são banalidades sobre os jogos, mas também é possível constatar um fluxo permanente de atualizações, como estas mensagens capturadas no Flickr: "Já começou o estágio? Como está indo?"[5] e "Meu joelho ainda está doendo. Estou colocando bastante gelo."[6] Ou "O que você vai fazer depois do trabalho?" e "Seu padrasto mandou um 'oi',"[7] Algumas mensagens de bate-papo apenas expressam a felicidade dos usuários por estarem jogando juntos de membros familiares, como esta, de uma mãe para suas duas filhas: "Feliz por vê-las, mesmo que vocês me deem uma surra quando jogamos. :)"[8] Evidentemente, há milhares de mensagens que dizem simplesmente: "Eu te amo."[9]

A julgar pelos *screenshots* compartilhados, os jogadores não utilizam o *Lexulous* para se manter em contato diário *apenas* com suas mães. Há uma série de outros jogos contra pais, primos, irmãos, cunhados, sogros, ex-companheiros de trabalho, amigos distantes e cônjuges em viagens de negócios (esse é o momento quando costumo usar o *Lexulous* com mais frequência — fico jogando com meu marido quando estou viajando a trabalho. Isso ajuda a me sentir como se estivéssemos, de fato, fazendo algo juntos, e não apenas atualizando informações).

Pelo fato de não ser necessário estar on-line para jogar ao mesmo tempo, é fácil organizar um jogo com qualquer outra pessoa, não importando onde ou o quão ocupada ela esteja. Você pode se manter facilmente informado sobre o jogo, dedicando-lhe, literalmente, apenas alguns minutos por dia. E, ao jogar com seus amigos e familiares da vida real, assegura oportunidades diárias de se conectar ativamente com indivíduos com os quais mais se preocupa.

A natureza coesa do mundo de jogo do *Lexulous* não foi resultado obrigatório de seu design. No Facebook, você pode, tecnicamente, iniciar uma partida de *Lexulous* com qualquer um — mesmo com pessoas que não conheça —, mas a maioria das pessoas joga contra aqueles que já são seus "amigos" na rede social. Jogar *Lexulous* é manter-se atualizado com as pessoas que amamos, mas com um propósito. Para aqueles que precisam de um lembrete para se manter em contato, o *Lexulous* oferece uma motivação. Ele nos ajuda a ficar efetivamente conectados, lembrando-nos de que é literalmente "a nossa vez" de dizer algo. E quando uma partida está acontecendo, de repente, manter-se em contato não é apenas prazeroso e gratificante — é, também, viciante.

O segredo do *Lexulous* para gerar dependência é seu formato *assincrônico*: os jogadores não precisam estar on-line ao mesmo tempo e podem fazer suas jogadas sempre que quiserem. Algumas partidas de *Lexulous* passam mais rápido, com os jogadores trocando palavras a intervalos de poucos minutos, mas a maioria delas tem uma evolução bem lenta, com uma ou duas jogadas por dia — ou com até menos frequência do que isso.

O ritmo imprevisível do jogo assincrônico acrescenta uma medida de previsibilidade. Você pensa sobre sua próxima jogada, mas não sabe quando será possível realizá-la. Você está motivado a agir, mas terá de esperar que seus amigos do Facebook retornem para acompanhar o jogo. E, pelo fato de você não saber se seus amigos ainda estão conectados ou prestando atenção ao jogo, há um incremento emocional enquanto se aguarda seus próximos movimentos. Como define um jogador: "Você tem de ser viciado *e* paciente."[10]

A característica do jogo que gera dependência nos estimula a iniciar uma interação social com membros de nossa rede social ampliada, a quem podemos normalmente preterir em nossa vida cotidiana on-line. De fato, começar um novo jogo com alguém é estabelecer um compromisso de interagir com essa pessoa pelo menos 12 vezes ou mais em um futuro próximo. E, quando você participa de cinco ou dez partidas ao mesmo tempo, há, de fato, centenas de microinterações programadas com pessoas das quais você gosta.

De acordo com as estatísticas de usuários, relatadas em um artigo do *Wall Street Journal*, em média um terço dos jogadores registrados no *Lexulous* se conectaram a qualquer momento no jogo por, pelo menos 30 dias consecutivos.[11] Essa é uma medida da notável *aditividade* dos jogos em rede social — ela se aproveita da enorme motivação que sentimos quando estamos em um bom jogo. Ela aumenta nosso interesse e otimismo crescentes, ajudando-nos a satisfazer nosso desejo, geralmente vão, de nos sentirmos mais conectados com amigos e familiares.

Em poucas palavras, os jogos de rede social tornam *mais fácil* e *mais divertido* manter conexões sólidas e ativas com pessoas das quais gostamos, mas que não vemos ou com as quais não falamos com tanta frequência quanto gostaríamos.

Eric Weiner, correspondente estrangeiro independente e autor de *The Geography of Bliss*, estudou as tendências da felicidade ao redor do mundo. Sua pesquisa confirmou que "nossa felicidade está completa e inteiramente interligada com outras pessoas: familiares, amigos e vizinhos. (...) A felicidade não é um substantivo ou um verbo. É uma conjunção. Tecido unificador".[12] Jogos como o *Lexulous* são intencionalmente projetados para fortalecer o tecido unificador dentro de nossas redes sociais. Cada jogada que fazemos é uma conjunção.

Está claro que precisamos de mais conjunções sociais em nossas vidas. Como inúmeros economistas e psicólogos positivos já observaram, de modo geral, cometemos o erro de nos tornarmos menos sociais quanto mais ricos ficamos como indivíduos e como sociedade. Weiner observa: "A principal fonte de felicidade são as outras pessoas — e o que faz o dinheiro? Ele nos isola dos outros. Ele nos permite construir paredes, literal e figurativamente, em torno de nós mesmos. Mudamos de um fervilhante dormitório universitário para um apartamento e para uma casa, e, se formos realmente ricos, para uma grande propriedade. Pensamos que estamos mudando para melhor, mas estamos, de fato, nos isolando."[13]

Jogos como o *Lexulous* podem nos ajudar a derrubar essas paredes. O *Lexulous* foi a primeira revolução em jogos de rede social, mas, a partir de seu sucesso, o gênero vem observando um crescimento dramático — particularmente no Facebook. No início de 2010, um jogo virtual de atividade agrícola, chamado *FarmVille*, alcançou um marco surpreendente: 90 milhões de jogadores ativos no Facebook, com quase 30 milhões deles se conectando a qualquer dia da semana para colher suas safras e cuidar de seus gados virtuais.[14]

É uma escala sem precedentes de participação em um único jogo on-line. Cerca de uma em cada 75 pessoas do planeta estão jogando o *FarmVille*, e uma a cada duzentas pessoas do planeta se conecta a qualquer dia da semana para administrar e cuidar de uma fazenda virtual. O que explica tanta popularidade? O *FarmVille* é o primeiro jogo a combinar a produtividade bem-aventurada do *World of Warcraft* com a fácil jogabilidade e a conectividade social do *Lexulous*.

Metade da diversão do *FarmVille* consiste em acumular pontos de experiência e moedas para subir de nível, conquistar safras melhores, mais equipamentos agrícolas, animais mais exóticos e um lote maior de terra. A cada vez que você se conecta ao jogo, pode aprimorar suas estatísticas, assumindo uma série de tarefas simples, com apenas um clique: arar o solo, comprar e plantar sementes, colher alimentos, acariciar seus animais de fazenda. Cada safra leva entre 12 horas e quatro dias em tempo real para produzir frutos, e, portanto, manter-se atualizado diariamente, ou quase isso, se torna um hábito regular. Você começa o jogo apenas com a habilidade de colher morangos e soja, em um humilde lote de 0,61m x 1,83m. Ao longo do tempo, poderá evoluir para um "poderoso lote de plantação" de 6,71m x 6,71m, no qual poderá plantar lírios, melões e café — sem mencionar a criação de coelhinhos, cavalos malhados e galinhas douradas.

Porém, a verdadeira engenhosidade do *FarmVille* é a camada social que vai além desse trabalho de autoaprimoramento imensamente gratificante. Na primeira vez que você se conecta ao jogo, pode visualizar uma lista de seus amigos do Facebook da vida real que já estão cuidando de suas próprias fazendas virtuais. Você pode transformar qualquer um deles, ou todos eles, em seus "vizinhos" no jogo, e visitar suas fazendas sempre que quiser, para ver como eles estão se saindo.

Você não interage diretamente com esses vizinhos — assim como a maior parte do jogo *Lexulous*, o *FarmVille* é uma experiência inteiramente assincrônica. Enquanto você está cuidando de sua fazenda, janelas de pop-up o cutucam para prestar atenção às fazendas de seus amigos e familiares: "Chelsea está precisando de auxílio em sua fazenda. Você pode ajudá-la?" ou "Os produtos agrícolas de Ralph estão parecendo um pouco fracos. Você poderia fertilizá-los?" A maioria dos jogadores passa até metade do tempo ajudando os outros: varrendo suas folhas, enxotando texugos ou alimentando suas galinhas. Você também pode enviar a seus vizinhos um presente gratuito todo dia — uma árvore de abacate virtual, um maço de feno rosado ou um pato, por exemplo. Ao mesmo tempo, sempre que você se conectar novamente ao jogo, verá uma lista de vizinhos que ajudaram sua fazenda, e é provável que encontre uma pilha de presentes aguardando sua aceitação.

Os presentes não são reais, é claro. Os favores não o ajudam em sua vida cotidiana. Contudo, o gesto não é vazio. Cada presente ou favor que alguém lhe oferece auxilia-o a atingir metas maiores no jogo. E é um ciclo vicioso. A cada vez que você percebe que alguém ajudou sua fazenda, sente a urgência de retribuir. Ao longo do tempo, você desenvolve o hábito de manter-se atualizado e de ajudar outras pessoas de sua rede social todos os dias.

Não se trata de um bom substituto para a interação real, mas ajuda a manter amigos e familiares em nossas vidas cotidianas. Do contrário, estaríamos muito ocupados para permanecer conectados. Jogos como o *Lexulous* e o *FarmVille* asseguram que iremos nos manifestar e fazer a nossa parte para alimentar os relacionamentos que temos diariamente, e demonstrar um gesto de amizade sempre que estiver na nossa vez.

E, assim, chegamos à quinta correção para a realidade:

↻ CORREÇÃO #5: CONECTIVIDADE SOCIAL MAIS FORTE

> Em comparação aos jogos, a realidade é desconectada. Os jogos criam vínculos sociais mais fortes, e levam a redes sociais mais ativas. Quanto mais tempo passamos interagindo dentro de nossas redes sociais, mais probabilidade temos de gerar uma subcategoria de emoções positivas, conhecidas como "emoções pró-sociais".

Emoções pró-sociais — incluindo amor, compaixão, admiração e devoção — são emoções de bem-estar dirigidas a outros. Elas são cruciais para nossa felicidade a longo prazo, pois ajudam a criar vínculos sociais duradouros.

A maior parte das emoções pró-sociais que adquirimos hoje em dia com os jogos não estão necessariamente implícitas no design do jogo; elas são, na verdade, um efeito colateral por passarmos muito tempo jogando juntos. Um exemplo: meu marido e eu nos apaixonamos depois de passar seis semanas no apartamento um do outro jogando um *adventure* de mistério chamado *Grim Fandango* no meu laptop. Ficar apaixonada não tinha muito a ver com aquele jogo em particular, mas foi o resultado de passarmos tanto tempo juntos para resolver os quebra-cabeças — sem mencionar as negociações para ver quem controlaria o mouse e o teclado —, de modo a podermos avançar pelo mundo virtual. Da mesma forma, qualquer dupla ou grupo de pessoas que jogue sistematicamente um jogo em conjunto, seja on-line ou presencial, terá mais oportunidade de expressar admiração mútua, se dedicar a um objetivo comum, expressar simpatia quando as outras perderem, e, até mesmo, se apaixonar. (O que me faz lembrar do mais interessante comentário que observei ao pesquisar as *screenshots* do *Lexulous*: "Um jogo bem difícil novamente. Quem perder tem de se casar com quem ganhou?")[15]

Todavia, para além desse tipo de benefício social de múltiplos propósitos decorrente de se jogar em grupo, há duas emoções pró-sociais específicas que os jogos nos oferecem: o **constrangimento feliz** e o **orgulho indireto**. Vamos verificar por que essas duas emoções pró-sociais são importantes, e como os jogos on-line as produzem melhor do que qualquer outra interação no mundo real.

Constrangimento feliz

Se há uma coisa que os jogadores do *Lexulous* fazem melhor do que formar palavras obscuras a partir de letras aleatórias é provocar gentilmente uns aos outros de uma forma que os faz se sentir bem. E a maneira mais eficaz pela qual eles se provocam mutuamente é com o uso de linguagem depreciativa.

A linguagem depreciativa, quando concebida como uma forma divertida de insultar seu oponente, é quase tão importante para a diversão nos jogos de rede social quanto o próprio ato de jogar. Buscamos aquela sensação distintivamente recompensadora que obtemos de um bom jogo quando derrotamos ou somos derrotados por pessoas das quais realmente gostamos. Mais importante ainda, buscamos a experiência de provocar uns aos outros quanto a isso, em um ambiente particular *e* em público.

Considere-se, por exemplo, as seguintes atualizações públicas de status dos jogadores do *Lexulous*. Essas afirmações ficam visíveis para todos os membros de suas redes sociais (incluindo as pessoas contra as quais estão jogando) e, algumas vezes, para o mundo inteiro (e foi assim que eu as pude ver):

> "Jogando *Lexulous* no Facebook com minha mãe. Estou ganhando. Rsrsrsrsrs!"[16]

> "Eu *ownei* tanto minha mãe!"[17]

Se você nunca *ownou* sua mãe, então não sabe o que está perdendo.

Ownar alguém significa atingir uma vitória tão expressiva que é praticamente impossível não exultar depois. Ela se origina da palavra "*own*" [possuir; deter], e tem sido usada há muito tempo como abreviatura popular entre os jogadores para o comentário presunçoso: "Sou tão bom nesse jogo que eu o *owno*."[18]

Por que *ownar* no jogo tem se tornado uma forma cada vez mais popular de interação social? E por que, quando estamos na ponta receptora, sofremos de modo tão feliz?

Provocar alguém, conforme demonstrou uma recente pesquisa científica, é uma rápida e eficaz maneira de intensificar nossos sentimentos positivos uns pelos outros. Dacher Keltner, um dos mais importantes pesquisadores de emoções pró-sociais da University of California, conduziu experimentos sobre os benefícios psicológicos da provocação, e ele acredita que ela desempenha um papel inestimável em nos ajudar a formar e manter relacionamentos positivos.[19]

"A provocação é como uma vacina social", explica Keltner. "Ela estimula o sistema emocional da ponta receptora." A linguagem depreciativa e provocadora nos permite despertar as emoções negativas dos outros de uma maneira discreta — estimulamos uma quantidade bastante pequena de raiva, dor ou constrangimento. Essa pequena provocação tem dois efeitos poderosos. Primeiro, ela reafirma a confiança: a pessoa que está provocando demonstra sua capacidade de ferir, mas, ao mesmo tempo, mostra que a intenção não é essa. Da mesma forma que um cachorro brinca de morder outro para mostrar que quer ser amigo, escancaramos nossos dentes mutuamente para lembrar que poderíamos ferir, mas nunca realmente *feriríamos*. De forma contrária, ao permitir que alguém nos provoque, confirmamos nossa vontade de estar em uma posição vulnerável. Demonstramos ativamente nossa confiança na preocupação que a outra pessoa tem por nosso bem-estar emocional.

Ao permitir que alguém nos provoque, também estamos ajudando essa pessoa a se sentir poderosa. Estamos lhe dando um momento para desfrutar de um *status* maior em nosso relacionamento — e os seres humanos são extremamente sensíveis às mudanças no *status* social. Ao permitir que alguém experimente um *status* maior, intensificamos os sentimentos positivos que temos em relação a nós mesmos. Por quê? Porque naturalmente gostamos mais das pessoas quando elas aprimoram nosso próprio *status* social.

Essa é a essência do constrangimento feliz, e, de acordo com a pesquisa de Keltner, estamos programados para senti-lo. Ele documentou as bases fisiológicas desse complexo efeito social em estudos presenciais de provocações divertidas e com uso de linguagem depreciativa. De acordo com as descobertas de Keltner, quem era provocado quase sempre demonstrava sinais de *status* diminuído, seguido de um esforço para a reconciliação: evitação do olhar, cabeça curvada para baixo, sorriso nervoso, mãos tocando o rosto e assim por diante. Tudo isso era acompanhado por um leve sorriso, uma microexpressão que indica que, de fato, gostamos de ser provocados por pessoas em quem confiamos. Ao mesmo tempo, quanto mais óbvia a demonstração de *status* diminuído, mais os provocadores relataram, posteriormente, gostar das pessoas que eles provocaram.

Nenhum desses processos é consciente, conforme demonstra a pesquisa. De modo geral, provocamos e nos deixamos provocar porque isso nos deixa felizes. Porém, a explicação de *por que* isso nos causa bem-estar está no fato de que ajuda a reforçar a confiança e nos torna mais simpáticos aos olhos dos outros. Talvez a maioria de nós não perceba o motivo exato dessa melhora em nossa conectividade social, mas, definitivamente, sentimos um saldo emocional positivo depois de uma interação permeada de provocações. E essa recompensa emocional nos encoraja a praticar e a repetir o comportamento.

Com toda *ownagem* e linguagem depreciativa que acontece em nossos jogos de redes sociais favoritos, fica claro que eles oferecem um espaço perfeito e absolutamente necessário para praticar e exercitar a boa provocação. Os jogos competitivos em especial nos dão uma desculpa para adotar posturas divertidas de superioridade e deixar que nossos amigos ou familiares façam o mesmo conosco.

Também podemos diminuir nosso *status* para fortalecer os relacionamentos, agindo de modo dissimulado. Isso ajuda a explicar o apelo do popular gênero de videogames conhecido como *party games*. Um jogo desse tipo é projetado para ser jogado social e presencialmente, e é fácil de aprender logo na primeira tentativa. O *Rock Band* é um *party game* bastante popular, e tocar como um *rock star* — isso sem mencionar o fracasso no jogo — diante de amigos e familiares qualifica esse momento como um aprimoramento de *status* ou, potencialmente, de constrangimento feliz.

Consideremos, também, o *WarioWare: Smooth Moves* para o Wii, um jogo que é ainda mais físico que o *Rock Band* (o controle do Wii tem um acelerômetro que detecta o movimento das mãos, assim como sensores ópticos que captam para onde você está apontando o dispositivo). Assim como a maior parte dos *party games* do Wii, para jogá-lo é preciso participar ativamente. O *Smooth Moves* é composto de mais de duzentos "microjogos" diferentes que exigem do jogador um movimento físico banal, porém muito rápido: bater os braços como se fossem asas de pássaros, imitar os contorcionismos para equilibrar um bambolê, colocar dentaduras virtuais em uma boca virtual de uma vovozinha. Você tem cinco segundos para descobrir o que tem de fazer, com base nas imagens da tela. Ao tentar pensar e se mover tão rapidamente, o resultado, geralmente, é debater-se, fazer gestos que parecem estúpidos e, ocasionalmente, cair.

Um crítico pergunta: "Jogos tão malucos quanto esse não deveriam ser tão populares, deveriam?"[20] Contudo, eles são incrivelmente populares. O *Smooth Moves* vendeu mais de 2 milhões de cópias. Eles são fáceis de aprender e proporcionam rápidas recompensas emocionais — se você deseja limpar seu nariz virtual mexendo o controle do jogo para cima e para baixo, é porque realmente confia nas pessoas que estão à sua volta.

Orgulho indireto

Em um grande e recente estudo, realizado com mais de mil jogadores, uma emoção pró-social pouco conhecida, chamada *naches*, ficou em oitavo lugar entre as dez principais emoções que os jogadores alegam querer sentir enquanto estão se dedicando a seus jogos favoritos. *Naches*, uma palavra iídiche para o arroubo que sentimos quando alguém a quem ensinamos ou de quem fomos orientadores obtém sucesso, ficou logo abaixo da surpresa e do *fiero*. [21]

O termo *naches* não virou moda no mundo dos jogadores da mesma forma que o *own* ou *fiero*. Porém, os jogadores que participaram do estudo descreveram com frequência uma espécie de orgulho indireto ao ajudar outra pessoa a jogar e aconselhá-la ou encorajá-la — especialmente, em jogos que eles próprios já haviam dominado. O autor do estudo, Christopher Bateman, especialista em psicologia cognitiva e em criação de jogos, adotou esse termo para descrever o fenômeno, relatando que "os jogadores parecem, realmente, gostar de treinar seus amigos e parentes nos jogos, com um expressivo número de 53,4% afirmando que isso aumenta a diversão"[22].

Não é nenhuma surpresa o fato de que orientar nossos amigos e parentes no ato de jogar nos torna mais felizes e nos une ainda mais. Paul Ekman, pioneiro pesquisador de emoções e especialista no fenômeno do *naches*, explica que essa emoção particular também é, provavelmente, um mecanismo evolutivo, desenvolvido para aprimorar a sobrevivência do grupo. A felicidade que obtemos ao parabenizar amigos e familiares garante nosso investimento pessoal no crescimento e nas conquistas dos outros. Ela nos encoraja a contribuir com o sucesso de terceiros, e, como resultado, formamos redes de apoio das quais todos os envolvidos se beneficiam.[23] E, pelo fato do *naches* estar tão fortemente relacionado à sobrevivência, diz Ekman, o sentimos intensamente. Não costumamos descrever nosso próprio sucesso como um "arroubo de orgulho", mas o fazemos em relação aos outros; essa linguagem sugere que a sensação do *naches* é ainda mais intensa do que o *fiero* pessoal.

Entretanto, não exultamos naturalmente de orgulho diante do sucesso de outra pessoa se não a tivermos ajudado e encorajado; muito frequentemente, nos sentimos enciumados ou ressentidos. Se não tivermos contribuído ativamente para aquela conquista com nosso apoio, então nossos sistemas emocionais não registram o orgulho indireto. Para gerar recompensa emocional do tipo *naches*, temos de estar verdadeiramente empenhados na tarefa da orientação.

A maioria dos pais vive em um estado praticamente constante de *naches*. Infelizmente, fora da paternidade, não estamos sempre conscientes de nossas oportunidades para vivenciar o *naches* — entre amigos, entre marido e mulher ou as crianças em relação a seus pais —, porque não temos incentivo ou encorajamento suficientes para servir de orientadores a outras pessoas, no dia a dia da escola ou do trabalho. A maior parte de nós vive em uma cultura de conquistas individuais ou o que Martin Seligman chama de "a valorização do eu" e de "declínio do bem-comum". [24] Ele explica: "A sociedade na qual vivemos trata com uma seriedade sem precedentes os prazeres e as dores, os sucessos e os fracassos do indivíduo."[25] E quando observamos o sucesso ou o fracasso como um assunto inteiramente individual, não nos importamos em investir tempo ou recursos nas conquistas de outra pessoa.

Precisamos de mais *naches*, o que ajuda a explicar o aumento dos jogos single-player sendo jogados por duas ou mais pessoas na mesma sala. Os pesquisadores de jogos que estudam as tendências da indústria relatam que, cada vez mais, uma pessoa optará por jogar, enquanto a outra (ou as outras) a observa, encoraja e aconselha.[26] O que torna esse cenário atraente — e há uma grande diferença entre a vida comum e os jogos — é que os videogames são obstáculos perfeitamente reproduzíveis; sabemos de antemão que nosso apoio será útil e sabemos exatamente o que nossos amigos e familiares estão se dispondo a fazer.

O *Braid*, um *puzzle* reconhecidamente difícil, criação de Jonathan Blow, um desenvolvedor de jogos independentes, é um exemplo perfeito desse fenômeno. Os jogadores devem encontrar a saída para 37 salas de quebra-cabeças cheias de monstros, a fim de resgatar uma princesa. As primeiras críticas desse jogo single-player foram radiantes, mas muitos outros críticos manifestaram sua preocupação, já que depender de quebra-cabeças limitaria o valor de se dedicar ao jogo novamente. Uma vez tendo resolvido um quebra-cabeça, afirmou um comentarista, "há pouco incentivo para retornar e fazer uma segunda tentativa".[27]

Porém, uma grande quantidade de provas circunstanciais recolhidas em blogs e fóruns de jogadores sugere que os jogadores estão retornando ao *Braid* — para gerar *naches*. Os jogadores parecem absolutamente ávidos para observar os momentos "eureca" de amigos e familiares ao solucionarem cada quebra-cabeça, oferecendo conselhos e incentivo moral positivo diante dos frustrantes desafios mentais do jogo. "Acabei de zerar o jogo, e agora estou vendo minha esposa resolvê-lo. O que é um prazer", escreve um marido que se tornou orientador.[28] Outro diz: "Terminei o jogo na noite passada, e só precisei de ajuda de meus filhos nas duas últimas peças do quebra-cabeça. Acho que ficaram muito orgulhosos de sua mãe!"²⁹ Os jogos nos dão a oportunidade de aprender e dominar novos desafios, e, de modo geral, desenvolver habilidades que podemos repassar a outros jogadores em nossas vidas.

Nem todas as recompensas sociais que obtemos ao jogar têm a ver com o fortalecimento de vínculos com pessoas que já conhecemos. O contato social com estranhos pode oferecer tipos diferentes de recompensa emocional nos momentos certos. Uma dessas recompensas, específica dos ambientes de jogos on-line para multidões, é algo que os pesquisadores chamam de "sociabilidade do ambiente". É a experiência de jogar sozinho, mas, ao mesmo tempo, em grupo, e trata-se de um tipo de interação social que até mesmo o mais introvertido de nós é capaz de apreciar.

Sociabilidade do ambiente

Algumas vezes queremos companhia, mas não queremos interagir ativamente com ninguém. É aí que surge a ideia de jogar sozinho, mas em grupo.

Os MMOs são famosos por suas quests colaborativas e suas raids em grupo. Porém, no fim, a maioria dos jogadores prefere jogar sozinha. Um estudo conduzido durante oito meses com mais de 150 mil jogadores do *World of Warcraft* descobriu que os jogadores passavam, em média, 70% de seu tempo cumprindo missões individuais, raramente interagindo com outros jogadores.³⁰ Os pesquisadores, sediados na Stanford University e no Palo Alto Research Center (PARC), consideraram esse fato espantoso e incongruente. Por que se preocupar em pagar uma mensalidade para participar de um mundo de jogo on-line para multidões se eles estavam ignorando justamente as multidões?

Os pesquisadores conduziram entrevistas para explorar tais descobertas e apuraram que os jogadores gostavam de *compartilhar* o ambiente virtual, mesmo que houvesse pouca ou nenhuma interação direta. Eles estavam vivenciando um alto grau de "presença social", um termo das teorias da comunicação para designar a sensação de compartilhar o mesmo espaço com outras pessoas.³¹ Embora os jogadores não estivessem lutando uns contra os outros ou fazendo quests em grupo, ainda assim consideravam-se mutuamente como companheiros virtuais. A equipe de pesquisadores de Stanford e do PARC denominou esse fenômeno de "jogar sozinho, mas em grupo".³²

Uma jogadora do *World of Warcraft* explica em seu blog por que ela prefere jogar sozinha, mas em grupo: "É a sensação de não estar solitária no mundo.

Adoro me sentir cercada por outros jogadores reais. Gosto de ver o que estão fazendo, o que já conquistaram e me deparar com eles no mundo virtual enquanto 'estão cuidando dos próprios negócios', ao mesmo tempo em que estou cuidando dos meus."[33] O que ela descreve aqui é, na verdade, um tipo especial de presença social: uma presença fortalecida por compartilhar metas e se envolver nas mesmas atividades. Os jogadores podem *reconhecer* uns aos outros porque têm uma compreensão comum do que estão fazendo e por quê. Suas ações são mutuamente inteligíveis e significativas.

A sociabilidade do ambiente é uma forma bastante casual de interação social; ela pode não criar vínculos diretos, mas satisfaz nossa necessidade de nos sentir conectados aos outros. Ela cria um tipo de expansibilidade social em nossas vidas — uma sensação de inclusão em uma cena social e o acesso a outras pessoas, caso precisemos delas. Os pesquisadores de Stanford e PARC propuseram que jogadores introvertidos tinham mais probabilidade de apreciar jogar sozinhos, mas em grupo, e estudos recentes da ciência cognitiva sustentam essa teoria. A melhor explicação dos cientistas para a polarização entre pessoas extrovertidas e introvertidas tem a ver com duas diferenças na atividade cerebral.

Em primeiro lugar, os introvertidos, em geral, tendem a ser mais sensíveis aos estímulos sensórios externos: a região cortical do cérebro, que processa o mundo exterior dos objetos, espaços e pessoas, reage fortemente à presença de qualquer estímulo. Os extrovertidos, ao contrário, têm uma ativação menor na região cortical. Eles exigem *mais* estímulos para se sentirem envolvidos com o mundo externo. Isso torna mais provável que os extrovertidos busquem níveis mais altos de estimulação social, enquanto os introvertidos tenham mais probabilidade de se sentirem mentalmente exaustos diante de níveis mais baixos de envolvimento social.

Ao mesmo tempo, os extrovertidos tendem a produzir mais dopamina em resposta a recompensas sociais — rostos sorridentes, risos, conversas e contato físico, por exemplo. Os introvertidos, por sua vez, são menos sensíveis a esses sistemas de recompensa social, mas altamente sensíveis à atividade *mental*, como resolução de problemas, de quebra-cabeças ou de exploração solitária. Os pesquisadores dizem que isso explica por que os extrovertidos parecem mais felizes quando têm outras pessoas à sua volta e quando estão em ambientes estimulantes: eles estão sentindo emoções positivas significativamente mais intensas dos que as pessoas introvertidas.

Porém, alguns pesquisadores de jogos, incluindo Nicole Lazzaro, acreditam que a sociabilidade do ambiente e a interação social de baixo impacto podem, de fato, treinar o cérebro a vivenciar a interação social como mais recompensadora. Lazzaro propõe que, uma vez que os introvertidos são tão sensíveis às recompensas da atividade mental proporcionada pelos jogos, praticar essas atividades em ambientes sociais on-line pode produzir neles associações novas e positivas a respeito da experiência social. Em outras palavras, jogos como o *WoW* podem deixar os introvertidos mais confortáveis diante da interação social, genericamente falando.

Ainda serão necessários alguns estudos para sustentar concretamente essa teoria, mas entrevistas e provas circunstanciais recentes sugerem que ela merece uma investigação mais profunda. Nossa solitária jogadora de *WoW* descreve como se sente envolvida com a interação social de baixo impacto, até mesmo quando entra sozinha no mundo on-line: "Ajudar a curar alguém aqui, aplicar um golpe ali, exterminar aquela coisa que está prestes a matar um jogador, pedir uma ajuda rápida ou uma informação, integrar-se a um grupo que se forma de modo rápido e espontâneo."[34] Ela continua à espera dessas interações sociais inesperadas, e estas são fundamentais para compreender por que ela gostar de jogar sozinha, mas em grupo. Ela busca a *possibilidade* de "aventuras espontâneas que surgem entre pessoas reais".

Por que isso tem importância? Por que é bom que os introvertidos estejam abertos a uma maior interação social e considerem as experiências compartilhadas como mais recompensadoras?

Estudo após estudo, os pesquisadores da psicologia positiva têm demonstrado que a extroversão está altamente relacionada a mais felicidade e maior satisfação na vida. Os extrovertidos simplesmente têm mais probabilidade de procurar por experiências que criem vínculos e afetividade sociais. Como resultado, as pessoas gostam mais dos extrovertidos, e eles têm mais apoio do que os introvertidos — duas medidas com forte influência na qualidade de vida. Os introvertidos querem ser amados e apreciados, e precisam de ajuda como qualquer outra pessoa; eles, simplesmente, não estão tão motivados a buscar oportunidades para estabelecer esse tipo de sensação social e intercâmbio positivos.[35]

Felizmente, como muitos jogadores estão descobrindo, a sociabilidade do ambiente pode desempenhar um papel decisivo na formulação do desejo pela interação social no mais introvertido dos seres humanos. A sociabilidade do ambiente dificilmente se converterá em um substituto para a interação social no mundo real, mas ela pode servir como uma porta de entrada para a socialização no mundo real — e, portanto, para uma melhor qualidade de vida —, ao ajudar os introvertidos a aprender a considerar o envolvimento social como intrinsecamente mais recompensador do que eles estão naturalmente predispostos a fazê-lo.

O CRIADOR DE JOGOS Daniel Cookman afirma que quando jogadores decidem jogar com estranhos ou com pessoas que conhecem na vida real, estão efetivamente escolhendo entre "forjar novos relacionamentos ou fortalecer os já existentes. (...) Podemos nos perguntar qual é o envolvimento mais forte: relacionamentos sólidos e seguros com os que já são amigos ou relacionamentos fracos e 'arriscados' com novas pessoas". Cookman diz que, na maior parte das circunstâncias, ele (e a maioria dos jogadores) prefere fortalecer os relacionamentos já existentes. A recompensa é simplesmente maior e mais nitidamente conectada com nossas vidas cotidianas.

Cookman tem razão ao sustentar que, de modo geral, os jogadores escolhem fortalecer os relacionamentos já existentes — cada vez mais, eles relatam que preferem jogar on-line com pessoas que conhecem na vida real. E, quanto mais jovem for o jogador, mais forte é esse sentimento. Um estudo recente, conduzido durante três anos sobre o uso da internet por jovens nos Estados Unidos, revelou que os jogadores abaixo dos 18 anos passam 61% de seu tempo jogando com amigos da vida real, em vez de jogarem sozinhos ou com estranhos.[36]

Mas Cookman reconhece que há outro fator a ser levado em consideração. Jogar com estranhos ou jogar com amigos? "Para responder essa pergunta de forma significativa", ele argumenta, "é preciso, primeiro, responder uma questão mais pessoal: 'Você é uma pessoas solitária?'"[37]

Não podemos discutir as recompensas sociais dos jogos sem mencionar o papel positivo que eles desempenham ao nos ajudar a combater os sentimentos de solidão. Como regra geral, preferiríamos jogar com amigos. Contudo, se isso não for possível, aceitaremos estranhos como companheiros de jogos a qualquer dia, em vez de jogarmos sozinhos. Cookman resume o sentimento prevalente: "Não tenho certeza de que ouvir um estranho gritando comigo [em um jogo de tiro em primeira pessoa] resultará em algum tipo de amizade duradoura, mas com certeza é melhor do que estar sozinho."[38]

O website de jogadores Pwn or Die, popular entre o público adolescente e de jovens adultos, tem um pequeno manifesto sobre "Maneiras pelas quais os videogames de fato beneficiam a 'vida real'". No topo da lista está, simplesmente, espantar a solidão. "Quando não existem jovens na vizinhança, é tarde da noite, nosso melhor amigo está a milhas de distância, os videogames nos dão uma oportunidade de interagir com outras pessoas e vivenciarmos a sociabilidade."[39]

Seria mais recompensador ter um espaço no mundo real no qual pudéssemos ter uma interação presencial? Provavelmente — há evidências significativas para sugerir que as recompensas sociais são intensificadas por coisas como contato visual e físico. Porém, o contato cara a cara nem sempre é possível. Mais ainda, se estivermos nos sentindo deprimidos ou sozinhos, poderemos não ter as reservas emocionais para nos levantar e sair à rua, ou para entrar em contato com um amigo ou familiar da vida real. Participar de um jogo on-line que compreenda a sociabilidade do ambiente pode ser um ponto de partida para um estado emocional mais positivo e, com isso, mais experiências sociais positivas.

QUINZE ANOS ATRÁS, o cientista político Robert Putnam manifestou publicamente sua preocupação com o fato de os Estados Unidos estarem se tornando uma nação que "jogava boliche sozinha". Em seu livro, de grande repercussão, sobre o colapso da comunidade ampliada, ele documentou uma tendência preocupante: estamos cada vez mais propensos a nos acomodar e preferir a companhia de somente algumas pessoas, em vez de participar de organizações cívicas ou de eventos em um contexto social mais amplo.

Para Putnam, o colapso da comunidade ampliada em nossas vidas cotidianas era uma grande ameaça à qualidade de vida, e ele sustentou esse argumento com tanta convicção que, desde então, especialistas têm debatido as melhores formas de reverter esse quadro. Instituições públicas também tentaram tudo o que foi possível para reconstituir a tradicional infraestrutura comunitária. No entanto, como os jogadores vêm descobrindo, reconstituir maneiras tradicionais de se conectar pode não ser a solução — talvez reinventá-las funcione melhor.

Os jogadores, sem dúvida, estão reinventando o que pensamos ser nossa infraestrutura comunitária. Eles estão experimentando novas formas de criar capital social, e estão desenvolvendo hábitos que propiciam mais vínculos sociais e conectividade do que qualquer time de boliche permitiria.

Como sociedade, podemos nos sentir cada vez mais desconectados da família, dos amigos e dos vizinhos — mas, como jogadores, estamos adotando estratégias para reverter esse fenômeno. Gradativamente, os videogames estão se tornando um elo social decisivo, que permeia nossas vidas cotidianas. Estamos utilizando nossa interação social assincrônica em jogos como o *Lexulous* e o *FarmVille* para construir conexões sociais mais sólidas e firmes. Estamos passando mais tempo provocando e servindo de orientadores uns aos outros em jogos como o *Smooth Moves* e o *Braid*, de modo a estabelecer confiança e intensificar nossos compromissos sociais. E estamos criando mundos baseados na sociabilidade do ambiente, como o *World of Warcraft*, onde até mesmo o mais introvertido de nós tem a oportunidade de desenvolver sua resistência social e conseguir mais conectividade em sua vida.

Os jogadores, efetivamente, *não* estão jogando sozinhos.

E quanto mais jogamos em conjunto, mais forte é a sensação de que estamos criando uma comunidade global com um propósito. Os jogadores não estão mais simplesmente tentando ganhar os jogos. Eles têm uma missão mais importante.

A missão deles é tornar-se parte de algo *épico*.

CAPÍTULO SEIS

Tornando-se parte de algo maior do que nós mesmos

Em abril de 2009, os jogadores do *Halo 3* celebraram uma marca coletiva arrepiante: 10 bilhões de extermínios contra o inimigo virtual, a aliança Covenant. Isso significa, aproximadamente, uma vez e meia o número total de homens, mulheres e crianças do planeta.

Para atingir essa marca monumental, os jogadores do *Halo 3* passaram 565 dias lutando no terceiro e último combate da fictícia Grande Guerra, protegendo a Terra de uma aliança de alienígenas maléficos que quer destruir a raça humana. Juntos, eles mataram, em média, 17,5 milhões de alienígenas por dia, 730 mil mortes por hora, 12 mil mortes por minuto.

Nesse período, eles reuniram o maior exército do planeta, seja virtual ou real. Mais de 15 milhões de pessoas lutaram em nome da United Nations Space Command, a organização pertencente a esse jogo de ficção científica. Esse é, aproximadamente, o número total de soldados ativos de todos os 25 maiores exércitos do mundo real combinados.[1]

Dez bilhões de mortes não foi uma conquista acidental, um deslize cegamente cometido pela multidão de jogadores. Os jogadores do *Halo* fizeram um esforço concentrado para chegar lá. Eles consideraram 10 bilhões de extermínios como um símbolo do quanto a comunidade do *Halo* poderia atingir — e queriam que fosse maior do que qualquer outra coisa que qualquer outra comunidade de jogos tivesse alcançado antes. Então, trabalharam arduamente para fazer com que cada jogador fosse tão bom no jogo quanto possível. Jogadores compartilhavam dicas e estratégias entre si e organizaram uma campanha de intercâmbios

24 horas por dia, chamada "co-op", ou cooperativa. Eles convocavam todos os membros registrados do *Halo* que estavam on-line para contribuir: "É uma tarefa gigantesca, por isso precisaremos de VOCÊ para fazê-la acontecer."[2] Eles trataram essa missão como um dever que deveria ser cumprido urgentemente. "Sabemos que faremos a nossa parte", dizia um blog do jogo. "E você, fará a sua?"[3]

Não é de surpreender que o repórter Sam Leith, do *Telegraph* de Londres, ao cobrir esse evento da comunidade do *Halo 3*, tenha observado que "uma grande mudança aconteceu, nos últimos anos, na forma pela qual jogamos videogames. O que antes foi, de modo geral, uma atividade solitária, é agora (...) uma atividade comunitária".[4] Cada vez mais, os jogadores não estão se envolvendo nisso apenas por si mesmos. Eles estão jogando uns pelos outros — e pela emoção de fazer parte de algo maior.

Quando os jogadores do *Halo* finalmente atingiram sua meta, inundaram os fóruns on-line para parabenizar uns aos outros e reivindicar suas contribuições. "Fiz algumas contas e, com meus 32.388 extermínios, sou responsável por 0,00032% das 10 bilhões de mortes", escreveu um jogador. "Sinto que poderia ter contribuído mais. (...) Bem, vamos aos 100 bilhões, então!"[5] Tal reação era típica, e a nova meta de 100 bilhões foi divulgada amplamente nos fóruns. Imediatamente após uma conquista coletiva, os jogadores do *Halo* estavam prontos para enfrentar uma meta ainda mais monumental. E estavam altamente preparados para recrutar uma comunidade ainda maior para cumpri-la. Como propôs um jogador: "Fizemos isso com apenas alguns milhões de jogadores. Imagine o que poderíamos fazer com a força total de 6 bilhões de humanos!"[6]

O Bungie, o estúdio que criou o *Halo*, com sede em Seattle, Washington, uniu-se aos jogadores nas comemorações. Publicaram um grande *release* de imprensa e uma carta aberta à comunidade do *Halo*, enfatizando o trabalho em equipe que havia sido empreendido para chegar às 10 bilhões de mortes: "Atingimos a Covenant onde dói mais. Fizemos aqueles alienígenas pagar o preço por pisar em nosso solo. Estamos felizes por termos você do nosso lado, soldado. Um trabalho excelente. Vamos matar mais 10 bilhões."[7]

Talvez agora você esteja pensando consigo mesmo: "*E daí?* Qual o sentido disso? A Covenant não é real. É só um jogo. O que os jogadores realmente *fizeram* para merecer uma comemoração?"

Por um lado, nada. Não há nenhum *valor* em exterminar um alienígena, mesmo atingindo um placar de 10 bilhões deles ou, até mesmo, 100 bilhões. O valor é uma medida de importância e consequência. E até mesmo o mais obstinado dos fãs do *Halo* sabe que não há importância ou consequência verdadeira em salvar a raça humana de uma invasão alienígena fictícia. Não há nenhum perigo verdadeiro sendo evitado. Nenhuma vida real foi salva.

No entanto, por outro lado, somente porque as mortes não têm valor, não significa que não tenham *sentido*.

O sentido é a sensação de que somos parte de algo maior do que nós mesmos. É a crença de que nossas ações importam para além de nossas vidas individuais. Quando algo tem sentido, tem significado e valor não apenas para nós mesmos, ou para nossos amigos mais próximos e familiares, mas para um grupo muito mais amplo: uma comunidade, uma organização ou, até mesmo, para toda a espécie humana.

O sentido é algo que todos estamos procurando: mais formas de fazer a diferença no panorama geral, mais chances de deixar uma marca no mundo, mais momentos de admiração e encantamento na infinidade de projetos e comunidades das quais fazemos parte.

E como obtemos mais sentido em nossas vidas? Na verdade, é muito simples. Os filósofos, os psicólogos e os líderes espirituais concordam: a maneira mais eficiente de adicionar sentido às nossas vidas é *conectar nossas ações diárias a algo maior do que nós mesmos* — e quanto maior, melhor. Como diz Martin Seligman: "O 'eu' é um lugar muito pobre de sentido." Não conseguimos *ter importância* fora de um contexto social em larga escala. "Quanto maior a entidade à qual você conseguir se unir", aconselha Seligman, "mais sentido você poderá alcançar".[8]

E esse é exatamente o ponto de se trabalhar em grupo em um jogo como o *Halo 3*. Não significa que as mortes dos membros da Covenant tenham valor. Porém, perseguir uma meta massiva ao lado de milhões de outras pessoas nos dá a sensação de bem-estar, nos dá a sensação de que há um sentido nisso. Quando os jogadores se dedicam a uma meta como 10 bilhões de extermínios, estão se unindo a uma causa, e contribuindo de forma significativa. Como o popular site de jogadores Joystiq descreveu no dia em que os jogadores do *Halo* celebraram a morte de número 10 bilhões: "Agora temos certeza. (...) Cada morte conquistada na campanha do *Halo 3* realmente *quer dizer* alguma coisa."[9]

Para vivenciar o sentido *real*, não temos de contribuir para algo que tenha valor *real*. Precisamos apenas ter a oportunidade de contribuir de alguma maneira. Precisamos nos conectar a outras pessoas que estão preocupadas com a mesma meta massiva em escala global, não importando o quão arbitrária ela seja. E precisamos de uma chance para pensar sobre a escala verdadeiramente épica do que estamos fazendo juntos.

O que nos leva à sexta correção da realidade:

↻ CORREÇÃO #6: ESCALA ÉPICA

> Em comparação aos jogos, a realidade é trivial. Os jogos nos tornam parte de algo maior e dão sentido às nossas ações.

"Épico" é a palavra-chave aqui. Os videogames de grande sucesso, como o *Halo* — o tipo de jogo que tem um orçamento de produção de 30, 40 ou até mesmo 50 milhões de dólares — não são apenas "algo maior". Eles são grandes o suficiente para serem *épicos*.

Épico é um conceito muito importante para a cultura dos videogames atualmente. É como os jogadores descrevem suas experiências com jogos mais memoráveis e gratificantes. Como afirma um crítico de jogos: "O *Halo 3* é épico. Esse jogo lhe dá um poder que nenhum outro pode lhe dar. Ele não é formado por momentos, mas por eventos. Experiências que encantam a alma e arrepiam a coluna."[10]

Uma boa definição para "épico" é aquilo que supera em muito o mediano, especialmente em tamanho, escala e intensidade. Algo épico tem *proporções heroicas*. Os videogames de grande sucesso cumprem a escala épica melhor do que qualquer outro meio de nosso tempo, e eles são épicos de três maneiras fundamentais:

> Criam *contextos épicos para a ação*: histórias coletivas que nos ajudam a conectar o ato de jogar individualmente a uma missão maior.
>
> Eles nos fazem mergulhar em *ambientes épicos*: espaços vastos e interativos que provocam sentimentos de curiosidade e encantamento.
>
> E nos envolvem em *projetos épicos*: esforços cooperativos levados adiante por jogadores em escala massiva, ao longo de meses ou até mesmo de anos.

Há uma razão pela qual os jogadores adoram jogos épicos. Não se trata apenas de "quanto maior, melhor". Trata-se de "quanto maior, mais admirável".

A **admiração** é uma emoção única. De acordo com muitos psicólogos positivos, é a mais irresistível e gratificante emoção boa que podemos sentir. Na verdade, o neuropsicológo Paul Pearsall classifica a admiração como o "orgasmo das emoções positivas".[11]

A admiração é o que sentimos quando reconhecemos estar diante de algo maior do que nós mesmos. Está intimamente ligada aos sentimentos de espiritualidade, amor e gratidão — e, mais importante, a um desejo de servir.

Em *Born to Be Good*, Dacher Keltner explica: "A experiência da admiração tem a ver com descobrir nosso lugar no plano geral das coisas. Tem a ver com diminuir as pressões do egoísmo. Tem a ver com se dedicar ao que é coletivo. Tem a ver com nos reverenciarmos por participar de algum processo expansivo que une a todos e que enobrece os esforços de nossas vidas."[12]

Em resumo, com a admiração não apenas nos *sentimos* bem; ela nos inspira a *fazer* o bem.

Sem dúvida, é admiração o que um jogador de *Halo 3* sente quando afirma que o jogo provoca "arrepios na espinha". A comichão na coluna é um dos sintomas fisiológicos clássicos da admiração — ao lado de calafrios, estremecimentos e aquele engasgo na garganta.

A habilidade de sentir admiração na forma de calafrios, estremecimentos ou engasgos serve como um tipo de radar emocional para detectar uma atividade que tenha sentido. Sempre que admiramos algo, sabemos que estamos diante de uma fonte potencial de sentido. Descobrimos uma oportunidade real de estar a serviço, de criar conexões, de contribuir para uma causa maior.

Em poucas palavras, a admiração é um chamado para a ação coletiva.

Portanto, não é por acaso que os jogadores do *Halo* mostram-se tão inclinados aos esforços coletivos. É o resultado direto da estética épica e inspiradora do jogo. Os melhores criadores de jogos da atualidade são especialistas em dar aos indivíduos a chance de fazer parte de algo maior — e ninguém é melhor nisso do que os criadores do *Halo*. Tudo o que se refere a essa série de jogos — desde o enredo até a trilha sonora, do marketing até a maneira pela qual a comunidade está organizada na web — é intencionalmente projetado para fazer com que os jogadores sintam que o ato de jogar tem algum sentido. E um truque simples, mas utilizado repetidamente, é este: sempre conectar o indivíduo a algo maior.

Vamos analisar como, exatamente, o *Halo* consegue fazer isso.

Contexto épico para ação heroica

> Cinco mil anos no futuro. A Covenant, uma aliança hostil de espécies alienígenas, está determinada a destruir a humanidade. Você é o Master Chief Petty Officer John 117 — que já foi uma pessoa comum, mas agora é um supersoldado, equipado com tecnologias biológicas que lhe dão velocidade, força, inteligência, visão e reflexos sobre-humanos. Sua missão é deter a Covenant e salvar o mundo.

Essa é a história básica do *Halo*. Não é muito diferente de diversos outros videogames de sucesso. Como afirma o veterano criador de jogos Trent Polack: "Se olharmos para a maioria dos jogos de hoje em dia, parece que os jogadores só se preocupam em salvar o mundo." Ele já sabia disso: alguns dos primeiros jogos de Polack pediam aos jogadores que salvassem a galáxia de alienígenas maléficos (*Galactic Civilizations II*), salvassem o universo de deidades diabólicas (*Demigod*) e salvassem o mundo dos titãs saqueadores (*Elemental: War of Magic*).

Por que existem tantos jogos de salvar o mundo? Em um artigo da indústria sobre o crescimento das narrativas em "escala épica" nos videogames, Polack sugere que "quando os jogos dão a oportunidade épica de salvar a galáxia ao destruir alguma força maléfica antiga que foi despertada ou qualquer outro retrato clássico do bem contra o mal em grande escala, eles estão atendendo as fantasias de poder dos jogadores".[13]

Concordo com Polack, mas é importante deixarmos claro exatamente que *tipo* de fantasia está sendo atendida pelas histórias do tipo "salve o mundo".

Qualquer videogame que apresente um monte de armas altamente poderosas e uma interação que consista fundamentalmente em atirar e destruir coisas diz respeito, por um lado, aos prazeres estéticos da destruição e às sensações positivas que obtemos ao exercer o controle sobre uma situação.[14] Isso é verdadeiro para qualquer jogo de tiro disponível hoje no mercado. Porém, não precisamos de uma história épica de salvar o mundo para conseguir tais prazeres. Podemos obtê-los, de maneira bastante eficaz, a partir de um simples jogo de Atari sem enredo, como *Breakout*. Os jogos que compreendem narrativas épicas do tipo "salve o mundo" estão utilizando-as para ajudar os jogadores a experimentar um tipo diferente de poder. É o poder de agir significativamente: fazer algo que tenha importância para o panorama geral. A história é o panorama geral, as ações dos jogadores é o que realmente têm importância.

Como explica Polack: "A história prepara o terreno para o sentido. Ela molda a ação dos jogadores. Nós, como criadores, não estamos contando, não estamos mostrando; estamos informando como *se faz* — as ações nas quais os jogadores se envolvem e os desafios aos quais se submetem." Esses desafios formam a história do jogador, e a história é, no fim das contas, o que tem sentido.

Nem todos os jogos dão a sensação de participar de uma causa maior. Para que um jogo ofereça essa sensação, duas coisas precisam acontecer. Primeiro, a história do jogo precisa se transformar em um **contexto coletivo** para a ação — compartilhado por outros jogadores, e não ser apenas uma experiência individual. É por essa razão que os jogos verdadeiramente épicos estão sempre ligados a amplas comunidades on-line — centenas de milhares ou milhões de jogadores agindo no mesmo contexto juntos, e conversando entre si em fóruns e wikis sobre as ações que estão empreendendo. E, em segundo lugar, as ações que os jogadores empreendem dentro do contexto coletivo precisam parecer um **serviço**: cada esforço feito por um jogador deve, no fim, beneficiar todos os outros. Em outras palavras, cada ato individual tem de resultar, em última instância, em algo maior.

O *Halo* é, provavelmente, o melhor jogo do mundo em conseguir transformar uma história em um contexto coletivo e fazer com que as conquistas pessoais se assemelhem a um serviço prestado.

Como muitos outros videogames de grande sucesso, o *Halo* possui características de comunidade on-line extensivas: fóruns de discussão, wikis e compartilhamento de arquivos (para que os jogadores possam fazer o upload e compartilhar vídeos de seus melhores momentos no jogo). Contudo, a Bungie e a Xbox levaram a função dessas tradicionais ferramentas de construção de conteúdo mais além. As empresas deram aos jogadores ferramentas revolucionárias para acompanhar a magnitude de seu esforço coletivo e forneceram oportunidades sem precedentes para refletir em escala épica sobre seu serviço coletivo.

Cada jogador de *Halo* possui sua própria história no processo de fazer a diferença, e isso está documentado na web, no "registro de serviços pessoais". Trata-se de um registro completo de suas contribuições individuais para a comunidade *Halo* e para o esforço da Grande Guerra — ou, como a Bungie denomina: "Toda a sua carreira no *Halo*."

O registro de serviços é armazenado no site oficial da Bungie, e pode ser acessado por outros jogadores. Ele lista todos os níveis de campanha que você já completou, as medalhas que ganhou e as conquistas que desbloqueou. Inclui, também, uma distribuição minuto a minuto, jogada a jogada, de *cada um dos níveis ou partidas do Halo que você já jogou on-line*. Para muitos jogadores do *Halo*, isso significa milhares de jogos ao longo dos últimos seis anos — desde que *Halo* virou um jogo on-line pela primeira vez, em 2004 —, todos expostos e perfeitamente documentados em um único lugar.

E não são apenas estatísticas. Há visualizações de informações de todos os tipos possíveis: tabelas interativas, gráficos, mapas de calor. Elas o ajudam a tomar conhecimento de suas próprias forças e fraquezas: onde você comete a maior parte dos erros e onde consegue suas maiores vitórias; quais armas você mais domina e quais não sabe usar muito bem; e, até mesmo, quais membros da equipe o ajudam a jogar melhor, e quais não.

Graças à complexa reunião e compartilhamento de informações da Bungie, tudo o que você faz no *Halo* contribui para resultar em algo maior: uma história plurianual de seu serviço pessoal à Grande Guerra.

No entanto, não se trata apenas da sua história — é muito mais do que isso. Você está contribuindo para o esforço da Grande Guerra ao lado de milhões de outros jogadores, que também têm registros on-line de seus serviços. E o *serviço* é realmente um conceito crucial aqui. Um registro de serviços pessoais não é apenas um perfil. É uma história das contribuições de um jogador para uma causa mais ampla. O fato de seu perfil ser denominado "registro de serviços" lembra-o constantemente disso. Quando você joga o *Halo* on-line, acumula mortes e cumpre missões, você está *contribuindo*. Você está, efetivamente, criando novos momentos da história da Grande Guerra.[15]

E todos os momentos se acumulam. Os milhões de registros de serviços pessoais considerados em conjunto contam a história real do *Halo*, uma história coletiva da Grande Guerra. Eles conectam todos os jogadores individuais em uma comunidade, uma rede de indivíduos lutando pela mesma causa. E a escala sem precedentes de informações coletadas e compartilhadas nesses registros de serviços mostra o quão épica é a história coletiva dos jogadores. Recentemente, a Bungie anunciou que seus servidores de registros de serviços pessoais administraram mais de 1,4 *quadrilhão* de bytes de solicitações de informações de jogadores nos últimos nove meses. Isso equivale a 1,4 petabyte em termos da ciência da computação.

Para colocar esse número em perspectiva, especialistas estimaram que todas as obras escritas pela humanidade, desde o começo dos registros da história, em todas as línguas, somam aproximadamente 50 petabytes de informações.[16] Os jogadores do *Halo* ainda não chegaram lá — mas não é um mau começo, considerando-se que estão jogando em grupo na web por apenas seis anos, em comparação com toda a história humana já registrada.

Um dos melhores exemplos de construção inovadora de contexto coletivo é o Museu da Humanidade do *Halo*, um museu on-line que diz ser do século XXVII, dedicado a "todos os que lutaram bravamente na Grande Guerra". Evidentemente, não se trata de um museu real; ele foi desenvolvido pelos marqueteiros do Xbox para elaborar um contexto mais significativo ao *Halo 3*.

O museu apresenta uma série de vídeos realizados no estilo clássico da série *Civil War,* de Ken Burn: entrevistas com veteranos da Grande Guerra e historiadores, imagens dos combates contra a Covenant — tudo com um hino triunfante ao fundo. Como escreveu um blogueiro: "Os vídeos no Museu da Humanidade do *Halo* parecem ter saído do History Channel. (...) É legal ver as tradições do videogame tratadas com esse tipo de reverência."[17]

Reverência — a expressão de adoração profunda, respeito e amor ou admiração — é, normalmente, uma emoção que reservamos para coisas muito grandes e sérias. Porém, é exatamente disso que se trata o Museu da Humanidade do *Halo*: reconhecer o quanto jogadores levam seu jogo favorito a sério, e inspirar o tipo de emoção épica que sempre foi a melhor parte experimentada por aqueles que jogam.

E funcionou. A série de vídeos provoca um baque emocional real, apesar de, nas palavras de um jogador, "ter sido criada para honrar heróis que nunca existiram".[18] Brian Crecente, importante jornalista de jogos, escreveu: "Os vídeos me provocaram calafrios."[19] E os fóruns on-line e blogs ficaram repletos de comentários expressando uma emoção genuína. Um jogador foi quem melhor definiu a sensação ao escrever: "Realmente tocante. Eles fizeram uma coisa fictícia se tornar real."[20]

Não que o museu seja um produto crível do futuro. As *emoções* que ele provoca é que são críveis. O Museu da Humanidade on-line é um lugar para refletir em escala extrema sobre a experiência que o *Halo* provoca: os anos de serviço, os milhões de jogadores envolvidos. A Grande Guerra não é real, mas você realmente sente admiração quando reflete sobre o esforço que tantas pessoas diferentes empreenderam para participar dela.

Ao fim, como resume um jogador, "o *Halo* prova que pode haver um jogo de tiro com uma história que realmente signifique algo. Ele chama sua atenção e faz você se sentir como parte de algo maior".[21]

Contudo, esse jogo não é apenas uma história maior. Ele é, também, um ambiente maior — e isso nos leva à nossa próxima estratégia para conectar jogadores a algo ainda maior: a construção de ambientes épicos ou espaços altamente imersivos, que são intencionalmente projetados para extrair o melhor de nós.

Ambientes épicos — Ou como construir um lugar melhor

Um ambiente épico é um espaço que, em virtude de sua escala extrema, provoca um profundo sentimento de admiração e encantamento.

Há uma infinidade de ambientes épicos naturais no mundo: o Monte Everest, o Grand Canyon, a Victoria Falls, a Grande Barreira de Corais. Esses espaços nos lembram de nosso tamanho: eles nos fazem lembrar do poder e da grandiosidade da natureza e nos sentimos pequenos quando nos comparamos a eles.

Um espaço épico *construído* é diferente: não é o trabalho da natureza, mas, ao contrário, uma proeza resultante da criação e engenharia. É uma conquista *humana*. E isso o torna humilhante e valioso ao mesmo tempo. Sentimo-nos menores como indivíduos, mas também capazes de coisas muitos maiores, juntos. Isso porque um ambiente épico construído — como a Grande Muralha da China, o Taj Mahal ou Machu Picchu — é o resultado de uma colaboração em larga escala. É a prova das coisas extraordinárias que os seres humanos podem realizar juntos.

O *Halo 3* é, sem dúvida alguma, um ambiente desse tipo.

O jogo consiste em 34 ambientes diferentes, abrangendo mais de 200 mil anos-luz de espaço virtual. De um nível para o outro, você pode se descobrir viajando da superpopulosa cidade comercial de Voi, Quênia, para Ark, um deserto muito, muito além dos limites da própria Via Láctea.

O que impressiona não é apenas o enorme número de terrenos virtuais do *Halo*; mas também o quão diversos e cuidadosamente produzidos são esses ambientes. Como observa Sam Leith: "A construção de um jogo como o *Halo 3* é um trabalho de engenharia eletrônica comparável, em escala, à construção de uma catedral medieval." A Bungie levou três anos para conceber essa catedral de jogos, com uma equipe de mais de 250 artistas, designers, escritores, programadores e engenheiros colaborando em conjunto. Leith continua: "Você percebe a escala e a complexidade da tarefa ao considerar apenas os efeitos sonoros: o jogo tem 54 mil efeitos de áudio e 40 mil linhas de diálogo. Há 2.700 ruídos diferentes apenas para pegadas, dependendo de quem está pisando em quê."[22]

E é isso que os jogadores apreciam quando se arrepiam com o *Halo*: a conquista sem precedentes que ele representa como um trabalho de design e engenharia da informática. Os jogadores não se admiram tanto com o ambiente em si, mas com o trabalho, a dedicação e a visão necessária para criá-lo. Nesse ponto, os jogadores do *Halo* compartilham uma longa tradição da cultura humana da admiração, encantamento e gratidão em relação aos construtores dos ambientes épicos.

OS PRIMEIROS ambientes épicos foram construídos mais de 11 mil anos atrás, durante o período neolítico ou Idade da Pedra Polida. Em outras palavras, 6 mil anos antes de os humanos usarem pela primeira vez a palavra escrita, eles já estavam construindo espaços físicos para inspirar a admiração e cooperação.

O exemplo mais antigo e conhecido do mundo de um ambiente épico construído é o Gobekli Tepe. Descoberto há menos de duas décadas no sudeste da Turquia, acredita-se que sua construção seja anterior à de Stonehenge em impressionantes 6 mil anos. Trata-se de uma combinação de pelo menos vinte círculos de pedra, entre dez e trinta metros de diâmetro cada um, feitos de pilares monolíticos com três metros de altura, que ocupam uma área de 25 acres.

Em comparação com outras casas, tumbas e templos de pedra do mesmo período e localização, essa edificação foi construída em uma escala extrema: era muito, *muito* maior, mais alta e formidável do que qualquer outra coisa que os arqueólogos haviam visto antes de realizar a descoberta. Um arqueólogo que participou do projeto a descreveu como "um lugar de adoração em uma escala sem precedentes — a primeira catedral humana construída em uma montanha".[23]

E não se tratava apenas da grandiosidade da construção — mas de seu projeto particularmente sinuoso. O Gobekli Tepe apresenta uma intrincada série de corredores, que provavelmente levavam os visitantes, em meio ao breu, até um esconderijo interno em forma de cruz, quase como um labirinto. Essa arquitetura particular parece ter sido projetada intencionalmente para despertar o interesse e a curiosidade, ao lado de um tipo de fascinação. O que nos espera na próxima esquina? Para onde o caminho nos leva? Eles precisariam se unir a outros visitantes para buscar apoio, intuindo juntos como encontrar a saída para a escuridão.

E, principalmente, o Gobekli Tepe não era um exemplo isolado. Como os pesquisadores descobriram desde então, catedrais épicas de pedra eram comuns durante o período neolítico. Mais recentemente, em agosto de 2009, arqueólogos que estavam trabalhando no norte da Escócia se depararam com as ruínas de uma estrutura de pedra de 495m², com tetos de aproximadamente 6 metros e paredes de 5 metros de espessura; também em formato labiríntico e também datando da Idade da Pedra Polida.[24] "Uma construção em tal escala e complexidade foi concebida para impressionar, para criar uma sensação de admiração nas pessoas que observavam esse lugar", declarou Nick Card, diretor do projeto de escavação arqueológica, quando a antiga catedral foi descoberta.

Ao revelar esse tipo de estrutura em todo o planeta, os arqueólogos propuseram, recentemente, uma espantosa teoria: a de que tais catedrais de pedra serviram a um importante propósito na evolução da civilização. Elas realmente inspiraram e capacitaram a sociedade humana a se tornar dramaticamente mais cooperativa, reinventando completamente a civilização que até então existia. Em uma detalhada reportagem da revista *Smithsonian* sobre essas catedrais neolíticas, Andrew Curry escreveu:

> Os acadêmicos acreditaram, por muito tempo, que somente após as pessoas terem aprendido a lavrar e a viver em comunidades estabelecidas é que tiveram tempo, organização e recursos para construir templos e manter complexas estruturas sociais. Porém, (...) [talvez] tenha sido exatamente o contrário: o esforço admirável e coordenado para construir os monolitos lançou, literalmente, os alicerces para o desenvolvimento de sociedades complexas.[25]

Na verdade, conforme diz um cientista citado por Curry nesse artigo, "pode-se argumentar que tais construções são a verdadeira origem das complexas sociedades neolíticas".[26]

Não é de surpreender que os ambientes épicos inspirem os jogadores atuais a participar de esforços coletivos. Eles, de fato, têm inspirado os seres humanos a trabalhar em conjunto para fazer coisas incríveis há cerca de 11 mil anos.

PORTANTO, OS VIDEOGAMES não inventaram os ambientes épicos. Eles herdaram a tradição de alguns de nossos primeiros ancestrais. Mas eles *estão* fazendo com que os ambientes épicos se tornem notavelmente mais acessíveis, para um número ainda maior de pessoas, todos os dias.

Arqueólogos dizem que adoradores teriam viajado mais de 160 quilômetros a pé para visitar o Gobekli Tepe, e que podem tê-lo visitado apenas uma vez na vida. Hoje em dia, no entanto, é fácil mergulhar em ambientes épicos sempre que quisermos. Em vez de viajar por longas distâncias para ter um único encontro com uma catedral física, podemos nos transportar instantaneamente para lá de qualquer parte do mundo, simplesmente carregando um jogo de grande sucesso em nossos computadores.

Nossa experiência nesses ambientes de jogos épicos não é física, mas é real em um sentido determinante. A engenharia de ambientes virtuais representa, atualmente, uma proeza colaborativa em escala extrema. É preciso um gigantesco esforço coletivo e coordenado para criar mundos virtuais — anos de trabalho meticuloso de centenas de artistas e programadores —, e a primeira vez que um jogador entra em um desses ambientes, vivencia uma admiração verdadeira diante da habilidade de pessoas comuns, unidas para criar espaços extraordinários.

Ao mesmo tempo, os criadores de videogames evoluíram a arte da construção de ambientes épicos de outra maneira decisiva: eles acrescentaram uma trilha sonora inspiradora.

A trilha sonora não é apenas parte do pano de fundo; é um componente principal da experiência de jogar videogame — particularmente, no caso do *Halo* e sua música reconhecidamente arrepiante. As faixas da trilha sonora do *Halo 3* têm nomes como "Nobres intenções", "Chegou a hora" e "Nunca esqueceremos". Talvez minha faixa favorita seja denominada apenas de "Encanto do ambiente", um nome que resume de forma perfeita o propósito de um ambiente épico: criar um espaço que absorva completamente e envolva o jogador em uma sensação de admiração e encantamento.

O diretor de áudio do *Halo*, Martin O'Donnell, descreve sua meta ao criar a partitura: "A música deve propiciar a sensação de importância, peso e noção de 'antiguidade' para os elementos visuais do *Halo*." Os elementos incluem canto gregoriano, uma orquestra de instrumentos de corda, percussão e um coral Qawwali, um estilo de música religiosa Sufi, com a intenção de produzir um estado de êxtase no ouvinte.[27] São técnicas musicais atemporais, com o objetivo de provocar as emoções épicas em nossos corpos — e os videogames, cada vez mais, fazem uso delas. Como explica um jogador de *Halo*: "Um ótimo jogo provoca um frio na espinha. Você vai se arrepiar. Essa sensação de estremecimento toma conta de suas vísceras. E isso sempre acontece comigo quando ouço a trilha sonora do *Halo*."[28]

E TODOS ESSES ambientes visuais e auditivos extremos contribuem para quê? Para a criação de projetos épicos: esforços colaborativos para contar histórias e cumprir missões em escalas extremas.

Os ambientes épicos nos inspiram a assumir projetos épicos, porque são uma demonstração tangível do que é humanamente possível quando todos trabalhamos em conjunto. Na verdade, eles *expandem* nossa noção do que é humanamente possível. E é por isso que explorar um ambiente épico como o do *Halo 3* nos provoca o tipo de emoções que levam a uma cooperação em larga escala, uma conquista épica em si mesma.

A jornalista de jogos Margaret Robertson pondera: "O *Halo* sempre foi o lugar onde me sinto bem. Não no sentido dado por James Brown, mas no sentido de ser um lugar onde me sinto virtuosa. (...) [Ele] provoca uma sensação de honra e dever que, de fato, faz com que eu me sinta uma pessoa melhor. (...) Qual o sentido de ir para um lugar melhor se você não vai se tornar uma pessoa melhor?"[29]

Projetos épicos

Apesar da marca de 10 bilhões de mortes ser uma conquista significativa, os jogadores do *Halo*, na verdade, passaram mais tempo trabalhando em outros dois projetos épicos — ambos colaborativos de conhecimento acumulado. O primeiro projeto épico envolve a documentação do mundo *Halo* em wikis e fóruns de discussão. O outro é um projeto para reforçar mutuamente a habilidade coletiva de lutar contra a Covenant e jogar melhor uns com os outros. Os dois projetos acontecem, principalmente, nos fóruns de discussão e nos wikis.

Para se ter uma ideia da escala do esforço coletivo para documentar o mundo do *Halo* e aprimorar as habilidades de jogo dentro dele, os jogadores postaram mais de 21 milhões de comentários apenas nos fóruns oficiais da Bungie.

Ao mesmo tempo, o maior wiki sobre *Halo* tem quase 6 mil artigos diferentes, criados e editados por 1,5 milhão de usuários cadastrados.

Os jogadores do *Halo* também estão compartilhando conhecimentos para ajudar o aprimoramento mútuo. Enquanto a Halopedia Wiki auxilia os jogadores a construir a saga épica da série, o Halowiki (que se autodescreve como um "site irmão" da Halopedia) foca exclusivamente em estratégias e técnicas para o modo multiplayer. Sua declaração de "valores" dá o tom para o compartilhamento de conhecimentos épicos:

> Este site serve a um propósito: o Halowiki.net deve ajudar os jogadores em todos os níveis de habilidade a aprimorar e/ou se divertir ainda mais em sua experiência on-line com o *Halo 3*. Compartilhe o que você sabe. Deixe que os outros compartilhem o que sabem com você. Devemos fazer com que até mesmo os jogadores mais habilidosos compartilhem seu conhecimento. O resultado final deve ser o aumento coletivo de nossas habilidades e da diversão. Vamos tentar ultrapassar os limites de nossas habilidades![30]

O escopo do Halowiki é tão espantoso quanto o de seu site irmão. Apenas sob a seção de dicas, há um catálogo de A a Z de mais de 150 categorias diferentes de dicas, desde "Maus hábitos a serem evitados em jogos de equipe" e "Dicas de comunicação", até "Como usar bem os veículos" e "Dicas de última hora quando todo o resto falha". Cada categoria individual de dicas contém centenas de textos específicos de conselhos, adicionados por diferentes jogadores.

A seção de estratégia, por outro lado, traz dicas mais complexas, distribuídas em aproximadamente cem categorias diferentes, desde "Domínio absoluto da arma à queima-roupa" e "Usando práticas antigas — conselhos de *A arte da guerra*, de Sun Tzu", até um de meus favoritos: "Treinando seu cérebro para não ter medo de morrer no jogo."

Ao todo, há mais de mil seções diferentes no Halowiki que compilam o conhecimento dos jogadores em primeira mão, em um recurso de inteligência coletiva. No fim das contas, para os membros da comunidade *Halo*, esse recurso serve a um propósito maior do que apenas criar jogadores melhores. Acrescentar um pouco de conhecimento ao wiki atesta que você domina pelo menos uma coisa, que terá importância para milhões de outras pessoas. Pode ser apenas algo banal dentro do *Halo* — mas não há nada de trivial na sensação positiva que se obtém quando fazemos uma contribuição que milhões de outras pessoas podem avaliar e apreciar.

O *HALO* TEM AMPLIADO CONSISTENTEMENTE os limites dos designs de jogos épicos há cerca de uma década — o primeiro jogo da série foi lançado em 2001. Porém, muitos outros jogos on-line estão fazendo sua parte ao inventar novas formas para que os jogadores se tornem parte de algo maior. Um dos mais interessantes experimentos recentes em criação de jogos épicos é um projeto chamado Season Showdown, desenvolvido pela EA Sports para sua série de jogos de futebol universitário *NCAA Football*, campeã em vendas. O Season Showdown é o primeiro esforço significativo no gênero de esportes — um gênero altamente bem-sucedido, representando mais de 15% de todas as vendas de jogos — a criar os mesmos tipos de recompensas emocionais épicas, tradicionalmente associadas aos jogos do tipo "salve o mundo", como o *Halo*.

"Todo jogo conta", é o mote do *NCAA Football 10*. Evidentemente, isso leva à questão: conta para o quê? A resposta curta é: todo jogo conta para um campeonato nacional. Não se trata do campeonato real, mas tampouco de um campeonato inteiramente virtual.

Quando você se cadastra para jogar o *NCAA Football 10* on-line, a primeira coisa que faz é um juramento de lealdade à equipe. Daí, é possível escolher qualquer um dos 120 times universitários do mundo real representados no jogo, desde o Ohio State, o Notre Dame ou o Stanford, até o Florida State, o Army ou o USC (eu escolhi o time de onde estudei e me formei, Califórnia). Pelo resto da temporada de futebol americano on-line, cada ponto que você marca é somado ao placar de seu time. Os placares das equipes são computados semanalmente, para determinar o vencedor de uma série de partidas entre as escolas.

Essas partidas reproduzem perfeitamente a tabela da NCAA do mundo real. Então, por exemplo, na semana em que o Oregon State enfrenta o Stanford no mundo real, os fãs das duas equipes vão competir on-line uns contra os outros em cinco desafios de videogame. A equipe que superar três dos cinco desafios é coroada a vencedora on-line da semana, independentemente de quem vencer no mundo real. Isso significa inúmeros descontentes na web, na medida em que os torcedores dos times que estão jogando disputam entre si para compensar as perdas reais com vitórias virtuais.

No fim do ano, as equipes on-line com os melhores desempenhos se reúnem para competir em seus próprios campeonatos. A recompensa final é um videogame do Campeonato Nacional da *NCAA Football 10*, jogado na mesma semana do jogo do Campeonato Nacional do mundo real. Nas palavras da EA Sports: "O campeão nacional será formado pelos torcedores que mais se dedicaram a jogar o *NCAA 10*".

E é isso que torna cada jogo do *NCAA Football 10* mais significativo do que outros videogames de esportes. Você não está jogando apenas para si mesmo e para a própria diversão. Está jogando publicamente para mostrar o quanto torce por seu time favorito do mundo real, como parte de um esforço coletivo, empreendido por inúmeros torcedores.

O que é inovador em relação ao *NCAA Football 10* é o fato de que o jogo está usando a própria realidade como o contexto mais amplo para as ações individuais dos jogadores. É uma *fantasy league*, mas uma *fantasy league* colada à realidade. Não foi preciso inventar um contexto da estaca zero para conectar jogadores a uma história épica. Em vez disso, o jogo se apoia em narrativas e tradições já existentes no futebol universitário. Ele amplia as comunidades reais, ou grupos de torcedores, para fornecer um contexto social significativo. Dá a sensação de ser épico, porque está conectando torcedores diretamente a uma organização muito maior, com a qual eles se preocupam profundamente, mas da qual normalmente não conseguem participar de forma direta.

Por mais divertido que seja torcer para nossos times favoritos, é muito mais significativo fazer algo que nos leva até o limite de nossas habilidades. No *NCAA Football 10*, você não está apenas jogando *como* seu time universitário favorito, mas também *a serviço de* seu time universitário favorito. Está contribuindo ativamente para a reputação da equipe, de uma forma que é quantificada e maximizada pela EA Sports. Como descreve um blogueiro: "Cada jogo ajudará a causa da sua universidade."[31] Tem tudo a ver com estar a serviço de uma causa maior — uma com a qual você realmente se preocupa.

JOHAN HUIZINGA, grande filósofo holandês do século XXI, que reflete sobre as diversões dos seres humanos, afirmou, certa vez: "Todo jogo *significa* alguma coisa."[32] Hoje em dia, graças à crescente escala de mundos virtuais e ao aprimoramento nos designs de jogos coletivos, o ato de jogar geralmente significa algo *mais*. Os criadores de jogos da atualidade estão aperfeiçoando suas habilidades para criar contextos que inspirem o esforço coletivo e o serviço heroico. Como resultado, as comunidades de jogos estão mais comprometidas do que nunca em estabelecer metas de escalas grandiosas e em gerar significado épico.

Quando nosso trabalho cotidiano parece trivial ou quando não podemos estar a serviço de uma causa maior, os videogames podem atender a uma importante necessidade. Ao nos dedicarmos a um jogo épico, estamos aumentando a habilidade de nos prepararmos para a ocasião, inspirar admiração e fazer parte de algo maior do que nós mesmos.

Anteriormente nesse capítulo, citei um jogador do *Halo* que ponderava: "Imagine o que poderíamos fazer com a força total de 6 bilhões de humanos!"

Evidentemente, não há Xboxes suficientes no mundo para cumprir essa tarefa. E nem todos poderiam pagar por um, é claro. Porém, a proposta, de fato, nos leva a um interessante exercício mental: o que *poderíamos* fazer em um jogo como o *Halo 3*, se toda a humanidade estivesse jogando em conjunto?

Por um lado, essa é uma ideia absurda, até mesmo para ser levada em consideração. Qual seria o sentido de reunir 6 bilhões de pessoas para combater uma guerra fictícia?

No entanto, por outro: você pode imaginar como se sentiria ao perceber que há 6 bilhões de pessoas lutando *do mesmo lado* em uma guerra fictícia?

Acho que está suficientemente claro que um esforço de tal natureza teria um significado verdadeiro, mesmo se fracassasse em proporcionar qualquer valor no mundo real. Se pudéssemos concentrar a atenção de todo o planeta em uma única meta, mesmo que por apenas um dia, e mesmo que a meta fosse exterminar alienígenas em um videogame, seria uma ocasião verdadeiramente impressionante. Seria a maior experiência coletiva realizada em toda a história da humanidade. A Terra inteira ficaria arrepiada.

É *nessa* escala épica que os jogadores são capazes de pensar. É a escala com a qual os jogadores estão preparados para trabalhar.

Os jogadores conseguem imaginar 6 bilhões de pessoas se unindo para combater um inimigo fictício, somente pela absoluta admiração e encantamento que isso proporcionaria. Eles estão preparados para trabalhar em grupo em escalas extremas, em prol de metas épicas, apenas pelo simples prazer do arrepio que sentirão. E, como planeta, quanto mais procurarmos esse tipo de felicidade, mais probabilidades teremos de salvá-lo — não de alienígenas fictícios, mas da apatia e do desperdício de potencial.

Jean M. Twenge, professora de psicologia e autora de *Generation Me*, argumentou persuasivamente que as gerações mais jovens de hoje — particularmente, qualquer pessoa nascida após 1980 — estão, em suas palavras, "mais pobres do que nunca". Por quê? Por causa da ênfase cada vez maior na "autoestima" e "autossatisfação". Contudo, a satisfação real, como inúmeros psicólogos, filósofos e líderes espirituais demonstraram, provém dos compromissos assumidos mutuamente. Queremos ser estimados pelos outros, não por "quem somos", mas pelo que fizemos, que é o que realmente importa.

Quanto mais focamos em nós mesmos e evitamos um compromisso com os outros, conforme mostra a pesquisa de Twenge, mais sofremos de ansiedade e depressão. No entanto, isso não nos impede de tentarmos ser felizes sozinhos. Pensamos, equivocadamente, que ao nos colocar em primeiro lugar, finalmente conseguiremos o que queremos. Na verdade, a verdadeira felicidade não provém de se pensar *mais* em nós mesmos, mas em pensar *menos* — ao perceber o papel verdadeiramente pequeno que desempenhamos em algo muito maior, muito mais importante do que as necessidades individuais.

Unir-se a qualquer esforço coletivo e estimular sentimentos de admiração pode nos ajudar a desbloquear nosso potencial para levar uma vida significativa e deixar uma marca no mundo.

Mesmo que o mundo no qual estejamos deixando nossa marca seja virtual, ainda assim aprenderemos qual é a sensação de estar a serviço de uma causa maior. Aparelharemos nossos cérebros e corpos para valorizar e buscar os significados épicos como uma forma de recompensa emocional. E, como sugere uma pesquisa recente, quanto mais apreciamos essas recompensas nos mundos virtuais, mais probabilidades teremos de procurá-las na vida real.

Três estudos científicos publicados em 2009 por um grupo de pesquisadores de oito universidades dos Estados Unidos, Japão, Singapura e Malásia se concentraram nas relações entre o tempo gasto em jogos que exigiam "comportamento solidário" e a vontade dos jogadores de ajudar os outros na vida cotidiana. Um dos estudos focou em crianças de 13 anos ou menos; o outro, em adolescentes; e o terceiro em estudantes universitários. Os pesquisadores trabalharam, ao todo, com mais de 3 mil jovens jogadores, e chegaram à mesma conclusão: os jovens que gastam mais tempo em jogos nos quais se exige a colaboração mútua são significativamente mais propensos a ajudar amigos, familiares, vizinhos e até mesmo estranhos em suas vidas reais.[33]

Embora tais estudos não estivessem preocupados especificamente com jogos em escala épica, parece provável que suas principais descobertas se mantenham consistentes ou até aumentem em escalas maiores. Como afirma Brad Bushman, coautor dos estudos e professor de comunicação e psicologia do Institute for Social Research, da University of Michigan: "Tais descobertas sugerem que há uma espiral ascendente de jogos pró-sociais e comportamentos solidários."[34] Em outras palavras, quanto mais ajudamos nos jogos, mais ajudamos na vida. E, portanto, há boas razões para acreditar que quanto mais apreciamos estar a serviço das causas épicas nos mundos virtuais, mais poderemos nos descobrir contribuindo para esforços épicos no mundo real.

O PSICÓLOGO Abraham Maslow fez essa célebre observação: "Não é normal saber o que queremos. Trata-se de uma conquista psicológica rara e difícil."[35] Porém, os melhores jogos da atualidade nos oferecem uma ferramenta poderosa para alcançar exatamente esse raro tipo de autoconhecimento.

Os jogos estão nos mostrando exatamente o que queremos de nossas vidas: trabalho mais gratificante, mais esperança de sucesso, conectividade social mais forte e a chance de fazer parte de algo maior do que nós mesmos. Com jogos que nos ajudam a criar essas quatro recompensas todos os dias, temos potencial ilimitado para aumentar nossa própria qualidade de vida. E quando jogamos com amigos, familiares e vizinhos, podemos enriquecer as vidas das pessoas com as quais nos preocupamos.

Portanto, os jogos estão nos ensinando a perceber o que realmente nos deixa felizes — e como nos transformamos nas melhores versões de nós mesmos. No entanto, podemos aplicar esse conhecimento no mundo real?

Ao dar sustentação a nossos quatro desejos humanos essenciais e ao oferecer uma fonte confiável de fluxo e *fiero*, a indústria dos jogos avançou bastante em nos deixar felizes e emocionalmente resistentes — porém, só até determinado ponto. Ainda não aprendemos a apreciar nossas *vidas reais* de forma mais abrangente. Ao contrário, gastamos os últimos 35 anos aprendendo a apreciar nossas *vidas virtuais* de forma mais abrangente.

Em vez de corrigir a realidade, simplesmente criamos mais e mais alternativas atraentes para o tédio, a ansiedade, a alienação e a falta de sentido, contra os quais lutamos com tanta frequência na vida cotidiana. Já é hora de começarmos a aplicar as lições dos jogos no design de nossas próprias vidas cotidianas. Precisamos construir realidades *alternativas*: maneiras novas, mais divertidas de interagir com o mundo real e viver nossas vidas reais.

Felizmente, o projeto de criar realidades alternativas já está em andamento.

PARTE DOIS
Reinventando a realidade

A vida inteira é uma experiência. Quanto mais experimentos você fizer, melhor.

— RALPH WALDO EMERSON

CAPÍTULO SETE

Os benefícios das realidades alternativas

Sempre que passo pela porta da frente de meu apartamento, entro em uma realidade alternativa. Ela se parece e funciona exatamente como a realidade de sempre, mas com uma importante exceção: quando quero limpar o banheiro, tenho *realmente* que disfarçar isso.

Se meu marido, Kiyash, suspeitar de que irei limpar a banheira em uma manhã de sábado, ele vai acordar cedo, sair do quarto na ponta dos pés e, silenciosamente, irá limpá-la antes de mim. Contudo, já vivi o suficiente nessa realidade alternativa, a ponto de desenvolver uma contraestratégia altamente eficaz: limpo o banheiro no meio da semana e em horas inusitadas, quando ele menos espera. Quanto mais aleatório o horário, maior a probabilidade de eu concluir a tarefa antes dele. E se essa estratégia começar a falhar? Bem, nada me impede de esconder o escovão.

Por que, exatamente, estamos competindo um com o outro para fazer esse trabalho sujo? Nós participamos de um jogo gratuito on-line chamado *Chore Wars*. E eliminar as sujeiras do banheiro do nosso reino do mundo real vale mais pontos de experiência, ou XP, do que qualquer outra tarefa da Terra dos Ninjas do 41º Andar, apelido de nosso apartamento no jogo (vivemos no 41º andar, e meu marido tem uma queda por *ninjutsu*).

Chore Wars

Chore Wars é um jogo de realidade alternativa (ARG, na sigla em inglês) que deve ser jogado na vida real (e não em um ambiente virtual) para ser mais apreciado. Essencialmente, o jogo é uma versão simplificada do *World of Warcraft*, com uma notável exceção: todas as quests on-line correspondem a tarefas de limpeza do mundo real, e, em vez de jogar em rede com estranhos ou amigos distantes, joga-se com companheiros de quarto, familiares ou colegas de escritório. O britânico Kevan Davis, desenvolvedor de jogos experimentais que idealizou o *Chore Wars* em 2007, o descreve como um "sistema de administração de tarefas".[1] O jogo foi projetado para ajudar a compreender a quantidade de trabalho doméstico que as pessoas estão fazendo — e para estimular a realização de outros trabalhos domésticos, de uma forma mais agradável do que normalmente faríamos.

Para jogar o *Chore Wars*, é preciso recrutar, primeiro, "parceiros de aventuras" em seu grupo familiar ou escritório. Isso significa convocar seus companheiros de casa, membros da família ou colegas de trabalho a se inscrever no site, onde, juntos, vocês escolherão o nome para o reino e criarão avatares para representar todos os envolvidos.

Os jogadores que criam um avatar estão habilitados a se submeter a qualquer uma das "aventuras" personalizadas, que podem ser desenvolvidas a partir do banco de dados do jogo — na minha casa, isso inclui esvaziar o lava-louças e preparar o café. E, pelo fato de ser um jogo de RPG, você é estimulado a tomar nota das tarefas com um toque de narrativa fantástica. Na Terra dos Ninjas do 41º Andar, por exemplo, escovar o pelo de nossa sheepdog shetland é "salvar a donzela-cadela dos montes de pelos que estão caindo", e lavar a roupa é "conjurar roupas limpas".

Sempre que uma dessas tarefas é finalizada, é preciso fazer o *login* no jogo para registrar seu sucesso. Cada tarefa lhe dá uma quantidade personalizada de pontos de experiência, ouro virtual, tesouros, benefícios para seu avatar ou pontos que aprimoram suas habilidades virtuais: mais dez pontos de destreza por limpar tudo sem derrubar nada das prateleiras, por exemplo, ou mais cinco pontos de resistência por levar para fora todos os três tipos de lixo reciclável. E, já que é você mesmo quem cria as aventuras desde o início, é possível personalizar as recompensas implícitas do jogo, de modo que as tarefas menos populares se tornem mais atraentes — daí a batalha em meu apartamento para ver quem limpa o banheiro antes do outro. Isso vale colossais cem pontos de XPs.

Quanto mais tarefas você concluir, mais pontos de experiência e ouro virtual ganhará, e mais rápido aumentarão os poderes do avatar. Entretanto, o *Chore Wars* não se trata apenas de aperfeiçoar seu avatar; trata-se também de conquistar recompensas reais. As instruções do jogo encorajam os grupos familiares a inventar maneiras criativas de transformar o ouro virtual em dinheiro na vida real. Você pode trocar seu ouro por mesada, se estiver jogando com seus filhos, ou por rodadas de bebidas para seus companheiros de quarto, ou por xícaras de café para seus colegas de trabalho, por exemplo. Meu marido e eu compartilhamos um único carro, e, portanto, usamos nossas barras de ouro para pleitear qual música tocar quando estamos dirigindo juntos.

Porém, muito além de todos os poderes de meu avatar, do ouro acumulado e dos privilégios musicais, o que me deixa mais satisfeita é que, após nove meses jogando *Chore Wars*, o avatar do meu marido acumulou mais pontos de experiência do que eu. E estatísticas de jogo não mentem: há quase um ano, Kiyash tem se esforçado muito mais do que eu para limpar o apartamento.

Claramente, esse é um jogo em que você sempre sai ganhando — até mesmo quando perde. Kiyash fica satisfeito em ser o melhor ninja do 41º andar, e eu tenho o prazer de cumprir menos tarefas do que meu marido — pelo menos, até meu espírito competitivo voltar à tona. Sem mencionar que é muito mais gratificante ter alguém para realizar o trabalho doméstico com você do que ficar perturbando um ao outro em relação a tais tarefas. E, evidentemente, como bônus adicional, nosso apartamento está mais limpo do que nunca. O *Chore Wars* transformou algo que detestamos fazer em uma coisa que parece criativa e divertida. O jogo mudou — para melhor — a realidade da obrigação do trabalho doméstico.

Não estamos sozinhos nessa. O *Chore Wars*, apesar de pouco conhecido, é um dos segredos mais comentados e admirados da internet.

Uma mãe texana descreve uma experiência típica com o *Chore Wars*: "Temos três filhos, com 9, 8 e 7 anos. Sentei com as crianças, mostrei-lhes suas personagens e aventuras, e elas, literalmente, pularam da cadeira e saíram correndo para cumprir as tarefas que escolheram. Nunca vi meu filho de 8 anos fazer a cama! E quase desmaiei quando meu marido limpou a torradeira."

Aparentemente, a experiência funciona tão bem para crianças quanto para os que estão na casa dos 20 anos de idade. Outra jogadora relata: "Vivo em uma casa em Londres com outra moça e mais seis rapazes. Na maior parte do tempo, sou a única a arrumar as coisas, o que estava me levando à loucura. Criei uma conta para nós na noite passada, estabeleci algumas 'aventuras' e, quando acordei, *todos na casa estavam limpando alguma coisa*. Honestamente, não consegui acreditar nos meus olhos. Tudo o que tínhamos de fazer era transformar aquilo em uma competição! Agora, os rapazes estão obcecados em vencer um ao outro!"[2]

Como, exatamente, o *Chore Wars* faz isso?

Normalmente, encaramos as tarefas como coisas que *temos* de fazer. Ou alguém está nos perturbando para fazê-las ou as fazemos por absoluta necessidade. É por isso que são chamadas de tarefas: por definição, serviços desagradáveis. O golpe de mestre do *Chore Wars* é que o jogo nos convence de que *queremos* realizar essas coisas.

Mais importante do que isso, porém, é a inclusão da *escolha significativa* na equação do trabalho doméstico. Quando você estabelece um grupo, a primeira tarefa é criar uma série de aventuras dentre as quais é possível escolher algumas. Nenhum jogador recebe uma aventura em particular. Ao contrário, todos são convidados a escolher sua própria aventura. E não há tarefas *obrigatórias*, pois você está se voluntariando para cada aventura. E esse senso de participação voluntária é fortalecido pelo fato de você ser encorajado a aplicar estratégias à medida que escolhe suas próprias aventuras de trabalho doméstico. Você deve escolher uma série de tarefas rápidas e fáceis de concluir, e, desse modo, tentar acumular o maior número possível de XP? Ou deve escolher as tarefas mais difíceis e maiores, impedindo que outros jogadores consigam todo aquele ouro?

É claro, não existem bons obstáculos desnecessários sem restrições arbitrárias. E para os jogadores dos níveis mais avançados do *Chore Wars*, é aí que a diversão de verdade aparece. Você pode tornar a obtenção de XP e ouro mais difícil ao acrescentar novas regras a qualquer aventura. Por exemplo, é possível estabelecer limites de tempo para cumprir as metas: duplique seu XP se conseguir pendurar, em menos de cinco minutos, todas as roupas que saíram da máquina de lavar. Ou acrescentar uma exigência furtiva: esvazie o lixo sem ninguém perceber. Ou, simplesmente, adicionar restrições absurdas: essa tarefa deve ser executada enquanto o jogador canta em voz alta, por exemplo, ou anda de costas.

Soa ridículo — por que dificultar uma tarefa a deixa mais divertida? No entanto, como em qualquer outro bom jogo, quanto mais interessantes as restrições, mais gostamos de jogar. O sistema de gerenciamento do *Chore Wars* ajuda os jogadores a imaginar coisas novas e a experimentar novas formas de fazer as tarefas mais comuns. Novamente, por definição, os trabalhos são rotineiros — mas não precisam ser. Realizá-los em um formato de jogo torna possível experimentar o *fiero* ao fazer algo tão mundano quanto limpar um quarto bagunçado, simplesmente por tornar a tarefa mais desafiadora ou por exigir que sejamos mais criativos na maneira como a realizamos.

Na vida real, se você cumprir suas tarefas, os resultados serão visíveis — uma cozinha brilhando ou uma garagem organizada. Esse é um tipo de *feedback*, que, certamente, pode ser gratificante. Porém, o *Chore Wars*, de maneira muito inteligente, potencializa essa pequena satisfação cotidiana através de um tipo de *feedback* ainda mais intenso: aprimoramentos em seu avatar. Como bem sabem os jogadores de RPGs on-line em qualquer lugar, upar é um dos mais gratificantes tipos de *feedback* jamais criados. Observar seu avatar ficar mais poderoso e com mais habilidades a cada tarefa cumprida faz com que o trabalho pareça pessoalmente gratificante. Um quarto mais limpo simplesmente não consegue propiciar a mesma sensação. Você não está apenas fazendo todo esse trabalho para outra pessoa. Está desenvolvendo suas próprias forças à medida que joga.

E o melhor de tudo: você está ficando cada vez melhor ao passar do tempo. Até mesmo quando a roupa fica novamente suja ou quando a poeira começa a voltar, seu avatar continua se tornando mais forte, inteligente e rápido. Dessa forma, o *Chore Wars* reverte brilhantemente os aspectos mais desmoralizadores do trabalho doméstico regular. Os resultados de uma tarefa bem executada podem começar a desaparecer quase que imediatamente, mas ninguém pode roubar o XP que você acumulou.

O sucesso individual é sempre mais recompensador quando acontece em um contexto para múltiplos jogadores, e esse é um dos motivos para o design do *Chore Wars* ser tão bem-sucedido. O jogo conecta todas as atividades individuais a uma experiência social maior: nunca estou fazendo apenas as "minhas" tarefas, estou jogando e competindo com outros. Posso observar se estou no mesmo nível dos outros e comparar as forças de nossos avatares para aprender um pouco mais sobre o que me torna uma pessoa única. Ao mesmo tempo, enquanto estou trabalhando, penso sobre o *feedback* social positivo que ganharei com os comentários sobre minhas aventuras, sejam zombarias amistosas de um rival ou interjeições de espanto por ter realizado uma tarefa hercúlea.

O *Chore Wars* não é o tipo de jogo que você gostaria de jogar para sempre; como todos os bons jogos, seu destino é se tornar eventualmente cansativo, à medida que os jogadores se aprimoram nele. Todavia, mesmo que o interesse do grupo doméstico pelo jogo diminua depois de algumas semanas ou meses, uma façanha principal já terá sido alcançada: os jogadores tiveram uma experiência bastante memorável e positiva em realizar tarefas em conjunto. E, por algum tempo, isso deverá mudar a maneira pela qual pensam e abordam as tarefas.

É assim, portanto, que o *Chore Wars* atinge o que parece impossível. Ele transforma o trabalho doméstico de rotina em uma aventura coletiva ao acrescentar obstáculos desnecessários e implementar mais sistemas de *feedback* motivadores. E é o exemplo perfeito para nossa próxima correção da realidade:

↪ CORREÇÃO #7: PARTICIPAÇÃO INTEGRAL

> Em comparação aos jogos, as tarefas do mundo real não nos envolvem tanto. Eles nos motivam a participar mais integralmente daquilo que estamos fazendo.

Participar integralmente em algo significa estar *automotivado* e *autodirecionado*, *intensamente interessado* e *genuinamente entusiasmado*.

Se somos forçados a fazer algo ou se o fazemos com pouca convicção, não estamos de fato participando.

Se não nos preocupamos com o resultado final, não estamos de fato participando.

Se ficamos esperando passivamente, não estamos de fato participando.

Quanto menos participarmos integralmente das tarefas de nossas vidas cotidianas, menos oportunidades teremos de ser felizes. É simples assim. As recompensas emocionais e sociais que realmente buscamos exigem participação ativa, entusiasmada e automotivada. E ajudar os jogadores a participar mais integralmente dos momentos, em vez de tentar fugir ou simplesmente passar por eles, é *a* assinatura dos projetos de realidade alternativa — o foco deste e dos próximos três capítulos do livro.

Se "realidade alternativa" lhe parecer um termo pouco familiar, então você não está sozinho. O desenvolvimento de realidades alternativas ainda é um campo altamente experimental. As palavras "jogo de realidade alternativa" estão sendo usadas como um termo técnico da indústria desde 2002, mas ainda há inúmeros jogadores e desenvolvedores de jogos que pouco sabem sobre o assunto, sem mencionar as pessoas que estão fora do mundo dos jogos.

À medida que os criadores de jogos vêm expandindo progressivamente os limites de como um jogo pode afetar nossas vidas reais, o conceito de realidade alternativa tem se tornado cada vez mais central para os debates sobre o futuro dos videogames. Ele está ajudando a promover a ideia de que as tecnologias podem ser usadas para organizar as atividades do mundo real. Mais importante do que isso, ele está provocando ideias inovadoras sobre como combinar o que mais gostamos a respeito dos jogos e o que mais queremos de nossas vidas reais.

Recentemente, em uma manhã de sábado, me vi trocando possíveis definições para "jogo de realidade alternativa" no Twitter, com aproximadamente outros cinquenta jogadores ou criadores de realidades alternativas. Estávamos tentando elaborar uma definição pequena, que realmente captasse o espírito dos ARG, mesmo que não descrevesse necessariamente todos os possíveis componentes tecnológicos e formais.

Coletivamente, elaboramos uma descrição dos ARGs que parece captar seu espírito mais eficazmente do que qualquer outra definição que já vi: as realidades alternativas são o jogo *antiescapista*.

Os ARGs são projetados para facilitar a geração das quatro recompensas intrínsecas que buscamos — trabalho gratificante, maior esperança de sucesso, conectividade social mais forte e maior significado —, mesmo que não possamos ou não queiramos estar em um ambiente virtual. Eles não foram criados para diminuir as recompensas reais que obtemos em jogos de computador e videogames tradicionais. No entanto, sustentam firmemente a tese de que tais recompensas deveriam ser mais facilmente obtidas na vida real.

Em outras palavras, os ARGs são jogos aos quais nos dedicamos para obter mais da vida real, em oposição a jogos com os quais pretendemos escapar da realidade. Os criadores de ARGs querem que participemos ao máximo em nossas vidas cotidianas, da mesma forma que fazemos em nossas vidas nos jogos.

Com exceção dessa missão comum, grandes jogos de realidade alternativa podem diferir enormemente um do outro, em termos de estilo, escala, propósito e orçamento. Alguns ARGs, como o *Chore Wars*, têm, relativamente, ambições modestas. Eles escolhem uma área específica de nossas vidas pessoais e tentam melhorá-la. Outros têm metas bastante audaciosas, envolvendo comunidades inteiras ou a sociedade como um todo: por exemplo, reinventar a educação pública como a conhecemos, ajudar os jogadores a descobrir seu verdadeiro objetivo na vida ou, até mesmo, melhorar nossa experiência em relação à morte (seja a de conhecidos ou a própria).

É claro que nem todos os ARGs foram projetados explicitamente para melhorar nossas vidas. Na verdade, através da história podemos ver que a maioria dos ARGs, assim como grande parte dos jogos de computador e videogames, foi projetada simplesmente para ser divertida e emocionalmente gratificante. Porém, minha pesquisa comprova que, pelo fato dos ARGs serem jogados em contextos do mundo real, e não em espaços virtuais, eles quase sempre provocam, pelo menos, o *efeito colateral* de melhorar nossas vidas reais.[3] E, portanto, onde outros podem fazer uma distinção entre ARGs "sérios" e ARGs "de entretenimento", prefiro encarar *todos* eles como maneiras potenciais de aprimorar nossa qualidade de vida. De fato, um percentual significativamente maior de novos ARGs (criados desde 2007, em comparação com os primeiros ARGs, criados entre 2001 e 2006) está sendo projetado com metas explícitas de mudança mundiais e de qualidade de vida. Você lerá sobre esses ARGs de "impacto positivo" nos capítulos à frente.

Alguns ARGs são inventados e testados com orçamentos reduzidos, seja por artistas, pesquisadores, criadores independentes ou organizações sem fins lucrativos. De modo geral, são desenvolvidos para grupos relativamente pequenos: algumas centenas ou poucos milhares de jogadores. Outros são apoiados por investimentos multimilionários, recebem financiamento de grandes fundações ou são patrocinados pelas empresas presentes na Fortune 500. Esses grandes jogos podem atrair dezenas de milhares, centenas de milhares, ou até, em alguns poucos casos extremamente bem-sucedidos, milhões de jogadores.[4]

Até agora, para a maioria, os atuais jogos de realidade alternativa têm sido investigações sobre o futuro em escala reduzida. Eles são um mostruário de novas possibilidades. Ainda não houve sequer um único ARG que tenha conseguido mudar o mundo. Todavia, em conjunto, os ARGs estão provando, cada um a seu modo, as muitas e importantes formas pelas quais poderíamos tornar nossas vidas reais melhores, ao nos dedicarmos a mais jogos.

Portanto, vamos analisar alguns projetos revolucionários de realidade alternativa. Conforme avançarmos, você perceberá que há duas qualidades decisivas que todo bom ARG deve compartilhar.

Primeiro e mais importante do que tudo: como qualquer outro jogo agradável, um ARG deve sempre ser *opcional*. Você pode apostar que, caso fosse *exigido* de alguém que jogasse o *Chore Wars*, ele perderia grande parte de seu apelo e eficácia. Um jogo de realidade alternativa tem de continuar sendo uma verdadeira "alternativa" para que funcione.

Não basta, entretanto, transformá-lo em algo opcional. Uma vez iniciada a atividade, um bom ARG, como qualquer outro bom jogo, também precisa de metas atraentes, obstáculos interessantes e sistemas de *feedback* bem concebidos. Esses três elementos estimulam a participação integral, porque despertam nossos desejos naturais de dominar os desafios, de sermos criativos e de expandir os limites de nossas próprias habilidades. E é aí que surge o **design para uma experiência melhor**. Sem dúvida, algumas realidades alternativas são mais divertidas e envolventes do que outras, assim como alguns jogos tradicionais são melhores do que outros. Os melhores ARGs são aqueles que, como os mais bem-sucedidos jogos de computador e videogames tradicionais, nos ajudam a desenvolver trabalhos mais gratificantes, aumentam nossas chances de sucesso, fortalecem nossos vínculos sociais e ativam nossas redes sociais, além de nos dar a chance de contribuir para criar algo maior do que nós mesmos.

Um ARG que atinge todas essas metas é o Quest to Learn — um ousado projeto para escolas públicas que nos mostra como a educação pode ser transformada para envolver os estudantes tão integralmente quanto eles se envolvem com seus videogames prediletos.

Quest to Learn — E por que nossas escolas deveriam trabalhar da mesma forma que um jogo

As crianças de hoje, "nascidas no mundo digital" — a primeira geração a crescer com a internet, nascida de 1990 para cá —, buscam os jogos de uma forma que as gerações mais antigas simplesmente não fazem.

A maioria delas teve acesso fácil a jogos sofisticados e mundos virtuais durante toda a vida, e portanto, consideram que seja natural o envolvimento de alta intensidade e a participação ativa. Elas sabem como é sentir uma ativação extrema e positiva, e quando não estão sentindo isso, ficam entediadas e frustradas.[5] Essas crianças têm boas razões para se sentir assim: é muito mais difícil funcionar com baixa motivação, baixo *feedback* e ambientes com poucos desafios quando se cresceu participando de jogos sofisticados. E é por isso que as crianças de hoje, nascidas no mundo digital, estão sofrendo mais nas salas de aula tradicionais do que qualquer outra geração anterior. Para a maioria delas, a escola dos dias de hoje é apenas uma longa série de obstáculos *necessários* que produzem estresse negativo. O trabalho é obrigatório e padronizado, e o fracasso fica registrado permanentemente no boletim escolar. Como resultado, há uma conexão cada vez menor entre os ambientes virtuais e a sala de aula.

Marc Prensky, autor de *Teaching Digital Natives*, descreve a atual crise educacional:

> "Envolva-me ou me enfureça", é o pedido que os atuais estudantes fazem. E, acreditem, eles estão enfurecidos. Todos os alunos que educamos têm algo em suas vidas que é realmente envolvente — algo que eles fazem e no qual são bons, algo que possui um componente cativante e criativo. (...) Os videogames representam esse tipo de envolvimento criativo total. Por comparação, a escola é tão entediante que as crianças, acostumadas com essa outra vida, não conseguem suportá-la. E, ao contrário de gerações anteriores de estudantes, que cresceram sem os jogos, elas sabem o que é o envolvimento real. Elas sabem exatamente do que estão sentindo falta.[6]

Para tentar superar essa lacuna, os educadores passaram a última década introduzindo mais e mais jogos em nossas escolas. Os jogos educativos são uma indústria enorme e cada vez maior, e estão sendo desenvolvidos para ajudar a ensinar quase todos os assuntos ou habilidades que se possa imaginar, desde história até matemática, de ciências a línguas estrangeiras. Quando esses jogos funcionam — quando são bem-sucedidos em combinar um bom design com um conteúdo educativo sólido —, eles proporcionam um bem-vindo auxílio aos alunos que, do contrário, se sentiriam pouco envolvidos com suas vidas escolares cotidianas. Entretanto, mesmo assim, tais jogos educativos são, quando muito, uma solução temporária. A falta de envolvimento está assumindo tamanhas proporções que alguns jogos educativos não conseguem fazer uma diferença significativa e duradoura ao longo dos 13 anos de formação de um estudante.

E o que *faria* a diferença, então? Cada vez mais, alguns inovadores no ramo da educação, incluindo Prensky, estão reivindicando uma espécie mais dramática de reforma, que tenha os jogos como base. Para eles, a escola ideal não *usa* jogos para ensinar os estudantes. A escola ideal *é* um jogo, do começo ao fim: cada curso, cada atividade, cada lição de casa, cada momento de instrução e avaliação seriam projetados tomando emprestadas as principais estratégias mecânicas e participativas dos mais envolventes jogos para multidões. E não se trata apenas de uma ideia — o movimento da reforma através dos jogos já está bastante avançado. Existe, inclusive, uma nova escola pública inteiramente dedicada a oferecer uma realidade alternativa para estudantes que desejam cumprir seu percurso até a formatura imersos em jogos.

A Quest to Learn é uma escola pública experimental na cidade de Nova York para estudantes entre o sexto ano do ensino fundamental e a terceira série do ensino médio. É a primeira escola do mundo que se baseia em jogos — e seus fundadores esperam que ela sirva de modelo para escolas do mundo todo.

A Quest abriu suas portas no outono de 2009, depois de dois anos de elaboração de currículo e planejamento estratégico, comandados por uma comissão de educadores e criadores profissionais de jogos, e se tornou possível com o financiamento da MacArthur Foundation e da Bill and Melinda Gates Foundation. É administrada pelo diretor Aaron B. Schwartz, formado pela Universidade de Yale e veterano professor e administrador, com dez anos de experiência no Departamento de Educação de Nova York. Paralelamente, o desenvolvimento do currículo e da grade escolar foi conduzido por Katie Salen, com experiência acumulada de dez anos na indústria de jogos e pesquisadora líder na aprendizagem infantil por meio de jogos.

Em muitos aspectos, o currículo é como o de qualquer outra escola — os alunos aprendem matemática, ciências, geografia, inglês, história, línguas estrangeiras, computação e artes em horários diferentes ao longo do dia. Contudo, é o modo como aprendem que difere: os estudantes estão envolvidos em atividades de jogos desde o instante em que acordam até a noite, quando terminam sua última lição de casa. O cronograma de uma aluna da sexta série, chamada Rai, pode nos ajudar a compreender melhor um dia na vida de um aluno da Quest.

7h15. Rai está "cumprindo uma quest" antes mesmo de chegar à escola. Ela está trabalhando em uma missão secreta, uma lição de matemática que descobriu escondida em um livro da biblioteca da escola. Assim que acorda, ela troca mensagens de texto com seus amigos, Joe e Celia, para planejar um encontro na escola antes do horário da aula. Sua meta: quebrar o código matemático antes que outros estudantes o descubram.

Não se trata de uma lição de casa obrigatória — é uma lição secreta, uma missão de aprendizagem opcional. Eles nem sequer precisam terminá-la; na verdade, eles têm de *conquistar o direito* de terminá-la, descobrindo sua localização secreta.

Ter uma missão secreta significa que você não está aprendendo e praticando exercícios com frações porque é obrigado a fazê-lo. Você está trabalhando em prol de uma meta autoimposta e, ao mesmo tempo, empolgante: decodificar uma mensagem secreta antes de todo mundo. Obviamente, nem todo trabalho escolar pode ser constituído de missões especiais e secretas. Porém, quando cada livro pode conter um código secreto, cada sala uma pista, cada apostila um quebra-cabeças, quem não iria para a escola com mais vontade de participar integralmente, com a esperança de ser o primeiro a encontrar os desafios secretos?

9h. Na aula de inglês, Rai não está interessada em obter uma boa nota. Ao contrário, está tentando upar. Ela está analisando um texto, e já tem cinco pontos ganhos. Isso a deixa a apenas sete pontos do *status* de "mestre" em redação. Hoje, ela espera acrescentar outro ponto ao seu total ao completar uma missão de redação criativa. Ela pode não ser a primeira aluna de sua classe a se tornar mestre no assunto, mas não precisará se preocupar caso perca essa oportunidade. Se estiver disposta a enfrentar mais quests, ela poderá se esforçar e subir até o nível máximo, conquistando, assim, o equivalente a um "A".

Upar é um modelo muito mais igualitário de sucesso do que o tradicional sistema de atribuição de graus com letras, baseado na curva de sino. Todos podem subir de nível, desde que continuem trabalhando arduamente. Upar pode substituir ou complementar os tradicionais graus por letras, em que os estudantes têm apenas uma chance de obter sucesso. E se você fracassar em uma quest, não haverá nenhum prejuízo permanente registrado em seu boletim. Você apenas terá de cumprir mais missões para conquistar pontos suficientes e chegar ao placar que deseja. Esse sistema de "atribuição de notas" substitui o estresse negativo pelo estresse positivo, ajudando os estudantes a focar mais na aprendizagem e menos no desempenho.

11h45. Rai faz o *login* em um computador da escola para atualizar o seu perfil no "intercâmbio de especialidades", onde todos os estudantes anunciam seus superpoderes de aprendizagem. Ela vai se autodeclarar mestre em cartografia. Ela nem sequer sabia que desenhar mapas poderia ser considerado como uma área de especialização. Ela costuma fazer isso por diversão, em casa, desenhando mapas em 3D de seus mundos favoritos, para ajudar outros jogadores a navegá-los. Seu professor de geografia, Mr. Smiley, viu um de seus mapas e lhe avisou que os alunos da oitava série estavam prestes a iniciar uma quest em grupo para localizar "histórias escondidas" da África: eles iriam buscar pistas sobre o passado em objetos cotidianos, como miçangas, tapeçarias e vasos. E iriam precisar de um bom cartógrafo digital para ajudá-los a conceber as histórias dos objetos, de acordo com a localização de cada um deles, e para desenhar um mapa que fosse divertido de ser explorado por outros estudantes.

O intercâmbio de especialidades funciona da mesma maneira que os perfis de rede social dos videogames, que anunciam em quais jogos você é bom e quais gosta de jogar, assim como os sistemas de parcerias on-line, que auxiliam os jogadores a encontrar novos membros para suas equipes. Esses sistemas são projetados para encorajar e facilitar a colaboração. Ao identificar publicamente suas forças e interesses, você aumenta as chances de ser convocado a trabalhar naquilo em que é bom. Na sala de aula, isso significa que os alunos terão mais probabilidade de encontrar meios de contribuir com sucesso para projetos de equipe. E a chance de fazer algo em que você é bom, como parte integrante de um projeto mais amplo, ajuda a provocar uma admiração real entre seus companheiros — não se trata da autoestima vazia, baseada somente em querer se sentir bem consigo mesmo, mas de um respeito real e uma alta consideração, com base nas contribuições que você foi capaz de fazer.

14h15. Nas sextas-feiras, a escola sempre traz um palestrante convidado, ou um "aliado secreto". Hoje, o aliado secreto é um músico chamado Jason, que usa programas de computador para criar música. Depois de fazer uma demonstração ao vivo em seu laptop, ele anuncia que, em algumas semanas, voltará para ajudar os alunos como treinador do nível seguinte, a "última fase". Nesse nível, os estudantes formarão equipes e irão compor as próprias músicas. Cada equipe terá um papel diferente a desempenhar — e os boatos dizem que serão necessários inúmeros especialistas em matemática para trabalhar no código do computador. Rai realmente quer se qualificar para um desses postos, e, então, planeja passar horas extras nas próximas duas semanas trabalhando com mais afinco em suas lições de casa de matemática.

Como explica o website da Quest, as últimas fases são "[unidades] 'intensivas' de duas semanas, nas quais os estudantes aplicam o conhecimento e habilidades adquiridas até o momento para propor soluções a problemas complexos". "Última fase" é um termo retirado diretamente dos videogames. Na última fase de um jogo, você se depara com o "chefão", um personagem em forma de monstro (ou algo equivalente a isso) — um monstro tão intimidador que é preciso lançar mão de tudo que você aprendeu e dominou no jogo até então. É o equivalente ao exame intermediário ou ao exame final. Os chefões são notoriamente difíceis, mas imensamente gratificantes quando conseguimos vencê-los. A Quest programa últimas fases em vários períodos do ano letivo, de modo a estimular os alunos a colocar as lições em prática. Os estudantes têm de enfrentar um desafio épico — e não há vergonha nenhuma em fracassar. É uma última fase, e, portanto, assim com qualquer outro bom jogo, ele foi projetado para aguçar seu apetite para tentar com mais afinco e praticar ainda mais.

Assim como as quests colaborativas, as últimas fases são realizados em equipes, e cada aluno deve se qualificar para desempenhar um papel específico — "especialista em matemática", por exemplo. Da mesma forma que em uma grande raid no *World of Warcraft*, espera-se que cada participante todos os poderes que tem. Essa é uma das estratégias decisivas da Quest para dar aos estudantes mais esperanças de sucesso. Para além do currículo básico, os estudantes passam a maior parte do tempo se aprimorando em diferentes matérias e atividades — para as quais têm um talento natural ou que já saibam fazer bem. Essa estratégia significa que cada estudante está preparado para realmente se exceder em algo e para focar sua atenção em áreas nas quais tem maior probabilidade de, um dia, se tornar extraordinário.

18h. Rai está em casa, interagindo com uma personagem virtual chamada Betty. A meta de Rai é ensinar Betty a dividir números mistos. Betty é o que a Quest chama de "agente de ensino": "Uma ferramenta de avaliação em que as crianças ensinam uma personagem virtual a resolver um problema particular." Em outras palavras, Betty é um programa de software projetado para saber *menos* do que Rai. E a tarefa de Rai é "ensinar" o programa, demonstrando soluções e trabalhando pacientemente até que Betty aprenda.

Na Quest, tais agentes de ensino substituem os testes, aliviando a ansiedade associada à obrigação de demonstrar bom desempenho sob pressão. Com um agente de ensino, você não está sendo testado para verificar se realmente aprendeu algo. Ao contrário, está servindo como orientador de alguém porque realmente aprendeu alguma coisa, e essa é a sua chance de demonstrar isso. Há um poderoso elemento de *naches* — orgulho indireto — envolvido aqui: quanto mais um estudante aprende, mais ele pode passar adiante esse conhecimento. Essa é a dinâmica principal de como a aprendizagem nos videogames funciona, e, na Quest, isso é perfeitamente traduzido em um sistema de avaliação por escalas.

Missões secretas, últimas fases, intercâmbios de especialidades, agentes especiais, pontos e níveis, em vez de notas em forma de números ou letras — sem dúvida a Quest to Learn é um tipo distinto de ambiente de aprendizagem, radicalmente diferente de qualquer outro jamais formulado por uma escola experimental nos últimos anos. É uma infusão inédita de diversão no sistema da escola pública. E o resultado é um ambiente no qual os estudantes compartilham conhecimentos secretos, transformam suas forças intelectuais em superpoderes, enfrentam desafios épicos e fracassam sem medo algum.

A Quest to Learn começou com uma turma de sexta série no outono de 2009, e planeja acrescentar uma nova turma de sexta série a cada ano, conforme os formandos no ano anterior forem avançando. A primeira turma do último ano da Quest to Learn irá se formar em 2016 e, provavelmente, sairá da universidade em 2020. Aposto que essa turma de graduação estará cheia de indivíduos que irão aplicar sua rica criatividade na solução de problemas, serão fortes colaboradores em grupo e sempre irão inovar, prontos para enfrentar integralmente qualquer desafio do mundo real.

SuperBetter — Ou como transformar a convalescência em uma experiência multiplayer

Ou vou acabar me matando, ou vou transformar isso em um jogo. Depois das piores quatro semanas de minha vida, essas pareciam ser as únicas opções que me restavam.

Era o verão de 2009, e eu estava quase na metade deste livro quando sofri uma concussão. Foi um acidente bobo. Fui me levantar e bati a cabeça na porta de um armário, que não percebi ainda estar aberta. Fiquei tonta, vi estrelas e me senti nauseada. Quando meu marido me perguntou quem era o presidente da república, não consegui responder.

Algumas concussões são curadas em horas ou dias. Outras se transformam em uma síndrome pós-concussiva muito mais longa. Foi o que aconteceu comigo. Fiquei com uma dor de cabeça e uma vertigem que não acabavam. Todas as vezes que virava a cabeça, parecia que eu estava dando cambalhotas. E fiquei em constante confusão mental. Vivia esquecendo coisas — nomes de pessoas ou onde havia colocado objetos. Se tentasse ler ou escrever por alguns minutos, minha visão se embaçava completamente. Não conseguia raciocinar com clareza suficiente para sustentar conversas até o fim. O simples fato de estar rodeada por outras pessoas ou em espaços públicos tornava tudo pior. Naquela época, rascunhei estas notas: "Tudo está muito difícil. É como se um punho de ferro pesasse sobre meus pensamentos. Todo o meu cérebro parece um vácuo pressurizado. Se não consigo pensar, quem sou eu?"

Após cinco dias com tais sintomas e uma bateria de exames neurológicos com resultados normais, minha médica disse que eu ficaria boa — porém, que provavelmente iria demorar um mês inteiro até que me sentisse realmente eu mesma. Enquanto isso, nada de ler, escrever, trabalhar ou correr, a menos que estivesse completamente livre dos sintomas. Eu tinha de evitar qualquer coisa que provocasse dor de cabeça ou piorasse a confusão mental. (Infelizmente, descobri que os jogos de computador e videogames estavam completamente fora de questão; era estimulação mental demais.)

Foram notícias difíceis de se ouvir. Um mês parecia um tempo impossivelmente longo para ficar afastada do trabalho e me sentir tão mal. No entanto, pelo menos, coloquei um objetivo para mim mesma e me concentrei nele. Estipulei a data no calendário: em 15 de agosto, eu estaria melhor. Eu acreditava nisso. Eu *precisava* acreditar nisso.

Aquele mês passou e eu não melhorei quase nada.

Foi aí que descobri que, se você não se recuperar em um mês, a probabilidade para recuperação são de três meses.

E se você perder *esse* prazo, o próximo é de um ano.

Mais dois meses convivendo com um cérebro pressurizado a vácuo? Talvez *um ano inteiro*? Eu me senti mais desesperançada do que nunca. Racionalmente, sabia que as coisas poderiam ser piores — afinal de contas, eu não estava morrendo. Porém, me sentia como uma sombra do meu verdadeiro eu e queria, desesperadamente, voltar à vida de antes da consussão.

Minha médica me informou que era normal sentir-se ansiosa ou deprimida após um acidente como o que sofri. Todavia, ela também disse que a ansiedade e a depressão exacerbam os sintomas e dificultam ainda mais a recuperação do cérebro. Quanto mais deprimido ou ansioso você fica, mais sente os efeitos da concussão e mais longa é a recuperação. Evidentemente, quanto piores os sintomas e quanto mais tempo durarem, mais chances existem de a pessoa se sentir ansiosa ou deprimida. Em outras palavras, é um ciclo vicioso. E a única maneira de se recuperar mais rapidamente é romper o ciclo.

Eu sabia que estava presa naquele ciclo. A única coisa na qual poderia pensar, e que talvez me deixasse suficientemente otimista a ponto de rompê-lo, era um jogo.

Era uma ideia estranha, mas eu não tinha nada para fazer (exceto assistir à televisão e fazer pequenas caminhadas). Até o momento, nunca criara um jogo que envolvia cuidados à saúde antes. Contudo, parecia a oportunidade perfeita para experimentar minhas teorias de realidade alternativa em um novo contexto.

Poderia não ser capaz de ler ou escrever muito bem, porém, com um pouco de sorte, ainda poderia ser criativa.

Desde sempre, eu sabia que teria de ser um jogo multiplayer. Já estava tendo problemas demais em explicar aos amigos e familiares o quanto me sentia ansiosa e deprimida, o quanto era duro passar pelo processo de recuperação. Eu também me sentia desajeitada e constrangida ao pedir ajuda. Precisava encontrar uma forma que me auxiliasse a dizer a eles: "Estou passando pelo pior momento de minha vida e realmente preciso que vocês me ajudem." Porém, também não queria ser um fardo. Eu queria *convidar* as pessoas a me ajudar.

Como em qualquer outro projeto de realidade alternativa, eu precisava pesquisar a realidade da situação antes de reinventá-la. Assim, por alguns dias, passei a pequena quantidade de tempo em que me sentia capaz de me concentrar — cerca de uma hora por dia, naquela época — estudando a síndrome da pós-concussão pela internet. A partir de vários relatos e periódicos médicos, reuni o que os especialistas afirmam ser as três estratégias principais para se recuperar e lidar mais eficazmente não apenas com as concussões, mas com qualquer lesão ou doença crônica.

Primeiro: continue otimista, estabeleça metas e foque em todo e qualquer progresso positivo que tenha feito. Segundo: consiga o apoio de seus amigos e familiares. E terceiro: aprenda a interpretar seus sintomas como a um termômetro. O modo como você se sente lhe dirá quando fazer mais, fazer menos e fazer uma pausa, de modo que possa, gradualmente, assumir atividades que lhe exijam mais.[7]

Obviamente, logo me ocorreu que essas três estratégias lembravam o que acontece quando estamos em um bom jogo multiplayer. Você tem metas claras, você acompanha seu progresso, você enfrenta desafios cada vez mais difíceis (mas só quando está pronto para eles) e você se conecta com pessoas das quais gosta. A única coisa que estava faltando nessas estratégias de recuperação, realmente, era o significado — a história empolgante, o propósito heroico, a sensação de ser parte de algo maior.

E é aí que entra o *SuperBetter*.

O *SuperBetter* é um jogo que tem como tema um super-herói que transforma a convalescência em uma aventura para vários jogadores. Foi projetado para ajudar qualquer pessoa que está se recuperando de uma lesão ou lidando com uma doença crônica a se curar mais rapidamente — com mais diversão e menos dor e sofrimento ao longo do processo.

O jogo começa com cinco missões. Você é estimulado a cumprir pelo menos uma missão por dia, de modo que elas estejam completas com sucesso em menos de uma semana. Evidentemente, você pode cumpri-las até mais rapidamente, caso se sinta disposto a enfrentá-las. Eis aqui alguns excertos das instruções de cada missão, ao lado de uma explicação de como as criei e joguei.

> Missão #1: Crie sua identidade secreta no *SuperBetter*. Você é o herói dessa aventura. E pode ser quem quiser, inspirando-se em qualquer história da qual goste. Então, escolha sua história favorita — qualquer coisa, de James Bond a *Gossip Girl*, de *Crepúsculo* a *Harry Potter*, *Batman* ou *Buffy, a caça-vampiros*. Você está prestes a pegar emprestados os superpoderes desses personagens e desempenhar, você mesmo, o papel principal.

Escolhi *Buffy, a caça-vampiros* como base. Isso me transformou em Jane, a exterminadora da concussão; e transformou os vampiros, demônios e outras forças do mal nos sintomas contra os quais eu estava destinada a lutar. O ponto dessa missão é começar a se perceber como alguém poderoso, e não impotente. E isso ressalta o fato de que você *é* heroico por escolher perseverar diante da lesão ou doença.

> Missão #2: Recrute aliados. Cada super-herói tem um círculo de amigos que o ajuda a salvar o dia. Escolha as pessoas com quem mais conta, e convide-as para jogar com você. Peça a cada uma delas para desempenhar um papel específico: o Batman precisa de um Robin e de um Alfred, enquanto James Bond precisa de um M, um Q e uma Moneypenny. Se você for a Bella, vai querer pelo menos um Edward, um Jacob e uma Alice. Dê a cada um de seus aliados uma missão específica, relacionada com o personagem deles. Use sua imaginação — e sinta-se à vontade para pedir aquilo que quiser! Quando estamos salvando o mundo, não podemos ser tímidos na hora de solicitar ajuda. Certifique-se de pedir pelo menos a um de seus aliados para lhe oferecer conquistas diárias ou semanais — são conquistas que eles lhe darão de surpresa, tomando por base suas últimas atividades de super-herói.

No papel de Jane, a exterminadora da concussão, recrutei minha irmã gêmea como minha "Sentinela" (a guia de Buffy na série de TV). Sua missão era ligar para mim todos os dias e pedir um relatório completo de minhas atividades de extermínio da concussão. Ela também deveria me dar conselhos e sugerir desafios. Antes de jogar o *SuperBetter*, eu não sabia como explicar a ela que estava realmente precisando de contato diário, e não apenas nos fins de semana.

Recrutei meu marido como minha "Willow" (a melhor amiga de Buffy, sabichona e também é um gênio da computação). Sua missão era manter o placar e meus registros atualizados, ler artigos interessantes para mim e, de modo geral, me ajudar com tudo aquilo que eu precisasse fazer no computador sem ficar com dor de cabeça. E, por último, recrutei meus amigos Natalie e Rommel, e seu pequeno dachshund, Maurice, como meu "Xander" (o personagem cômico). A missão deles era aparecer uma vez por semana e, simplesmente, me animar.

Por que recrutar aliados? Os psicólogos sociais observaram, há bastante tempo, que uma das coisas mais difíceis em relação a uma lesão ou doença crônica é pedir apoio aos amigos e familiares. Estender o braço e realmente pedir ajuda faz uma grande diferença: previne o isolamento social e dá às pessoas que querem ajudar, mas que não sabem como, algo específico para fazer.

E por que as conquistas? Cada momento de *fiero* ajuda a aumentar o otimismo e a sensação de domínio da situação, que, como já foi comprovado, acelera a recuperação de qualquer coisa, desde uma lesão no joelho até um câncer. No entanto, as conquistas parecem ter mais sentido quando são oferecidas por outra pessoa — dessa forma, é importante ter um amigo ou membro da família que possa dá-las a você. Kiyash me ofereceu conquistas que tomavam como base os títulos de episódios de *Buffy, a caça-vampiros* (por exemplo, desbloqueei a conquista "Longe da mente, longe da vista", ao ignorar meu e-mail por um dia inteiro, e a conquista "A colheita", ao comer vegetais no jantar, em vez de biscoitos e sorvete, que era uma de minhas formas favoritas pós-concussão de afogar as mágoas. Naquela época, ambas as coisas pareciam lutas épicas).

> Missão #3: Encontre os vilões. Para vencer essa batalha, você precisa saber contra quem está lutando. Ao longo do dia, preste atenção em qualquer coisa que o faça se sentir pior, e coloque-a na lista dos caras maus. Em determinados momentos, você será capaz de lutar contra eles por mais tempo — em outros, nem tanto. Porém, cada vez que lutar, desejará fazer uma grande fuga.

Isso significa escapar do vilão antes que ele consiga quebrar sua cara. Sempre é possível acrescentar mais vilões à lista — e, se vencer um deles para sempre, poderá retirá-lo da lista e reivindicar a vitória permanente.

Quando comecei a jogar, minha lista de vilões era composta por atividades às quais eu continuava tentando me dedicar, mesmo sabendo que elas faziam eu me sentir pior: ler e responder e-mails, correr ou fazer qualquer tipo de exercício, jogar *Peggle*, beber café.

Quanto mais você consegue identificar o que agrava seus sintomas, mais dor e sofrimento evitará. E realizar uma grande fuga transforma um potencial momento de fracasso — *Isso é mais difícil do que deveria ser* ou *Não consigo fazer o que gostaria* — em um momento de triunfo: *Tive sucesso ao reconhecer uma causa e a eliminei antes que me provocasse danos maiores*. Um dos pontos altos da minha recuperação foi ter colocado na lista toda a equipe do Peet's Coffee, que fica no quarteirão da minha casa, para me ajudar a controlar a quantidade de cafeína no café gelado que tomo todas as manhãs — e que eu estava realmente relutante em ter de abandonar. A ideia deles era fazer com que eu começasse a tomar um café 90% descafeinado (com apenas uma gota de cafeína), de modo que pudesse ir aumentando pouco a pouco e, no fim, quando meu cérebro estivesse finalmente pronto para ser novamente estimulado, voltasse ao café normal.

> Missão #4: Identifique aquilo que lhe trará vantagens. Ainda bem que você tem superpoderes. Talvez eles não sejam os superpoderes típicos — mas, definitivamente, existem coisas divertidas que você pode fazer a qualquer momento e por conta própria para se sentir melhor. Faça uma lista, e esteja pronto para colocá-los em ação sempre que os vilões estiverem roubando o melhor de você. Na verdade, tente reunir o maior número possível de vantagens todos os dias!

Para recuperar-me da concussão, foquei em coisas que poderia fazer com os sentidos que não foram afetados pela pancada na minha cabeça. O tato estava preservado, portanto eu poderia sentar e acariciar minha sheepdog Shetland. A audição também estava boa, portanto eu poderia me sentar à janela e escutar um podcast. E o maior superpoder que descobri estava relacionado ao olfato:

realmente comecei a apreciar o aroma de diferentes perfumes. Eu ia para o balcão de uma perfumaria, espirrava amostras de uma dúzia de perfumes em papeizinhos, os levava para casa e os cheirava pelo resto da noite, para perceber como os aromas mudavam e captar as diferentes notas das fragrâncias. Era uma das atividades mais envolventes que eu podia fazer sem prejudicar meu cérebro. E, no fim, quando melhorei da vertigem, fui capaz de acrescentar longas caminhadas ao lado de meu marido nas colinas de São Francisco à lista de vantagens.

As vantagens foram concebidas para ajudar o jogador a se sentir capaz de ter um bom dia, independente do que aconteça. Ter ações positivas específicas a realizar aumenta a probabilidade de fazer algo que romperá o ciclo do estresse negativo ou da depressão.

> Missão #5: Crie uma lista de tarefas de seu super-herói. Nem todas as missões são possíveis, mas não custa nada sonhar alto. Faça uma lista de metas para si mesmo, variando entre coisas das quais você está 100% certo de que pode realizar agora a coisas que você poderia não ser capaz de fazer, até mesmo em seus sonhos mais loucos antes de adoecer ou se contundir. Todas as coisas em sua lista devem ser algo que o faça se sentir imponente e coloque suas forças à prova. A cada dia, tente progredir no sentido de cumprir uma dessas tarefas. Certifique-se de conseguir a ajuda e os conselhos de seus aliados.

Essa última ideia foi inspirada em uma pergunta que encontrei no site de um terapeuta ocupacional da Nova Zelândia: "Já que não posso eliminar sua dor, o que mais você gostaria de melhorar em sua vida?"[8] Essa é uma das características permanentes de um bom jogo: o resultado é incerto. Você joga para descobrir se seu desempenho será realmente bom — e não porque tem garantias de que irá vencer. O *SuperBetter* precisava reconhecer a possibilidade do fracasso ao tentar atingir a recuperação completa. Porém, o jogo também poderia tornar o fracasso menos amedrontador — pois havia uma abundância de outras metas para perseguir e outras atividades recompensadoras para assumir ao longo do processo. É por isso que me parecia essencial integrar ao jogo a descoberta do maior número de atividades positivas que ainda podiam ser realizadas. Isso aumentaria minhas esperanças de apreciar melhor a vida, não importando o que acontecesse com a recuperação ou com o tratamento.

Uma das tarefas mais fáceis de minha super-heróina era preparar biscoitos para meus vizinhos. Eu gostei tanto de fazer isso que fiz três vezes. Uma tarefa mais desafiadora era encontrar uma oportunidade de usar meu par favorito de botas *stiletto* de couro roxo, o que significava encontrar energia para sair e ver pessoas. (Cumpri essa tarefa indo ao cinema com um grande grupo de amigos. Eu estava arrumada demais para a situação, mas, ainda assim, foi ótimo.) Na minha lista, a maior tarefa de super-herói era, claro, terminar esse livro.

Depois de completar as cinco grandes missões, o desafio é manter-se em contato com seus aliados, acumular vantagens lutando contra vilões e realizando grandes fugas, e enfrentar os itens de sua lista de tarefas. Talvez você queira "atualizar" o jogo, mantendo um informativo sobre ele, postando vídeos diários no YouTube ou utilizando o Twitter para divulgar suas conquistas.

Quando cada dia estiver terminando, marque um encontro secreto com um de seus aliados. Acrescente suas grandes fugas, suas vantagens e os pontos de seu super-herói.

Converse com seus outros aliados com a maior frequência possível e diga-lhes o que tem feito para ficar cada vez melhor. Peça-lhes ideias sobre novas coisas a serem adicionadas à lista de tarefas.

Certifique-se de que você tem pelo menos um aliado que esteja lhe presenteando com conquistas diárias. Compartilhe essas conquistas on-line com os amigos, utilizando o Twitter ou o Facebook, para mantê-los avisados de seu progresso.

É assim que se joga o *SuperBetter*. Porém, ele realmente transforma a realidade da recuperação em algo melhor?

Nos primeiros dias de jogo, meu estado de espírito melhorou muito desde o momento em que bati com a cabeça. Sentia que estava finalmente *fazendo* alguma coisa para me recuperar, sem ficar estagnada, esperando que meu cérebro curasse a si mesmo.

É claro que não melhorei instantaneamente — contudo, fiquei muito mais motivada a obter algo positivo do meu dia, independente de qualquer coisa. Todos os dias, me sentindo mal ou não, eu computava pelo menos uma grande fuga, conquistava uma vantagem, acumulava alguns pontos e desbloqueava uma conquista. Para fazer essas coisas, não era preciso estar curada; era preciso apenas fazer um esforço para participar mais integralmente de meu próprio processo de recuperação.

Não há muito que se possa provar sem uma amostra científica. Simplesmente, posso dizer que, no meu caso, a névoa de sofrimento foi embora, e, então, a névoa dos sintomas começou a desaparecer logo depois. Dentro de duas semanas de jogo como Jane, a exterminadora da concussão, meus sintomas melhoraram em torno de 80%, segundo o diário em escala de dez pontos que Kiyash me ajudou a manter sobre meu sofrimento e meus problemas de concentração, e eu já conseguia trabalhar quatro horas por dia. Dentro de um mês, me senti quase que completamente recuperada.

Não posso afirmar com certeza se me recuperei mais rapidamente do que me recuperaria sem participar do jogo — embora eu suspeite que ele tenha me ajudado bastante. O que posso dizer, sem sombra de dúvida, é que sofri muito menos durante a recuperação, e isso foi resultado direto do jogo. Eu me sentia deprimida em determinado dia; e, no seguinte, já não estava mais; e nunca voltei a ficar tão deprimida depois que comecei a me envolver com o *SuperBetter*. Quando meus aliados passaram a jogar comigo, percebi que realmente compreendiam minha situação e deixei de me sentir tão perdida.

Depois de declarar minha vitória sobre a concussão em uma postagem no Twitter, recebi dúzias de solicitações para postar as regras e as missões, de modo que outras pessoas pudessem jogar contra suas próprias lesões e doenças — desde dores crônicas na coluna e ansiedade social até transtornos no pulmão, enxaquecas, efeitos colaterais de parar de fumar, diabetes recém-diagnosticada, quimioterapia e, até mesmo, mononucleose.

Publiquei o conjunto de regras no meu blog, e o batizei com o nome mais genérico de *SuperBetter* (afinal de contas, a maioria das pessoas provavelmente não sonha em ser Buffy, a caça-vampiros).[9] Sugeri que as pessoas utilizassem a *hashtag* "#SuperBetter" para seus próprios vídeos, postagens e atualizações no Twitter, no caso de desejarem encontrar uns aos outros on-line. (Uma *hashtag* é uma maneira de acrescentar facilmente um marcador ao seu conteúdo na rede, e encontrar outras pessoas que falam sobre o mesmo assunto.) E isso foi tudo. Não construí um aplicativo nem desenvolvi um sistema de pontuação automatizado ou estabeleci uma rede social para o *SuperBetter*. Um jogo não precisa ser um programa de computador. Ele pode, simplesmente, se assemelhar a um jogo de xadrez ou de esconde-esconde: um conjunto de regras que um jogador pode passar adiante para outros.

Um jogo de realidade alternativa pode ser tão simples quanto uma boa ideia, uma maneira nova de observar um problema. O *SuperBetter*, é claro, não foi criado para substituir a assistência médica ou os tratamentos convencionais. Foi criado para aumentar as boas recomendações e para ajudar os pacientes a desempenhar um papel mais positivo em sua própria recuperação.

Quando estamos doente ou sentimos dor, melhorar é tudo o que queremos. Porém, quanto mais tempo isso demora, mais difícil fica. E quando a dura realidade que temos de enfrentar é que recuperar-se não será uma tarefa fácil, um bom jogo pode nos preparar melhor para lidar com essa realidade. Em uma realidade alternativa relacionada à nossa mitologia de heróis favoritos, temos mais probabilidade de mantermos o otimismo, porque estabeleceremos metas mais razoáveis e acompanharemos de perto nosso progresso. Nos sentiremos bem-sucedidos até mesmo quando estivermos lutando, porque nossos amigos e familiares definirão nossos momentos de *fiero* diariamente. Construiremos um sistema de apoio social mais sólido, pois é mais fácil pedir a alguém que participe de um jogo do que solicitar ajuda. E, com um pouco de sorte, encontraremos um significado real e desenvolveremos personagens reais em nossos esforços épicos para superar o que pode ser o desafio mais duro que jamais enfrentamos. E é graças a um bom jogo que ficamos cada vez melhores.

OS TRÊS JOGOS discutidos nesse capítulo representam três das principais abordagens no desenvolvimento da realidade alternativa e na resolução de problemas relacionados à qualidade de vida.

> O *Chore Wars* é um exemplo de um ARG de **administração de vida** — um programa de computador ou serviço que o ajuda a administrar sua vida real como se fosse um jogo.
>
> A *Quest to Learn* é um exemplo de um ARG **organizacional**. Ela utiliza o design do jogo como uma filosofia orientadora para criar novas instituições e inventar novas práticas organizacionais.
>
> E o *SuperBetter* é um ARG **conceitual**. Ele utiliza ferramentas de rede e mídias sociais para disseminar novas ideias de jogos, missões e conjuntos de regras, cujos propósitos os jogadores podem redefinir e adaptar para suas próprias vidas da maneira que acharem melhor.

Esses três métodos não são as únicas maneiras de criar uma realidade alternativa. Nos próximos capítulos deste livro, você também conhecerá os **ARGs de** eventos ao vivo, que unem jogadores em locais físicos para participar de partidas que duram uma hora ou um dia inteiro, e **ARGs narrativos**, que usam suportes de narrativas multimídia — vídeos, textos, fotografias, áudio e, até mesmo, graphic novels — para transformar missões de jogos do mundo real em uma irresistível ficção, que é jogada ao longo de semanas, meses ou até anos.

Evidentemente, enquanto você estiver lendo este livro, dúzias — provavelmente centenas — de novos jogos de realidade alternativa irão, sem dúvida, se tornar disponíveis. Esse movimento está apenas começando. Quando imaginamos as possibilidades do movimento do ARG, podemos — como sempre — buscar orientação no passado.

No início dos anos 1970, pouco antes da revolução dos jogos de computador e videogames, outra revolução dos jogos teve lugar, com uma repercussão significativamente menor, mas com um legado bastante importante e duradouro. Ele foi denominado movimento dos Novos Jogos, e sua meta era reinventar os esportes, para se tornarem mais cooperativos, sociais e inclusivos.

A filosofia dos Novos Jogos era simples e composta por duas partes. Primeiro, ninguém teria de ficar no banco de reservas por não ser suficientemente bom para jogar. E, segundo, um jogo competitivo não deveria estar relacionado à vitória. Deveria estar relacionado a jogar com mais empenho e por mais tempo do que a outra equipe, para aumentar a diversão.

Os fundadores do movimento, um grupo de membros da contracultura com sede em São Francisco, inventaram dúzias de novos esportes mais ingênuos e mais surpreendentes do que os tradicionais. Os mais conhecidos eram os jogos de "bola de terra" (jogado com uma bola de 1,80m de diâmetro, de modo que eram necessárias várias pessoas para fazer com que a bola se movesse) e jogos de paraquedas (nos quais de vinte a cinquenta pessoas ficavam nas bordas de uma espécie de lona de paraquedas, mexendo e balançando juntas o tecido, trabalhando para criar várias formas e ondulações). Eles realizaram grandes festivais de Novos Jogos na Bay Area, e, por fim, treinaram dezenas de milhares de escolas, parques e departamentos de recreação em todo o país, a fim de incluir os Novos Jogos em seus programas de educação física e recreação pública.

Muitos dos principais criadores de jogos da atualidade cresceram jogando os Novos Jogos em escolas e parques públicos — e não é difícil observar a influência desses esportes nos criadores de jogos multiplayer ou de jogos on-line para multidões. Das missões cooperativas nos MMOs até os jogos de ambientes de combate para 256 jogadores, os atuais videogames são, de modo geral, muito parecidos com um Novo Jogo, porém estabelecidos em um mundo virtual. Na verdade, a teoria dos Novos Jogos foi mencionada em todas as Conferências de Criadores de Jogos das quais participei ao longo da última década — e foi assim que fiquei sabendo que muitos designers conseguiram adquirir uma cópia da edição já esgotada e pouquíssima conhecida do *The New Games Book*, publicado em 1976.

O *The New Games Book* inclui instruções sobre como jogar os novos esportes e, mais importante, tenta explicar a filosofia do movimento. Muitos de meus amigos da indústria de jogos reconheceram ter folheado suas páginas em busca de inspiração para a criação de jogos.

A tinta das páginas de meu ensaio favorito desse livro está praticamente gasta. Ele se chama "Creating the Play Community", e foi escrito por Bernie DeKoven, então codiretor da New Games Foundation, e hoje um dos maiores teóricos do assunto. No ensaio, DeKoven solicita que uma comunidade de jogadores seja voluntária para estar a serviço do movimento. Ele pergunta quem gostaria de experimentar esses novos jogos e ajudar a avaliar se eles são, de fato, melhores do que os antigos. Se forem melhores, a comunidade deverá ensinar outras pessoas a jogar. Em caso contrário, os jogadores deverão sugerir maneiras de aprimorá-los ou começar a inventar seus próprios jogos para serem testados. Ele explica:

> Pelo fato de os jogos serem novos, ficamos com a sensação de estar experimentando. Porém, ninguém garante nada. Se um jogo não funcionar, tentaremos consertá-lo, para ver se podemos fazê-lo funcionar. Afinal das contas, é um jogo novo. Nada ainda é oficial. Na verdade, nós somos os oficiais, todos nós, cada um que se dispõe a jogar. Nós mesmos fazemos as avaliações. Cada um assume a responsabilidade de descobrir o que podemos apreciar juntos.[10]

Esse é o tipo de comunidade que está se reunindo atualmente em torno dos jogos de realidade alternativa. À medida que desenvolvemos as realidades alternativas, precisamos ser, ao mesmo tempo, liberais e críticos sobre o que realmente aumenta nossa qualidade de vida, o que nos ajuda a participar mais integralmente da vida e o que serve apenas como mais uma distração. Muitas realidades alternativas serão propostas nos próximos anos, e não cabe somente aos criadores de jogos dar forma a esse movimento. Os jogadores, mais do que qualquer outro grupo, terão de decidir se uma nova realidade alternativa é, de fato, um bom jogo.

O "como" do design dos jogos de realidade alternativa se resume aos princípios de design dos jogos que melhor propiciam as quatro recompensas que mais buscamos. Os criadores de jogos de computador e videogames tradicionais estão na vanguarda, constantemente pesquisando novas formas de obter tais recompensas; os criadores de ARGs já estão tomando emprestadas e refinando tais estratégias de design e ferramentas de desenvolvimento, pensando em soluções para fazer com que o mundo funcione de forma mais parecida com um jogo.

No entanto, ao testarmos diferentes possibilidades para decidir o que constitui uma boa realidade alternativa, três conjuntos adicionais de critérios certamente irão surgir.

Primeiro: *quando* e *onde* precisamos de uma realidade alternativa? Quais situações e locais as exigem — e quando seria mais indicado deixar a realidade agir sozinha?

Segundo: *quem* incluiríamos em nossos jogos de realidade alternativa? Além de nossos amigos mais próximos e familiares, de quem mais nos beneficiaríamos se os convidássemos para jogar conosco?

E terceiro: *quais* atividades deveríamos adotar como mecanismos principais em nossos jogos de realidade alternativa? O projeto de um jogo é uma estrutura — metas, restrições, *feedback* —, mas, dentro dessa estrutura, podemos pedir aos jogadores para fazer quase tudo. Quais hábitos deveríamos encorajar? Quais ações deveríamos multiplicar?

Esses três critérios são os assuntos dos próximos três capítulos, que, por sua vez, cobrem três tipos essenciais de projetos de realidade alternativa: realidades alternativas projetadas para tornar as atividades difíceis mais recompensadoras, realidades alternativas projetadas para construir novas comunidades no mundo real e realidades alternativas projetadas para nos ajudar a adotar os hábitos diários das pessoas mais felizes do mundo em nossas vidas reais e cotidianas.

CAPÍTULO OITO

Upando na vida

COMO AS REALIDADES ALTERNATIVAS
PODEM FAZER COM QUE ATIVIDADES DIFÍCEIS
SE TORNEM MAIS RECOMPENSADORAS

"Se tenho um arrependimento na vida", lamentei diante de uma multidão no Centro de Convenções de Austin, "é que minha sacerdotisa renegada é mais esperta do que eu". Tecnicamente falando, é verdade: se você somar todas as notas 10 que tirei em minha vida real, do ensino médio até o mestrado, o total não chegaria nem perto do nível intelectual de minha personagem no *World of Warcraft*. Isso sem contar o fato de que, depois que você sai da escola, não há nenhum teste para avaliar se você está se tornando mais inteligente ou não.

Eu estava fazendo o discurso de abertura na conferência anual de projetos e tecnologia SXSW Interactive quando fiz essa queixa. O assunto era, naturalmente, o fracasso do mundo real em ser tão envolvente quanto um bom jogo e o que poderíamos fazer para corrigir isso. Como afirmei ao público: "Eu me sentiria bem melhor se ganhasse +1 de inteligência por cada coisa inteligente que eu falei durante essa palestra. Ou, pelo menos, alguns +1 por falar em público." Dar palestras é muito cansativo, mesmo que eu goste de fazê-lo, expliquei. Seria estimulante ver alguns +1 aparecerem bem diante dos meus *slides* de PowerPoint à medida que eu fosse avançando na explanação.

Alguns dias depois, de volta à Califórnia, recebi um e-mail de um remetente desconhecido: ratings@plusoneme.com. O assunto era "Clay reconheceu seus esforços". "Que Clay?", pensei comigo mesma. Não conhecia ninguém com esse nome. De qualquer modo, abri o e-mail.

Seu amigo Clay Johnson lhe concedeu +1 em reconhecimento de alguns de seus pontos fortes. Especificamente, ele reconheceu estes atributos:

+1 de inteligência
+1 por falar em público
+1 de inspiração

Tenha um bom dia. E parabéns!

Um segundo e-mail chegou alguns minutos depois, do próprio Clay Johnson.

Eis aqui seu +1 por falar em público, conforme você solicitou no SXSW! Deve ter chegado à sua caixa de entrada há um tempinho. Quando você disse aquilo em seu discurso, pensei: "Por que ela não poderia ganhar +1 por falar em público?", e criei o plusoneme.com. Grande palestra. Veja só o que você me inspirou a fazer.

Cliquei no link, e, de fato, havia um pequeno e perfeito aplicativo da web destinado a conceder e acompanhar as avaliações, em um banco de dados que compreendia 37 diferentes pontos fortes pessoais: criatividade, generosidade, rapidez, aspecto visual, capacidade de ouvir e coragem, por exemplo.

Era definitivamente um conjunto maior e mais diverso de avaliações do que eu jamais havia visto em um jogo de RPG. Para cada +1 enviado, também se poderia anexar um motivo: "+1 de coragem por defender nossa ideia na reunião", por exemplo, ou "+1 de resistência por dirigir pelo longo caminho de volta para casa essa noite". E você pode mandar um +1 para qualquer pessoa por e-mail, independente de o destinatário ter se inscrito no site ou não. Se ele se inscrever e criar um perfil, seus +1 "se acumulam", ou somam-se ao longo do tempo (até aqui, já consegui + 25 de inovação, porque pedi a meus colegas para me dar alguns +1 quando eu fizer algo inovador no trabalho).

Você também pode acrescentar um *feed* do site em seu blog ou em seu perfil de rede social, para que seus amigos e familiares possam acompanhar a rapidez com que você está upando e quais são seus pontos fortes. Em síntese, o Plusoneme é exatamente aquilo que você desejaria ter se quisesse subir de nível na vida real — isto é, se você quisesse ter uma medida objetiva do quanto está melhorando nas coisas pelas quais tem se esforçado.

Desde que ele me deu meu primeiro +1, passei a conhecer Clay Johnson melhor. Descobri que ele é diretor emérito do Sunlight Labs, uma comunidade de desenvolvedores de programas de código aberto, que se dedicam a tornar os governos mais transparentes e participativos. Tivemos algumas conversas muito interessantes sobre como utilizar os sistemas de *feedback* dos jogos para aumentar a participação democrática. Francamente, eu não ficaria surpresa de ver um Plusoneme.gov algum dia, para ajudar os eleitores a dar um melhor *feedback* a seus representantes eleitos.

O Plusoneme não é um jogo — não há metas implícitas ou restrições sobre como conceder ou receber +1. É mais parecido com um *aceno* na direção de um jogo, um tipo de meditação em voz alta: como seria receber um *feedback* positivo constante e instantâneo nas nossas vidas reais, sempre que enfrentássemos obstáculos e trabalhássemos arduamente? Ficaríamos mais motivados? Nos sentiríamos mais recompensados? Nos desafiaríamos mais?

Um número cada vez maior de projetos de realidade alternativa sugere que, para todas essas questões, a resposta é um retumbante "sim". Os sistemas que nos ajudam a *upar na vida real* ao nos oferecer obstáculos voluntários relacionados à nossa atividade no mundo real e ao nos propiciar um melhor *feedback* realmente podem nos ajudar a fazermos mais esforço. E isso leva à próxima correção:

> **CORREÇÃO #8: RECOMPENSAS SIGNIFICATIVAS NO MOMENTO EM QUE MAIS PRECISAMOS DELAS**
>
> Em comparação aos jogos, a realidade é supérflua e insignificante. Os jogos nos ajudam a nos sentirmos mais recompensados quando trabalhamos ao máximo.

Detesto viajar de avião e passo um *grande* tempo da minha vida odiando fazer isso — cerca de 150 horas por ano.

Sou uma passageira tensa. Melhorei ao longo dos anos, mas ainda não consigo trabalhar dentro de aviões, comer dentro de aviões ou dormir dentro de aviões. Certamente, não *gosto* de estar dentro de um avião. Metade do tempo, fico literalmente enjoada, devido à ansiedade. Mesmo após um bom voo, fico tão exausta com o estresse e o *jet lag*, que levo horas, ou até mesmo um dia inteiro, para me recuperar.

Mais de 25 milhões de norte-americanos têm medo de voar, enquanto 52% de passageiros frequentes afirmam que a primeira palavra que vem às suas cabeças para descrever as viagens aéreas é "frustrante".[1] E isso tem consequências significativas para nossa saúde e bem-estar.

Não ter controle sobre uma situação é, fundamentalmente, uma sensação estressante. Pesquisas demonstraram que isso abala profundamente nossa felicidade e saúde física. E não apenas no momento em que estamos sendo afetados pela situação. Quando passamos por uma experiência na qual nos sentimos ameaçados ou impotentes, nosso sistema imunológico sofre, e experimentamos níveis mais altos de ansiedade, depressão e pessimismo nas horas e nos dias seguintes.[2]

Os jogos, é claro, ajudam as pessoas a retomar o controle. O ato de jogar sempre é, por definição, voluntário; trata-se sempre de um exercício da própria liberdade. Ao mesmo tempo, progredir nas metas e melhorar em um jogo inspira uma sensação de poder e de domínio.

O fato de os voos comerciais deixarem tantas pessoas ansiosas faz dos aeroportos e aviões o alvo perfeito para uma intervenção que tenha jogos como base. Se pudéssemos ter vontade de embarcar nos voos, em vez de ter medo, e se pudéssemos nos sentir mais fortes no começo da viagem, em vez de desamparados, a qualidade de vida de passageiros ao redor do mundo aumentaria vertiginosamente. E os mais medrosos poderiam fazer as viagens que desejam, mas que, normalmente, evitam.

Entretanto, o que tornaria o ato de voar mais recompensador? Esqueça as milhas para passageiros frequentes e outros programas de recompensas. Se você já se sente frustrado ou temeroso em relação a voar, ganhar mais voos não irá deixá-lo nem um pouco feliz.

O que nós precisamos é de programas de recompensas *intrínsecas* — e dois novos jogos para passageiros mostram exatamente como isso pode ser feito: o *Jetset*, o primeiro jogo do mundo para aeroportos, e o *Day in the Cloud*, um jogo de lógica e adivinhação para ser jogado a bordo — de avião contra avião — a 10 mil pés de altura ou mais.

Jetset e Day in the Cloud

O *Jetset*, um jogo para iPhone desenvolvido pelos criadores da Persuasive Games, com sede em Atlanta, é um simulador em estilo *cartoon* da área de controle de segurança de um aeroporto. Carregue o jogo e, na tela, você visualizará passageiros virtuais caminhando através de um detector de metais fictício, enquanto a bagagem virtual deles passa pela máquina de raios X. Seu papel no jogo é o do agente de segurança: toque na tela para confiscar itens proibidos e revistar passageiros suspeitos. Se você for lento demais, os passageiros perderão o voo; se for rápido demais, provavelmente não prestará atenção em um item proibido ou deixará o passageiro errado escapar. Quanto mais você jogar, mais a fila cresce, mais rápido rolam as esteiras de segurança e mais difícil é acompanhar as novas restrições de segurança, como "não deixar passar queijo pasteurizado", "não deixar passar cobras de estimação", "não deixar passar potinhos de pudim" e "não deixar passar robôs".

O designer que idealizou o jogo, Ian Bogost, viaja frequentemente a negócios e teve a ideia depois de sofrer, ele próprio, uma interminável frustração na fila de controle de segurança. O jogo tem uma inclinação assumidamente satírica, e, nos comentários, os jogadores geralmente afirmam que gargalham muito quando estão jogando.[3] Esse é um dos principais objetivos do jogo, conforme me disse Bogost: fazer com que os passageiros riam durante uma situação estressante. "Nossa intenção era ajudar os passageiros frequentes a rir do absurdo dos procedimentos de segurança nos aeroportos, em vez de se sentirem sufocados ou furiosos por eles."

Tecnicamente, você pode jogar o *Jetset* em qualquer lugar para onde leve seu celular. Porém, a única maneira de subir de nível e desbloquear *souvenirs* para enviar a amigos e familiares é jogando em aeroportos do mundo real. Isso porque o *Jetset* usa o GPS do seu celular para descobrir em que lugar do mundo você realmente está. Se as coordenadas do seu GPS coincidirem com as coordenadas de algum dos cem aeroportos do banco de dados do jogo, você terá acesso a um nível do jogo em que o aeroporto será personalizado e corresponderá perfeitamente à sua localização no mundo real. Ao completar esse nível, você desbloqueará uma conquista local ou, na linguagem do *Jetset*, um "souvenir". Por exemplo, no Albuquerque International Sunport, você pode ganhar um pimentão verde virtual como prêmio; no Los Angeles International Airport, óculos de sol gigantes.

Toda vez que você ganhar um desses itens, poderá utilizar o aplicativo do Facebook para mandá-lo como presente para um amigo ou parente. Assim, eles não apenas vão ver que você conquistou uma vitória ao jogar no aeroporto, como também saberão que você está começando ou terminando uma viagem. Em outras palavras, esse jogo o ajuda a manter sua rede social informada em relação às suas viagens.

Quanto mais aeroportos visitar, mais itens estranhos você poderá reunir em sua coleção de souvenirs, e mais troféus de viagens poderá obter. Porém, e se você sempre frequentar os mesmos aeroportos? Então, a saída é se esforçar cada vez mais para atingir níveis mais altos, até conquistar versões premium dos souvenirs locais. Voe bastante na vida real e você será promovido para os postos de segurança virtual em seu aeroporto local. Trata-se, essencialmente, de um *FarmVille* para aeroportos, dando aos jogadores uma sensação de produtividade e conectividade social em um ambiente que, do contrário, seria estressante. E é isso que torna o *Jetset* um jogo de realidade alternativa, e não apenas mais uma diversão. Ele foi concebido para aprimorar a experiência da vida real dos jogadores em um ambiente real.

Mas os souvenirs virtuais e as vantagens obtidas no jogo têm algum valor real para os jogadores? Bogost certamente espera que sim. Ele os projetou especificamente para que os passageiros frequentes recebessem algo mais divertido e pessoalmente gratificante do que milhas e upgrades.

"Inúmeros viajantes de negócios ficam obcecados em conseguir mais milhas, mesmo quando reclamam que viajam demais", diz Bogost. "É um sistema autodestrutivo: ele recompensa o passageiro com aquilo que mais detesta." Isso sem mencionar que confiar em recompensas de alto valor monetário para manter as pessoas felizes e motivadas simplesmente não é uma solução factível. Há muito poucos assentos disponíveis para que as companhias aéreas se disponham a presenteá-los, e pouquíssimos passageiros são reconhecidos como VIPs. Assim que o número de pessoas aptas a ganhar as recompensas começar a aumentar, as companhias simplesmente mudarão as regras para que seja mais difícil ganhar milhas. Não é um jogo justo.

Em contraste, as potenciais recompensas intrínsecas de um bom jogo como o *Jetset* não expiram nunca. Emoções positivas podem ser provocadas, sem limitações, em qualquer pessoa que o jogue, e sentimentos pessoais de satisfação, orgulho e conectividade social são recursos renováveis. Ou seja, é possível recompensar mais pessoas com mais frequência se a meta for uma recompensa intrínseca.

Nada resume melhor uma atividade obrigatória e insensata do que ficar na fila do controle de segurança ou do embarque de um aeroporto. Porém, o *Jetset* é uma missão especial, *voluntária*, que você pode assumir enquanto está esperando — em outras palavras, um obstáculo desnecessário. Ao focar no obstáculo desnecessário do jogo, em vez do obstáculo obrigatório da segurança e dos procedimentos de embarque, você pode instantaneamente mudar seu estado mental do estresse negativo para a atividade positiva. Você não pode optar por *não* passar pelos rituais de controle de segurança e embarque, mas pode *optar* por participar do jogo. É um maneira sutil, mas poderosa, de mudar a dinâmica da situação. Em vez de sentir uma pressão externa, você estará focado no estresse positivo do jogo.

O que mais gosto no *Jetset* é que, ao jogá-lo, você não está apenas se comportando como um sonâmbulo diante de uma parte detestável de sua vida. Você está participando ativamente daquele momento, aproveitando ao máximo sua localização ao se submeter a uma missão que *só* poderia ser jogada em um aeroporto.

Aproveitar ao máximo um momento é uma habilidade importante para aumentar a qualidade de vida: ajuda a construir um sentido de autoeficiência, relembrando que você tem o poder de fabricar, a qualquer momento, sua própria felicidade. O *Jetset* pode não resolver de forma permanente as constantes frustrações diante do controle de segurança e embarque nos aeroportos, mas ele nos lembra do poder que temos para aprimorar nossa própria experiência. E, por essa razão, é um excelente sinal do papel que os *jogos baseados em localização* podem desempenhar em aprimorar nossa qualidade de vida no futuro.

Um bom jogo baseado em localização pode transformar qualquer espaço em um lugar de recompensas intrínsecas. Imagine as possibilidades. Três dos meus locais favoritos para jogar são os consultórios de dentistas, as agências do departamento de trânsito e os transportes públicos.

Em qualquer lugar que houver uma experiência obrigatória que seja desagradável ou frustrante, uma maneira infalível para melhorá-la é criar um bom jogo que *só* possa ser jogado naquele local. O *Jetset* resolve esse problema nos aeroportos. Contudo, e quanto à experiência de estar realmente voando?

Bem-vindo ao desafio do *Day in the Cloud*.

> Aceite o desafio.
> Explore a Terra.
> Mas, por favor, permaneça sentado.
> — Convite para jogar o *Day in the Cloud*[4]

Escolha dois voos comerciais comuns, voando ao mesmo tempo em direções opostas entre dois aeroportos. Coloque um contra o outro em um combate on-line épico de inteligência e criatividade. Os passageiros passam o voo inteiro trabalhando juntos para conquistar o maior número possível de pontos para sua aeronave. Quando os dois aviões aterrissam, todos os que estavam no avião com o placar mais alto ganham.

O *Day in the Cloud* foi uma promoção concebida pela Virgin America e o Google Apps. Foi inicialmente rodado em um pequeno *playtest*, em aeronaves que viajavam entre os aeroportos internacionais de Los Angeles e São Francisco. E, embora ainda não tenha sido implementado em toda a frota da Virgin America, serve como um poderoso indicativo do tipo de inovação que é possível realizar nos ares, usando uma tecnologia totalmente disponível nos dias atuais.

O jogo aproveita ao máximo o sofisticado sistema de entretenimento dos aviões da Virgin America, que inclui chat de assento para assento e sistema de mensagens instantâneas; um mapa do Google, atualizado em tempo real, que mostra a localização, a altitude e a velocidade do avião; e acesso à internet sem fio para laptops, telefones celulares e palmtops.

Depois de atingir a altitude de 10 mil pés, o sistema de internet sem fio do avião começa a funcionar, e os jogadores podem ligar seus dispositivos, fazer o login e conectar-se ao jogo, que consiste em uma série de perguntas e desafios criativos que devem ser completados antes que o avião retorne a uma altitude abaixo dos 10 mil pés.

Cada pergunta e cada desafio correspondem a uma altitude diferente — quanto maior a altitude, mais difícil eles se tornam. Uma questão de baixa altitude, por exemplo, pode ser tão simples quanto sair de um labirinto ou responder a um trivial enigma sobre cinema, como: "*Madame, acredito que a senhora esteja indo além de um simples flerte*. Qual filme de 1967 apresenta uma versão mais conhecida desta frase?" (Verifique as Notas para conhecer a resposta.)[5]

As perguntas de altitudes mais elevadas envolvem tarefas mais complexas, como quebrar códigos dos testes da Mensa, em que se quebra o código, e metas mais saborosas, como bisbilhotar a conta de e-mail de uma personagem "real" que esteja on-line para descobrir pequenas informações pessoais secretas. E, se você não for uma pessoa que goste muito de desafios lógicos, pode enfrentar desafios criativos, como: "Crie uma canção-tema para o *Day in the Cloud*. A letra deve ter um verso de quatro linhas e um refrão chamativo, também de quatro linhas. Você deve incluir pelo menos uma rima para 'nuvem', 'cirrus', 'stratus', 'cúmulus' ou 'nimbus', em algum momento da letra."[6]

A série de perguntas e desafios foi projetada para que fosse virtualmente impossível completá-la sozinho ao longo da duração do voo. É aí que entram em cena seus companheiros de voo ("companheiros de voo" pode ser uma novidade, mas isso acontece simplesmente porque ainda não reconhecemos os aviões como espaços sociais). Os passageiros são encorajados a trabalhar em conjunto, dividindo e superando os vários desafios, e compartilhando as soluções. Você pode formar uma parceria com alguém da sua fila, compartilhando um laptop. Ou pode utilizar o sistema de comunicação atrás do encosto da poltrona para trocar ideias e respostas.

Quanto mais passageiros jogarem em um avião, maior será o placar potencial dele. Portanto, há um incentivo real para conquistar as pessoas que pareçam amigáveis, curiosas ou que simplesmente estejam entediadas. E não são apenas os "companheiros de voo" que podem colaborar com você durante o jogo. O *Day in the Cloud* exige que os jogadores se conectem à internet, e, uma vez online, é fácil solicitar a ajuda de seus amigos e membros da família por meio de e-mail, Twitter ou SMS. Na verdade, muitos jogadores formam equipes informais no Twitter ainda em solo, para ajudá-los durante o jogo. (Nem todos que estavam nos voos de teste conheciam o jogo com antecedência — porém, um dos organizadores do *Day in the Cloud* me informou, posteriormente, que cerca de 12 pessoas a bordo de cada voo já apareceram preparadas para jogar.) Esses colaboradores de solo servem como um tipo de sistema de apoio pessoal durante o voo — não apenas colaboram com o jogo, mas também amenizam qualquer ansiedade ou tédio que se possa sentir quando se está voando.

No jogo, um cronômetro mostra quanto tempo falta para terminar o voo. Esse é o tempo que você tem para resolver responder aos enigmas e completar seus desafios criativos. Depois que o avião desce abaixo dos 10 mil pés, os placares finais são computados e transmitidos a ambas as aeronaves. Como um jogador comentou em seu blog depois de jogar: "De repente, escutei uma grande saudação vinda de todos que estavam atrás de mim no avião. 'Vencemos!'"[7] Ao desembarcar do avião, os passageiros vencedores são cumprimentados pelos funcionários da Virgin America como heróis conquistadores.

No geral, forma-se uma imagem genial: dois aviões passando pelos céus, um em direção ao norte, outro em direção ao sul, tentando resolver os mesmos problemas por cima das nuvens, enquanto avançam a uma velocidade de centenas de quilômetros por hora.

Certo. Talvez isso soe divertido, mas você ainda pode estar pensando: por quê? Por que acrescentar jogos aos voos, quando eles já fazem o que se espera deles — nos levar com segurança de um lugar para outro? Realmente precisamos ter "diversão" e "aventura" e fazer "progressos" o tempo todo?

Não, é claro que não.

Se você consegue dormir ou trabalhar durante os voos, ou é o tipo de pessoa que consegue relaxar e ler um bom livro, ou apenas apreciar a vista, então desligar-se do jogo seria fácil. Você pode e deve manter a realidade de viagem como quiser. Muitas pessoas farão isso — durante os *playtests* do *Day in the Cloud*, praticamente a metade dos viajantes nos testes de voo escolheu jogar, enquanto a outra metade continuou concentrada em outras coisas.

Entretanto, voar é algo difícil para milhões de pessoas. Causa estresse, ansiedade e exaustão enormes. Quando algo é tão incômodo assim para tantas pessoas, quando causa tanto sofrimento diário desnecessariamente, devemos tentar torná-lo algo melhor, se pudermos. Se você é um passageiro tenso ou que fica entediado facilmente ou, simplesmente, não consegue dormir durante os voos, um jogo pode oferecer o tipo de envolvimento e estimulação positiva que você precisa para começar a gostar das viagens de avião e apreciá-las.

O *Day in the Cloud* demonstra nitidamente que a tecnologia e o desejo já se encontram disponíveis para conceber uma realidade de viagem bastante diferente.

Considere algumas outras possibilidades. Por exemplo, um jogo de RPG exclusivo para quem está voando, que sabe exatamente onde você parou e é retomado novamente sempre que você embarcar em um avião. Seus mapas fictícios ficariam perfeitamente sobrepostos aos mapas do Google. Cada quest só poderia ser assumida quando você estivesse de fato sobrevoando aquela região do reino.

Desafios colaborativos, com habilitação de GPS, exigiriam que você formasse parcerias com alguém no solo, em um raio de 160 quilômetros de sua aeronave, e sincronizasse suas ações virtuais em conjunto, conforme o avião voasse. Subitamente, sobrevoar o Nebraska revela-se bastante diferente de sobrevoar o Kansas — talvez porque você tenha aliados no Nebraska que poderão ajudá-lo a ganhar mais pontos, desde que consiga fazer com que eles façam o login e joguem durante aqueles exatos 15 minutos em que você estiver voando sobre o estado.

Evidentemente, as milhas dos passageiros frequentes também poderiam se tornar mais úteis do que são agora. Por exemplo, você poderia distribuí-las como pontos de experiência entre várias categorias de habilidades e talentos, de modo a beneficiar seu avatar a bordo.

Os jogos para voos sugerem, até mesmo, um novo modelo para ganhar upgrades de classes — o primeiro jogador a marcar um certo número de pontos ganharia uma poltrona na primeira classe. Conforme relatou um jogador do *Day in the Cloud* que participou dos testes: "Nesse ponto, uma das comissárias pergunta se eu gostaria de mudar para a primeira classe, já que há mais espaço e eu sou a grande estrela do jogo. Fico um pouco relutante, pelo fato de perder os amigos que acabei de fazer e que estão sentados ao meu lado."[8] (Se você estiver se perguntando o que o passageiro fez, ele acabou convencendo a comissária de bordo de que todos deveriam mudar de assento com ele, para que pudessem continuar colaborando uns com os outros.)

No fim das contas, quando cada quilômetro que você cruza nos céus é uma chance de acumular mais pontos por missões; quando cada passageiro no avião é um aliado em potencial; quando sobrevoar uma cidade ou um município é uma chance de se conectar com as pessoas que moram lá, toda a experiência reveste-se de um potencial muito maior do que simplesmente chegar ao seu destino.

O EXEMPLO DE jogos de voos apresenta o motivo básico para desenvolver jogos que se conectem com nossas vidas cotidianas: esses jogos podem ajudar as pessoas a sofrer menos e a apreciar mais o mundo real. Quando uma situação é difícil para nós, oferecer metas desafiadoras, acompanhar as pontuações, níveis e conquistas, e fornecer recompensas virtuais pode torná-la mais fácil. Afinal, esse é o trabalho mais importante que os designers de jogos poderão fazer no futuro: transformar as coisas que são difíceis em tão recompensadoras — tão *intrinsecamente* recompensadoras — quanto possível.

Contudo, e quanto às atividades que já apreciamos?

Os jogos podem nos motivar a fazer mais esforço, mesmo quando adoramos o que estamos fazendo?

Tentar aprimorar uma atividade que já é agradável pela soma de pontos, níveis e conquistas tem seus riscos. Os economistas demonstraram que oferecer uma recompensa extrínseca (como dinheiro ou prêmios) por algo que elas já estão fazendo — e da qual já gostam —, na verdade, as deixa *menos* motivadas e *menos* recompensadas. Porém, a pontuação e as conquistas de jogos ainda não possuem valor extrínseco — portanto, uma vez que o prêmio principal é a glória, o direito de se gabar e o *fiero* pessoal, o perigo de desvalorizar uma experiência prazerosa com o *feedback* dos jogos é relativamente pequeno. No entanto, não é inexistente. Assim como o dinheiro ou prêmios, a oportunidade de conquistar pontos e subir de nível poderia nos desviar das razões iniciais pelas quais queremos praticar uma atividade.

Claramente, temos de ser cuidadosos sobre onde e quando aplicaremos sistemas de *feedback* semelhantes aos jogos. Se *tudo* na vida se tornar parecido com enfrentar desafios mais difíceis, acumular mais pontos e alcançar níveis mais altos, corremos o risco de nos tornarmos excessivamente focados nas gratificações do *feedback* positivo. E a última coisa que queremos é perder nossa habilidade de apreciar uma atividade por si mesma.

Então, por que se arriscar? Porque medir nossos esforços com sistemas de *feedback* semelhantes aos dos jogos facilita o aprimoramento de cada esforço ao qual nos submetemos. Como notavelmente observou o grande físico e matemático do século XIX, lorde Kelvin: "Se você não pode mensurar, não pode melhorar." Precisamos de informações em tempo real para compreendermos nosso desempenho: estamos ficando melhores ou piores? E podemos usar referências quantitativas — metas específicas e numéricas que queiramos atingir — para focar nossos esforços e ficarmos motivados a trabalhar mais arduamente.

As informações em tempo real e as referências quantitativas são a razão pela qual jogadores se tornam cada vez melhores em praticamente qualquer jogo do qual participam: seu desempenho é constantemente avaliado e lhes é devolvido na forma de barras de progresso, pontos, níveis e conquistas. Os jogadores conseguem visualizar com facilidade e exatidão onde e quando estão fazendo progressos. Esse tipo de *feedback* instantâneo e positivo leva os jogadores a trabalhar com mais afinco e a se tornarem bem-sucedidos em desafios mais difíceis.

É por isso que vale a pena considerar a hipótese de tornar as coisas das quais já gostamos mais parecidas com jogos. Isso pode fazer com que nos tornemos melhores nessas coisas e nos ajudar a almejar ainda mais.

Nike+

Vamos considerar um sistema de corrida semelhante a jogos como o Nike+, uma plataforma motivacional que é bastante popular entre aqueles que já gostam de correr — especialmente entre aqueles que querem correr cada vez mais rápido.

> Nike+
>
> Estatísticas! Estatísticas! Foi isso que me tirou da cama para correr essa manhã, porque eu preciso de ESTATÍSTICAS MELHORES.

São pontos de conquista do mundo real. Quem mais vai jogar comigo? Procuro desafios![9]

— Mensagem postada por um novo corredor do Nike+

Na primeira vez que usei o sistema Nike+, corri mais rápido do que jamais havia corrido em toda a minha vida.

Eu estava correndo pelo meu percurso predileto, um trecho de aproximadamente 7 quilômetros em Berkeley Hills. Em seis anos, correndo algumas vezes durante a semana, nunca consegui terminá-lo antes dos 41'43". Porém, na primeira corrida com o Nike+, marquei 39'33", mais de dois minutos à frente da minha melhor marca pessoal até então. Como eu consegui, de repente, correr mais rápido? Não é nenhum mistério: fui motivada por um *feedback* melhor, em tempo real, e pela promessa de recompensas on-line quando eu chegasse em casa.

Correr, é claro, é a própria recompensa. Você sente as endorfinas, clareia a mente, fortalece sua resistência, queima calorias e fica mais forte. Todavia, também é uma batalha — encontrar tempo, convencer-se de que você tem energia quando preferiria ficar dormindo até tarde, sair de casa quando está calor ou quando está chovendo e espantar o tédio ao fazer uma atividade altamente monótona. Os corredores adoram correr, mas a motivação ainda é uma questão a ser resolvida. Assim, o Nike+ foi criado para propiciar uma camada extra de motivação intrínseca, para além da ambição e dos resultados físicos do corredor.

Se você nunca o viu em ação, eis como o Nike+ funciona. Um sensor barato — custa mais ou menos 20 dólares e é menor do que uma ficha de pôquer — encaixa-se perfeitamente na sola de quase todos os tênis da Nike. Ele é ativado pelo movimento (graças a um acelerômetro) e comunica-se com seu iPod (através de radiotransmissão) para informar exatamente a velocidade na qual você está correndo e o quanto já correu. Enquanto você está correndo, presumivelmente ouvindo sua música favorita, a tela do iPod mostra as estatísticas em tempo real.

Obter *feedback* em tempo real faz uma grande diferença quando se trata de correr mais rápido e por mais tempo. O simples fato de poder perceber quando diminuímos o ritmo — algo que acontece inconscientemente, à medida que nos cansamos ou perdemos o foco — ajuda a retomar a atenção à velocidade. Ao mesmo tempo, motivar-se a correr mais rápido é instantaneamente mais recompensador, porque vemos os números diminuindo quando aumentamos nossa velocidade. Uma coisa é estabelecer uma meta e tentar alcançá-la; outra, completamente diferente, é saber a cada momento do percurso se estamos correndo rápido o bastante para alcançá-la.

Quando você chega em casa, pode plugar seu iPod no computador, e o sistema Nike+ fará o upload de suas informações e as acrescentará ao seu perfil de corredor. É aí que entram as recompensas on-line. Para cada quilômetro corrido, você ganha um ponto; atinja o número de pontos suficientes e suba de nível. Atualmente, há seis níveis no Nike+, que seguem os mesmos graus cromáticos das faixas de artes marciais: amarelo, laranja e verde; azul, roxo e preto. Como qualquer bom MMO, você avança mais rapidamente no início, porém, ao longo do tempo, é preciso mais e mais esforço para chegar ao nível seguinte. Nesse exato momento, sou uma corredora nível verde, tendo registrado 438 quilômetros desde que me cadastrei, e ainda tenho de correr 560 quilômetros para chegar ao nível azul. É um número intimidador, mas estou tão motivada a upar que aposto que correrei os próximos 560 quilômetros em um tempo ainda menor do que os primeiros 438.

Com base nas informações captadas pelos sensores do Nike+, você também pode ganhar troféus on-line por tempos melhores e corridas mais longas, assim como por atingir as metas de treinamento, como esforçar-se para atingir uma distância de 10 quilômetros ou correr 160 quilômetros em cem dias. E, quando fizer uma corrida particularmente boa, um atleta famoso, como Lance Armstrong, o cumprimentará antes mesmo de você recuperar o fôlego, com uma mensagem sonora de felicitações como essa: "Parabéns! Você acabou de registrar sua melhor marca pessoal nesse quilômetro." Ou "É isso aí! Essa foi sua corrida mais longa até hoje."

Se quiser, você pode manter seu perfil e suas conquistas no modo privado. Ou pode mostrar suas estatísticas e conquistas para seus amigos na rede social do Nike+, para qualquer um que conheça no Facebook ou, até mesmo, para o mundo inteiro através do Twitter. Contudo, talvez minha característica motivacional predileta no Nike+ seja a "canção poderosa". É o equivalente musical dos kits de primeiros socorros ou de um *power-up* dos videogames. Sempre que você precisar de uma injeção de energia ou uma motivação extra para continuar correndo ou recuperar a velocidade, simplesmente mantenha pressionado o botão central de seu iPod. Esse gesto rápido ativará automaticamente sua canção de corrida favorita (já pré-selecionada). Para mim, pressionar esse botão durante uma corrida difícil soa como se eu estivesse desbloqueando algum poder secreto de supercorredora que eu nem mesmo sabia ter. A velocidade mais rápida, a batida da música, a letra soando nos meus ouvidos como um mantra pessoal — é o momento no mundo real em que sinto ter a habilidade de reunir os poderes mágicos que estou acostumada a colocar em ação nos mundos virtuais.

Some tudo isso — estatísticas em tempo real, sistema de níveis, conquistas pessoais e uma canção poderosa —, e o Nike+ se assemelhará a um excelente jogo de corrida, que usa um bom sistema de *feedback* e recompensas para ajudá-lo a se empenhar mais e desejar além do que você normalmente faria. Entretanto, por que jogar sozinho quando podemos jogar com os outros? É a comunidade on-line construída em torno do sistema Nike+ que o torna algo realmente espetacular: não é apenas um jogo de corrida, mas um jogo de corrida para múltiplos jogadores.

A comunidade on-line do Nike+ tem mais de 2 milhões de membros ativos, todos eles coletando e compartilhando informações sobre suas corridas, a fim de competir em desafios e contribuir para missões em equipe.

Qualquer um pode estabelecer um desafio para si e convidar quem quiser para jogar. Pode ser um jogo competitivo — cada jogador tenta atingir a melhor marca — ou colaborativo — tentar fazer com que todos os participantes concluam o desafio de forma bem-sucedida antes que o tempo acabe. Os desafios podem ser tão restritos quanto uma disputa entre dois jogadores — marido contra esposa ou irmão contra irmão, por exemplo: quem consegue correr mais quilômetros em uma semana? Ou podem ser realizados em equipe, para grupos de amigos ou colegas de trabalho, com 12, vinte ou cinquenta corredores, ou até mais — uma vizinhança corre contra a outra, por exemplo, ou cada departamento da empresa contra todos os outros: quantas equipes conseguem registrar coletivamente mil quilômetros antes que o tempo se esgote?

Os desafios também podem ser abertos ao público, com centenas, milhares ou até mesmo dezenas de milhares de competidores. Enquanto estou escrevendo isso, é possível escolher entre mais de 7 mil desafios públicos criados por usuários, incluindo o desafio individual-colaborativo de "correr em volta da Terra", no qual cada participante corre 40 quilômetros — o desafio expira no ano 2027, fazendo com que essa ambiciosa meta pareça um pouco mais razoável —, e um desafio competitivo em grupo, para corredores que saem com seus cães. (Nesse desafio público, os jogadores podem se unir a uma equipe que usa a raça do cão como critério; atualmente, dentre as cinquenta equipes diferentes, os labradores e os beagles estão liderando a contagem total de quilômetros, seguidos de perto pelos mutts, embora os shepherds australianos sejam mais velozes.)

O desafio coloca as metas pessoais do corredor em um contexto social mais amplo, o que dá mais significado a cada uma das corridas. Cada corrida está contribuindo para algo — e, dependendo do que me motivar mais, posso participar de desafios que despertem meu espírito competitivo ou que exijam senso de responsabilidade para com os membros de minha equipe.

É lógico que nenhum bom MMO estaria completo sem um avatar. E o Nike+ não é exceção. Para se integrar à comunidade do jogo, você precisa criar um "Mini", oficialmente descrito como seu "pequeno parceiro de corridas", a quem você pode personalizar para ficar exatamente igual a você. O nível de energia e as animações de seu avatar têm como base sua própria atividade de corrida: a distância e a frequência com que você corre. Se você investir na corrida por alguns dias consecutivos, seu Mini entrará em êxtase e ficará se requebrando de um lado para o outro. Se você afrouxar seu ritmo por uma ou duas semanas, o Mini ficará de cara feia e amuado, e, gentilmente, o provocará por ser relapso. Há apenas alguns dias, minha Mini estava fazendo caretas para mim e dizendo: "Se pelo menos eu praticasse corrida da mesma forma que pratico *paddleball*."

O Mini o cumprimenta toda vez que você faz o login no Nike+; você pode colocar o avatar em seu perfil de Facebook ou blog (para que os outros possam vê-lo), e é possível até mesmo fazer o download de um protetor de tela com seu Mini correndo (para que você tenha de encarar seu avatar até mesmo quando não está pensando em correr).

Pesquisas recentes sugerem que esse tipo de *feedback* de ambiente fornecido pelo avatar é bastante eficaz. Em um experimento amplamente conhecido, realizado pelo Virtual Human Interaction Lab (VHIL), da Stanford University, os pesquisadores demonstraram que observar avatares customizados perdendo ou ganhando peso enquanto nos exercitamos faz com que treinemos por mais tempo e mais arduamente.[10] Os praticantes que receberam "reforço indireto" de seus avatares se voluntariaram para fazer, em média, oito vezes mais repetições de exercícios do que os participantes sem avatar. Esse é um sinal a favor do potencial uso dos avatares do tipo Mini nos lares e nas academias de ginástica, onde as pessoas têm mais probabilidade de se exercitar diante de telas. (E, de fato, muitos jogos domésticos de boa forma física, incluindo o *Wii Fit* e o *EA Sports Active*, usam o *feedback* do avatar para envolver os jogadores em exercícios mais difíceis.)

Porém, não há motivo para que os praticantes de exercícios precisem ficar presas a uma tela para se beneficiar do *feedback* do avatar. Em outro experimento, os pesquisadores do VHIL de Stanford descobriram que bastava mostrar aos sujeitos uma pequena animação de seu avatar customizado a ponto de ficar parecido com a pessoa correndo no laboratório para inspirá-los a gastar, em média, uma hora a mais de corrida nas primeiras 24 horas depois de deixarem o laboratório. (Não se observou nenhum efeito motivacional quando o sujeito era colocado diante de um avatar aleatório; o efeito existia apenas quando o avatar era altamente customizado, de modo a se parecer com a pessoa.)

Os pesquisadores levantaram a hipótese de que observar versões virtuais de si mesmo realizando uma atividade positiva estimulava as memórias das experiências positivas da vida real, tornando mais provável que eles voltassem a se envolver naquela atividade. Em suas conclusões, os pesquisadores foram cautelosos ao ressaltar que os participantes do estudo — todos eles alunos em idade universitária da parte norte da Califórnia — eram, de modo geral, saudáveis e estavam em boa forma. Não há nenhuma evidência sugerindo que alguém que deteste correr estaria mais disposto a fazê-lo após observar seu avatar nesse tipo de exercício. O avatar reforçava os sentimentos positivos do ato de correr, em vez de criá-los a partir do nada.

Ontem, depois de minha primeira corrida em semanas, minha Mini começou a dançar em meu iPod, sorrindo e dizendo: "Mal posso me conter! Sou uma máquina de correr!" Hoje, depois de outra corrida, ela está saltando obstáculos e gritando: "Posso fazer qualquer coisa! Me sinto ótima!" Tenho de admitir — as animações são uma representação bastante fiel de minha própria corredora interior. Com certeza, está funcionando exatamente da forma que os pesquisadores de Stanford supuseram: minha Mini me lembra por que gosto de correr e, assim, aumenta a probabilidade de que eu saia de casa e vá, de fato, dar umas corridas.

No entanto, também há outra coisa acontecendo. Descobri que quero correr mais para deixar minha Mini feliz.

Embora possa parecer ridículo, esse tipo de conexão emocional acontece o tempo todo nos jogos — especialmente, em jogos de cuidados pessoais e gerenciamento, como a série *Viva Piñata*, do Xbox, na qual os jogadores têm de defender um ecossistema de animais *piñatas* "vivos" e errantes, ou a série *Pikmin*, da Nintendo, que faz com que o jogador seja responsável por um exército de criaturas ávidas para agradar, porém altamente estúpidas e vulneráveis. Judith Donath, pesquisadora do MIT, estudou o vínculo emocional que formamos com criaturas virtuais. Ela argumenta que personagens de jogos cujo bem-estar parece depender de nós provocam um desejo humano atávico de nutrir e tomar conta deles — e o fato de serem criaturas fofas e desprotegidas ajuda. "O tempo que passamos jogando com esses personagens nos dá a sensação de estar tomando conta de alguém, um ato de responsabilidade e altruísmo", explica Donath. "Desenvolvemos empatia por elas e investimos em seu bem-estar."[11] É natural, então, que quanto mais felizes nossas criaturas virtuais pareçam ficar por conta de nossas ações, mais satisfeitos nos sentiremos como bons responsáveis.

A felicidade da criatura virtual não é nem de longe um sistema de *feedback* tão óbvio quanto o de pontos, níveis e conquistas. Porém, é parte de um campo inédito de inovação nesse sentido, conforme continuamos aprendendo como nos motivarmos de uma forma melhor, aplicando as melhores estratégias de design de jogos em nossas atividades da vida real.

QUANTO MAIS começarmos a monitorar e registrar nossas atividades diárias, seja com GPSs, sensores de movimento e dispositivos biométricos (para acompanhar os batimentos cardíacos ou os níveis de açúcar no sangue, por exemplo), ou por meras atualizações de *status*, mais seremos capazes de planejar nosso progresso, estabelecer metas, aceitar desafios e apoiar uns aos outros em nossas vidas reais, da mesma maneira que fazemos em nossos melhores jogos. Considerando-se o sucesso avassalador do sistema Nike+, não é difícil imaginar a adoção de algumas de suas estratégias em outras atividades que queiramos fazer mais rapidamente, com mais frequência ou, simplesmente, atingir o próximo nível delas.

Eu, pelo menos, adoraria ter tido um sistema de Escrita+ enquanto preparava esse livro. Assim, uma "mini" escritora, cujo humor e energia estariam baseados na contagem diária de palavras, me ajudaria a escrever. Eu poderia ter a oportunidade de acumular conquistas, como escrever dez dias consecutivos ou estabelecer uma meta de aprimoramento pessoal, tomando como base o maior número de palavras escritas em um só dia. O sistema também poderia acompanhar a complexidade da escrita — quantas palavras uso por frase e quantas frases por parágrafo, por exemplo. Eu poderia usar essas informações para aprimorar a clareza do texto e variar sua estrutura. Poderia estabelecer disputas amistosas com outros autores — tanto os amigos da vida real quanto os autores de quem sou fã. Acredito que eu ficaria muito mais inspirada a escrever se soubesse que seria capaz de comparar as estatísticas de minha produção diária com as estatísticas em tempo real dos autores favoritos de ficção que mais gosto — Curtis Sittenfeld, Scott Westerfeld, Cory Doctorow e Emily Giffin.

Qualquer projeto ou hobby desafiador no qual estejamos trabalhando se beneficiaria com um *feedback* semelhante ao dos jogos e com o suporte oferecido pelo ambiente. Podemos esperar por um futuro no qual tudo o que façamos seja "mais": Cozinhar+, Ler+, Música+.

Talvez até... Vida Social+?

Essa é a ideia que está por trás do Foursquare, um aplicativo de rede social criado para motivar os jogadores a levar uma vida social mais interessante.

Foursquare

A premissa do Foursquare é simples: você será mais feliz se sair de casa com mais frequência e passar mais tempo com seus amigos.

Concebido pelos criadores independentes Dennis Crowley e Naveen Selvadurai, com sede em Nova York, o Foursquare pega de empréstimo o nome de um jogo de playground bastante popular na Inglaterra, nos Estados Unidos e no Canadá. Para participar do Foursquare, basta fazer o login no aplicativo do telefone celular sempre que for a algum lugar público que você considere divertido e, então, informar ao sistema onde você está. Isso é chamado de "check-in", e pode ser feito em um restaurante, um bar, um café, uma apresentação musical, um museu ou em qualquer outro lugar ao qual você goste de ir. Sempre que você fizer o check-in, o Foursquare enviará alertas em tempo real para seus amigos, para que eles possam se juntar a você, caso estejam pelas redondezas. Ele também permite saber se algum amigo seu já está por perto. Porém, mais importante do que isso, o Foursquare registra onde você esteve, quando e com que pessoas fez o check-in — desde que elas também estejam jogando o Foursquare. Em meados de 2010, mais de 1 milhão de pessoas estavam rastreando e compartilhando informações sobre suas vidas sociais pelo Foursquare. E mais de três quartos desses usuários estavam fazendo o check-in trinta ou mais vezes por mês.[12]

Além de todas essas informações, o jogo produz uma série de estatísticas on-line sobre sua vida social: com que frequência você sai, quantos lugares diferentes visita, com quantas pessoas diferentes sai a cada semana e com que frequência visita seus lugares favoritos. Isoladamente, essas estatísticas não são muito interessantes. São apenas informações, uma maneira de quantificar o que você já está fazendo. O que realmente torna o Foursquare envolvente é o desafio e o sistema de recompensa construído em torno dessas informações.

A característica mais popular do Foursquare é um desafio competitivo chamado The Mayor. As regras dizem: "Se você fizer mais check-ins do que qualquer outra pessoa em um lugar específico, nos o consideraremos o 'Mayor' daquele lugar. Contudo, se aparecer alguma outra pessoa que tenha feito mais check-ins do que você, então ela roubará esse título de suas mãos." Assim que você se torna Mayor, o Foursquare envia uma mensagem para seus amigos parabenizando-o. Melhor ainda, alguns bares e restaurantes estabeleceram ofertas especiais para aqueles que se tornarem Mayors a qualquer hora. O Marsh Café, em São Francisco, por exemplo, permite que o prefeito da vez beba de graça. Evidentemente, essa também é uma jogada inteligente por parte do estabelecimento — os jogadores têm um incentivo extra para levar seus amigos ali, simplesmente para tentar atingir ou manter o *status* de Mayor, estimulando, assim, o movimento no local ao longo de toda a semana. Também é um bom exemplo de como grandes empresas com lojas físicas podem dinamizar seus serviços, participando mais ativamente desse popular jogo que tem por base a realidade. Atualmente, centenas de lugares — desde o Zoológico de Sacramento até o restaurante Wendy's localizado no grêmio estudantil da University of North Caroline, em Charlotte — oferecem ofertas ou brindes especiais para os jogadores de Foursquare.

Por que as pessoas adoram a ideia de se tornarem Mayors? Porque tentar obter esse título em seus lugares favoritos lhes dá a chance de continuar fazendo aquilo que elas já adoram fazer, mas com uma frequência maior. É uma desculpa para passar mais tempo em lugares que já as deixa felizes. E quando você percebe que alguém está ameaçando seu *status* de prefeito, você adquire instantaneamente um rival amistoso, sentindo-se motivado a visitar seus lugares favoritos ainda mais, da mesma forma que um desafio do Nike+ o estimula a correr mais rápido e por mais tempo.

O Foursquare também é um sistema de conquistas pessoais, expresso em troféus e distintivos virtuais. Os troféus são automaticamente desbloqueados em seu perfil quando você faz o check-in em dez, vinte e cinco, cinquenta e cem lugares diferentes em uma única cidade. Para ganhar esses troféus, você não pode se contentar simplesmente em ser o Mayor de um só lugar. É necessário se aventurar para além dos lugares de sempre e expandir seus horizontes sociais. Você também pode ganhar distintivos como o Foodie, concedido quando se faz o check-in em restaurantes avaliados pela Zagat em Nova York, São Francisco, Chicago e outras grandes cidades; ou o distintivo Entourage, para check-ins realizados no mesmo momento e lugar que dez ou mais de seus amigos do Foursquare.

No fim, o que torna a vida social do Foursquare melhor do que a vida social real é o simples fato de que, para ser bem-sucedido no jogo, você tem de se divertir mais. Você precisa frequentar seus lugares prediletos com mais regularidade, tentar coisas que nunca tentou antes, ir a lugares aos quais nunca foi e encontrar mais frequentemente amigos com quem você pode não ter tempo de se encontrar normalmente. Em outras palavras, não é um jogo que o recompensa pelo que você já está fazendo. É um jogo que o recompensa por fazer coisas novas e por se esforçar para ser mais social.

Há um benefício ainda mais significativo ao se adicionar estatísticas interessantes à sua vida social. Como os jogadores desejam que suas estatísticas sejam as mais precisas (e impressionantes) possíveis, eles têm mais probabilidade de lembrar de fazer o check-in e enviar atualizações de *status* sobre os lugares onde estão. Isso facilita os encontros com amigos e, portanto, torna mais provável que eles façam planos de vê-los.

No fim das contas, a recompensa real de encontrar amigos com mais frequência e sair da rotina não tem nada a ver com distintivos virtuais, pontos de vida social ou o direito de se gabar on-line. As verdadeiras recompensas são as emoções positivas que você vivencia, como o senso de descoberta e aventura; as novas experiências que está tendo, como ouvir mais música ao vivo e provar comidas diferentes; e as conexões sociais que reforça, ao estar cercado por pessoas das quais você gosta. O Foursquare não substitui tais recompensas. Porém, faz com que você preste atenção nelas.

Algumas pessoas, é claro, são naturalmente sociáveis ou já apreciam as aventuras da vida noturna. Para outras — viciadas em trabalho, caseiras, introvertidas —, sair de casa e fazer algo novo não é uma tarefa desprezível, especialmente quando há tantos motivos irresistíveis para permanecer em suas próprias salas de estar.

Há uma popular camiseta entre jogadores de videogame que mostra um distintivo parecido com o da Xbox Live, com uma porta entreaberta e as palavras: "Desafio desbloqueado: sair de casa."[13] É uma piada, mas que também aborda as dificuldades reais de tentar levar uma vida mais significativa e equilibrada no mundo não-virtual. À medida que lutamos para encontrar o equilíbrio correto entre as aventuras virtuais e as reais, um jogo como o Foursquare pode nos empurrar para a direção correta e nos ajudar a empregar nossos melhores esforços onde podemos obter as recompensas mais gratificantes: no mundo real, mesmo que seja com a ajuda de um bom jogo.

CAPÍTULO NOVE

Divertindo-se com estranhos
COMO OS JOGOS DE REALIDADE ALTERNATIVA
PODEM CRIAR NOVAS COMUNIDADES NO MUNDO REAL

É uma tarde fria e melancólica, e você está andando em uma rua movimentada. Você está perdidos em seus pensamentos quando, subitamente, uma voz feminina sussurra em seu ouvido: "Há um amante por perto..." Você olha em volta, mas todos parecem tão perdidos em seus mundos quanto você há alguns segundos atrás. Se há um amante por perto, você não faz a menor ideia de quem seja.

Então, ouve a voz novamente, dessa vez atualizando-o de suas estatísticas no jogo: "Sua vida, agora, está no nível seis." É um nível a mais do que antes de o amante passar.

Algum estranho na rua acabou de lhe dar uma vida.

Porém, quem pode ter sido? Será que foi aquele garoto que está sentado nos degraus, a alguns prédios de distância, com fones de ouvido? Parece que ele está ouvindo música — mas, será que ele está atento aos amantes também? Ou é aquele homem de terno, com seu Bluetooth, andando para frente e para trás? Ele parece estar fazendo uma ligação de negócios — poderia ser ele o benfeitor secreto?

Ou o amante já foi embora? Talvez você esteja sozinho de novo.

Você mal andou metade do outro quarteirão quando a voz o interrompe, dessa vez de modo mais enfático: "Há um dançarino por perto" E, então, em seguida: "Há *outro* dançarino por perto. Sua vida, agora, está no nível quatro." Droga! Quem acabou de lhe roubar duas vidas?

Deve ser aquele casal que está jogando junto, porque você perdeu rapidamente duas vidas. Você dá uma volta e percebe um casal de mãos dadas andando na direção oposta. Eles podem estar usando fones de ouvido sob seus capuzes. Você não os tinha visto antes, mas eles devem ser os dançarinos. Você sai correndo pelo quarteirão antes que eles deem a volta e roubem mais uma vida sua.

Você precisa encontrar outros amantes o mais rápido possível, montar uma equipe e recuperar os níveis de vida de cada um. Se sua vida cair até o nível zero, você estará fora do jogo. No entanto, como descobrir os outros jogadores escondidos na multidão? As instruções do jogo sugerem: "Você pode encontrar um estranho e perguntar: 'Você é amante ou dançarino?'" Porém, isso é lhe parece um atrevimento. Você se sente mais confortável fazendo uma varredura na multidão, procurando por pessoas que parecem estar procurando outras. Dessa forma, você pode se mover até os estranhos mais suspeitos, posicionar-se perto deles e esperar para ver se seu nível de vida sobe ou desce.

Se nada acontecer, você saberá que eles não estão jogando e que não é necessário incomodá-los. Contudo, se seu nível de vida subir, você pode sorrir e tentar estabelecer contato visual. Pode tentar demonstrar ao estranho que você é digno de confiança...

Aprender a oferecer conforto para estranhos, e também a maneira como recebê-lo, é o principal desafio de um jogo chamado, naturalmente, *Comfort of Strangers*. É um jogo para espaços urbanos ao ar livre, criado pelos britânicos Simon Evans e Simon Johnson. É jogado em palmtops e telefones com Bluetooth, que o avisam, por meio de seus fones de ouvido ou dispositivo auricular, sempre que outros jogadores estiverem por perto. Os palmtops detectam automaticamente outros jogadores em um raio de poucos metros e registram o ganho ou a perda de vida todas as vezes que seus caminhos se cruzarem. Metade dos jogadores é "amante"; eles formam uma equipe. A outra metade é "dançarino" e formam a equipe adversária. Se você encontrar um jogador de sua equipe, ganha uma vida; se encontrar um jogador da equipe oponente, perde.

O *Comfort of Strangers* é jogado anonimamente; você pode fazer o download, carregar o aplicativo e vagar pelas ruas da cidade sem ter a mínima ideia de quem mais está participando do jogo ou quantos jogadores existem. O jogo não fornece nenhum elemento visual (seja na vida real ou na tela) e, portanto, você pode jogá-lo com bastante discrição, com seu palmtop escondido no bolso. A única pista de que você está jogando é o uso dos fones de ouvido — porém, é fácil se misturar ao número cada vez maior de pessoas que usam dispositivos auriculares ou fones de ouvido em lugares públicos.

No começo do jogo, você não sabe de que lado está. Você tem de deduzir se é amante ou dançarino ouvindo a voz que sussurra em seu ouvido, mantendo-o informado sobre o aumento ou a diminuição do número de vidas. Todos começam o jogo com dez vidas, e quando apenas uma equipe se mantém viva, o jogo termina.

Segundo Evans e Johnson, o jogo foi criado para suscitar os sentimentos de solidão e anonimato, bastante presentes na vida urbana — além de oferecer oportunidades para que estranhos tenham algum significado uns para os outros, mesmo que rapidamente. Como eles explicam: "O jogo faz seus usuários mergulharem na multidão, expondo-os aos sentimentos ambivalentes despertados pela cidade: a liberdade do anonimato e também sua solidão. Por conta do impulso de se manter no jogo, os jogadores criam grupos sociais com um fim específico ou grupos totalmente improvisados."[1] Eles têm de desenvolver sua intuição para adivinhar quem mais está jogando e, portanto, quem faz parte da comunidade do jogo. Eles aprendem a observar desconhecidos através dos potenciais relacionamentos que representam, e não apenas como obstáculos a serem evitados em seu caminho.

O impacto emocional do *Comfort of Strangers* é intenso. Ele não apenas desperta sua atenção sobre o potencial que estranhos têm para desempenhar um papel em sua vida, mas também provoca uma curiosidade real sobre os outros, além de um desejo de se conectar com as pessoas. Quando você começa a jogar, tem a sensação de ser o único a estar no jogo. E é reconfortante encontrar outro jogador — mesmo que ele esteja na outra equipe. Quando perguntei a Simon Johnson sobre as metas sociais do *Comfort of Strangers*, ele me disse que isso foi intencional:

> Nosso desejo era que os jogadores descobrissem alguma forma de se conectar com os estranhos à sua volta, e, então, tentamos fazer com que eles se sentissem perdidos e sozinhos. Concebemos o *Comfort of Strangers* de modo a criar um grau de incerteza nos usuários, no sentido de tentar descobrir quem estava e quem não estava jogando. Brincamos com os limites entre jogadores e não jogadores, e, por isso, encontrar outro desconhecido que também está participando da partida sempre lhe trará conforto, mesmo que ele esteja do lado oposto. Porque, pelo menos, ele entende suas ações, entende que vocês fazem parte do mesmo jogo.[2]

O *Comfort of Strangers* pode ter partidas rápidas ou longas, dependendo da vontade dos jogadores de superar suas hesitações quanto a se aproximar de estranhos e de quanto eles aprendem a se manter unidos em meio à multidão.

Em teoria, se um jogo como esse se tornasse imensamente popular, seria possível jogá-lo o tempo todo, como parte da rotina normal — você simplesmente ligaria o jogo todas as vezes que saísse de casa ou do trabalho e a possibilidade de cruzar com outro jogador enquanto você estivesse cuidando de sua vida sempre se manteria aberta. Porém, na prática, jogos como esse ainda são relativamente novos e não há uma massa crítica de jogadores para sustentar uma partida contínua. Em vez disso, os jogadores organizam partidas on-line e estabelecem a duração e as áreas de jogo com precisão: por exemplo, em uma certa vizinhança, durante certa hora, em uma data específica. Esse tipo de agendamento sofisticado mantém os jogadores no anonimato, mas assegura que haverá densidade suficiente de jogo para que eles tenham uma boa chance de se encontrar.

Como ter uma massa crítica é tão importante para jogos como o *Comfort of Strangers*, Evans e Johnson criaram, em 2008, um festival anual em Bristol, chamado Interesting Games, ou Igfest, para jogos inovadores e que devem ser jogados ao ar livre. O festival pretende dar apoio e revelar outros criadores que estejam trabalhando para transformar as cidades em espaços mais interessantes e amistosos. E é apenas um dos inúmeros festivais de jogos urbanos que se multiplicam ao redor do mundo — desde o festival anual Come Out & Play, na cidade de Nova York, criado em 2006, o festival Hide & Seek Weekender, em Londres, criado em 2007, até o festival Urban Play, em Seul, Coreia do Sul, criado em 2005 —, projetados para testar o poder dos jogos que aprimoram a sensação de comunidade em espaços do mundo real.

Esses festivais de jogos ao ar livre reúnem enormes massas de jogadores para uma semana (ou fim de semana) inteira de jogos, com o propósito de apresentá-los para o grande público. Eles também incorporam com eficácia nossa nona correção para a realidade:

C CORREÇÃO #9: MAIS DIVERSÃO COM ESTRANHOS

Em comparação aos jogos, a realidade é solitária e nos isola. Os jogos nos ajudam na união e criação de poderosas comunidades a partir do zero.

O que quer dizer criar uma comunidade a partir do zero?

É difícil apontar a diferença entre uma comunidade e uma multidão, mas sabemos distingui-las quando as vemos. Com a comunidade, nos sentimos *bem*. É um sentimento de pertencer àquele lugar, de se ajustar a ele e de se preocupar com algo em termos coletivos. Normalmente, a comunidade surge quando um grupo de pessoas que compartilha um interesse comum começa a interagir mutuamente para levar adiante esse interesse. Ela exige **participação ativa** de todos que fazem parte do grupo.

Para transformar um grupo de desconhecidos em uma comunidade, é preciso seguir dois passos básicos: primeiro, cultivar um interesse compartilhado entre eles e, segundo, dar-lhes a oportunidade e os meios de interagir uns com os outros em prol desse interesse.

É exatamente isso que um bom jogo multiplayer faz de melhor. Ele foca a atenção de um grupo de pessoas que pensam não ter nada em comum em uma mesma meta e lhes dá os meios e a motivação para perseguir essa meta, mesmo que elas não tenham demonstrado, anteriormente, a intenção de interagir umas com as outras.

Uma comunidade de jogos entre estranhos sobrevive? Nem sempre. Às vezes, dura somente o tempo do próprio jogo. Provavelmente, os jogadores nunca mais vão se ver ou falar uns com os outros de novo. E não há nenhum problema nisso. De modo geral, costumamos imaginar que as comunidades seriam melhores se fossem duradouras e estáveis — e certamente a força de uma comunidade pode aumentar ao longo do tempo. Porém, as comunidades também podem conferir benefícios reais, mesmo que durem alguns dias, horas ou até mesmo minutos.

Em uma comunidade, sentimos o que os antropólogos chamam de "*communitas*" ou espírito de comunidade.[3] A *communitas* é um poderoso sentimento de união, solidariedade e conectividade social. E protege contra a solidão e o distanciamento.

Até mesmo uma pequena dose de *communitas* pode ser suficiente para nos trazer de volta ao mundo social (no caso de nos sentirmos isolados dele) ou para renovar nosso compromisso de participar ativa e positivamente nas vidas das pessoas à nossa volta. Vivenciar uma pequena brecha de comunidade em um espaço que antes parecia pouco convidativo ou interessante também pode mudar para sempre nossa relação com aquele espaço. Ele se torna um espaço em que podemos agir, e não apenas um lugar de passagem ou observação.

Evans e Johnson, os criadores do *Comfort of Strangers*, acreditam que vivenciar a *communitas* em um jogo diário pode despertar o gosto para os tipos de ação comunitárias que tornam o mundo um lugar melhor. Aprender a improvisar com desconhecidos em nome de uma meta comum ensina aos jogadores o que eles chamam de "inteligência abundante" — a inteligência que torna as pessoas mais capazes e com mais propensão a se unirem em função de objetivos positivos. "Ao criarmos esses jogos, sonhamos com as outras coisas revolucionárias que a inteligência abundante pode tornar possível. Futuros de baixo nível de carbono, criatividade de massa, viver de forma feliz com menos."

Não é uma ideia tão radical assim. Para saber por que, vamos conferir dois jogos desenvolvidos para gerar momentos inesperados de *communitas* em um espaço compartilhado específico: o *Ghosts of a Chance*, um jogo criado para um museu nacional, e o *Bounce*, um jogo feito para uma casa de repouso. Ambos são projetos inovadores, que demonstram a importância crescente de buscar mais diversão com estranhos e usar jogos para reforçar nossa própria capacidade de participação comunitária.

Ghosts of a Chance: um jogo para reinventar a adesão

A maioria dos museus oferece adesões, nas quais os associados pagam uma anuidade e podem visitar a instituição sempre que quiserem. É uma boa forma de levantar dinheiro e promover a visitação, mas não é uma maneira particularmente interessante de vivenciar a adesão. Essencialmente, os associados se parecem com qualquer outro visitante: aproveitam as ofertas do museu, mas não interagem com os outros associados e nem mesmo sabem quem eles são.

Recentemente, o Smithsonian American Art Museum começou a testar um novo modelo de adesão — uma forma de *realmente* se associar a um museu. Esse modelo solicita a contribuição dos associados com um conteúdo real à coleção do museu e que eles colaborem on-line uns com os outros no intervalo das visitas. Para testá-lo, o Smithsonian desenvolveu um jogo de realidade alternativa de seis semanas, chamado *Ghosts of a Chance*, para uma de suas principais instalações, o Luce Foundation Center for American Art.

O Luce Foundation Center é descrito pelo Smithsonian como uma "instalação de acervo visível". Ele exibe mais de 3.500 peças de arte americana, incluindo esculturas, pinturas, objetos de artesanato e trabalhos de arte popular, em estantes de vidro, que vão do chão ao teto, densamente ocupadas. Seu objetivo principal é exibir o máximo possível da vasta coleção do Smithsonian, muito mais do que pode ser normalmente exposto em outras galerias.

Pelo fato de o Luce Foundation Center estar tão repleto de arte, visitá-lo é quase um caça ao tesouro: dentre as diversas peças, você tem de procurar os objetos que mais lhe agradam. O lugar tem como principal missão ensinar os visitantes a realmente ouvir o que os objetos de arte têm a dizer, e seus materiais educativos geralmente focam em como a arte é uma janela para as vidas e épocas de seus criadores. No museu, há um sentimento de que a história está impregnada nas peças quase como um fantasma, que aguarda os visitantes para sussurrar-lhes suas histórias. Aprender a ouvir essas histórias — e a sussurrar as próprias por meio de um trabalho artístico — foi a inspiração para o jogo *Ghosts of a Chance*.

O jogo começa com o que, a princípio, parece um verdadeiro release de imprensa do museu. Tanto os associados quanto os visitantes públicos do website do museu são convidados a conhecer os dois novos curadores do local: Daniel Libbe e Daisy Fortunis. De acordo com o release, ambos irão escrever em blogs e em suas páginas de rede social a respeito do trabalho que realizam. Leia as letrinhas miúdas, entretanto, e você perceberá que Daniel e Daisy não são curadores reais. Eles são personagens fictícios em um novo jogo experimental produzido pelo Smithsonian. E se você quiser descobrir mais, tem de se tornar amigo deles no Facebook e começar a seguir seus blogs.

É aí que você descobre que Daniel e Daisy estão vivenciando uma experiência extraordinária: eles se comunicam regularmente com dois fantasmas que assombram a galeria do Luce, um homem e uma mulher que viveram há um século e meio. Furiosos por terem sido esquecidos pela história, os fantasmas estão ameaçando destruir os preciosos artefatos da instituição — e não irão descansar até que *suas* histórias estejam representadas nas prateleiras do museu.

Amedrontados, mas engenhosos, Daniel e Daisy se organizam para realizar uma mostra que durará apenas um dia, chamada, naturalmente, de Ghosts of a Chance. Mas os fantasmas etéreos são incapazes de fazer arte real — portanto, Daniel e Daisy precisam da ajuda dos associados do museu. Cabe aos jogadores, interpretar as histórias de ambos os fantasmas — transformando suas narrativas em peças de arte que os curadores prometem exibir em um evento especial na galeria.

E, assim, um mecanismo de jogo é estabelecido. A cada semana, os fantasmas revelam um novo capítulo de suas vidas para Daniel e Daisy, descrevendo, em termos cifrados, o tipo de peça que eles acreditam que melhor capturaria suas histórias secretas. Daniel e Daisy passam, então, a informação para os participantes do jogo e outorgam-lhes a importante missão de tornar aquela arte real, enviando-a, posteriormente, para o Smithsonian para inclusão na mostra.

Na primeira missão, por exemplo, os jogadores são informados de que um dos fantasmas é torturado pelas lembranças de uma querida amiga, uma jovem mulher de uma família muito rica:

> Ela é uma moça de outro tempo, enrubesce e sussurra quando passa por mim, com sua saia de tafetá flutuando sobre a anágua. Aprendeu a balançar seus bem escovados cachos com apenas um gesto de cabeça; ela e a irmã praticavam isso por horas diante de um espelho oval. Aos 20 anos, ela é uma pessoa equilibrada; compreende seu valor; sua próxima grande aventura a aguarda. Um companheiro. Viagens. Então, a domesticidade — que envolve a paixão pela jardinagem, pela limpeza e o devido cuidado que recebe de seus criados.[4]

Os jogadores são, então, desafiados a conceber a joia mais valiosa dessa moça, que os fantasmas chamam de Colar do Traidor Subalterno. As instruções para conceber a peça são vagas, porém poéticas: "O colar que desejo deve se encaixar perfeitamente em torno de seu pescoço, mas permanecer ali por tempo suficiente para que eu possa roubá-lo mais uma vez."

Os jogadores discutiram o desafio em fóruns on-line: "O que significa 'subalterno?'" (Eles foram informados de que esse é um termo das ciências políticas para pessoas que não têm poder ou *status* social em uma determinada sociedade.) E debateram: "O colar deveria parecer antiquado ou propor uma interpretação moderna da narrativa?" Eles colaboraram para desvendar o significado da história, analisar as pistas culturais implícitas e estabelecer estratégias sobre como conceber um colar que pudesse evocar tal história e comunicar sentimentos tão intensos.

Como uma comunidade, os jogadores decidiram que o colar deveria expressar as pesadas e inflexíveis expectativas sociais que recaem sobre uma mulher rica e privilegiada. Um jogador criou um colar intitulado "Alguém para olhar por mim", contendo mais de uma dúzia de quadrados de tecido, cada um deles trazendo a imagem de um olhar fixo diferente. Os olhares foram dispostos um sobre o outro, em conjuntos geométricos unitários, duplos ou triplos, e pendurados em uma linda fita cor-de-rosa. A estética é, ao mesmo tempo, feminina e intimidadora. Outro jogador submeteu um colar intitulado "Cercado", que parece ser feito de arame farpado com rubis enfileirados. Tanto o título quanto a execução do trabalho sugerem que sua usuária está encurralada e limitada por seu *status* social, sua fortuna impedindo-a de viver uma vida que, talvez, ela quisesse buscar para si.

Todos os artefatos criados pelos jogadores e enviados ao museu foram catalogados na rede mundial e arquivados no Luce Foundation Center. Jogadores de todo o mundo podiam ver as diferentes interpretações do desafio — seja on-line ou pessoalmente, ao visitar os objetos na mostra temporária do museu. No fim, mais de 6 mil associados e fãs do Smithsonian participaram da experiência, enquanto 250 compareceram pessoalmente à abertura da exposição do *Ghosts of a Chance*.[5]

Por que elaborar um jogo, em vez de divulgar um convite aberto para criar algo para o museu? Há duas boas razões. Pelo fato de ser um "jogo" — e não uma competição séria de arte — as pessoas que normalmente se sentiriam incapazes de contribuir com algo estavam livres para experimentar, sem arriscar algum constrangimento. A estrutura do jogo, com suas pistas e narrativas, também ofereceu aos associados de perfil amplo e atípico — no caso, quase todos estudantes e adolescentes —, uma oportunidade de participar da criação da exposição, por meio de discussões e análises on-line das obras de arte, mesmo que eles não houvessem contribuído pessoalmente com nenhum objeto. Esses jogadores serviram como "curadores" virtuais da mostra do *Ghosts of a Chance*.

Para se tornar um membro de qualquer comunidade, você precisa entender as metas dela e as estratégias e práticas usadas para levar tais metas adiante. Participar do *Ghosts of a Chance* educa os frequentadores do museu em ambos os sentidos. Embora fosse um jogo, as pessoas que participaram dele foram tratados de forma séria, tanto como artistas quanto como curadores. Conforme relatou Nina Simon, uma das grandes especialistas em uso de tecnologia em museus: "Os artefatos do *Ghosts of a Chance* [foram] oficialmente adicionados ao banco de dados da coleção e armazenados (e acessados) da mesma forma que os outros objetos — por agendamento, uso de luvas e todo o resto. Dessa forma, as regras secretas dos museus se tornam novas etapas a serem ultrapassadas pelos jogadores — etapas que, provavelmente, acrescentarão um nível de prazer, uma vez que expõem os procedimentos internos da instituição."[4] Em outras palavras, o jogo destrói a "quarta parede" que usualmente separa o trabalho dos curadores dos visitantes. E, ao fazer isso, ele reinventa completamente a ideia da associação, tornando possível o surgimento de uma verdadeira *comunidade* do museu.

Nós nos acostumamos a enxergar os museus como espaços de consumo — de conhecimento, de arte, de ideias. O *Ghosts of a Chance* mostra como podemos torná-los espaços de participação social significativa, sob orientação de três componentes fundamentais das comunidades de jogos: colaboração, criação e contribuição para uma meta mais ampla.

Bounce: um jogo para acabar com a lacuna geracional

O que seria necessário para convencer pessoas jovens a ligar com mais frequência para seus avós? Mais do que isso, o que seria necessário para convencer pessoas jovens a ligar para avós de *outras* pessoas?

Essas eram as duas metas de um projeto chamado *Bounce* — um jogo de conversação telefônica criado para ajudar a interação social entre as gerações.

O *Bounce* leva apenas dez minutos para ser jogado. Quando você entra no jogo, conecta-se a um "agente de experiência sênior" — alguém pelo menos vinte anos mais velho do que você. Você segue uma série de instruções do computador para trocar histórias sobre o passado de ambos, a fim de descobrir experiências de vida que tenham em comum. Por exemplo: o que ambos criaram com as próprias mãos? Qual a habilidade mais útil que vocês aprenderam com um de seus pais? Qual o lugar mais distante já visitado por ambos? Sua meta: descobrir quantos pontos de conexão podem ser encontrados com seu agente de experiência sênior antes que o tempo se esgote.

O *Bounce* foi o resultado do esforço de uma equipe formada na University of California por quatro cientistas da computação e artistas (inclusive eu). Nosso objetivo era criar um jogo de computador que propiciasse um sentimento mais forte de comunidade, diminuindo a distância entre as gerações.

Há uma necessidade real de um jogo desse tipo, já que casas de repouso, centros de idosos e locais de cuidados contínuos podem ser lugares que facilmente isolam pessoas da sociedade. Trata-se, em parte, de um problema ambiental: são espaços de uso quase sempre individual, sem um intercâmbio significativo de informações e com poucas oportunidades de interação entre pessoas de faixas etárias distintas. Todavia, também é, em parte, um problema cultural: importantes estudos de Harvard e Stanford demonstraram que o preconceito contra os idosos é um dos comportamentos sociais mais disseminados e espinhosos, particularmente nos Estados Unidos e entre pessoas com menos de 30 anos.[7] Normalmente, as pessoas mais jovens associam a idade avançada a traços negativos, como diminuição de poder, *status* e habilidades, levando-as a evitar a interação com pessoas que percebem como mais velhas, até mesmo entre seus entes queridos.

Nossa equipe passou a maior parte do verão debatendo conceitos para conceber um jogo que ajudasse a reduzir a lacuna geracional de forma divertida. Em consequência desse processo, eu mesma passei grande parte do tempo ao telefone com dois idosos muito importantes para mim: meu avô Herb, que estava com 92 anos naquele verão, e a avó de meu marido, Bettie, que estava com 87. Eu realizei uma "pesquisa de usuários" com eles, para descobrir que tipo de jogo poderia soar divertido e fácil de se aprender — especialmente no caso de pessoas mais velhas, que não estão habituadas aos jogos de computador —, assim como a melhor maneira de fazê-los interagir com as tecnologias de jogos.

Foi imensamente recompensador passar tanto tempo ao telefone com eles. O telefone era, evidentemente, uma tecnologia familiar para as duas partes, fáceis de acessar e de utilizar por todos os envolvidos, a qualquer hora. Na verdade, conversar ao telefone foi tão recompensador e fácil que, no fim, tornou-se óbvio que oferecer às pessoas uma razão divertida para telefonar para idosos deveria ser o objetivo principal do jogo.

No entanto, como construir um jogo de computador que se baseia em telefonemas? Decidimos que o jogo deveria ser apenas para dois participantes de cada vez, já que os telefonemas são mais gratificantes quando há apenas duas pessoas envolvidas. Uma única regra: os jogadores deveriam ter pelo menos vinte anos de diferença entre si. Ambos precisariam estar ao telefone, é claro, mas considerando-se que idosos têm dificuldade de acesso constante a um computador pessoal, decidimos que somente um dos jogadores precisaria estar à frente de um computador. Esse jogador faria o login no site do jogo, e então ligaria para o outro jogador.

Intitulamos o jogo de *Bounce*, com base no tipo de intercâmbios que gostaríamos de inspirar: uma troca rápida e fácil de histórias de vida de cada um dos lados.

O website sugere questões colaborativas de entrevista aos jogadores: em que águas ambos já nadaram? Qual livro já recomendaram a um amigo? Que tipo de experiência os deixa nervosos? O desafio é descobrir uma resposta que seja verdadeira para ambos os jogadores a cada questão. As respostas podem incluir, por exemplo: "Já nadamos no oceano Pacífico." Ou: "Ficamos nervosos quando marcamos um primeiro encontro." Quando se chega a uma resposta compartilhada, um dos jogadores a registra no banco de dados do jogo. Vocês têm dez minutos para responder até dez questões diferentes do banco de dados, que reúne cem questões possíveis, e é possível pular qualquer questão. O site do jogo exibe a contagem regressiva dos dez minutos e, no fim, revela seu placar.

Rodamos o jogo em caráter experimental por uma semana, em um centro de recreação para idosos, em San Jose, Califórnia. Nesse tipo de jogo, não se pode fazer um convite aberto, é preciso haver um nível de confiança de que as pessoas que estão telefonando terão uma atitude positiva ao participar. Então, distribuímos o número de telefone do centro de idosos através de e-mail e redes sociais para amigos, familiares e colegas confiáveis. Também demos esse número para participantes de um festival de arte e tecnologia nas proximidades do centro da cidade de San Jose, com a expectativa de que quem estivesse participando do festival teria mais probabilidade de ser um jogador positivo, e não um "estraga-prazeres" — alguém com a intenção de prejudicar o jogo, em vez de experimentá-lo. Fizemos uso de um mediador presente o tempo todo no centro de idosos, a fim de formar as duplas entre os jogadores que dariam os telefonemas e os idosos.

Era uma proposta um tanto arriscada, tanto para os idosos quanto para os jovens. Afinal, conversar com um estranho pode ser difícil, mas o jogo proporcionava uma estrutura clara e também estabelecia os tópicos para as conversas. O fato de ambas as partes estarem trabalhando para alcançar a mesma meta — um placar alto — criava uma conexão instantânea.

As estratégias dos jogadores variavam. Um tipo de jogador, por exemplo, apressava-se em descrever todos os lugares nos quais já nadara, enquanto outro instigava seu parceiro com perguntas do tipo: "Onde você cresceu? Foi perto de algum lago? Já fez alguma viagem de navio em algum oceano?" Respostas comuns geralmente despertavam um entusiasmo de identificação: "Ah, meu Deus, espere — eu conheço esse rio! Meus pais nos levaram lá para fazer rafting quando minha irmã e eu éramos crianças!" Respostas diferentes conduziam, quase com a mesma frequência, a conversas que se desviavam do jogo em si: "Você foi nadar no Alaska? Doeu?"

Nosso protótipo foi altamente bem-sucedido. Quase todos os que jogaram uma vez voltaram (ou telefonaram) para jogar de novo, e os idosos relataram ficar muito mais animados após uma partida. O simples fato de serem descritos, no jogo, como "agentes de experiência sênior" parecia desempenhar um importante papel em sua satisfação. Estabelecia um tom de descontração e lhes dava a confiança de que iriam participar. Porém, talvez, o elemento mais bem-sucedido de todo o projeto tenha sido o placar, que era, ao mesmo tempo, um número — o total de respostas dentre as dez possíveis — e um poema.

Queríamos que ambos os jogadores ficassem com a sensação de que não apenas tinham falado um com o outro, mas que haviam criado algo juntos. Então, ao fim do jogo, o site transformava as respostas em um poema simples, de versos livres. Os jogadores podiam imprimir o poema ou enviá-lo por e-mail. Os poemas também ficavam visíveis on-line. Eis aqui um exemplo de um dos poemas de verso livre que dois jogadores criaram juntos, como seu placar final:

> Rougemont, fazer fotos de casamento, tango em um galpão
> Dobrar clipes de papel, pãozinho de canela, língua de vaca
> Na orla, no Pacífico, arrumando um quarto escuro.

Cada frase desse poema representa algo que dois estranhos, com pelo menos vinte anos de diferença entre si, têm em comum.

Nunca cheguei a conhecer os dois jogadores que costumam dobrar clipes de papel quando estão nervosos e que já dançaram tango em um galpão, mas posso imaginá-los, reunidos pela primeira vez ao telefone e constatando quantos eventos em comum os fizeram chegar àquele momento de suas vidas.

Ao fim, a diversão do jogo é bastante simples: o telefone toca, é um desconhecido e você acaba descobrindo alguém que, por acaso, é muito diferente de você, mas que, ainda assim, viveu uma vida igualmente fascinante. Evidentemente, o jogo também pode ser jogado por parentes e vizinhos, e mais de uma vez, porque pode gerar milhares de sessões únicas de entrevista.

Quando você começa a perceber quantas experiências interessantes de vida já é possível compartilhar com alguém de uma geração completamente diferente da sua, não há limites para o número de conexões que podem ser feitas. E um jogo como o *Bounce* torna muito mais fácil se aproximar de uma pessoa cuja vida pode ser bastante beneficiada pelo fato de conhecê-lo melhor.

OS TRÊS JOGOS descritos neste capítulo demonstram o quanto um jogo pode nos ajudar a vivenciarmos juntos uma experiência de *communitas* e participar mais ativamente dos ambientes sociais.

Os jogos de comunidade trazem benefícios importantes para nossas vidas reais. Eles podem nos mostrar novos interesses — espaços e instituições públicas com as quais descobrimos nos preocupar mais do que imaginávamos, ou atividades, como arte e contar histórias, que gostaríamos de compartilhar com outros indivíduos. Mesmo quando o jogo termina, podemos nos dar conta de que passamos a participar mais do que antes em tais espaços, instituições e atividades.

Por outro lado, a *communitas* que sentimos pode ser apenas uma pequena centelha de conectividade social, nada mais do que isso. Contudo, mesmo que tenhamos participado em conjunto de um jogo bastante rápido, somos lembrados do quanto temos em comum até mesmo com o mais estranho dos estranhos. Adquirimos confiança de que poderemos nos conectar com os outros quando quisermos — e quando for necessário.

E com essa confiança, não há razão para nos sentirmos sozinhos no mundo — seja ele virtual, real ou de qualquer outra espécie.

CAPÍTULO DEZ

O hack da felicidade

COMO AS REALIDADES ALTERNATIVAS
PODEM NOS AJUDAR A ADOTAR OS HÁBITOS DIÁRIOS
DAS PESSOAS MAIS FELIZES DO MUNDO

Cumprimente estranhos na calçada.
Jogue pôquer em um cemitério.
Dance sem mexer os pés.
Talvez essas não sejam exatamente as prescrições típicas de um médico. Na verdade, tenho quase certeza de que nenhum psicólogo jamais passou tais atividades para um paciente. Porém, cada uma dessas instruções incomuns *é* diretamente inspirada em recomendações práticas, literalmente retiradas de manuais de psicologia positiva. Por exemplo:

- Pratique atos aleatórios de gentileza, duas vezes por semana. (O centro de recompensas do cérebro experimenta uma "descarga de dopamina" mais intensa quando fazemos alguém sorrir do que quando sorrimos.)
- Pense na morte por cinco minutos a cada dia. (Os pesquisadores sugerem que podemos induzir um estado psicológico agradável e gratificante, conhecido como "alegria pós-traumática", que nos ajuda a apreciar o momento atual e aproveitar mais a vida.)
- Dance mais. (Sincronizar movimentos físicos com músicas das quais gostamos é uma das maneiras mais confiáveis — para não dizer saudáveis — de conduzir a um estado de extrema felicidade, conhecido como euforia.)

Essas três orientações representam algumas das atividades de felicidade mais comumente prescritas hoje em dia; o primeiro conjunto de instruções apenas oferece interpretações mais *divertidas*.

Entretanto, o que são, exatamente as atividades de felicidade? São como multivitaminas diárias de psicologia positiva: foram clinicamente testadas e provaram ser eficientes para estimular nosso bem-estar em pequenas doses, e são destinadas a se encaixar facilmente em nosso cotidiano. Além das três mencionadas anteriormente, há dúzias de atividades de felicidade na literatura científica dentre as quais você pode escolher, variando entre expressar diariamente sua gratidão a alguém, até elaborar uma lista de benefícios do "lado positivo" de algum acontecimento negativo na vida. E todas elas têm algo em comum: estão apoiadas em estudos de pesquisa de vários milhões de dólares, que demonstraram conclusivamente que quase todos os que transformarem uma dessas atividades em um hábito regular *ficarão* mais felizes.

Obviamente, se fosse assim *tão* fácil, já estaríamos mais felizes do que nunca. Na verdade, por uma série de motivos, *não* somos substancialmente mais felizes como planeta do que éramos antes do surgimento da psicologia positiva, nos anos 1990. As taxas de depressão clínica e depressão mediana têm aumentado de modo tão rápido que a Organização Mundial de Saúde classificou a depressão como a ameaça crônica individual mais grave à saúde global, ultrapassando as doenças cardíacas, a asma e o diabetes.[1] Nos Estados Unidos, onde geralmente costumamos sorrir uns para os outros em público, confessamos, na vida privada, índices surpreendentemente baixos de satisfação. Em um pesquisa realizada recentemente em todo o país, mais de 50% dos adultos norte-americanos relataram sentir "pouco entusiasmo pela vida" e que "não se sentem ativa e produtivamente envolvidos com o mundo".[2] Isso, apesar de termos — mais do que nunca — um acesso melhor e mais amplo a ferramentas de autoajuda, notavelmente com livros de psicologia positiva que são campeões de vendas, sem mencionar os incontáveis artigos de revista e as postagens em blogs.

Então, qual é o problema? A questão é que *saber* o que nos deixa felizes não é suficiente. Temos de agir segundo esse conhecimento, e não apenas uma vez, mas sempre. E está se tornando cada vez mais óbvio que não é assim tão simples colocar em prática determinadas descobertas em nossas vidas cotidianas.

Precisamos de ajuda para implementar novos hábitos de felicidade — e não podemos apenas ajudar a nós mesmos. Na verdade, quando se trata de melhorar nossos níveis de felicidade coletiva, a autoajuda raramente funciona. Fora da estrutura e do apoio social presentes em uma avaliação clínica ou em uma sala de aula, essas recomendações de autoajuda são surpreendentemente difíceis de implementar por conta própria. Dependendo da atividade, não *podemos* fazê-la ou *não a faremos* sozinhos — e há três grandes razões para isso.

A primeira e mais importante razão é resumida por Sonja Lyubomirsky, que lamenta: "Por que muitas das atividades de felicidade mais importantes soam tão... piegas?"[3] Lyubomirsky ganhou uma bolsa de 1 milhão de dólares do National Institute of Mental Health para testar uma série de diferentes atividades de felicidade — e descobriu que, apesar de sua indiscutível eficácia, muitas pessoas resistiam até mesmo a experimentá-las. E qual era a queixa mais comum? Segundo Lyubomirsky, os pacientes relataram que as atividades de felicidade soam "cafonas", "sentimentais" ou "inacreditavelmente otimistas".[4]

"Tais reações são legítimas, e não posso discuti-las", admite Lyubomirsky.[5] Resistimos instintivamente a praticar atividades que consideramos forçadas e falsas, e muitas pessoas ficam profundamente desconfiadas de um genuíno bem-estar. As expressões de gratidão não deveriam ser espontâneas (em vez de programadas)? Não é ingênuo ficar sempre procurando por coisas boas? E se eu simplesmente não me *sentir* inclinado a fazer um gesto de gentileza hoje? Quando se trata de fazer o bem e sentir-se bem, tendemos a pensar que ele será mais "real" se esperarmos pela inspiração, em vez de simplesmente praticá-lo, "sentindo-o" ou não. Além de tudo, há suspeitas e ceticismo em relação a essas atividades descaradamente positivas. Há uma inegável tendência em relação à ironia, ao cinismo e ao desapego na cultura popular de hoje em dia, e nos lançarmos às atividades de felicidade simplesmente não combina com esse clima emocional.

O psicólogo positivo Martin Seligman explica que "a crença dominante que diz que a felicidade não é verdadeira é um profundo obstáculo" para se colocar em prática a psicologia positiva.[6] A ciência não tem vez diante de nossas reações instintivas e viscerais — e, infelizmente, o melhor conselho que os psicólogos positivos têm a oferecer parece deflagrar ainda mais nossos cinismo e ceticismo. Para muitas pessoas, as atividades de felicidade terão de estar integradas a um pacote mais instintivamente sedutor — e menos abertamente comprometido com "fazer o bem e sentir-se bem".

O segundo obstáculo para praticar atividades de felicidade por nossa própria conta é o que chamo de "paradoxo da autoajuda". A autoajuda é uma atividade tipicamente pessoal. Em relação a certos atos — superar medos, identificar metas de carreira, lidar com dores crônicas, começar uma rotina de exercícios —, certamente, há motivos para acreditar que a autoajuda funcione. Porém, quando se trata da felicidade cotidiana, não há como a atividade pessoal funcionar — porque, segundo a maioria das descobertas científicas, quase não existem boas maneiras de ser feliz sozinho por muito tempo.

Como afirma Eric Weiner, autor que estudou as tendências da felicidade ao redor do mundo: "O complexo industrial da autoajuda não ajudou em nada. Ao nos dizer que a felicidade mora dentro de nós, ele nos fez olhar para dentro, exatamente quando deveríamos estar olhando para fora, (...) para outras pessoas, para a comunidade e para os tipos de vínculo humano que nitidamente são a fonte de nossa felicidade."[7] Weiner aborda um importante ponto aqui: a autoajuda não é tipicamente *social*, mas muitas atividades de felicidade pretendem sê-lo. Mais do que isso, a psicologia positiva mostrou que, para que qualquer atividade nos pareça verdadeiramente *significativa*, ela precisa estar associada a um projeto muito mais amplo ou à comunidade — e a autoajuda simplesmente não se abre, de modo geral, para a coletividade, particularmente quando vêm na forma de livros.

Abordar a felicidade como um processo de autoajuda contraria quase todas as descobertas da psicologia positiva já descobertas. Mesmo se conseguirmos ultrapassar o problema da pieguice, pensar na felicidade como um processo de autoajuda nos condenará ao fracasso. A felicidade precisa ser abordada como um processo *coletivo*. As atividades de felicidade precisam ser praticadas com amigos, familiares, vizinhos, estranhos, colegas de trabalho e todas as outras pessoas que fazem parte do tecido social de nossas vidas.

Finalmente, há um problema na autoajuda que não pertence apenas à ciência da felicidade: é mais fácil mudar a mentalidade do que mudar os comportamentos. Como Tal Ben-Shahar, professor de psicologia de Harvard, explica: estamos mais dispostos, de modo geral, a aprender algo novo do que adaptar nossas vidas. "Fazer a transição da teoria à prática é difícil: mudar hábitos de pensamento profundamente arraigados, transformando a nós mesmos e ao nosso mundo, exige uma grande dose de esforço", escreve ele. "Geralmente, as pessoas abandonam as teorias quando descobrem o quanto é difícil colocá-las em prática."[8] Ou nunca tentamos, ou ficamos rapidamente entediados e frustrados.

Quase no fim de seu livro de autoajuda *Seja mais feliz*, sucesso de vendas, Ben-Shahar faz um esforço final para convencer as pessoas a aplicar na prática o que acabaram de ler: "Existe um passo fácil para alcançar a *in*felicidade: não fazer nada". No entanto, infelizmente, é exatamente isso o que a maioria de nós faz depois de ler um livro ou um artigo de revista sobre felicidade: nada. A palavra escrita é uma forma poderosa de transmitir conhecimentos — mas não é, necessariamente, a maneira mais eficaz de motivar pessoas. Não podemos simplesmente nos autoajudar para escapar da epidemia de depressão. Além das plataformas para divulgar a ciência da felicidade, precisamos de plataformas para *envolver* as pessoas em atividades de felicidade cientificamente comprovadas.

E é aí que aparecem ideias como cumprimentar estranhos nas calçadas, jogar pôquer em cemitérios e dançar sem mexer os pés.

Cumprimentar estranhos, jogar pôquer em um cemitério e dançar sem mexer os pés são instruções de jogos públicos em larga escala que projetei com o intuito de criar oportunidades para que o maior número possível de pessoas participasse de atividades de felicidade que elas, normalmente, não ousariam tentar.

Esses "jogos de grandes grupos" — programados para serem jogados em grupos bastante grandes e em encontros presenciais — são denominados *Cruel 2 B Kind*, *Tombstone Hold'Em* e *Top Secret Dance-Off*. E são todos exemplos perfeitos de uma nova prática de criação, chamada "hack da felicidade".

A invenção do hack da felicidade

O termo "hack" tem suas origens nos anos 1950, quando estudantes do MIT o definiram como "alterações criativas com a ajuda da tecnologia".[9]

Naquela época, os hackers brincavam principalmente com rádios, e tratava-se de uma atividade social: eles ostentavam com orgulho seus melhores hacks a qualquer pessoa disposta a ouvi-los. Hoje em dia, geralmente pensamos em hack dentro do contexto da computação. Você pode associar o termo "hackear" à atividades maliciosas ou ilegais, mas, na comunidade tecnológica, ele se refere mais à programação inteligente e criativa — especialmente, se conseguir descobrir um atalho esperto para atingir algo que seria desafiador. E, da mesma forma que os hacks originais do MIT, ainda há uma tradição de ostentar e compartilhar livremente hacks bem-sucedidos.

Recentemente, especialmente nos círculos do Vale do Silício, o termo "hack" tem sido utilizado de forma mais ampla, para falar sobre um tipo criativo e prático de resolução de problemas que normalmente (mas nem sempre) envolve computadores. Um bom exemplo desse fenômeno é um movimento chamado de "hack da vida". Os hackers da vida procuram por dicas e truques simples para aprimorar a produtividade na vida cotidiana — como a adoção da "regra dez/dois". A regra dez/dois significa que você trabalha por dez minutos, e, então, permite-se fazer algo divertido e improdutivo por dois minutos — verificar e-mails, comer alguma coisa, navegar pelos sites de notícias. A teoria sustenta que é mais fácil dedicar sua atenção ao trabalho por apenas dez minutos de cada vez e, como resultado, você terá cinquenta bons minutos de trabalho em cada hora. Para muitos indivíduos, é um aumento considerável de produtividade. Para que as pessoas adotem facilmente esse hábito, os hackers da vida criaram aplicativos para desktops e telefones celulares que emitem um sinal sonoro a cada dez e dois minutos alternadamente, de modo a orientar o usuário.

O hack da vida se coloca em franca oposição à autoajuda; ele foi criado para ser uma maneira mais coletiva de pensar em soluções e testá-las em conjunto. Como Merlin Mann, um dos principais hackers da vida, explica: "Os livros de autoajuda tendem a tratar de ideias elevadas, enquanto os hacks da vida tratam de realizar as coisas e resolver problemas com soluções modestas."[10] Qualquer bom hack — seja de computador ou da vida — deveria ser gratuito e ter um *peso* extremamente *leve* — isto é, com uma implementação fácil e de baixo custo —, sem qualquer equipamento ou experiência prévia especial.

Foi com esse espírito que cunhei, há vários anos, o termo "hack da felicidade".[11]

O hack da felicidade é a prática de design experimental que procura traduzir as descobertas das *pesquisas da psicologia positiva* para a *mecânica dos jogos*. É uma maneira de fazer com que as atividades de felicidade soem significativamente menos piegas e de colocá-las em um contexto social mais amplo. A mecânica dos jogos também permite aumentar a dificuldade das atividades e introduzir inovações, de modo que elas permaneçam desafiadoras e revigorantes.

Atualmente, quando crio jogos, sempre tento integrar à sua mecânica pelo menos uma atividade comprovada de felicidade — e, algumas vezes, invento jogos completamente baseados em uma série de novas descobertas de pesquisas. É minha forma de decretar a décima correção da realidade:

↻ CORREÇÃO #10: HACKS DA FELICIDADE

> Em comparação aos jogos, a realidade é difícil de aceitar. Os jogos facilitam a aceitação de bons conselhos e a prática de hábitos mais felizes.

HACK DA FELICIDADE #1:
DESBLOQUEANDO A GENTILEZA DE ESTRANHOS

As duas atividades de felicidade mais frequentemente recomendadas em toda a literatura científica são "expressar gratidão" e "praticar atos de gentileza". Pesquisas recentes comprovaram que nem sequer precisamos conhecer alguém para vivenciar os benefícios de demonstrar gratidão e gentileza. Até mesmo atos fugazes de gratidão e gentileza para com estranhos podem ter um impacto profundo em nossa felicidade. E gestos positivos que vêm de estranhos podem fazer uma grande diferença no quanto percebemos nossas vidas cotidianas como ricas e gratificantes.

Os sociólogos chamam as relações positivas que temos com estranhos de "sociabilidade pública transitória". Nós a vivenciamos em todos os locais públicos que frequentamos: calçadas, parques, trens, restaurantes, estádios e cafeterias, por exemplo. Essas interações sociais transitórias, quando acontecem, são normalmente rápidas e anônimas: cruzamos o olhar, sorrimos, damos passagem para alguém, pegamos algo que alguém deixou cair no chão e seguimos nosso caminho. Porém, esses breves encontros, tomados cumulativamente, têm um impacto agregado em nosso estado de espírito ao longo do tempo.

Pesquisadores demonstraram que compartilhar o mesmo espaço — ainda que por apenas alguns minutos por dia — com estranhos gentis e atenciosos nos deixa mais otimistas, seguros e conectados com nosso ambiente; aprimora a autoestima; e, de modo geral, nos ajuda a apreciar mais a vida.[12] E, se retribuirmos o favor, nos beneficiamos da mesma forma: quando somos gentis com os outros ou agimos cooperativamente, os centros de recompensa do cérebro se ativam.[13]

Contudo, os estranhos nem sempre estão inclinados a serem atenciosos uns com os outros — e alguns pesquisadores acreditam que nossos espaços públicos têm ficado menos amistosos ao longo do tempo.

Dacher Keltner concebeu uma maneira simples de testar essa teoria: um método matemático para medir o bem-estar social de qualquer ambiente compartilhado. Keltner o chama de "índice *jen*", derivado da palavra chinesa arcaica para designar a gentileza humana. Ele compara as interações positivas totais entre estranhos com o total de interações negativas, em um dado período de tempo e lugar.[14] Quanto maior o índice, melhor o bem-estar social e maior a probabilidade de se sentir feliz depois de usufruir daquele espaço. Quanto menor o índice, mais pobre é o bem-estar social e mais infeliz você se sentirá se passar muito tempo ali.

Para medir o índice *jen* de um lugar, simplesmente observe-o atentamente por um determinado período de tempo — por exemplo, uma hora. Você contabiliza todas as microinterações positivas e negativas entre estranhos, acompanhando dois totais diferentes: quantas vezes as pessoas sorriem ou agem gentilmente umas com as outras, e quantas vezes as pessoas agem de forma não amistosa, rude ou desinteressada. Todas as microinterações positivas — como grandes sorrisos, agradecimentos sinceros, o abrir de uma porta, uma pergunta que demonstre preocupação — são computadas no lado esquerdo do índice. Todas as microinterações negativas — um comentário sarcástico, um revirar de olhos, um esbarrão que não é seguido de um pedido de desculpas, alguém resmungando em voz baixa — são computadas no lado direito.

O índice *jen* é uma maneira simples, porém poderosa, de predizer se estar em um determinado lugar nos deixará mais felizes ou não. Depois de analisar uma série de pesquisas recentes sobre o bem-estar social e espaços públicos, Keltner concluiu: "Sinais de perda de *jen* nos Estados Unidos são incontestáveis, (...) com um índice *jen* tendendo a zero."[15]

Então, como podemos aumentar o índice *jen* em espaços que compartilhamos no dia a dia? A solução é óbvia, ainda que seja difícil de colocá-la em prática: precisamos convencer inúmeras pessoas a sorrir mais, serem mais receptivas, expressar mais gratidão ou cumprimentar mais umas às outras. Os psicólogos positivos, é claro, já fizeram essas recomendações — mas, como mostra a pesquisa de Lyubomirsky, tais conselhos raramente inspiram uma ação individual direta. Quem não se sentiria intimidado pelo desafio de tentar aumentar o índice *jen* de um espaço público por conta própria? Provavelmente seria necessária uma multidão, e não uma única pessoa, para efetivamente fazer o índice *jen* aumentar. Porém, não existem quaisquer tradições sociais bem-estabelecidas para sair por aí em conjunto e expressar gratidão ou gentileza para com estranhos.

Na qualidade de criadora de jogos, para mim está claro que podemos enfrentar esses problemas ao tornar esse comportamento mais desafiador e social. Precisamos apenas de algumas limitações arbitrárias, alguns obstáculos para diversos jogadores e um sistema de *feedback* para desbloquear a gentileza de estranhos em um jogo.

E como, exatamente, seria um jogo de gentileza? E quem o jogaria? Essas foram as perguntas que me fiz alguns anos atrás e, junto com meu bom amigo e parceiro de criação de jogos, Ian Bogost, cofundador da Persuasive Games, decidi inventar um jogo cujo principal mecanismo seria praticar atos de gentileza para com estranhos — o mais *secreta* e *furtivamente* possível.

Ele funcionaria exatamente como o jogo *Assassins*, bastante popular em universidades, no qual os jogadores tomam conhecimento de seus alvos pelo e-mail e, então, começam a seguir uns aos outros dentro do campus por dias ou até mesmo semanas, de modo a eliminar seus alvos com pistolas d'água ou outras armas de brinquedo. Contudo, em nossa versão, o jogo deveria durar menos tempo (uma ou duas horas) e estar limitado a um espaço menor (alguns quarteirões de uma cidade, um parque ou uma praça pública grande). E os jogadores não matariam uns aos outros com armas de brinquedo — eles matariam uns aos outros com gentileza. Eles também não receberiam alvos específicos; todos os que estivessem por perto poderiam ser vítimas de um agradecimento ou um cumprimento. E, em vez de serem eliminados do jogo quando fossem "mortos", os jogadores uniriam forças e cooperariam uns com os outros para continuar praticando atos de gentileza cada vez maiores e mais surpreendentes.

Nós o denominamos *Cruel 2 B Kind*, ou *C2BK* para abreviar, tomando por base a famosa frase de *Hamlet*. O jogo foi lançado em 2006, em São Francisco e Nova York. Desde então, tem sido jogado em diversos lugares, de Detroit, Michigan e Joanesburgo, África do Sul, até Estocolmo, Suécia, e Sydney, Austrália. Eis aqui como funciona:

> O *Cruel 2 B Kind* é um jogo de assassinato benevolente. No começo da partida, você recebe três armas secretas através de e-mail ou mensagem de texto. Para os espectadores, essas armas parecerão atos aleatórios de gentileza. Contudo, para os outros jogadores, esses gestos amistosos são manobras mortíferas que os deixarão humilhados.
>
> Alguns jogadores serão mortos por um cumprimento. Outros serão liquidados por um sorriso. Você e seu parceiro poderão ser derrotados por uma simpática oferta de ajuda.
>
> Você pode tentar matar qualquer pessoa que estiver no jogo. Entretanto, não terá nenhuma ideia de quem são os outros participantes. Você não receberá nenhuma informação sobre seus alvos. Não há nomes nem fotos — nada além da garantia de que eles permanecerão dentro dos limites do jogo durante o tempo designado. *Qualquer um que você encontrar pode ser seu alvo.* A única maneira de descobrir é atacá-los com sua arma secreta.
>
> Preste atenção: o caçador também é a caça. Outros jogadores receberam as mesmas armas secretas e estão vindo atrás de você.

Qualquer coisa fora do comum que você faça para assassinar *seus* alvos pode revelar sua identidade secreta para as pessoas que querem matá-lo. Portanto, seja discreto ao atacar. Você não deseja alarmar espectadores inocentes... ou revelar sua identidade secreta.

Em muitos casos, você e outro jogador vão mirar e tentar assassinar um ao outro ao mesmo tempo! Por essa razão, as armas têm poderes diferentes, de acordo com o clássico modelo joquempô: um sincero boas-vindas vale mais do que um obrigado, por exemplo, ou o cumprimento de um assassino vale mais do que uma piscadela e um sorriso. Mas e se ambos os jogadores usarem a mesma arma ao mesmo tempo? Então, é um empate — ambos viram de costas um para o outro, correm em direções opostas e devem aguardar trinta segundos antes de atacar novamente. Conforme os alvos vão sendo sucessivamente atingidos, os jogadores mortos unem forças com seus assassinos para continuar exterminando os sobreviventes. As equipes ficam cada vez maiores, até que duas quadrilhas finais de assassinos benevolentes irrompem uma contra a outra para o clímax de uma morte espetacular.

Os inocentes serão atingidos no fogo cruzado? Ah, sim. Porém, quando sua arma secreta é um ato aleatório de gentileza, a única coisa cruel é ser gentil com os outros jogadores...

Além desse conjunto básico de regras, criamos um banco de dados de possíveis armas, e convidamos os jogadores a sugerir algumas. Por exemplo:

- Apresente aos alvos a beleza de sua vizinhança ou cidade.
- Diga a seus alvos: "Você está demais hoje!"
- Mostre algo agradável a seus alvos, como: "Aquele pássaro não é lindo?"
- Elogie os sapatos de seus alvos.
- Ofereça ajuda aos alvos em algo específico.
- Agradeça seus alvos por algo que estejam fazendo nesse momento.
- Expresse uma "incompreensível" admiração por seus alvos.
- Dê uma piscadela e sorria para os alvos.
- Voluntarie-se para responder a quaisquer questões de seus alvos sobre algo específico das redondezas.

Além de trocar armas de brinquedo por gestos de gentileza, as duas decisões de criação mais importantes que tomamos foi reduzir o tempo e o espaço do jogo e não revelar a quantidade e a identidade dos jogadores. Em uma partida regular de *Assassins*, o jogo ocupa uma área física e um tempo muito grandes para produzir um impacto significativo no ambiente local. Com a redução do campo e da duração da partida, "concentramos" o jogo para aumentar seu impacto e sua intensidade. E, em um jogo tradicional de *Assassins*, os jogadores sabem exatamente quem são seus alvos. Os espectadores, *de fato*, são ocasionalmente atingidos no fogo cruzado, mas trata-se sempre de um acidente e, de modo geral, não é nada divertido para a vítima. (Ninguém deseja receber inesperadamente um esguicho de água se não estiver participando de um jogo!) No *C2BK*, no entanto, queríamos que os espectadores fossem atingidos — cada microinteração positiva aumentaria o índice *jen*, não importando se isso resultasse ou não no aumento do placar do jogador. Na verdade, quanto maior o percentual de "tiros errados" (isto é, dirigidos a não jogadores), melhor.

Para ser honesta, ser acidentalmente "atacada" por um jogador é, de alguma forma, desconcertante — mas é também bastante divertido. Na melhor das hipóteses, as "vítimas" do jogo se sentem genuinamente bem recebidas ou apreciadas. No início da partida, quando os jogadores estão tímidos e os grupos reduzidos, esse parece ser o caso. Mais tarde, conforme os jogadores vão ficando mais ousados e as equipes se tornam maiores, os estranhos tendem a se interessar pela natureza incomum da atividade, sendo levados a imaginar por que todos demonstram gratidão e gentileza de maneira tão ostensiva. Esses são dois efeitos pretendidos do jogo — revelar se os gestos amistosos são considerados inadequados e fazer as pessoas pensarem sobre qual seria exatamente a causa disso. Evidentemente, ser cumprimentado por uma horda de vinte ou mais jogadores cheios de adrenalina não pode ser equiparado a um ato cotidiano de sociabilidade pública transitória. Não há a menor possibilidade de alguém confundir *isso* com um ato comum de simpatia. No entanto, o espetáculo funciona em nome de um fim positivo diferente: ele acrescenta um quê de novidade e curiosidade em relação ao ambiente. É revigorante e benevolente — e nossa meta ao incluir esse verniz de espetáculo era retirar as pessoas de suas bolhas sociais.

Anos de índices *jen* baixos podem ter deixado alguns espectadores mais cínicos e cansados do que outros — e, para eles, ser bem acolhido, ouvir um elogio, receber um agradecimento ou cumprimento de um estranho ou de uma multidão deles pode não ser, de início, uma experiência positiva. É por isso que fomos cuidadosos ao testar as várias "armas", de modo a reduzir a lista aos gestos que provocassem mais consistentemente uma reação positiva. Eu também observei — e filmei — muitas partidas do *C2BK* em ação, procurando especificamente por indícios de que, além dos próprios jogadores, a maioria dos espectadores saía gratificada. Até o momento, minhas análises têm demonstrado que as reações positivas visíveis — sorrisos, curiosidade e surpresa sinceras, respostas animadas — ultrapassam em muito os olhares vazios ou as reações negativas.

Contudo, no fim das contas, são os jogadores que mais se beneficiam do jogo. Isso se explica pelo fato de que, quando jogamos o *C2BK*, as atividades de felicidade básicas, como expressar gratidão e praticar atos aleatórios de gentileza, tornam-se mais envolventes.

Em primeiro lugar, o jogo deixa as atividades de gentileza mais interessantes. Há dois obstáculos ao tentar praticá-las: não saber quem atacar e precisar se mover sorrateiramente para evitar outros jogadores. Durante grande parte do jogo, vasculha-se o ambiente à procura de alvos, ao mesmo tempo em que se tenta manter a discrição. Não há outra forma senão conjecturar sobre todos aqueles que você encontra: eles também estarão jogando? Os estranhos se tornam alvos e aliados em potencial, e a única maneira de descobrir se compartilham de seu segredo é interagir positivamente com eles.

O *C2BK* também produz adrenalina. Cumprimentar alguém se torna um ato de coragem: é preciso ser atrevido para superar as normas sociais de ignorar estranhos, e deve-se fazê-lo o mais rápido possível, porque cada segundo que passa é um segundo em que outro jogador pode estar com a mira apontada para você. O *C2BK* também tem momentos de *fiero* mais pronunciados. Os jogadores e as equipes vibram e torcem quando têm sucesso ao realizar um assassinato, e o momento de *fiero* é intensificado pelo número de tiros errados disparados pelo caminho. A partir da observação de muitos jogos, minha estimativa aproximada é que os participantes do *C2BK* atacam, em média, cinco vezes mais os não jogadores do que os jogadores.

O jogo também é mais inovador do que os atos usuais de gentileza. Ele o estimula a pensar na possibilidade de ser simpático com estranhos em ambientes diferentes — e as possibilidades são infinitas. O *Cruel 2 B Kind* é jogado com mais frequência em cenários urbanos, mas não é um jogo apenas para calçadas e parques — qualquer espaço público ou compartilhado poderia se beneficiar com o aumento de seu índice *jen*. Recebi relatórios de jogos de *C2BK* em cenários tão diversos quanto arranha-céus comerciais, festivais de arte, bibliotecas, shopping centers, condomínios, dormitórios de universidade, sistemas de transportes públicos e, até mesmo, praias.

Finalmente, o *C2BK* lhe dá ajudantes para as atividades de felicidade. Você pode reunir seus amigos para formar uma equipe e, à medida que começarem a se desdobrar em grupos cada vez mais amplos — a maior partida de *C2BK* da qual participei tinha mais de duzentos jogadores, dispostos em um raio de três quarteirões por três —, a sensação de estar em uma missão coletiva para matar com gentileza se fortalece. É o tipo de experiência emocionalmente carregada, que pode mudar para sempre o modo como você percebe sua própria capacidade de ser gentil. Mesmo que você jogue formalmente o *C2BK* apenas uma ou duas vezes na vida, poderá continuar pensando em gestos amistosos como armas secretas, passíveis de serem empregadas a qualquer hora ou lugar (isso é exatamente o que os jogadores me dizem, semanas e meses depois de jogarem pela primeira vez). O jogo lhe dá uma visão diferente a respeito de duas atividades de felicidade, dotando-as de mais excitação, *fiero* e energia social.

O **CRUEL 2 B KIND**, como muitos outros hacks de felicidade, não é um produto. Não existe um software para ser baixado, nenhuma licença para ser comprada, nenhuma taxa para ser paga. Foi projetado para ser a solução de um problema — o problema de como aumentar o índice *jen* em um espaço compartilhado — e pode ser adotado e adaptado por qualquer pessoa, em qualquer lugar. Seu custo de criação foi baixo — Ian Bogost e eu trabalhamos de graça, e todo o projeto nos custou provavelmente menos de quinhentos dólares, gastos em despesas de testes e lançamento.

O *Cruel 2 B Kind* pode ser jogado com qualquer tipo de tecnologia móvel de comunicação: mensagens de texto, e-mails pelo telefone celular e Twitter são as plataformas mais populares.

Para ajudar a disseminar o hack, o site do *Cruel 2 B Kind* inclui algumas ferramentas essenciais. Há um vídeo de seis minutos mostrando os pontos altos de uma partida, do início ao fim, para ajudar os jogadores em potencial a se ambientarem rapidamente. Há, também, a "página de blefe", com as regras e as perguntas mais frequentes, que os jogadores podem imprimir e levar consigo.

É difícil manter o registro de todas as partidas de *C2BK* realizadas — quem organiza o jogo não precisa ter nossa permissão e, assim, só me resta confiar nos relatórios voluntários. Três anos depois de lançá-lo, ainda recebo, praticamente todos os meses, notícias de novos organizadores. O *C2BK* já foi jogado pelo menos em mais de cinquenta cidades diferentes, em dez países e quatro continentes.

Recentemente, recebi notícias do que talvez seja o mais interessante cenário do *C2BK* até hoje: o Summer Darkness, um dos maiores festivais góticos da Europa. Os três organizadores do jogo me enviaram um e-mail da cidade sede do festival, Utrecht, Holanda, explicando: "Meta final: fazer com que os góticos (vindos de todas as partes do continente) e os 'cidadãos' (não góticos) joguem nas ruas."

Ora, se existe algum grupo que considere atividades explícitas de felicidade como algo piegas, tenho certeza absoluta de que são os góticos. A subcultura gótica é, afinal, conhecida por abraçar um imaginário sombrio, misterioso e mórbido. Há uma espécie de solidão e distanciamento profundamente arraigados nas histórias, na música e no estilo góticos. E o Summer Darkness é vendido oficialmente como um festival do "modo de vida dark e underground"; portanto, seria o último lugar em que as pessoas se lançariam à interação extrovertida com estranhos, isso sem mencionar as calorosas expressões de gratidão e os atos aleatórios de gentileza.

Acredito que o fato de o *Cruel 2 B Kind* ter se tornado uma atividade atraente para essa comunidade serve como prova de que até mesmo a mais despudorada atividade de fazer o bem pode ser transformada em uma grande travessura. É a prova de que o hack da felicidade funciona. É realmente possível transformar o conselho da psicologia positiva, de descobrir o que "é bom para você", em algo que realmente você *queira* fazer.

HACK DA FELICIDADE #2:
MANIFESTANDO NOSSO RESPEITO

Tombstone Hold'Em é uma variação do pôquer Texas Hold'Em, criado para ser jogado em cemitérios. É também, sem dúvida, o mais controverso jogo que já criei.

Dizer que algumas pessoas consideram a ideia de jogar em um cemitério do mundo real imprópria seria colocar a questão de forma bastante amena. Nos Estados Unidos, particularmente, preservamos a cultura do luto como uma atividade silenciosa, privada e solene. Os cemitérios — apesar de terem sido populares como parques públicos e espaços de recreação no século XIX e no começo do século XX — são, hoje em dia, espaços exclusivos de memória. Eles foram concebidos para serem ocupados, antes de mais nada, pelas pessoas que acompanham algum enterro. Alguns cemitérios mais antigos ou pitorescos podem atrair outro visitantes, que geralmente se deslocam dentro deles da maneira mais discreta possível.

No entanto, jamais me orgulhei tanto do design de um jogo, e por uma boa razão: os jogadores relataram terem sido capazes de pensar sobre a morte e a perda de seus entes queridos de maneira mais positiva após jogar o *Tombstone Hold'Em*. E é exatamente esse o ponto do jogo. É um hack da felicidade concebido para criar formas mais sociais e apreciáveis de pensar na morte.

Pensar sobre a morte é uma das atividades de felicidade mais altamente recomendadas, mas, da mesma forma, é uma das que achamos mais difíceis de praticar. Estamos acostumados a espantar os pensamentos sobre a morte de nossas mentes, e não a cultivá-los. O *Tombstone Hold'Em* foi concebido para que essa lembrança se torne mais fácil e recompensadora, aproveitando-se do quase sempre subutilizado potencial social e recreativo dos cemitérios.

A atividade central do pôquer *Tombstone Hold'Em* consiste em aprender como "enxergar" uma carta de baralho em qualquer lápide, tomando por base seu formato (o naipe) e os nomes e as datas de morte (o valor da carta). Uma vez que você consiga tomar as pedras por cartas, será possível identificar "mãos" à sua volta. O jogo funciona em qualquer cemitério, desde que haja lápides claramente identificadas. Eis aqui as regras:

A chave para entender o *Tombstone Hold'Em* é que há apenas quatro formatos de lápides. As pontiagudas equivalem a Espadas, as que têm estátuas em cima equivalem a Paus, as redondas equivalem a Copas, as planas equivalem a Ouros. É assim que você determina o naipe.

Agora, pegue o último dígito do ano da morte. Esse é o valor de sua carta. Se a pessoa morreu em 1905 — é um cinco. Se morreu em 1931 — é um Ás. Se houver dois nomes na lápide, ignore as datas — é um Coringa. Três nomes é uma Rainha. Quatro ou mais nomes é um Rei.

Bem, talvez você tenha de afastar algumas folhas, sujeira ou detritos para poder ler as cartas. Isso é bom — ajuda a cuidar daquelas velhas pedras. Mas seja gentil com elas.

Uma dica: você pode jogar o *Tombstone Hold'Em* como o Texas Hold'Em normal, mas no sentido inverso. Primeiro, abra o "baralho" à sua frente. Cinco cartas normais de jogo. Agora, todos fazem uma aposta e, então, cada dupla (é preciso ter um parceiro para jogar) tem três minutos para encontrar suas duas melhores cartas.

Você pode escolher quaisquer duas cartas de qualquer lugar do cemitério — mas, dessa vez, terá de usar as pedras e não cartas regulares. O truque é que você precisa ser hábil para *tocar* tanto as lápides quanto seu parceiro ao mesmo tempo. Então, talvez eu esteja com a mão em um 10 de Copas e a outra no dedão de meu amigo, enquanto ele se alonga para tocar outra carta de Copas, a fim de conseguir uma sequência do mesmo naipe. Se não conseguirmos alcançar, não poderemos pedir as cartas.

Portanto, escolha qualquer par de lápides e coloque duas fichas de pôquer sobre elas para reivindicá-las. Assim, nenhuma outra dupla pode pegar suas duas pedras como o par de mão inicial.

Tudo isso tem de acontecer rapidamente, porque depois de três minutos, quem estiver com o relógio grita: "Última chamada!", e todos correm desesperadamente para voltar ao ponto de partida e dizer o que encontraram. Somente a melhor mão é obrigada a prová-lo, e o vencedor leva todas as apostas. Em caso de empate, o primeiro a voltar ao ponto de partida é o vencedor.

Uma coisa a mais: não há apostas ou blefes no *Tombstone Hold'Em* tradicional. A única forma de vencer é merecendo. Então, vá jogar com seu parceiro e tenha certeza de que encontrarão o melhor par de mão.[16]

O *Tombstone Hold'Em* permite aos jogadores conhecer verdadeiramente as pessoas que repousam no cemitério. Você lê as lápides, toma conhecimento dos nomes e começa a pensar sobre suas histórias — porque cada vez que você escolhe um par, está recrutando dois nobres finados como aliados. Jogar em um cemitério bem cuidado é bom, mas jogar em um cemitério que mereceria um pouco mais de carinho é ainda melhor — é mais desafiador e recompensador. À medida que você remove a bagunça das pedras para torná-las novamente legíveis, você não está apenas jogando no cemitério — está cuidando dele.

O jogo foi concebido para ser jogado por pelo menos quatro pessoas, e, idealmente, em grupos maiores — quanto maior o grupo, mais alegre ficará o cemitério. Organizei partidas de *Tombstone Hold'Em* de grande escala em cemitérios históricos de Kansas City, Atlanta, Nova York, Los Angeles e São Francisco, para multidões que variavam de vinte a duzentas pessoas. Com um grupo tão grande, você tem uma dúzia ou mais de pontos de partida acontecendo ao mesmo tempo, em bancos, tocos de árvore ou degraus de mausoléus. Sempre que organizava um jogo grande, eu o fazia com a permissão e a assistência oficial da administração do cemitério. Contudo, também joguei partidas muito menores, não oficiais, em qualquer lugar, de Austin a Helsinki, de Barcelona a Vancouver. Se for um grupo pequeno — vamos dizer, cinco, seis ou até oito jogadores —, ele não chamará muita atenção, especialmente se você se certificar de que jogará bem longe do caminho de qualquer pessoa que esteja visitando o local com objetivos mais tradicionais.

Antes de avançar demais dissecando a experiência do *Tombstone Hold'Em*, talvez eu devesse explicar como acabei criando um jogo para grupos em cemitérios — e como a pesquisa sobre felicidade me convenceu a levar adiante um projeto tão incomum quanto esse.

Em 2005, eu estava trabalhando como a principal designer de uma empresa de jogos chamada 42 Entertainment. Aceitamos uma incumbência de desenvolver uma campanha de realidade alternativa para o videogame com tema de faroeste *Gun*, desenvolvido pela Neversoft e lançado pela Activision. A meta da campanha de realidade alternativa era dar aos jogadores a chance de vivenciar diretamente o mundo histórico de *Gun*: o Velho Oeste dos anos 1880. A ideia central da campanha de realidade alternativa era uma plataforma on-line de pôquer, com uma ambientação de faroeste. Os jogadores eram convidados a competir em torneios on-line de Texas Hold'Em estabelecidos no passado, competindo com personagens históricas dos anos 1880 na mesma mesa. Era uma combinação única de RPG tradicional e jogos de carta.

Os jogos de realidade alternativa geralmente têm um componente do mundo real, e, já que o *Gun* apresentava personagens que de fato viveram no Velho Oeste, tivemos a ideia de usar cemitérios de verdade como cenário para algum tipo de experiência de ação ao vivo. Por conta de minha destreza em desenvolver jogos com base na realidade, fui encarregada de imaginar quais seriam os eventos que aconteceriam em um cemitério real.

Por um lado, eu estava empolgadíssima com esse conceito. Em um mundo onde os jogadores de videogames são difamados por serem indiferentes à violência, me pareceu que enviar jogadores para os *túmulos do mundo real* de personagens que eles haviam assassinado no *Gun* era uma ideia particularmente provocativa. Porém, também fiquei um tanto apreensiva, ao enfrentar as normas culturais que envolvem os cemitérios. Eu *realmente* não queria organizar nenhum tipo de "flash mob" desordeiro e não autorizado, e, portanto, comecei a pesquisar cemitérios históricos, tentando decifrar que tipos de coisas os jogadores poderiam fazer dentro deles.

Uma da primeiras coisas que descobri foi que os cemitérios dos Estados Unidos estavam absolutamente *desesperados* para convencer as pessoas a passar mais tempo em seu interior. Segundo as estatísticas do ramo, um túmulo recebe, em média, apenas *duas* visitas em sua vida útil — número *total*, de *quaisquer* amigos ou membros da família — depois do fluxo inicial de visitações que se segue imediatamente após o sepultamento.[17] Pensamos em cemitérios como espaços de luto, mas a verdade é que os acompanhantes de enterro não retornam com tanta frequência. Ao mesmo tempo, somos geralmente desencorajados pelas normas sociais a passar um tempo significativo naquele espaço — é algo considerado inusitado ou mórbido.

Como resultado, os cemitérios estão, em grande parte, vazios. E a falta de participação nesses ambientes se tornou um grande problema do ponto de vista industrial (os cemitérios estão ficando sem dinheiro), do ponto de vista da comunidade (quanto menos visitado é um cemitério, maior a probabilidade de ele ser mal administrado e tornar-se vítima de vandalismo) e, talvez o mais importante de tudo, do ponto de vista da felicidade (segundo pesquisas, quanto menos tempo passamos em cemitérios, maior a probabilidade de sentirmos medo e ansiedade diante da morte).

Percebi tais problemas pela primeira vez ao ler um artigo da *New Yorker* sobre a decadência dos cemitérios norte-americanos, publicado em meio à minha pesquisa. No artigo, Tad Friend informa como os norte-americanos contemporâneos passam menos tempo nos cemitérios do que seus antepassados, apesar das vastas extensões de espaço verde que estes ocupam e dos custos cada vez mais altos para mantê-los. "Para quem são os cemitérios? Para os vivos ou para os mortos?", ele pergunta. Aparentemente, nós nos deixamos convencer de que são para os mortos, uma vez que não os visitamos. Porém, isso é ridículo, argumenta Tad Friend: "Eles são para os vivos, os mortos não podem apreciá-los. O desafio, para os proprietários de cemitérios, é fazer com que os vivos passem a frequentá-los." Ele documenta uma série de esforços incipientes por parte dos cemitérios do país para se tornar mais relevantes para os vivos. Há, por exemplo, filmes projetados à noite nas laterais de mausoléus em Hollywood, corridas de 5 quilômetros dentro do cemitérios de Kansas City, e clubes de passeios de cães em cemitérios históricos de Washington, D.C.[18]

Conforme continuei minha pesquisa, descobri que muitos cemitérios estão lutando pela própria sobrevivência, em grande parte devido ao desejo dos norte-americanos de manter a realidade da morte o mais distante possível. Há décadas, cemitérios particulares vêm sendo vendidos para acomodar novas rodovias, escolas e condomínios; os túmulos normalmente são realocados para áreas mais remotas. Enquanto isso, muitos cemitérios públicos e históricos recebem verbas insuficientes para manter adequadamente a propriedade; com taxas tão baixas de visitação, eles têm dificuldade para deixar registrado seu valor para a comunidade. E cemitérios abandonados, que pertenceram a igrejas hoje extintas, estão sendo adotados por grupos comunitários locais, em um esforço para restaurá-los e preservar seu valor histórico.[19]

As pessoas que se preocupam e administram os cemitérios têm inúmeros argumentos a favor de sua proteção: são um repositório único de informações históricas, têm valor arquitetônico significativo e, não menos importante, há o imperativo ético de honrar os contratos com as famílias que enterraram lá seus entes queridos, com a expectativa de que eles seriam cuidados por toda a eternidade.

Todas essas são razões suficientes para reavivar os espaços dos cemitérios hoje em dia — no entanto, o que realmente me convenceu foram as pesquisas sobre felicidade.

Em seu relato sobre as tendências mundiais da felicidade, Eric Weiner afirma que a morte é "um assunto que, estranhamente, vem à tona inúmeras vezes em minha busca pela felicidade. Talvez não possamos ser realmente felizes sem antes encararmos nossa mortalidade".[20] É uma ideia estranha, mas que não é nova. Em *O mito da felicidade*, a historiadora da felicidade Jennifer Michael Hecht dedica um capítulo inteiro ao "velho conselho de lembrar-se da morte, de mantê-la em primeiro plano em nossas mentes, com o propósito de melhorar a vida que levamos agora".[21] Ela remonta essa ideia aos tempos de Platão, que aconselhava os estudantes a "ponderar regularmente sobre a morte", e do Buda, que afirmou: "De todas as meditações elevadas, a meditação sobre a morte é soberana." Até mesmo o antigo filósofo grego Epicuro, conhecido por encorajar seus discípulos a buscar os prazeres mais simples da vida, colocou a morte no centro de sua concepção da felicidade, argumentando que é apenas quando afugentamos nosso medo da morte que podemos apreciar verdadeiramente a vida.

De acordo com Hecht, desde os tempos antigos, as meditações em torno da morte serviam para um único propósito: substituir o medo e a ansiedade por um tipo de gratidão calma e serena pela vida que nos foi dada. E, hoje, tais tradições têm o apoio da ciência contemporânea. Os psicólogos positivos descobriram que buscar entender a realidade da morte força um tipo de mudança mental que nos ajuda a saborear o presente e concentra nossa atenção nas metas intrínsecas que mais nos importam. Hecht cunhou um termo para esse realinhamento de prioridade e atenção: alegria pós-traumática. "Há sentimentos nessa vida — bons e ruins — que não podem ser conquistados com intelecto ou força de vontade", escreve ela. "A experiência da quase morte pode nos reorientar no sentido da encarnação positiva do trauma: a alegria pós-traumática."[22]

Os pesquisadores documentaram o fenômeno da alegria pós-traumática entre pacientes que se viram diante de um diagnóstico médico terminal. Algo parece dar um "click" em suas mentes, animando-os a apreciar mais a vida. Não se trata apenas de se darem conta do quanto a vida é preciosa; parece ocorrer algum tipo de compreensão mental significativa, acompanhada de uma nova habilidade para focar em metas positivas. Em *Seja mais feliz,* Tal Ben-Shahar cita Irvin D. Yalom, psicoterapeuta que costuma trabalhar com pacientes terminais: "Eles conseguem trivializar o trivial, assumir um senso de controle, parar de fazer coisas que não querem fazer, comunicar-se mais abertamente com suas famílias e amigos próximos e viver inteiramente no presente, em vez de viver no futuro ou no passado."[23] Ben-Shahar observa que esse raro e intenso foco positivo em obter o máximo da vida é difícil de encontrar no dia a dia — especialmente, quando passamos tanto tempo tentando evitar os pensamentos sobre a morte.

Podemos aprender a apreciar a vida e alcançar essa intensidade de foco positivo sem o trauma de um diagnóstico terminal ou de uma experiência de quase morte? Essa parece ser a ideia por trás do aconselhamento clássico e religioso, e os psicólogos positivos da atualidade, como Ben-Shahar, recomendam atividades como imaginar a si mesmo no leito de morte, a fim de tentar suscitar tal clareza positiva.

Porém, como atividade de felicidade, a reflexão solitária no leito de morte deixa muito a desejar. Simplesmente não é algo que a maioria de nós esteja inclinada a fazer — e não tendemos a fazê-lo seriamente e nem por muito tempo. Não é tão fácil que nos obriguemos a lembrar da morte — os antigos filósofos, observa Hecht, insistiam que, para isso, "é preciso ponderar e agir diligentemente".[24]

Além do mais, é difícil captar a realidade da própria mortalidade. É mais fácil apreender a universalidade da morte — e é aí que entram os cemitérios. Eles nos apresentam evidências históricas claras, irrefutáveis e em grande escala da única coisa que une a todos nós, a única coisa que torna possível apreciar a vida ao máximo — se, pelo menos, nos sentíssemos inclinados a passar mais tempo dentro deles.

Nesse ponto da pesquisa, fui convencida de que passar mais tempo dentro de cemitérios era uma meta social que valia a pena — e um jogo sobre cemitérios poderia fazer muito mais do que trazer um videogame histórico para a vida real. O projeto *Gun* era a oportunidade perfeita para um hack da felicidade. E a chave para fazer esse hack funcionar seria gerar o tipo de emoções positivas que normalmente associamos aos jogos para grupos — excitação, interesse, curiosidade, conectividade social —, e, simplesmente, liberá-las no contexto físico de um cemitério.

Quando comecei a fazer os testes nos cemitérios, as partes da criação rapidamente se ajustaram em seus lugares. Eu sabia que precisaria de uma atividade focada que, até certo ponto, não tivesse nada a ver com a lembrança da morte — esse teria de ser o efeito colateral, e não o objetivo do jogo. E, já que o pôquer Texas Hold'Em era o tema geral da campanha de realidade alternativa, fazia todo sentido levar o jogo familiar para os cemitérios.

Contudo, o pôquer precisava ser *site-specific* (ou seja, levar em consideração as características do local) e, realmente, tinha de usar as possibilidades de ação latentes e naturais de um cemitério — de outra forma, bastaria jogá-lo em qualquer outro lugar, renegando todo o seu propósito. Foi então que surgiu a ideia de usar as lápides como cartas de jogo. Os túmulos são a única característica que todos os cemitérios têm em comum, garantindo que o jogo poderia se dar em qualquer parte. E, prestando mais atenção ao conteúdo das lápides, elas davam sustentação direta à meta do hack da felicidade — cada carta que você "decodificava" significava, literalmente, encarar a morte, mas de uma forma que não provocava medo nem ansiedade.

Quanto às outras opções do design, eu o transformei em um jogo em duplas porque isso me pareceu uma boa maneira de assegurar que ele não fosse apenas social, mas também cooperativo. A cooperação sempre provoca uma emoção positiva e traz significado aos jogos, especialmente se houver uma conexão física envolvida. Ao mesmo tempo, o toque é uma das maneiras mais rápidas de construir vínculos sociais: segurar as mãos, tocar as costas de alguém e bater levemente no ombro são gestos que liberam a substância oxitocina, que nos faz confiar em outras pessoas e gostar delas. Porém, como comprovou a pesquisa sobre emoções positivas realizada por Dacher Keltner, "vivemos em uma cultura desprovida de toque".[25] Em outras palavras, como afirmou Michelangelo, "tocar é dar vida" — e eu não poderia pensar em uma forma melhor de alegrar um cemitério do que liberar uma descarga de oxitocina na multidão.[26]

Quando uma partida está em andamento, existe um ar de participação feliz, que não é a norma nos cemitérios. Produz-se uma quebra singular na atmosfera típica, usualmente de reflexão quieta e solitária ou de lamentação coletiva. Ao mesmo tempo, frequentemente surgem pequenos núcleos de conversa entre amigos e também entre estranhos —pessoas compartilham partes de suas próprias experiências de lutos e perdas. Isso aconteceu em cada uma das partidas de *Tombstone Hold'Em* às quais compareci — considerando-se o cenário, é quase impossível não acontecer. Dessa forma, o jogo serve perfeitamente a seu propósito: ele ativa simultaneamente as emoções positivas e os vínculos sociais, ao mesmo tempo em que nos coloca no ambiente perfeito para que, seguindo as recomendações, sejamos diariamente lembrados de que somos apenas pó, e que ao pó retornaremos.

O que nos leva de volta à controvérsia inicial. O *Tombstone Hold'Em* apareceu em uma infinidade de artigos na internet, e alguns leitores comentaram que ele parecia "desrespeitoso", "insensível" ou, até mesmo, "obsceno". O que levanta a questão: é adequado jogar uma partida de qualquer coisa em um cemitério? Com base em minhas experiências diretas, certamente que sim. Em mais de uma dúzia de testes do *Tombstone Hold'Em* que organizei, os participantes foram categóricos ao concordar que esse jogo, em particular, *se adéqua perfeitamente* a seu espaço — especialmente quando, no balanço final, observamos que as lápides recebem mais atenção por parte dos vivos e são mais bem cuidadas em decorrência disso.

Talvez mais do que qualquer outro projeto no qual trabalhei, o *Tombstone Hold'Em* demonstrou um dos poderes mais vitais do ato de jogar: nos dar a permissão explícita para fazer as coisas de modo diferente. Quando jogamos, estamos acostumados a nos comportar e a pensar de maneira não convencional. Estamos acostumados a ser criativos e a desconsiderar as normas sociais quando estamos dentro do "círculo mágico" socialmente seguro de um jogo. E, quanto mais pessoas se reúnem para jogar algo não convencional como o *Tombstone Hold'Em*, mais seguro ele parecerá. Uma multidão resguarda a autoridade social para redefinir as normas.

Entretanto, ele realmente funciona como um hack da felicidade? Joguei o *Tombstone Hold'Em* com centenas de pessoas e, logo depois, conversei com quase todas elas sobre a experiência. (Geralmente, as partidas são seguidas por encontros dos jogadores em restaurantes ou bares, como uma forma de descontrair após uma experiência emocional que pode ser muito intensa.) A reação mais comum é que os jogadores se sentiam "mais confortáveis" quando entravam em um cemitério depois de ter participado de uma partida. Outras expressões mais comumente utilizadas para descrever a experiência foram "estranhamente feliz" e "relaxado", assim como "grato" e "conectado" com as pessoas mortas. Conversei até mesmo com visitantes dos cemitérios, que viram alguns jogadores à distância e vieram me perguntar sobre o que estava acontecendo; apenas em uma das ocasiões um visitante expressou consternação. Na maioria das vezes, ouvi variações do seguinte sentimento: que é bom constatar que o lugar onde um ente querido faz seu repouso final não está sozinho e abandonado, mas repleto de pessoas correndo, sorrindo, rindo e se divertindo juntas.

Desde que compartilhei as regras do jogo na internet, ele tem sido divulgado, principalmente, por boca a boca — como acontece com a maior parte dos bons hacks. De tempos em tempos, fico sabendo de partidas de *Tombstone Hold'Em* jogadas em cemitérios ao redor do mundo. É o melhor resultado possível para um hack da felicidade: uma solução que já foi testada, comprovada e compartilhada, e que, agora, continua a ser passada adiante para aqueles que podem se beneficiar dela. Hoje, o *Tombstone Hold'Em* sobrevive como uma solução de felicidade viral — é gratuito e pode ser adaptado, não exigindo nenhum produto, suprimento especial ou tecnologia extras. Tudo o que você precisa é de um baralho normal de cartas, algo para ser usado como fichas de pôquer (algumas pessoas usam moedas ou bolinhas de gude), e uma forma de convidar amigos ou estranhos para manifestar profundo respeito a seu lado.

HACK DA FELICIDADE #3:
ATIVANDO O SEGREDO DA DANÇA

"Como lição de felicidade, nada poderia ser mais direto: se tiver a chance de dançar com outras pessoas, levante da cadeira e faça isso."[27] Esse é o conselho que Jennifer Michael Hecht dá em *O mito da felicidade*, e com boas razões. Ao longo da história da humanidade, dançar com alguém tem sido uma fonte de um tipo especial de euforia, a *animação do dançarino*.

A animação do dançarino é o que sentimos quando as endorfinas (do movimento físico) combinam-se com a oxitocina (do toque e dos movimentos sincronizados) e com a estimulação intensa do nervo vago (o que sentimos quando "nos deixamos levar" pelos ritmos da música e quando somos parte de uma multidão que se move em conjunto). É uma enorme mistura de empolgação, fluxo e afeto, difícil de ser vivenciada de outra maneira.[28]

Porém, dançar em grupo também faz com que muitas pessoas se sintam embaraçadas ou desajeitadas. Tudo, desde a autoconsciência até a ansiedade social, passando pelo desprezo generalizado por qualquer tipo de participação em grupo pode impedir que participemos ou apreciemos integralmente a dança.

Dançar de coração aberto diante dos outros, sem se restringir em absolutamente nada, é uma proposta amedrontadora para inúmeros indivíduos (embora, certamente, não seja para todos). Essa ação exige que você se deixe levar e mostre um lado seu — exuberante, sem impedimentos — que pode estar normalmente escondido. Para alguns, revelar esse lado requer muita confiança nas pessoas que estão à sua volta. E, de fato, segundo os pesquisadores da psicologia positiva, a necessidade de confiança é uma das razões pelas quais dançar é uma atividade de felicidade tão poderosa.

Quando dançamos, somos forçados a entrar em um estado social emocionalmente vulnerável, no qual temos de confiar que as pessoas nos acolherão, em vez de simplesmente nos julgar. Ao mesmo tempo, temos a oportunidade de acolher os outros e ajudá-los a se sentirem mais confortáveis enquanto dançam. Em outras palavras, dançar em grupo é uma chance tanto de receber quanto de expressar compaixão, generosidade e humanidade. Como resultado, escreve Dacher Keltner, "a dança é o caminho mais confiável e rápido para um sentimento misterioso, que já teve muitos nomes ao longo das gerações: empatia, fascinação, êxtase, *jen*; aqui, vou chamá-lo de confiança. Dançar é confiar".[29]

Todavia, antes de tudo, temos de ter não só o *desejo* de dançar como também o *atrevimento* para fazê-lo. Muitos de nós não têm uma coisa ou a outra.

Como regra, algumas pessoas simplesmente não gostam de "se envolver". E dançar em grupo, particularmente, faz soar todos os tipos de alarme da pieguice. Não é coincidência que uma das mais conhecidas danças em grupo se chame "*hokey pokey*" ["trapaça"]. Quando um grande número de pessoas começa a dançar em grupo em uma festa de casamento ou em um festival de rua, por exemplo, ser arrastado por esse grupo pode parecer incrivelmente forçado e inautêntico, principalmente se você não estiver a fim de dançar.

Outros têm o desejo, mas não a coragem.

Quanto mais eu me deparava com o mesmo conselho sobre felicidade — dance mais e, se possível, em grupos grandes —, mais convencida ficava de que deveria haver uma forma de facilitar a participação dos tipos introvertidos, que têm mais probabilidade de ficar observando pelos cantos, e de dar mais oportunidades diárias às pessoas que já estão dispostas a dançar. Afinal de contas, até mesmo essas pessoas que estão prontas para dançar a qualquer momento e em qualquer lugar não encontram tantas oportunidades. Simplesmente não temos tantos locais assim nos quais possamos dançar com outras pessoas. Comecei a imaginar: como poderíamos escapar uns poucos minutos por dia para dançar em grupo nas nossas vidas *diárias*, e não apenas em ocasionais fins de semana?

Minha solução: usar toda a mecânica básica de um RPG on-line para multidões e trocar as tradicionais quests e raids do RPG por *missões de dança* e *competições de dança* da vida real. Eu o denominei Top Secret Dance-Off, ou, de forma abreviada, TSDO, e o lancei como um site de relacionamento social autônomo, dedicado à aventura de dançar em grupo.

 PROCURA-SE AVENTURAS.
NÃO É EXIGIDO TALENTO PARA A DANÇA.

> Bem-vindo ao *Top Secret Dance-Off*, uma rede underground de pessoas aparentemente normais que procuram ativar o segredo da dança — um poder fugaz que, segundo se afirma, está impregnado em nossos cérebros, mas que exige experiências de dança altamente incomuns para ser desbloqueado.
>
> O *Top Secret Dance-Off* é uma aventura à qual você pode se lançar em qualquer lugar do mundo. Não se exige nenhuma habilidade ou talento para a dança. Na verdade, é possível que você seja mais recompensado por dançar de modo esquisito do que por ter uma boa performance. Ativar o segredo da dança não tem nada a ver com ser um bom dançarino. Tem a ver com ser um dançarino inteligente, corajoso, e, eventualmente, dissimulado.
>
> As aventuras envolverão a submissão a uma infinidade de missões desafiadoras e altamente secretas de dança em vídeo, algumas vezes na privacidade do lar e, outras, em ambientes bastante improváveis.

Você pode jogar sozinho ou com amigos. Exige-se o uso de máscaras ou de outros disfarces.

Enquanto tenta ativar o fugaz segredo da dança, você ganhará pontos sempre que completar missões e participar de competições. Conforme for ganhando mais pontos, vai subindo de nível. Quanto mais alto o nível, mais perto você estará de ativar o segredo da dança.

A cada missão e competição completa, você também ganhará poderes coreográficos, como estilo, coragem, humor e coordenação. Os poderes revelam *suas* forças pessoais como dançarino secreto — e todos os poderes coreográficos são atribuídos pelos outros membros do *TSDO*, nos comentários feitos sobre seus vídeos.

A ativação total do segredo da dança ocorre no level 100. Como chegar lá? Complete 21 missões incrivelmente desafiadoras e ganhe pelo menos uma dúzia de competições — e você estará completamente ativado para a vida.

Missão de dança #1: Use um disfarce.
Sua primeira missão é se disfarçar. Afinal de contas, o *TSDO* é *altamen*te confidencial.

Porém, não use um disfarce completo. Isso tornaria a dança... difícil. Portanto, para manter sua identidade *TSDO* secreta perante o resto do mundo, você deve criar um disfarce leve, que *cubra pelo menos parte de seu rosto*. Pode ser uma máscara, um lenço, óculos de sol modificados, maquiagem, uma peruca ou qualquer coisa. O rosto é seu. Você decide como escondê-lo. Contudo, certifique-se de que realmente gosta do disfarce — porque terá de usá-lo em *todas* as futuras missões e competições. O Batman e a Mulher-Maravilha não mandavam fazer uniformes novos sempre que saíam para salvar o mundo, certo? Então, escolha algo de que goste, e esconda-o em um lugar seguro — e secreto. Você vai precisar dele de novo.

Agora: *faça um vídeo* apresentando-se ao mundo TSDO. Você deve estar 1) usando o seu disfarce, e 2) dançando. Escolha qualquer música de que goste. MAS, por enquanto — e aqui está o macete —, *mantenha as suas armas secretas sob controle*. Isso significa *não mexer seus pés*. Dance, mas não mexa seus pés. Como se eles estivessem fincados no cimento. Entendeu?

Faça um vídeo pequeno, com menos de trinta segundos. Mande-o para o site do *TSDO* assim que você estiver pronto para divulgar sua identidade de dança altamente secreta e para começar a ganhar seus poderes coreográficos.

Devo admitir que isso não é exatamente dançar em grupo, pelo menos não no sentido tradicional. A maior parte das missões e competições estabelece que se dance sozinho e, então, fazer o upload do seu vídeo na rede social do *Top Secret Dance-Off*. No entanto, o jogo serve a dois importantes propósitos no sentido de facilitar a dança em grupo.

Primeiro, ao oferecer um ambiente de dança com uma meta, rico em *feedback* e cheio de obstáculos, ele torna o ato de dançar mais motivador, divertido e viciante. Em outras palavras, o jogo aumenta, em todos os sentidos, a probabilidade de uma pessoa dançar. Segundo, o *TSDO* coloca o ato de dançar — até mesmo de forma solitária entre quatro paredes — em um contexto social coletivo. Ainda é preciso coragem para compartilhar seus passos de dança com uma comunidade on-line — e, quando cumprimentamos outros jogadores com nossos comentários, trata-se de uma oportunidade real para expressar compaixão, generosidade e humanidade. Em outras palavras, o jogo é um hack para dançar em grupo — uma forma de dançarmos juntos, mas sozinhos, que aumenta a probabilidade de, no futuro, as pessoas dançarem acompanhadas umas das outras na vida real.

O núcleo da experiência *TSDO* é a interminável lista de missões de dança, sendo que cada uma delas acrescentando um obstáculo único e desnecessário ao ato de dançar. Ao colocar um obstáculo em nosso caminho, o jogo dificulta que você fique envergonhado com a dança, pois estará focado em completar o desafio, e não necessariamente em como está se saindo. Ele também lhe dá permissão para dançar mal, ao restringir as maneiras "normais" de dançar. A primeira missão — dançar sem mexer os pés — é um exemplo perfeito dessa estratégia em ação: ela exclui imediatamente quase todos os tipos de dança tradicionais ou óbvias. Destacar-se em uma dança parada exige gaiatice, criatividade ou apenas simples entusiasmo — não necessariamente graça, sensualidade, força ou qualquer outra coisa que possamos associar ao talento inato para a dança.

Outras missões incluem tarefas como: "Dançar de cabeça para baixo", "Dançar sobre a faixa de pedestres", "Dançar com uma árvore" e "Dançar ao som de sua música favorita há sete anos atrás". Em todos os casos, ser bem-sucedido significa lidar com limitações absurdas de maneiras criativas — incluindo limites de tempo, que foram pensados para fazer com que as missões fossem ajustáveis a seu dia. O jogo foi concebido para ser algo tão fácil quanto escovar os dentes — um pouco de dança todos os dias o levará longe.

Paralelamente, as competições — nas quais os jogadores formam equipes e ganham pontos a cada membro do grupo que submete um vídeo — exigem que os jogadores sincronizem seus esforços, mesmo que estejam dançando sozinhos. Por exemplo, em uma das competições mais populares, chamada "Roube meu movimento ruim", os jogadores inventam um movimento de dança personalizado e fazem o upload de um vídeo demonstrando-o. As equipes ganham pontos a cada jogador que aprender o mesmo movimento e repeti-lo com sucesso em seu próprio vídeo competitivo.

O que mais faz o jogo funcionar? Algumas das escolhas de design que fiz e que sustentam o *Top Secret Dance-Off* foram, simplesmente, derivações de estratégias bastante tradicionais para estimular pessoas a dançar. As máscaras, por exemplo, sempre desempenharam um papel importante no sentido de persuadir indivíduos a baixarem sua guarda e dançar. Elas nos livram de constrangimentos de quem pensamos que deveríamos ser e de como deveríamos nos comportar. Para pessoas que não se consideram dançarinos inatos, seu disfarce no *TSDO* as liberta dessa autoidentidade limitadora.

Porém, o tema do "altamente secreto" não se refere apenas a considerações práticas, como manter incógnita a identidade do jogador. Ele também consistiu em uma forma leve de criar uma mitologia de super-heróis em torno da dança em grupo. Dançar diante dos outros, afinal de contas, é um ato de coragem. E, comprovadamente, inspirar outros a dançar é uma poderosa força do bem. Tratar os jogadores como super-heróis altamente secretos é uma maneira de reconhecer de forma humorística o significado que a dança tem para nós e a força individual necessária para praticá-la.

Finalmente, talvez um dos elementos mais eficazes do *Top Secret Dance-Off* nem tenha a ver especificamente com dança. Na verdade, trata-se de uma adaptação para o ambiente on-line do índice *jen* de Keltner. Eu sabia que, para que o jogo funcionasse, os membros precisariam se sentir confortáveis em postar vídeos potencialmente embaraçosos de si mesmos. Contudo, na maior parte de sites de compartilhamento de vídeos, a seção de comentários não é exatamente o lugar mais gentil ou amistoso da Terra. Críticas, em vez de apoios, são os métodos mais comuns de *feedback* por lá, e, com frequência, os comentários são pessoais, ríspidos e mesquinhos. Então, criei a ferramenta de comentários do

TSDO, para inspirar os jogadores a deixar especificamente um *feedback* positivo — ou, então, não falar nada.

Sempre que você vê um vídeo de dança de outro jogador, tem a opção de recompensá-lo com +1 de qualquer poder coreográfico que quiser. Alguns poderes coreográficos são qualidades performáticas tradicionais, como beleza, coordenação e estilo. Outros são mais inusitados: humor, furtividade, imaginação e coragem. O raio de poderes coreográficos permite que os jogadores desenvolvam um perfil único de habilidades e destrezas, não importando seu talento (ou a falta dele) para a dança. Talvez meu poder coreográfico favorito seja a exuberância, que pode ser dada a qualquer um que se mostre nitidamente alegre e despreocupado.

Como resultado, o *TSDO* é um ambiente com índice *jen* inacreditavelmente elevado. É um lugar onde qualquer um pode se sentir seguro ao dançar com outras pessoas. De fato, vários jogadores declararam que seus vídeos foram a primeira vez que alguém os viu dançar publicamente em anos.

O *Top Secret Dance-Off* é um hack mais formal do que o *Cruel 2 B Kind* ou o *Tombstone Hold'Em*. Afinal, há um site central para ele, e todos jogam como parte da mesma comunidade on-line e sobem de nível a partir do mesmo banco de dados. Todavia, ainda assim, sob a perspectiva do desenvolvimento, trata-se de uma solução incrivelmente leve — lancei o jogo poucos dias depois de ter começado a projetá-lo. Ele foi construído com base no Ning, um serviço de baixo custo que permite que qualquer um crie sua própria rede social, de forma semelhante ao YouTube, que permite a qualquer pessoa o compartilhamento de vídeos on-line, e o Blogger, que permite a qualquer pessoa a criação do próprio blog. Não há gráficos decorativos ou arquivos em Flash; apenas um bom design de missões e suporte da comunidade.

Criei o *TSDO* como um hack de felicidade para minha própria vida e esperava jogá-lo com algumas dúzias de amigos e familiares. Ele acabou atraindo um grupo muito maior do que eu esperava. A rede social cresceu, passando a incluir também colegas de trabalho, conhecidos e amigos de amigos — em síntese, cerca de quinhentas pessoas o jogaram por oito semanas durante o período inicial de testes, no começo de 2009 (e, com base nesse sucesso, no momento está sendo preparada uma versão comercial do *TSDO*).

Embora o *TSDO* possa ser jogado sozinho, concluí, a partir de minhas observações, que, de modo geral, dançar nesse jogo é algo, no mínimo, social. A maioria dos jogadores parece recrutar pelo menos um parceiro enquanto jogam, de modo que possam filmar as missões um do outro e participar das mesmas competições. E muitos jogadores criam disfarces em grupo para dois, três ou, até mesmo, cinco pessoas que planejam completar todas as missões em conjunto, como se fosse uma unidade única altamente secreta.

Mais importante do que isso, o *TSDO* ajuda os jogadores a pensar em si mesmos como dançarinos — o que parece aumentar as probabilidades de eles dançarem em grupo *pessoalmente*, quando a oportunidade surgir. Embora essa não seja uma pesquisa científica, todos os meus amigos que jogaram o *TSDO* (e eu também) se descobriram dançando com mais frequência em locais tradicionalmente coletivos — em festas, clubes de dança e, até mesmo, em festivais de rua —, bastante tempo depois de a partida ter acabado.

Como todos os melhores hacks da felicidade, você não precisa continuar jogando para conservar os benefícios. Um bom jogo *tem* esse poder — ele pode mudar para sempre a maneira pela qual você se percebe e aquilo que você é capaz de fazer.

QUER ESTEJAMOS MATANDO uns aos outros com nossa gentileza, transformando lápides em cartas ou dançando disfarçados, não há meio de fugir: algumas vezes, temos de *avançar sorrateiramente* a caminho da felicidade.

Duzentos anos atrás, o político e filósofo britânico John Stuart Mill sugeriu uma abordagem subversiva para a autoajuda. Essa abordagem tem muito em comum com as comunidades cada vez maiores dos hackers da felicidade. Mill argumentou que, embora a felicidade possa ser nossa principal meta, não é possível buscá-la diretamente. Ela é muito ardilosa, difícil de delimitar e fácil de ser espantada. Então, temos de estabelecer metas mais concretas, e, ao ir atrás dessas metas, capturar a felicidade como uma espécie de subproduto. Ele denominou essa abordagem de "idas e vindas laterais, como um caranguejo".[30] A felicidade não pode saber que estamos nos aproximando. Temos de avançar em direção a ela pelas beiradas.

Foi exatamente para nos ajudar nessa tarefa que se criaram os hacks da felicidade: abordar a felicidade lateralmente e como um grupo. Na verdade, com os jogos para grupos, seria mais correto dizer que os hacks nos permitem *envolver* a felicidade — estamos todos juntos, avançando sorrateiramente em sua direção a partir de diferentes ângulos. Participamos desses tipos de jogos porque os apreciamos e porque desejamos ardentemente a conectividade social propiciada por uma experiência para diversos jogadores. Contudo, algumas exposições intensas e marcantes a um hack da felicidade podem mudar nossa forma de pensar e agir a longo prazo, sobre coisas tão diversas quanto a gentileza, o ato de dançar e a morte. E, se você conseguir mudar pessoas suficientes em um determinado lugar, realmente poderá mudar a cultura em um nível maior.

A melhor parte sobre os hacks da felicidade é que não é necessário muito conhecimento tecnológico ou um desenvolvimento sofisticado para criar algo que funcione. É preciso ter apenas uma compreensão razoável sobre como os jogos nos motivam, nos recompensam e nos conectam. Com a criatividade para inventar alguns obstáculos desnecessários e a coragem para testar os jogos com o maior número possível de pessoas, qualquer um pode pensar em algo novo e compartilhar novas soluções para os desafios da felicidade na vida cotidiana.

Jogos de realidade alternativa são criados para nos tornar melhores: mais felizes, mais criativos e mais resistentes emocionalmente. Quando nos aprimoramos nesse sentido, somos capazes de nos envolver mais com o mundo real — acordar todos os dias com um senso forte de objetivo, otimismo, comunidade e sentido em nossas vidas.

Porém, os jogos para grandes grupos, assunto da próxima parte deste livro, podem fazer mais do que nos tornar melhores. Eles podem nos ajudar a resolver alguns dos mais urgentes desafios que enfrentamos como espécie.

No fim, a habilidade de nos aprimorarmos como indivíduos — mergulhar em trabalho gratificante, alimentar esperanças reais de sucesso, fortalecer nossas conexões sociais, nos tornarmos parte de algo maior — também nos ajuda a trabalhar em conjunto, por mais tempo, em problemas mais complexos e urgentes. Os jogos não cuidam apenas do aprimoramento de nossas vidas nos dias de hoje — eles podem nos ajudar a criar um legado positivo para o futuro.

PARTE TRÊS

Como os grandes jogos podem mudar o mundo

Pode-se alterar radicalmente a natureza de um jogo ao mudar o número de pessoas que participam dele.

— THE NEW GAMES BOOK[1]

CAPÍTULO ONZE

A economia do envolvimento

No dia 24 de junho de 2009, mais de 20 mil britânicos se uniram na internet para investigar um dos maiores escândalos da história do parlamento britânico — investigações que levaram à renúncia de dúzias de parlamentares e que, por fim, inspiraram uma profunda reforma política. Como esses cidadãos comuns conseguiram fazer tanta diferença? Eles a fizeram por meio de um jogo.

Quando o jogo começou, o escândalo já pairava nos jornais há semanas. Segundo os documentos que vazaram do governo, centenas de parlamentares (ou MPs, como eles são chamados no Reino Unido) preenchiam regularmente formulários de solicitação de reembolso de despesas por gastos pessoais completamente desvinculados do serviço político, taxando os contribuintes até dezenas de milhares de libras por ano. Em um editorial particularmente inflamado, o *Telegraph* noticiou que Sir Peter Viggers, um MP da costa sul da Inglaterra, solicitou 32 mil libras por despesas pessoais de jardinagem, incluindo 1.645 libras para uma "ilha flutuante para patos".[1]

O público se sentiu ultrajado e exigiu toda a contabilidade das despesas dos MPs. Em resposta, o governo concordou em divulgar os registros completos das solicitações dos parlamentares nos últimos quatro anos. Porém, no que posteriormente foi considerada uma tentativa de impedir futuras investigações do escândalo, o governo compartilhou as informações no formato mais ineficaz possível: uma coleção indiscriminada de mais de 1 milhão de formulários e recibos que foram escaneados eletronicamente. Os arquivos foram salvos como imagens, de modo que era impossível procurar ou fazer referências cruzadas nas solicitações. E muitas das informações continham grandes tarjas pretas, obscurecendo detalhes nos itens gastos. A descarga das informações foi apelidada de "Blackoutgate", e considerada um "roubo de proporções monumentais".[2]

Os editores do jornal *The Guardian* sabiam que levaria muito tempo para que seus repórteres conseguissem vasculhar e analisar todas as informações despejadas. Então, decidiram obter a ajuda direta do público para trazer à tona aquilo que as autoridades não queriam revelar. Em outras palavras, eles apelaram para o "crowdsourced" na investigação.

O termo **crowdsourcing**, cunhado pelo jornalista especializado em tecnologia Jeff Howe, em 2006, é uma abreviatura para terceirização de um serviço para uma multidão.[3] Significa convidar um grande número de pessoas, normalmente pela internet, para cooperarem em um grande projeto. A Wikipédia, a enciclopédia on-line escrita colaborativamente por uma multidão de mais de 10 milhões de escritores e editores não remunerados (e geralmente anônimos), é um exemplo significativo. Crowdsourcing é uma maneira de fazer algo coletivamente, de forma mais rápida, melhor e mais barata do que provavelmente seria possível caso uma única organização trabalhasse sozinha.

Com 1 milhão de documentos do governo não catalogados em suas mãos e nenhuma forma de saber qual deles poderia ser uma evidência comprometedora para cada MP, o *Guardian* tinha consciência de que precisaria contar com todo o apoio possível do povo. Então, decidiu apelar para a sabedoria das massas — não com um site wiki, mas com um jogo.

Para desenvolver esse jogo, o jornal procurou um jovem, mas já bem-sucedido, desenvolvedor de softwares, chamado Simon Willison. Sua tarefa: converter e condensar todos os formulários e despesas escaneadas em 458.832 documentos on-line e criar um website em que qualquer pessoa poderia examinar os registros públicos para descobrir detalhes incriminadores. Pelo custo de apenas uma semana do tempo de trabalho da equipe de desenvolvimento e modestas 50 libras para o aluguel temporário de servidores para hospedar os arquivos, o *Guardian* lançou o *Investigate Your MP's Expenses*, o primeiro projeto de jornalismo investigativo para multidões do mundo.

↻ COMO JOGAR O *INVESTIGATE YOUR MP'S EXPENSES*

> Junte-se a nós na investigação das despesas dos MPs e na revisão de cada documento. Sua missão: decidir se ele contém informação interessante e extrair os fatos mais importantes.

Algumas páginas conterão cartas ou formulários de solicitação em branco. Estas podem ser tranquilamente ignoradas.

Contudo, aqui, em algum lugar, está o recibo de uma ilha para patos. E quem sabe o que mais pode aparecer? Se você achar algo que mereça uma atenção especial, simplesmente aperte o botão "Investigue isso!", e nós o analisaremos com mais cuidado.

Passo 1: Encontre um documento.
Passo 2: Decida de que tipo ele é (solicitação de reembolso, prova/recibo ou em branco).
Passo 3: Transcreva os itens principais.
Passo 4: Faça quaisquer observações específicas sobre por que uma solicitação merece ser mais profundamente analisada.

Exemplos de coisas para procurar: recibos de alimentação, solicitações duplicadas para menos de 250 libras (o limite para solicitações que não precisam ser comprovadas por meio de recibos) e solicitações recusadas.

Investigue seu próprio MP: digite seu código postal para visualizar todas as solicitações e recibos de seu MP. Ou investigue pelo partido político.

Todos os registros dos MPs estão aqui — portanto, deixe-nos saber o que você descobriu.

Apenas três dias após o lançamento do jogo, já era claro que o esforço de crowdsourcing transformara-se em um enorme sucesso. Mais de 20 mil jogadores já haviam analisado mais de 170 mil documentos. Michael Andersen, membro do Nieman Journalism Lab, de Harvard, e especialista em jornalismo de internet, relatou à época: "O jornalismo já utilizou o crowdsourcing antes, mas é espantosa a dimensão do projeto do *Guardian* — 170 mil documentos revisados nas primeiras 80 horas, graças ao índice de participação de visitantes na ordem de 56%. É de tirar o fôlego."[4]

O índice de participação mede o percentual de visitantes que se cadastram e fazem uma contribuição em uma rede. Jamais havia sido registrado um índice de 56% para *qualquer* projeto de crowdsourcing (por comparação, apenas 4,6% dos visitantes da Wikipédia fazem uma contribuição à enciclopédia on-line).[5]

É *especialmente* espantoso, considerando-se a natureza incrivelmente entediante do trabalho de contabilidade que estava sendo feito.

Então, o que poderia explicar essa participação sem precedentes em um projeto de jornalismo cidadão? Segundo Willison, tudo se resumia em recompensar os participantes da maneira correta: com as recompensas emocionais de um bom jogo.

"A lição número 1 desse projeto: fazer com que se pareça com um jogo", disse Willison, em uma entrevista com o Nieman Journalism Lab. "Quando você pedir algo às pessoas ou pedir que façam coisas em seu nome, o mais importante é que elas percebam que o que estão fazendo está surtindo algum efeito. Se você não estiver lhes oferecendo um sentimento do tipo 'Eu sou demais!', não conseguirá fazer com que elas se comprometam."

A sentimento do tipo "Eu sou demais!" é outra forma de se referir às clássicas recompensas dos jogos, como ter um senso claro de objetivo, produzir um impacto óbvio, fazer progressos constantes, apreciar uma boa oportunidade de sucesso e vivenciar inúmeros momentos de *fiero*. O projeto *Investigate Your MP's Expenses* apresentava todas essas recompensas emocionais — e aos montes.

A interface do jogo facilitava a ação e a observação instantânea do próprio impacto. Quando um documento era examinado, havia um painel de botões brilhantes e reluzentes para pressionar, dependendo do que a pessoa havia descoberto. Primeiro, era preciso decidir que tipo de documento você tinha à sua frente: um formulário de solicitação de reembolso, uma prova (recibo, fatura ou ordem de compra), uma página em branco ou "algo no qual não pensamos". Então, você determinava o nível de interesse do documento: "interessante", "desinteressante" ou "Investigue isso! Quero saber mais". Depois de fazer a seleção, o botão se acendia, propiciando uma sensação gratificante de produtividade, mesmo que tudo o que você houvesse descoberto tivesse sido uma página em branco não tão interessante assim. E havia sempre uma esperança real de sucesso: a promessa de encontrar a próxima "ilha para patos" garantia que você continuaria trabalhando rapidamente com os inúmeros documentos.

Um *feed* de atividades em tempo real mostrava os nomes dos jogadores que haviam feito o login recentemente e as ações que eles praticaram no jogo. Esse *feed* fazia com que o site parecesse algo como uma rede social. Mesmo que não estivesse interagindo diretamente com os outros jogadores, vocês estavam presentes no mesmo site e compartilhavam a mesma experiência. Havia, também, uma série de listas dos principais colaboradores nas 48 horas anteriores, para motivar tanto a participação de curto prazo quanto a de longo prazo. E, para celebrar a participação bem-sucedida, assim como a transparência do volume de participação, existia ainda uma página de "melhores descobertas individuais", que identificava as principais descobertas dos jogadores. Algumas dessas descobertas eram luxos excessivos, que ofendiam o senso de decência de qualquer um: um pôster com a imagem de uma girafa por 240 libras ou uma caneta tinteiro por 225 libras, por exemplo. Outras eram erros matemáticos ou inconsistências, sugerindo que os indivíduos receberam um reembolso maior do que deveriam. Como reparou um jogador: "Conta errada na página 29, relativa a uma fatura do MP Denis MacShane, que solicitou 1.730 libras de reembolso, quando a soma dos itens listados foi de apenas 1.480 libras."

No entanto, talvez o mais importante de tudo era que o website também mostrava uma seção denominada "Dados: o que aprendemos até aqui com seu trabalho". Essa página colocava os esforços dos jogadores em um contexto muito mais amplo — e garantia que os colaboradores veriam os resultados reais desses esforços. Alguns dos resultados mais importantes do jogo incluíam as seguintes descobertas:

- Em média, cada MP gastou *o dobro* de seu salário anual em despesas — ou mais de 140 mil libras, comparando-se com o salário de 60.675 libras.
- O custo total para os contribuintes de itens pessoais gastos pelo MP é de 88 milhões de libras anuais.

E o jogo detalhava:

- O número de recibos e papéis preenchidos por cada MP — que varia entre 40 e 2 mil.
- Os gastos totais de despesas por partido e categoria (cozinha, jardim, TV, alimentação etc.).
- Mapas on-line comparando as despesas de viagem relatadas com a distância verdadeira entre a Casa dos Comuns, em Londres, até os distritos de base de cada MP, facilitando a identificação de superfaturamentos grosseiros. (Por exemplo, MPs de distritos próximos que preencheram 21.534 libras, em vez de 4.418 libras, ou 10.105 libras, em vez de 1.680 libras).

Trazer esses números à tona ajudou a esclarecer a verdadeira extensão da crise: uma cultura de extravagantes reembolsos pessoais muito mais disseminada do que se suspeitou originalmente.

Então, o que os jogadores conquistaram? Resultados políticos reais. Pelo menos 28 MPs renunciaram ou declararam a intenção de renunciar ao fim de seu mandato, e, no início de 2010, quatro processos criminais contra MPs investigados pelos jogadores estavam em andamento. Novos códigos de despesas foram elaborados e os velhos códigos estão sendo aplicados com mais rigor. Mais concretamente, centenas de MPs foram obrigados a ressarcir os cofres públicos um total de 1,12 milhão de libras.[6]

Nem tudo isso é obra dos jogadores do *Guardian*, é claro. Porém, sem dúvida alguma, o jogo desempenhou um papel crucial na investigação. Os jornalistas cidadãos ajudaram a pressionar o governo britânico, mantendo o escândalo no noticiário. Quanto mais o jogo seguia adiante, maior se tornava a oportunidade pública de forçar uma grande reforma nas políticas públicas.

O *Investigate Your MP's Expenses* possibilitou que dezenas de milhares de cidadãos participassem diretamente de um novo tipo de movimento na reforma política. Em vez de apenas exigir por mudanças, eles empregaram seu tempo e seus esforços para criar evidências de que a mudança era necessária. Além disso, a multidão de jogadores fez todo esse importante trabalho mais rapidamente do que qualquer organização individual poderia ter feito, e eles o fizeram de graça — reduzindo os custos do jornalismo investigativo e acelerando o processo de reforma democrática.

Nem todos os projetos de crowdsourcing são tão bem-sucedidos. Trabalhar com outras pessoas em escalas extremas é mais fácil na teoria do que na prática. Não é possível realizar um crowdsourcing sem uma multidão — e o fato é que talvez seja difícil encontrar multidões efetivamente dispostas a fazê-lo.

Em 2008, Clay Shirky, professor da New York University e pesquisador de internet, reuniu-se com Martin Wattenberg, pesquisador da IBM, para tentar descobrir exatamente quanto esforço humano foi consumido para criar a Wikipédia. Eles observaram o número total de artigos e edições, assim como a extensão média de cada artigo e o tempo médio de cada edição. Computaram também todo o tempo de leitura necessário para encontrar incompatibilidades de informações e identificar os erros, e todas as horas de programação e administração contínua da comunidade, exigidas para fazer com que tais edições se articulassem de modo coerente. Depois de uma matemática bastante hábil, chegaram à seguinte estimativa:

> Se considerarmos a Wikipédia como um tipo de unidade, toda a enciclopédia on-line, o projeto como um todo — cada página, cada edição, cada página de conversa, cada linha de código, em cada língua em que o site se apresenta — representa algo como a acumulação de 100 milhões de horas de pensamento humano. (...) É um cálculo aproximado, mas é a ordem correta de magnitude, cerca de 100 milhões de horas de pensamento humano.[7]

Por um lado, não se trata de um esforço trivial. É o equivalente a reunir 1 milhão de pessoas e convencer cada uma delas a gastar cem horas contribuindo gratuitamente para a Wikipédia. Colocado de outra forma: é como convencer 10 mil pessoas a dedicar cinco anos inteiros de trabalho integral ao projeto da Wikipédia. É *muito* esforço para se pedir a *muitas* pessoas, sem nenhuma recompensa extrínseca, em nome de uma ideia alheia.

Por outro lado, considerando-se que existem 1,7 bilhão de usuários de internet no planeta e 24 horas em um dia, não deveria ser tão difícil assim realizar com sucesso inúmeros projetos de escala semelhante à da Wikipédia.[8] Hipoteticamente, se pudéssemos fornecer a motivação correta, deveríamos ser capazes de completar cem projetos do tamanho da Wikipédia *a cada dia* — se conseguíssemos convencer todos os 1,7 bilhão de usuários da internet a gastar a maior parte de seu tempo livre contribuindo voluntariamente para projetos de crowdsourcing.

Talvez isso não seja realista. De forma mais razoável, se conseguíssemos convencer cada usuário da internet a voluntariar-se por apenas uma única hora por semana, poderíamos fazer muitas coisas. Coletivamente, seríamos capazes de completar quase *vinte* projetos do tamanho da Wikipédia *a cada semana*.

O que realmente nos faz pensar: com tanto potencial, por que não existem ainda mais projetos com escala semelhante à da Wikipédia?

A verdade é que a internet está cheia de espaços de colaboração com desempenhos insatisfatórios, raramente habitados ou completamente abandonados: wikis que não têm nenhum colaborador, fóruns de discussão sem nenhum comentário, projetos de fonte aberta sem um único usuário ativo, redes sociais com pouquíssimos membros e grupos de Facebook com inúmeros membros, mas que raramente fazem alguma coisa após se associar. De acordo com Shirky, mais da metade de todos os projetos colaborativos on-line fracassa em alcançar o número mínimo de participantes necessários até mesmo para começar a trabalhar em uma meta, que dirá para alcançá-la.

E isso não se deve ao desperdício de tempo no uso da internet. Simplesmente, é muito difícil atingir a massa crítica de participação necessária em qualquer projeto sério.

Um dos motivos é que algumas redes participativas são mais recompensadoras do que outras — as redes mais prontamente recompensadoras não são, como regra geral, as que fazem o trabalho mais sério. Os jogos on-line e as redes sociais "divertidas", como o Facebook, propiciam o fluxo de recompensas intrínsecas mais consistentemente. Eles são espaços *autotélicos* — espaços que visitamos pelo simples prazer de visitá-los. Seu objetivo principal não é resolver um problema ou realizar um trabalho, mas serem apenas recompensadores. Ao contrário dos projetos sérios, eles são concebidos, antes de mais nada, para envolver e satisfazer nossos desejos emocionais. Como resultado, *eles* são os projetos que estão absorvendo a grande maioria de nossa **participação de banda larga** on-line — nossa capacidade individual e coletiva de contribuir para uma ou mais redes participativas.

Um segundo e mais urgente problema é o fato de que, em meio a tantos projetos sérios de multidão, nossos recursos participativos estão se distribuindo de modo cada vez mais esparso.

No mês passado, fui convidada a me juntar a exatamente 43 grupos no Facebook. Fui solicitada a ajudar a editar 15 wikis e contribuir com quase vinte documentos do Google Docs. E fui recrutada (sem sucesso) para aproximadamente outros vinte projetos de inteligência coletiva, cada um deles solicitando que eu passasse um tempo precioso votando, estabelecendo cotações, julgando, editando, selecionando, classificando, aprovando, comentando, traduzindo, prevendo, contribuindo ou, de alguma forma, participando de uma valorosa missão concebida por outro indivíduo. Posso ser um exemplo extremo — sou uma pessoa altamente conectada à rede, e muitos de meus contatos pessoais realizam um interessante trabalho on-line. Contudo, certamente, não estou sozinha em me sentir sufocada com tantas solicitações. Cada vez mais, ouço a mesma queixa de amigos, colegas e clientes: existem muitas demandas, de muitas pessoas, para nosso envolvimento on-line.

Chamo isso de "spam participativo". É o número cada vez maior de pedidos não solicitados que recebemos diariamente para participar de grupos de outras pessoas. Se você ainda não recebeu nenhum spam participativo, com certeza os receberá — e em breve.

Segundo minhas próprias estimativas, há atualmente mais de 200 milhões de solicitações públicas de participação na internet, distribuídas em milhares de redes diferentes, que vão de jornalismo cidadão, ciência cidadã e administração aberta, até aconselhamento pessoal, relacionamento social e inovação aberta. Esse cálculo compreende, por exemplo, agentes em mais de 1 milhão de redes sociais públicas criadas no Ning, em mais de 100 mil wikis na Wikia, em mais de 100 mil projetos de crowdsourcing na Amazon's Mechanical Turk, em pelo menos 20 mil vídeos aguardando transcrição e tradução no DotSUB, assim como em uma infinidade de agrupamentos menores de colaboração aberta, como os mais de 3.300 "espaços públicos de ideias", para propor e desenvolver concepções inovadoras no IdeaJam do Lotus da IBM e mais de 14 mil no IdeaStorm da Dell.

Com 1,7 bilhão de pessoas na internet, isso significa cerca de 8,5 pessoas em cada "multidão".

Trata-se de uma multidão muito pequena.

Com certeza não é uma multidão grande o suficiente para construir um projeto com escala semelhante à da Wikipédia.

Esse problema tende a se agravar antes de melhorar. À medida que fica mais fácil e barato lançar uma rede participativa, provavelmente também ficará mais difícil sustentá-la. Há um número finito de participantes potenciais na Internet. E, uma vez que a participação é concebida como um processo ativo que exige algum esforço mental, resta apenas um certo número de unidades de envolvimento (ou horas mentais) que cada participante consegue gastar razoavelmente em determinada hora, dia, semana ou mês.

A fim de efetivamente tirar proveito da sabedoria das massas e aumentar a participação das pessoas, as organizações precisarão se tornar jogadoras eficientes na emergente **economia do envolvimento**. Na economia do envolvimento, é cada vez menos importante competir pela atenção, e cada vez mais importante competir por coisas como ciclos cerebrais e banda larga interativa. Projetos que dependam de multidões devem descobrir como capturar o esforço e a energia mental necessários à conquista de contribuições individuais para um todo mais amplo. Por essa razão, a cultura global da inteligência coletiva provavelmente não ficará imune à "tragédia do bem comum" — a crise que ocorre quando os indivíduos exaurem um recurso coletivo. Os projetos colaborativos terão de competir pelos recursos da multidão com as comunidades on-line, que procurarão reter o maior número possível de horas mentais de seus membros. Essas conquistas serão obtidas à custa de outros projetos, que ainda lutam para garantir a fidelidade de sua própria comunidade. A colaboração pode ser o *modus operandi* particular de tais projetos, mas a concorrência por participantes será dura — e nem todos os projetos prosperarão.

Ao considerarmos esses desafios, algumas das questões-chave da emergente economia do envolvimento começam a surgir: quem irá se responsabilizar por toda a participação necessária para transformar em sucesso o aparentemente interminável fluxo de projetos participativos? Existe um número razoável de colaboradores qualificados no mundo dispostos a fazer isso? Como convencer uma multidão suficientemente grande e apaixonada a enfrentar metas em escalas extremas? E como motivar as multidões realmente interessadas a se comprometer por bastante tempo, de modo a criar coletivamente algo que tenha valor?

Temos de encarar os fatos. É muito difícil motivar um grande número de pessoas a se reunir ao mesmo tempo e a contribuir com uma quantidade significativa de energia — isso, sem falar em seus melhores esforços — para um projeto colaborativo. A maior parte dos atuais projetos de multidão fracassa: não atrai a multidão, não lhe oferece o tipo de trabalho adequado ou não a recompensa satisfatoriamente, o que não a mantém participando no longo prazo.

Porém, não se deve perder a esperança. Conforme a Wikipédia e o *Investigate Your MP's Expenses* demonstram, há significativos projetos de crowdsourcing obtendo êxito. E todos eles têm uma coisa importante em comum: foram estruturados como um bom jogo para múltiplos jogadores.

Os mais ativos colaboradores da Wikipédia, o projeto de crowdsourcing mais bem-sucedido do mundo, já sabem disso. De fato, eles criaram um projeto especial para detalhar todas as maneiras pelas quais a Wikipédia se assemelha a um jogo.

Como mais de cinquenta principais colaboradores da enciclopédia on-line ajudaram a definir, "uma teoria que explica a qualidade viciante da Wikipédia e sua tendência a produzir wikipediholics (pessoas que se viciam em editar os artigos do site) é o fato de ela ser um RPG on-line para multidões". E, de acordo com os wikipedianos viciados (e felizes), ela funciona como um bom MMORPG em três maneiras.

Primeiro, a Wikipédia é um **bom mundo de jogo**. Sua escala colossal inspira nosso senso de admiração e encantamento, enquanto sua ampla navegação encoraja a curiosidade, a exploração e a colaboração. Eis exatamente como os wikipedianos a descreveram em uma recente versão da página wiki, sempre em constante atualização:

> A Wikipédia é um mundo de jogo imersivo, com mais de 10,7 milhões de *jogadores* (colaboradores registrados, ou "wikipedianos") e mais de 3,06 milhões de *localizações únicas* (artigos da Wikipédia), incluindo 137.356 *áreas secretas* desconhecidas ("páginas solitárias", ou artigos que não estão ligados a nenhum outro artigo e, portanto, não podem ser encontrados por meio da navegação), 7.500 *masmorras* completamente exploradas ("bons artigos", ou exaustivamente escritos, com excelentes citações e bibliografia) e 2.700 *chefões* ("artigos especiais", ou artigos mais bem classificados, avaliados pela precisão, neutralidade, integridade e estilo).[9]

Em outras palavras, a Wikipédia, como a maioria dos outros jogos envolventes para múltiplos jogadores, é um *ambiente épico construído*. Ele convida os participantes a explorar, agir e passar grandes períodos de tempo por lá.

Em segundo lugar, a Wikipédia apresenta uma **boa mecânica de jogo**. A ação do jogador produz resultados diretos e claros: as edições aparecem instantaneamente no site, dando aos usuários um poderoso senso de controle sobre o ambiente. Esse impacto instantâneo cria otimismo e um forte senso de autoeficácia. Ela oferece oportunidades ilimitadas de trabalho e dificuldade crescente. Conforme descrevem os wikipedianos, "os jogadores podem aceitar *quests* (WikiProjects, esforços para organizar muitos artigos em um artigo único e maior), disputar *últimas fases* (artigos especiais, considerados de padrão mais alto do que artigos comuns) e adentrar as *arenas de combate* (intervenções contra o vandalismo dos artigos)". Ela também tem um sistema pessoal de *feedback* que dá aos usuários a sensação de estarem se aprimorando e fazendo um progresso pessoal à medida que contribuem. "Os jogadores podem acumular *pontos de experiência* (número de artigos editados), permitindo-lhes avançar para *níveis* mais altos (listas de wikipedianos que lideram a classificação, pelo número de artigos editados)."

Ao mesmo tempo, como em todo bom jogo, há obstáculos significativos para se atingir a meta. Não se trata apenas de fazer boas edições. O jogo também tem um inimigo claramente definido: vândalos que fazem edições inúteis no site. As chamadas "guerras de edição" surgem entre colaboradores com diferentes pontos de vista que competem entre si, e os jogadores desenvolveram técnicas colaborativas e ferramentas de combate para lidar com esses desafios de alto nível. Conforme a guerra de edição se intensifica, mais e mais editores são solicitados a se associar ao debate e trabalhar por uma solução.

O que nos leva à terceira característica fundamental do aspecto de jogo apresentado pela Wikipédia: uma **boa comunidade de jogos**. Uma boa comunidade de jogos exige duas coisas: grande dose de interação social positiva e contexto significativo para o esforço coletivo. A Wikipédia tem os dois. Como descrevem os wikipedianos:

> Cada *localização única* (artigo) no *mundo de jogo* (enciclopédia) tem uma *taberna* ("página de conversa", ou fórum de discussão), onde os jogadores têm a oportunidade de interagir com qualquer outro jogador em tempo real. Geralmente, os jogadores se tornam amigos, e alguns até já combinaram de *se encontrar na vida real* ("*meetups*", ou reuniões sociais presenciais de colaboradores frequentes da Wikipédia).

As páginas de conversa encorajam a competição sociável (discutir sobre edições recentes) e a colaboração (aprimorar e organizar os artigos existentes). Esse tipo de interação social positiva constante em torno de objetivos comuns reforça a confiança e fortalece os vínculos — que, naturalmente, se expandem para os relacionamentos presenciais. De fato, cerca de cem *meetups* da Wikipédia são organizados anualmente nos mais diversos lugares, desde Reykjavik, Cidade do Cabo, Munique e Buenos Aires, até Perth, Kyoto, Jakarta e Nashville.

Algo igualmente fundamental para uma boa comunidade é o senso de significado que surge ao participar e contribuir para um projeto deste tamanho. Os membros da Wikipédia estão sempre trabalhando em função de metas em escala extrema — o primeiro objetivo era contar com 100 mil artigos, depois 1 milhão, depois 2 milhões e, finalmente, 3 milhões —, além de celebrar os marcos históricos já alcançados — a data em que a Wikipédia apareceu pela primeira vez entre os quinhentos websites mais importantes, os cem, os vinte e, mais recentemente, os dez mais importantes. E estão constantemente mergulhados nas impressionantes estatísticas do projeto, observadas na página inicial do site, com uma lista das mais de 270 versões da Wikipédia em línguas diferentes — um número que não para de crescer.

Os wikipedianos creditam explicitamente o bom aspecto de jogo do sistema — seu envolvente mundo de jogo, sua gratificante mecânica e sua inspiradora comunidade — à sua dedicada participação de longo prazo. E concluem assim sua avaliação do site como um MMORPG: "As pessoas tendem a jogar determinado MMORPG por seis a 18 meses com alto nível de envolvimento; foi observado um padrão similar (de "wikibreaking", ou desligar-se temporariamente do site para participar de outros projetos) em jogadores intensos da Wikipédia."[10] Em outras palavras, a maioria dos jogos acaba se tornando entediante — exaurimos seus desafios e suas possibilidades criativas — e, com a Wikipédia, não é diferente. Embora existam alguns wikipedianos perpétuos, a maioria dos membros está a serviço do site por um período limitado de tempo; a partir daí, é mais provável que migrem para um novo sistema que ofereça novos conteúdos e desafios.

O projeto "A Wikipédia é um MMORPG" é particularmente entusiasmante, exatamente porque muito esforço participativo valioso está sendo despendido em ambientes de MMORPG.

Vamos considerar o *World of Warcraft*, por exemplo — o mais bem-sucedido MMORPG de todos os tempos. Atualmente, o jogo tem mais de 11,5 milhões de assinantes, cada um jogando entre 16 e 22 horas por semana, o que significa 210 milhões de horas participativas gastas semanalmente em um único MMORPG. E o número de assinantes do *WoW* é quase exatamente o mesmo que o número de colaboradores registrados na Wikipédia.

Com base na estimativa de Clay Shirky, de que toda a enciclopédia on-line levou 100 milhões de horas para ser criada, a comunidade do *WoW* poderia criar uma nova Wikipédia a cada três dias e meio.

Contudo, vamos dizer, por hipótese, que a maioria das pessoas que jogam *WoW* não estaria nem remotamente interessada em qualquer tipo de projeto de inteligência coletiva. Ainda assim, sobrariam mais de 65 mil jogadores que também são colaboradores registrados do WoWWiki, atualmente o segundo maior wiki do mundo depois da Wikipédia. Mesmo que conseguíssemos envolver com sucesso apenas esse grupo, ele precisaria de apenas *dois meses* para canalizar seu tempo de jogo no *WoW* para um projeto de crowdsourcing em escala semelhante à da Wikipédia. Por comparação, a Wikipédia levou *oito anos* para coletar 100 milhões de horas de esforço cognitivo.

Quando comecei a observar esses números, me dei conta de duas coisas.

Primeiro, os jogadores são uma fonte valiosa — e amplamente inexplorada — de participação on-line. Quem descobrir como envolvê-los em um trabalho real irá obter benefícios enormes (e, nitidamente, o *Investigate Your MP's Expenses*, do *Guardian*, representa uma das primeiras organizações que conseguiu fazer exatamente isso).

Segundo, os projetos de crowdsourcing — se tiverem a mínima esperança de conquistar uma participação on-line suficiente para alcançar metas verdadeiramente ambiciosas — devem ser criados para oferecer os mesmos tipos de recompensas intrínsecas que obtemos de um bom jogo. Cada vez mais, estou convencida de que essa é a única maneira de aumentar dramaticamente a disponibilidade total de nossa participação. Se todos passassem tanto tempo envolvidos ativamente em trabalhos bons e árduos, como os jogadores fazem, não estaríamos disputando os escassos recursos da multidão. Teríamos um número incrivelmente maior de horas mentais para dedicar a esforços coletivos importantes.

Fazendo um melhor uso da participação on-line dos jogadores

Minha experiência e as pesquisas que realizei sugerem que os jogadores têm mais probabilidade do que qualquer outra pessoa do planeta de contribuir para um projeto de crowdsourcing on-line. Eles já dispõem do tempo e do desejo para enfrentar obstáculos voluntários. Eles se dedicam aos jogos exatamente porque anseiam por um envolvimento maior e melhor. Também possuem comprovadas habilidades de computação e uma destreza para aprender rapidamente novas interfaces interativas. E se estiverem jogando conectados à internet, já terão o acesso necessário para se associar a qualquer projeto on-line e começar sua participação imediatamente.

Considerando-se a natureza altamente social dos melhores games da atualidade, os jogadores também têm mais probabilidade de contar com uma rede maior de amigos e familiares, que já levam consigo de um jogo para outro. Esse é exatamente o tipo de infraestrutura social necessário para auxiliar o crescimento de qualquer base participativa.

Em suma, os jogadores já passam mais tempo compilando a inteligência coletiva — e fazendo uso efetivo dela — do que qualquer outra pessoa. Eles são os usuários mais produtivos de wikis no mundo. Na Wikia, por exemplo, o mais popular serviço de hospedagem de wikis, os jogadores são de longe os maiores criadores de conteúdo e os usuários mais ativos. Com mais de 1 milhão de artigos sobre 10 mil wikis distintos — cada um para um jogo diferente —, eles representam a maior parcela de conteúdo ativo em toda a rede da Wikia. Como me disse várias vezes Artur Bergman, vice-presidente de engenharia e operações da Wikia, eles são, seguramente, os mais organizados e ambiciosos usuários de wikis na rede. "Os jogadores são incríveis", ele me falou no último outono, depois de observar as inúmeras dicas postadas ao longo da noite para jogos recém-lançados. "Assim que um jogo é lançado, eles começam a fazer edições ininterruptas. Dentro de 24 horas, já temos a coisa toda documentada."

No minuto em que os jogadores colocam suas mãos em um novo game, eles começam a compilar inteligência coletiva sobre ele. Não é algo que aconteça depois de se cansarem de jogar — é uma parte essencial do ato de jogar. E, segundo as estatísticas de tráfego da Wikia, para cada jogador que colabora com um wiki, milhares de outros aparecem para fazer uso daquela informação. Os jogadores se valem diariamente da inteligência coletiva, e, como resultado, compreendem instintivamente o valor e a possibilidade de projetos de grandes multidões.

Em resumo, os jogadores já são os cidadãos que podem ser imediatamente envolvidos.

Também temos provas contundentes de que os jogadores querem fazer mais do que apenas salvar o mundo virtual. Dois projetos cruciais mostram o quanto jogadores on-line querem fazer o bem no mundo real: o jogo de combate à fome mundial *Free Rice* e a iniciativa de jogo de luta contra o câncer Folding@home, no PlayStation 3.

FREE RICE — OU COMO JOGAR E ALIMENTAR PESSOAS FAMINTAS

"Você está se sentindo culpado por perder tanto tempo jogando Paciência no computador? Junte-se à crescente multidão sem culpa no FreeRice.com, um jogo on-line com uma finalidade social redentora."[11] Foi assim que o *USA Today* descreveu o *Free Rice*, um jogo sem fins lucrativos, criado para ajudar jogadores a combater a fome mundial enquanto jogam.

O jogo em si é fácil: responda corretamente uma questão de múltipla escolha sobre vocabulário (em inglês) e ganhe dez grãos virtuais de arroz. Quanto melhor você se sair, mais difíceis ficam as perguntas. Da última vez que joguei, bastaram apenas seis questões para me ver paralisada por esta aqui:

Acrógeno significa:
- construído do topo para a base
- extremamente generoso
- que cresce pelo vértice
- pontiagudo

(*Dica*: "Acrógeno" é um termo botânico — veja a resposta na seção Notas).[12]

Você pode estocar a quantidade de arroz virtual que quiser e, ao fim do jogo, ele será convertido no alimento real, que será doado para o Programa de Alimentação Mundial das Nações Unidas. (O arroz é fornecido por patrocinadores, cujos anúncios virtuais aparecem sob cada questão do jogo.)

Entretanto, para ganhar arroz suficiente a ponto de poder oferecer uma refeição a alguém, eu teria de responder corretamente duzentas questões. E esse não é o tipo de jogo ao qual nos dedicamos por horas. Na verdade, geralmente jogo apenas por um ou dois minutos, ou cerca de dez questões de cada vez, sempre que preciso de um breve rompante de produtividade gratificante e de uma atividade que me faça sentir bem. Mas ganhar cem grãos por dia equivale, quando muito, a uma colher de chá. Felizmente, não sou a única pessoa jogando. Todos os dias, entre 200 mil e 500 mil indivíduos jogam o *Free Rice*; juntos, segundo a seção de Perguntas Frequentes do jogo, seus esforços somam arroz suficiente para alimentar aproximadamente 7 mil pessoas por dia.

Por que o *Free Rice* consegue promover tanto envolvimento? Não se trata apenas de ser uma força para o bem; ele também apresenta um bom design, ao modo clássico. Há um *feedback* visual instantâneo: os grãos de arroz vão sendo depositados em uma tigela, e o número total deles cresce a cada resposta certa. Pelo fato de o jogo se tornar mais fácil quando você comete erros e mais difícil quando responde corretamente, é simples experimentar o fluxo: você está sempre jogando no limite de sua habilidade. E, desde que o jogo foi criado (em 2007), seu mundo de jogo expandiu-se significativamente: há, aparentemente, uma infinidade de tarefas em potencial, envolvendo 13 áreas de assuntos diferentes, desde pinturas famosas e capitais mundiais até símbolos químicos e vocabulário francês. Há, ainda, um senso claro de que você é parte de algo maior — apenas por estar jogando. Como explica o site do *Free Rice*: "Embora dez grãos de arroz possa parecer uma quantidade pequena, é importante lembrar que, enquanto você está jogando, milhares de outras pessoas está fazendo a mesma coisa.

Juntos, faremos a diferença."[13] Até aqui, a diferença foi épica: 69.024.128.710 grãos de arroz, um número que continua aumentando — o bastante para fornecer mais de 10 milhões de refeições em escala mundial.

O *Free Rice*, em certo sentido, parece a perfeita materialização da filosofia de crowdsourcing: várias pessoas se unem para fazer uma pequena contribuição, e, somando-se tudo, o resultado é a construção de algo maior. Todavia, esse jogo, na verdade, fica aquém do verdadeiro crowdsourcing. Isso porque os grãos de arroz não provêm dos jogadores — estão vindo de um número reduzido de anunciantes, que concordam em pagar o custo de dez grãos de arroz a granel para cada visualização da página com a resposta correta. Esses anunciantes estão pagando pela visualização da página pelos jogadores. Portanto, a atividade real do jogo não está gerando nenhum novo conhecimento ou valor; os anunciantes apenas ficam felizes por terem seus anúncios em uma página que, com certeza, será visualizada por centenas de milhares de pessoas todos os dias.

Isso significa que o *Free Rice* é menos parecido com a Wikipédia e mais parecido com qualquer angariação de fundos inteligente. Porém, o *Free Rice* ainda é um projeto extremamente importante, por uma razão significativa: ele dá provas irrefutáveis de que os jogadores, em geral, ficam mais felizes quando um bom jogo faz o bem no mundo real. Não há evidências de que centenas de milhares de pessoas se disporiam a jogar um mau jogo apenas para contribuir por uma boa causa. No entanto, a combinação de um bom design e resultados no mundo real é irresistível.

O jogo também aponta para possibilidades mais amplas. E se as pessoas que estão jogando o *Free Rice* estivessem realmente contribuindo com alguma outra coisa que não fosse prestar atenção aos anúncios? Com o que os jogadores teriam facilidade de contribuir, e no que isso resultaria? Com o Folding@home — um projeto de multidão criado para explorar a conexão dos jogadores com o bem — podemos ter uma ideia ainda melhor do potencial que os jogadores têm para se envolver na resolução épica de problemas.

FOLDING@HOME NO PLAYSTATION 3

"Se você tiver um PS3, comece a salvar vidas. Vidas *reais*."[14] Foi assim que um blogueiro definiu o Folding@home para o PlayStation 3, — a primeira iniciativa de computação mundial distribuída apenas para jogadores — ao descobri-lo.

Um sistema de computação distribuído é como um crowdsourcing para computadores. Ele conecta cada máquina por meio da internet em um supercomputador virtual gigante para enfrentar tarefas complexas, que nenhum computador conseguiria resolver sozinho.

Por anos, os cientistas vêm se aproveitando do poder de processamento dos computadores domésticos para criar supercomputadores virtuais, cuja tarefa é resolver problemas científicos reais. O exemplo mais famoso é o SETI@home, ou Search for Extraterrestrial Intelligence at Home, um programa que explora os computadores domésticos para analisar sinais de rádio vindos do espaço e buscar indícios de vida inteligente no universo. O Folding@home é um sistema similar, criado por biólogos e pesquisadores médicos da Stanford University, em um esforço para resolver um dos grandes mistérios da biologia humana: como as proteínas se dobram.

Por que o dobramento das proteínas é importante? Porque elas são as peças que constroem toda a atividade biológica. Tudo que acontece em nossos corpos é resultado de proteínas funcionando: elas sustentam nosso esqueleto, movem nossos músculos, controlam nossos cinco sentidos, digerem nossa comida, nos defendem de infecções e ajudam nosso cérebro a processar as emoções. Há mais de 100 mil tipos de proteínas no corpo humano, cada uma delas com algo entre cem e mil partes diferentes, compostas de quaisquer combinações possíveis entre vinte aminoácidos diferentes. Para fazer um trabalho específico, cada tipo de proteína se dobra de maneira diferente.[15]

Os biólogos descrevem esse processo como uma espécie de origami incrivelmente complexo. As partes podem ser arranjadas e dobradas em quase todas as combinações e formatos imagináveis. Mesmo sabendo quais são os aminoácidos que formam uma proteína, e em quantas partes, ainda assim, é praticamente impossível prever exatamente qual forma a proteína assumirá. Uma coisa da qual os cientistas têm certeza, entretanto, é que, por razões desconhecidas, às vezes as proteínas param de se dobrar da maneira correta. Elas "esquecem" qual forma assumir — e isso pode levar a doenças. O mal de Alzheimer, a fibrose cística, a doença da vaca louca e, até mesmo, muitos tipos de câncer, por exemplo, são atribuídos ao resultado de proteínas cujo dobramento está comprometido.

Portanto, os cientistas querem entender exatamente como as proteínas se dobram e que formatos assumem para poderem encontrar uma maneira de impedir que elas se dobrem erroneamente. Contudo, considerando a quase infinidade de diferentes formas que cada proteína pode adotar, seria preciso um tempo incrivelmente longo para testar todas as várias formas. Certos programas de computador podem simular todas as formas possíveis que uma proteína com determinada composição de aminoácidos pode assumir, mas levaria *trinta anos* para testar todas as combinações diferentes para apenas uma única proteína, dentre as 100 mil existentes no corpo humano. Como esclarece a seção de Perguntas Frequentes do Folding@home: "É muito tempo para esperar por um resultado!"

É por essa razão que os cientistas usam sistemas de computação distribuídos. Dividindo o trabalho entre múltiplos processadores, o trabalho pode ir muito mais rápido. Desde 2001, qualquer pessoa pode conectar seu computador pessoal à rede Folding@home. Sempre que seu computador se encontrar ocioso, ele se conectará à rede e fará o download de uma pequena tarefa de processamento — apenas alguns minutos de simulação do dobramento das proteínas. Ele submeterá o resultado à rede quando a tarefa estiver concluída.

Porém, depois de quase uma década explorando o poder ocioso de processamento dos computadores pessoais, a equipe do Folding@home percebeu que existe uma plataforma mais poderosa para a supercomputação virtual: consoles de videogames, como o PlayStation 3.

Quando o assunto é habilidade de operação de informações, os aparelhos de videogames são significativamente mais poderosos do que um PC médio. Isso porque o poder computacional exigido para dar conta de ambientes com gráficos em 3D e que mudam constantemente é muito maior do que o exigido para tarefas comuns de computador em casa ou no trabalho, como navegar na internet ou processar um texto. Apesar de existirem mais PCs em nossas casas do que consoles, a meta dos cientistas era conseguir que pelo menos uma pequena fração de jogadores participasse em projetos de computação distribuídos, pois assim eles poderiam dobrar, triplicar ou até mesmo quadruplicar seu poder de supercomputação.

No entanto, os jogadores fariam isso? A Sony, fabricante do PS3, apostou que sim. E estava certa.

Como uma espécie de empreendimento filantrópico, a Sony desenvolveu um aplicativo personalizado do Folding@home para o PS3. Os jogadores podiam fazer o login, aceitar um missão de dobramento de proteína e doar o poder de seu PS3 para permitir o cumprimento da missão. Eles podiam observar a simulação do dobramento em ação e controlar quanto esforço computacional haviam empregado pessoalmente no projeto.

Ajude a salvar vidas reais enquanto não está salvando vidas virtuais. A mensagem era convincente e, rapidamente, se popularizou. Poucos dias depois da Sony lançar o aplicativo, milhares de postagens em blogs e artigos on-line sobre "jogando para um bem maior" se espalharam por todo o território dos jogos.

A comunidade de gamers associou-se à missão com enorme entusiasmo. Artigos e postagens em blogs proclamaram orgulhosamente: "Os donos de um PS3 tentam salvar o mundo!" Em fóruns, os jogadores encorajavam uns aos outros: "Você curou o câncer nesses últimos tempos? Agora é a melhor hora para aventurar-se e se associar à diversão para curar o câncer."[16] Eles estabeleceram equipes competitivas de dobramento que tentavam mobilizar umas às outras para chamá-las à ação: "Seu PS3 não consegue fazer isso sozinho." Ou: "É hora de fazer a sua parte pela humanidade."[17]

Dentro de seis meses, os jogadores ajudaram coletivamente a rede Folding@home a chegar à marcas de supercomputação nunca antes atingidas por qualquer outra rede distribuída no mundo. Como anunciou um desenvolvedor sênior do projeto do Folding@home para o PS3, no blog oficial do PlayStation:

> Esse é o momento pelo qual a comunidade Folding e o campo da ciência da computação como um todo têm esperado ansiosamente — ultrapassar um marco conhecido como *petaflop*. Um *petaflop* equivale a um quadrilhão de operações de ponto flutuante por segundo (FLOPS, na siga em inglês). Se você quiser imaginar essa enorme capacidade computacional, pense no cálculo de uma gorjeta para uma conta de restaurante, e agora faça isso com 75 mil contas diferentes, e, depois, a cada segundo, e, por fim, imagine que todo mundo no planeta está fazendo esses cálculos no mesmo segundo — isso é um cálculo *petaflop*. Agora vocês entendem porque chamo isso de enorme... [18]

Em um contexto épico como esse, não é estranho que tantos jogadores tivessem se disponibilizado para participar. Eles vivem procurando oportunidades para estar a serviço de metas em escalas extremas. Como disse um jogador: "Agora você também pode se gabar por ter ajudado a curar o câncer, em vez de apenas ter superado o nível mais alto de dificuldade sem morrer nenhuma vez."[19]

Hoje em dia, os usuários do PS3 respondem por 74% do poder de processamento utilizado pelo Folding@home. Até aqui, mais de 1 milhão de jogadores do PS3, em seis continentes, contribuíram com ciclos computacionais ociosos para o projeto Folding@home. Isso significa um em cada 25 jogadores na rede do console.[20] Os jogadores estão contribuindo substancialmente, muito mais do que qualquer outra pessoa na rede — e são bastante ativos em fóruns do Folding@home, controlando os resultados de seus esforços.

Atualmente, cada PS3 vem pré-carregado com o software do Folding@home, tornando ainda mais fácil para qualquer um participar de uma missão científica. Pelo que parece, muito tempo após o lançamento, em setembro de 2008, os jogadores continuam a se inscrever no esforço coletivo, a uma taxa de 3 mil pessoas por dia — ou dois novos voluntários a cada minuto.[21]

O projeto Folding@home para o PlayStation 3 é um exemplo perfeito da combinação de habilidade com oportunidade, que nada mais é do que a dinâmica fundamental de qualquer bom projeto de crowdsourcing. Não basta chamar a atenção de uma multidão — você tem de pedir para que ela faça alguma coisa e que existam chances reais de ela fazer essa coisa com sucesso. Cada jogador do PS3 é capaz de contribuir com algo de modo fácil e bem-sucedido com seu poder de processamento ocioso. Enquanto isso, a Sony, trabalhando com a Stanford University, criou uma oportunidade para que essa contribuição realmente tenha um significado.

A PARTICIPAÇÃO MASSIVA DOS JOGADORES e seu entusiasmo por esse projeto de multidão é um sinal claro de que há um desejo crescente de estar a serviço das causas do mundo real. Por décadas, os jogadores vêm atendendo a chamados heroicos para agir em mundos virtuais. É hora de lhes pedir uma resposta aos chamados para a ação no mundo real, e todas as evidências sugerem que eles estão mais do que felizes — eles estão *mais felizes* — por estar à altura desse desafio.

O próximo grande passo a adotar será explorar a inteligência dos jogadores, e não apenas seus consoles. As pessoas que jogam videogame são criativas, persistentes, e estão sempre dispostas a um bom desafio. Suas fortes habilidades cognitivas combinadas com a comprovada capacidade de envolvimento são um recurso valioso que está à espera de exploração. Na verdade, uma equipe formada por cientistas médicos, cientistas da computação, engenheiros e criadores profissionais de jogos da área de Seattle está confiante nisso. Essa equipe acredita que os jogadores podem empregar sua habilidade criativa natural e seus talentos para a resolução de problemas na criação de novas formas de proteínas e, assim, ajudar efetivamente na cura de doenças. Essa equipe criou um jogo de dobramento de proteínas chamado *Foldit*, que representa um dramático ato de fé, propulsionado pelo projeto Folding@home.

Em vez de explorar o hardware dos videogames para rodar complexas simulações de dobramento de proteínas, o *Foldit* explora o poder cerebral verdadeiro dos jogadores, desafiando-os a usar sua criatividade e perspicácia para dobrar proteínas digitais à mão.

No jogo, as pessoas manipulam proteínas em um ambiente virtual 3D, que um comentarista descreve como uma "versão do século XXI para o Tetris, com cobras geométricas multicoloridas preenchendo a tela".[22] As cobras geométricas representam todas as diferentes peças que compõem uma proteína; ou seja, as cadeias de aminoácidos que se conectam e se dobram em padrões incrivelmente complexos; a fim de desempenhar tarefas biológicas distintas no corpo. No *Foldit*, a meta dos jogadores é descobrir que tipos de padrões são mais estáveis e bem-sucedidos na realização de diferentes funções. Para isso, eles têm de pegar uma proteína e dobrá-la no formato correto. Isso é chamado de "quebra-cabeça de proteína".

Os jogadores aprendem a dobrar proteínas trabalhando sobre quebra-cabeças já "resolvidos" — proteínas que os cientistas já sabem como se dobram. Uma vez que tenham desenvolvido essa habilidade, eles são encorajados a tentar predizer a forma de proteínas que os cientistas ainda não dobraram com sucesso ou a criar um novo formato de proteína do zero — que os pesquisadores poderiam, então, fabricar em laboratório.

"Nossa meta final é ter pessoas comuns participando do jogo e, eventualmente, se candidatando para ganhar o Prêmio Nobel de biologia, química ou medicina." Zoran Popović, professor de ciência da computação e engenharia da University of Washington, e um dos pesquisadores-chefe do projeto *Foldit*, confessou essa aspiração ao Nobel em sua apresentação na conferência Games for Health, ocorrida durante a primavera de 2008, apenas algumas semanas antes de apresentar ao público o novo jogo de quebra-cabeça de dobramento de proteínas.[23] Dezoito meses depois do lançamento, o jogo já atraíra uma comunidade registrada de mais de 112.700 indivíduos — a maioria dos quais, segundo os pesquisadores, tinha pouca ou nenhuma experiência prévia no campo do dobramento de proteínas. "Esperamos sinceramente mudar a forma pela qual a ciência é feita, e por quem é feita", afirmou Popović.

A equipe do *Foldit* está prestes a fazer exatamente isso. Na edição de agosto de 2010 do prestigioso periódico científico *Nature*, a equipe anunciou sua primeira conquista significativa: em uma série de dez desafios, os jogadores conseguiram bater cinco dos mais sofisticados algoritmos mundiais de dobramento de proteínas e situaram-se no mesmo patamar outras três vezes. Os autores concluíram que a intuição dos jogadores pode competir perfeitamente com os supercomputadores — especialmente quando os problemas que estão sendo resolvidos exigem que se corra riscos radicais e criativos.[24] O mais notável é que o estudo da *Nature* não era somente *sobre* os jogadores do *Foldit*; era escrito *pelos* jogadores do *Foldit*. Mais de 57 mil jogadores foram listados como coautores oficiais, ao lado do nome de Popović e de seus colegas da universidade.[25]

NAS DÉCADAS vindouras, existirão muito mais desafios de multidão para enfrentarmos juntos: mais investigações de jornalismo cidadão, mais projetos de inteligência coletiva, mais esforços humanitários, mais pesquisas científicas. Há muito trabalho coletivo a ser feito — portanto, não podemos permitir que sejamos limitados pela falta de incentivo ou de remuneração.

Hoje em dia, muitos projetos de crowdsourcing estão fazendo experiências com micropagamentos ou pequenas quantidades de recompensa financeira, em troca de contribuições. O mercado Amazon Mechanical Turk, que oferece ao mundo dos negócios o acesso virtual a uma força de trabalho mundial, paga aos participantes alguns centavos por cada contribuição útil para uma **tarefa de inteligência humana** (ou, na sigla em inglês, HIT) — uma tarefa cognitiva "que somente um ser humano, e não um computador, poderia fazer" (como classificar imagens, identificar a qualidade emocional de letras de música ou descrever ações em pequenos vídeos). Outros, como o CrowdSPRING, oferecem prêmios com montantes iniciais de 5 mil dólares, para indivíduos que submetem as ideias mais proveitosas — por exemplo, ajudar a nomear um novo produto ou melhorar um serviço já existente.

A lógica por trás dessas práticas é que se as pessoas estão dispostas a contribuir gratuitamente, elas ficarão ainda mais felizes por contribuir quando passarem a ser remuneradas. Porém, remunerar pessoas por suas contribuições *não* é uma boa maneira de aumentar a participação on-line mundial, por duas razões básicas.

Primeiro, como já demonstraram inúmeros estudos científicos, normalmente a remuneração *diminui* a motivação para se envolver em atividades que apreciaríamos praticar de graça.[26] Se formos pagos para fazer aquilo que já faríamos com genuíno interesse — como ler, desenhar, participar de uma pesquisa ou resolver um quebra-cabeça —, teremos menos probabilidade de fazê-lo no futuro sem não formos pagos. A remuneração aumenta a participação somente entre grupos que, em caso contrário, nunca se envolveriam — e, no momento que se deixa de pagá-los, eles param de participar.

Segundo, há limitações naturais nos recursos monetários que podemos distribuir para uma comunidade de participantes. Nenhum projeto terá tanto capital financeiro para oferecer, e até mesmo um negócio bem-sucedido atingirá um limite máximo do que poderá pagar pelas contribuições. Recompensas escassas, como dinheiro e prêmios, limitam artificialmente o montante de participação que uma rede pode inspirar e suportar.

Precisamos de uma **economia do envolvimento sustentável** — uma economia que funcione motivando os participantes ao dar-lhes recompensas intrínsecas, e não recompensas lucrativas.

Portanto, se não se trata de dinheiro ou prêmios, o que provavelmente aparecerá como a mais poderosa moeda na economia do crowdsourcing? Acredito que as emoções terão o papel de orientadoras dessa nova economia. As emoções positivas são a recompensa definitiva para a participação. E já estamos programados para produzir todas as recompensas que poderíamos querer — por meio da atividade positiva, das conquistas positivas e dos relacionamentos positivos. Participar de projetos de grandes multidões constitui-se em uma fonte infinitamente renovável de incentivo.

Na economia do envolvimento, não estamos competindo por "olhos" ou por "pedaços de mentes" das pessoas. Estamos competindo por ciclos cerebrais e pedaços de corações. É por isso que, na nova economia do envolvimento, o sucesso não virá com a oferta de uma remuneração maior ou mais competitiva. Ele virá com a oferta de um *envolvimento competitivo* maior e melhor — o tipo de envolvimento que aumenta nossa participação on-line pessoal e coletiva, nos motivando a fazer mais, por mais tempo, em nome de objetivos coletivos. E ninguém sabe como aumentar melhor nossa capacidade coletiva de envolvimento do que os criadores de jogos.

Esses homens e essas mulheres têm aprimorado a arte da colaboração massiva por anos. Os jogos inspiram esforços extremos. Eles criam comunidades que se mantêm unidas ao longo de anos e por tempo suficiente para que consigam fazer coisas incríveis em conjunto. Se a teoria é o crowdsourcing, então os videogames são a plataforma.

O que nos leva à próxima correção da realidade:

CORREÇÃO #11: UMA ECONOMIA DO ENVOLVIMENTO SUSTENTÁVEL

Em comparação aos jogos, a realidade não é sustentável. As gratificações que obtemos ao jogar são um recurso infinitamente renovável.

Os bons criadores de jogos sabem que a experiência emocional em si, é a verdadeira recompensa. Considere-se as seguintes qualificações exigidas para um determinado cargo na Bungie, a companhia que desenvolve a série do *Halo*:

> Você sonha em criar mundos repletos de valores e consequências reais? Você consegue encontrar a fina fronteira entre uma recompensa que estimule a diversão dos jogadores e um incentivo que os escravize? Consegue divisar uma maneira de um jogador crescer, ao mesmo tempo em que preserva o delicado equilíbrio do jogo? Se você respondeu "sim" a essas questões, talvez queira aperfeiçoar seu currículo e candidatar-se a ser o próximo Diretor de Projetos para Investimento no Jogador, da Bungie.
>
> O Diretor de Projetos para Investimento no Jogador coordena um grupo de designers, responsável pela criação de um nicho de investimento sólido e recompensador, apoiado por incentivos consistentes, fartos e seguros, que orientam o comportamento do jogador no sentido da diversão e do investimento em sua personalidade, e, depois, valida tais sistemas por meio de intensa estimulação, testagem e reiteração.[27]

Esse tipo de emprego ainda não existe fora da indústria de jogos. Porém, deveria existir. O "Diretor de Projetos para Investimento no Jogador" é um modelo que todo projeto colaborativo ou iniciativa de multidão deveria seguir. Quando o jogo é intrinsecamente recompensador, não é preciso pagar para que as pessoas participem dele — seja com moeda real, moeda virtual ou qualquer outro tipo de recompensa escassa. Quando o jogador recebe investimento adequado em seu próprio progresso, seja na exploração completa do mundo ou no sucesso da comunidade, a participação é a própria recompensa.

E como, exatamente, é possível um bom investimento no jogador? A lista de qualificações da Bungie oferece detalhes complementares sobre algumas das principais responsabilidades dessa função — e, resumidamente, ela nos dá uma ideia muito boa de quatro princípios de envolvimento, que qualquer grande projeto de multidão deveria atender. Como você pode ver, os quatro princípios servem à meta última de construir um mundo irresistível, uma jogabilidade gratificante e uma comunidade impressionante.

> O Diretor de Projetos para Investimento no Jogador vai conceber a mecânica que possibilitará a recompensa e os incentivos ao jogador:
> - Para que ele sinta que está investindo no mundo e em suas personalidades.
> - Para que ele tenha metas de longo prazo.
> - Para que ele não perturbe ou se aproveite do jogo ou de outros jogadores.
> - Para que o conteúdo seja uma recompensa em si mesma.

Em outras palavras, os participantes devem ser capazes de explorar e causar impacto em um "mundo" (ou espaço social compartilhado) que ofereça conteúdo e oportunidades de interação. Eles devem ser capazes de criar e desenvolver uma identidade única dentro daquele mundo. E devem observar o panorama mais amplo quando chegar o momento de realizar um trabalho — uma oportunidade de superar os desafios, bem como continuar trabalhando ao longo do tempo, em busca de resultados melhores. O jogo deve ser cuidadosamente elaborado para que a única recompensa seja a participação de boa-fé, pois, em qualquer jogo, os participantes farão tudo o que puderem para serem mais recompensados pelo que estão fazendo. E a ênfase deve estar em tornar o conteúdo e a experiência intrinsecamente recompensadores, em vez de oferecer remuneração para realizar algo que, do contrário, pareceria entediante, banal ou supérfluo.

Será que esses princípios funcionam tanto para a resolução de problemas do mundo real quanto para a resolução de problemas do mundo virtual? Com certeza. Nitidamente, eles são o segredo compartilhado do sucesso de projetos como o *Investigate Your MP's Expenses*, a Wikipédia, o *Free Rice* e o *Fold It!*. Em cada um desses casos, a experiência de participação é recompensadora por seus méritos, inserindo o jogador em um mundo interativo, que o motiva e o recompensa por seus melhores esforços.

Os jogadores que cresceram intensamente envolvidos por ambientes virtuais bem elaborados estão famintos por melhores formas de envolvimento em suas vidas reais. Eles procuram por maneiras de serem bem-aventuradamente produtivos quando decidem cooperar com metas em escala extrema. E são uma fonte natural de participação on-line para os projetos de jornalismo cidadão, inteligência coletiva, humanitários e ciência cidadã, que, cada vez mais, buscaremos assumir.

Como demonstram os exemplos desse capítulo, os jogos de crowdsourcing têm um importante papel a desempenhar no modo como atingiremos nossas metas democráticas, científicas e humanitárias ao longo da próxima década — e para além dela.

E, cada vez mais, esses jogos não estarão concentrados apenas em trabalho on-line e tarefas de computador. Eles nos levarão a ambientes físicos e espaços sociais de encontros presenciais. Eles desafiarão as multidões a *mobilizarem-se* por missões sociais do mundo real — e, talvez, possam fazer com que os jogadores mudem, ou até mesmo salvem, as vidas de pessoas reais, com tanta facilidade quanto salvam as vidas virtuais atualmente.

CAPÍTULO DOZE

Missões impossíveis

Epic win
substantivo
1. *uma vitória inesperada de um azarão*
2. *algo fantástico que foi resolvido incrivelmente bem*
3. *a melhor forma possível de uma pessoa ser bem-sucedida em alguma coisa*

interjeição
4. *uma expressão de alegria e/ou admiração diante de um evento altamente favorável (e geralmente improvável) que aconteceu: "Isso! Epic win!"*

— *do Urban Dictionary*[1]

No momento, o mundo está precisando de mais ***epic wins*** [*vitórias épicas*, em português]: oportunidades para que pessoas comuns façam coisas extraordinárias — como mudar ou salvar a vida de alguém — todos os dias.

"*Epic win*" é um termo típico dos jogadores. É usado para descrever um grande sucesso, normalmente surpreendente: uma vitória de virada, uma estratégia heterodoxa que funciona bem, um esforço de equipe que tem um resultado muito melhor do que o planejado, um esforço heroico do jogador mais improvável.

O rótulo "*epic*" faz com que esses tipos de vitórias soem raras ou excepcionais. Porém, no mundo dos jogadores, elas não são. Os fóruns de discussão estão cheios de pessoas compartilhando seus momentos de *fiero* mais surpreendentes e recompensadores. E eles surgem sob muitas formas diferentes.

Algumas *epic wins* relacionam-se à descoberta de habilidades que nem sequer sabíamos ter. Como escreve um fã dos jogos de ação e aventura: "Depois de mais de uma hora participando da ridiculamente impossível cena do escritório no *Fahrenheit*, que eu tinha certeza de que nunca conseguiria terminar, finalmente a superei, exausto e destruído pelo medo. Eu fiz *isso*? *Epic win*!"[2]

Outras *epic wins* relacionam-se à frustração das expectativas alheias sobre o que é possível realizar. Depois de participar de um campeonato de *fantasy football*, um jogador escreveu: "Ganhei a Liga dos Campeões no *Championship Manager* treinando grandes 'zebras' de Málaga, ao longo de uma temporada simulada. É a *epic win* mais improvável de todas."

E outras, ainda, estão relacionadas à invenção de novos resultados positivos que nunca imaginamos antes. Um jogador de *Grand Theft Auto* relata: "Minha *epic win* no GTA IV: *mountain biking* até o topo da mais alta montanha da cidade. Gastei 25 minutos em tempo real. Justamente o tempo para ver o sol nascer."

O que esses três tipos de *epic wins* têm em comum? Elas nos ajudam a rever a noção do que constitui, na melhor das hipóteses, um resultado realista. Por melhor que seja o resultado que já tenhamos visualizado, depois de uma *epic win* estabelecemos um novo precedente: podemos fazer mais. E pode ficar melhor.

A cada *epic win*, nosso espaço de possibilidades aumenta de forma dramática. É por isso que as elas são tão cruciais para criar economias do envolvimento sustentáveis. Elas nos deixam curiosos a respeito do que mais podemos fazer — e, como resultado, temos mais probabilidade de assumir, mais uma vez, ações positivas no futuro. As *epic wins* ajudam a transformar um esforço excepcional em uma participação apaixonada de longo prazo.

As *epic wins* são abundantes nos círculos de jogadores por duas razões. Primeiro, diante de desafios paralisantes, grandes chances de fracasso ou elevada incerteza, os jogadores cultivam o otimismo extremo. Eles têm perfeita confiança de que, mesmo que o sucesso não seja *provável*, ele é, pelo menos, possível. Portanto, os esforços dos jogadores para alcançar uma *epic win* nunca parecem inúteis. Segundo, eles não têm medo de fracassar. Fracassar em um bom jogo é, no mínimo, divertido e interessante; também pode ser instrutivo e, até mesmo, outorgar algum poder.

O otimismo extremo e o fracasso divertido significam que os jogadores têm mais chances de se colocar em situações onde as *epic wins* podem acontecer —

situações nas quais assumimos missões improváveis e nos surpreendemos com os resultados positivos e inspiradores.

Se o mundo real fosse perfeito, ele nos presentearia com o mesmo tipo de fluxo de trabalho de "salvar o planeta", intensamente gratificante, que obtemos dos bons jogos. Porém, na vida real, as *epic wins* podem ser poucas e raras. Não temos o mesmo tipo de oportunidades cuidadosamente elaboradas para nos surpreendermos com nossos próprios poderes.

Não temos um fluxo infinito de oportunidades para *fazer algo que seja importante naquele momento*, apresentado com *instruções claras* e condizente com nossas *potencialidades a cada segundo*. Sem esse tipo de suporte criativo e logístico, não existe uma maneira fácil de perseguir metas épicas e alcançá-las com sucesso em nossas vidas cotidianas.

Felizmente, um novo gênero de jogos, denominados **jogos de participação social**, está tentando mudar isso. Eles foram criados para dar aos jogadores tarefas de voluntariado do mundo real que pareçam tão *heroicas*, tão *gratificantes* e — mais importante do que tudo — tão *prontamente alcançáveis* quanto as missões dos MMORPGs. E, como resultado, um número cada vez maior de jogadores está se comprometendo para fazer o bem no mundo real — e melhorando e salvando vidas reais.

Vamos usar como exemplo meu amigo Tom. Ele é um jovem professor de matemática que vive em Portland, Oregon. Normalmente, Tom consegue suas *epic wins* jogando *Rock Band* ou, como costuma me dizer, "em qualquer jogo onde posso jogar como o Homem-Aranha ou o Batman". Porém, recentemente,ele começou a se dedicar a um jogo de participação social chamado *The Extraordinaries* — que expandiu dramaticamente a percepção de seu próprio potencial.

THE EXTRAORDINARIES

The Extraordinaries é um aplicativo para internet e telefones celulares, projetado para ajudá-lo a fazer o bem em seu tempo livre, onde quer que você esteja. Criado por uma equipe de designers, empreendedores e ativistas de São Francisco, seu principal objetivo é fazer com que ser um herói no mundo real pareça tão fácil quanto no mundo virtual.

O lema do jogo é "Tem dois minutos? Seja extraordinário!". Os jogadores podem fazer o login em qualquer lugar onde estiverem e navegar por uma lista de missões de "microvoluntariado" que podem começar e terminar, literalmente, em apenas alguns minutos. Cada missão ajuda uma organização real sem fins lucrativos a cumprir uma de suas metas.

Da forma como está programado, o painel de missões de *The Extraordinaries* funciona quase da mesma maneira que o registro de quests disponíveis do *World of Warcraft*. Você percorre as oportunidades que aparecem, e cada missão visualizada traz uma história sobre por que ela ajudará a salvar o mundo, além de uma explicação passo a passo para realizá-la. Sempre há muito trabalho importante a ser feito, e tudo está programado para que possa ser realizado por qualquer pessoa que tenha vontade de fazer um esforço de boa-fé.

Quando meu amigo Tom fez o login no *The Extraordinaries* pela primeira vez, ele logo descobriu uma missão heroica sobre a qual se sentiu confiante de realmente poder cumprir. A missão era usar seu iPhone para fotografar um "objeto secreto" especial, nomear a foto com as coordenadas de GPS atuais do objeto e fazer o upload da imagem para um banco de dados.

O objeto era um desfibrilador ou AED (na sigla em inglês) — o dispositivo usado para aplicar um choque que pode salvar a vida de diversas vítimas de ataque cardíaco a cada ano. A missão foi criada pela First Aid Corps, que está montando um mapa de cada desfibrilador acessível ao público no mundo. Como explica a organização, nas instruções da missão:

> Todo ano, mais de 200 mil americanos são acometidos por uma parada cardíaca — e, dentro de cinco minutos, o cérebro morre. Infelizmente, nem sempre as ambulâncias conseguem chegar a tempo. Somente aqueles que estão próximos poderão prestar auxílio nesse intervalo de tempo.
>
> Os prédios governamentais, os aeroportos, as escolas e diversos outros lugares têm instalando desfibriladores (almofadas de eletrodos) em suas dependências, de modo que os cidadãos comuns possam salvar vidas em uma emergência. A First Aid Corps está elaborando um mapa desses dispositivos com o jogo *The Extraordinaries*, para que o 911 possa indicar sua localização, na eventualidade de uma emergência.

Em outras palavras, encontrar um desfibrilador que ainda não esteja no mapa, fotografá-lo e informar sua localização com sucesso poderá ajudar a First Aid Corps a salvar vidas.

Com um bom design de missão — uma tarefa específica, um contexto para ação claramente definido, uma oportunidade real —, algo anteriormente impossível de alcançar, como salvar uma vida, se torna possível. Eis aí a força da transformação do trabalho voluntário em algo parecido com um jogo: os jogadores poderão se qualificar para fazer coisas incríveis, desde que o trabalho voluntário esteja concebido como uma boa missão.

Na missão da First Aid Corps, a tarefa de salvar uma vida é apresentada da mesma forma que uma quest do *World of Warcraft*. As instruções são claras, a razão para assumir a missão é convincente e a tarefa está dentro do nível de habilidade do jogador. Caso haja um desfibrilador em algum área que você frequentará hoje, então você poderá se tornar um super-herói imediatamente. Caso contrário, terá, a partir de agora, uma missão secreta em todos os lugares para onde for, até achar a logomarca de um coração partido, símbolo internacional de um desfibrilador.

O desfibrilador que Tom encontrou estava em um hall de elevadores na Portland State University, onde ele está concluindo uma pós-graduação em licenciatura em matemática. "Já o tinha visto de relance ao longo de todos esses anos, enquanto esperava o elevador", Tom me contou depois. "Subitamente, o aparelho se tornou algo relevante, e fiquei feliz por, acidentalmente, ter essa informação secreta." É claro que não havia nada de secreto na informação; o desfibrilador estava à vista de todos. Porém, as palavras de Tom revelam, aqui, o quanto a promessa do *The Extraordinaries* é realmente eficaz: oferecer uma chance real para que possamos nos sentir como super-heróis em uma missão secreta para salvar o mundo.

Depois que Tom concluiu sua missão, a vitória foi computada no painel de atividades do *The Extraordinaries*, para que todos os outros jogadores visualizassem: "Tom H. mapeou um desfibrilador e ajudou a salvar vidas."

Mais tarde, meu amigo me mandou as novidades por e-mail. "Foi como uma caça ao tesouro para salvar uma vida", ele falou. "Foi impressionante. Foi uma *epic win* grandiosa." A missão do desfibrilador foi uma *epic win* porque, até aquela manhã, Tom não tinha a menor ideia de que conhecia algo que poderia ajudar a salvar uma vida. Ele possuía um poder secreto que desconhecia — e lhe foi dada uma oportunidade real de colocar esse poder em prática.

E depois disso, o que acontece? Se o desfibrilador de Tom realmente ajudar a salvar uma vida, ele ficará sabendo. O First Aid Corps atualiza seu mapa com links para novas histórias sobre o uso de cada desfibrilador. Se aparecer o pop-up "Vida salva" ao lado da localização do *seu* AED, então você saberá que o aparelho que você descobriu realmente *ajudou* a salvar a vida de alguém. No momento, cabe aos jogadores verificar proativamente o status de seus AEDs. No entanto, é fácil imaginar uma plataforma como o *The Extraordinaries* evoluindo até o envio de atualizações diretamente aos jogadores, através de mensagens de texto ou atualização em redes sociais, sempre que seu pequeno ato de bondade ajudar a conquistar algo maior. Nesse caso, a vitória de descobrir e compartilhar a localização de um desfibrilador pode conduzir a uma *epic win* ainda maior no futuro.

O chamado à ação do *The Extraordinaries* — "Seja extraordinário!" — é, na verdade, apenas uma outra forma de dizer: surpreenda-se com a quantidade de bem que você pode fazer. Redefina o melhor resultado possível para seu dia. Isso não quer dizer que não tenhamos habilidade para fazer o bem aos outros, mas apenas que ninguém nos mostrou como pode ser rápido, fácil e viciante enfrentar o que consideramos missões impossíveis.

No outono de 2009, apenas alguns meses depois de seu lançamento, o *The Extraordinaries* havia se tornado uma pequena, porém crescente rede social, com mais de 3.300 membros, que tinham completado coletivamente mais de 22 mil missões para auxiliar mais de vinte organizações sem fins lucrativos. Isso significa uma média de sete *epic wins* por membro. A julgar apenas por essa única estatística, o aplicativo ainda não é a experiência mais viciante do mundo. Entretanto, está fazendo um trabalho extremamente importante: demonstrar nosso potencial para mais *epic wins*.

O que nos leva à próxima correção da realidade:

↻ CORREÇÃO #12: MAIS *EPIC WINS*

> Em comparação aos jogos, a realidade é pouco ambiciosa. Os jogos nos ajudam a definir metas espantosas e a enfrentar, como um grupo, missões sociais aparentemente impossíveis.

Por que precisamos de mais *epic wins* em nossas vidas cotidianas? Nesse momento, como planeta, estamos enfrentando coletivamente algumas das mais incríveis adversidades de nossa história: mudanças climáticas, crises econômicas, insegurança alimentar, instabilidade geopolítica e índices cada vez mais altos de depressão ao redor do mundo. Esses não são problemas que possam ser resolvidos on-line — eles exigem ação no mundo real.

A empolgante promessa de um projeto como o *The Extraordinaries* é que podemos fazer mais do que capturar a mente dos jogadores.[3] Podemos explorar a participação social das massas.

A participação social significa usar mais do que a mente de todos. Ela exige que coloquemos nossos corações e corpos em ação. O desafio que está diante de nós, portanto, é criar **tarefas de participação social** (SPTs, na sigla em inglês) em quantidade equiparável ao crescente número de tarefas de inteligência humana (HITs, na sigla em inglês) que compõem, atualmente, a maior parte dos projetos de crowdsourcing: transcrever e legendar vídeos no DotSUB, por exemplo, analisar a prestação de contas de um parlamentar no *Investigate Your MP's Expenses* ou, até mesmo, avaliar uma ideia para o nome de um novo produto como "boa" ou "ruim". Fundamentalmente, o que todos esses esforços têm em comum é o apelo às nossas potencialidades cognitivas, em vez das potencialidades emocionais ou sociais.

As HITs são, sem dúvida alguma, um trabalho importante, mas somos mais do que meras máquinas pensantes. Somos seres humanos capazes de buscar contato com os outros, sentir empatia, reconhecer necessidades, nos manifestar e fazer a diferença na vida de outra pessoa. Temos *poderes sociais* e podemos mobilizá-los para o bem — em espaços do mundo real, e não apenas em espaços on-line. Tudo de que precisamos é um apoio adequado para nossa missão.

Consideremos uma missão do jogo *The Extraordinaries* — é minha missão favorita, aquela que me fez vivenciar a maior das *epic wins*. Trata-se de uma tarefa de participação social da Christel House, uma organização dedicada a ajudar crianças que vivem na pobreza a conseguir educação, nutrição, cuidados de saúde e a orientação de que precisam para se tornarem membros autossuficientes e colaboradores da sociedade. E é o perfeito exemplo de uma missão que explora alguns de nossos principais poderes sociais: a habilidade de demonstrar empatia, aconselhar e fornecer apoio emocional positivo.

A missão é simples: redigir uma pequena mensagem de texto desejando boa sorte a uma criança que está prestes a se submeter a um teste padronizado que poderá, eventualmente, mudar sua vida. Você escolhe se quer mandar sua mensagem para uma criança nos Estados Unidos, México, Venezuela, África do Sul ou Índia. A Christel House garantirá que sua mensagem chegue às mãos de um estudante real, em uma sala de aula física, momentos antes de ele se submeter ao teste. Nathan Hand, produtor associado da Christel House que ajudou a criar essa tarefa de participação social para o *The Extraordinaries*, explica-a desta forma:

> Todas as crianças ao redor do mundo precisam, em algum momento, se submeter a algum tipo de teste padronizado. Em determinadas situações, isso significa se formar ou não, passar para o próximo nível escolar ou não — isso depende do país —, mas, independente de onde a criança esteja, é muita pressão, e ela passa sua vida inteira se preparando para isso. O que estamos tentando fazer é, basicamente, incentivá-las por meio do crowdsourcing.[4]

Decidi redigir minha mensagem de boa sorte para um estudante na Índia. Compartilhei minha dica predileta: "Antes de começar o teste, sorria o máximo que puder! Se você ficar empacado em uma questão difícil, pare e sorria!" Eu sabia, a partir de pesquisas científicas, que sorrir, mesmo quando não temos a vontade, pode desencadear sensações reais de confiança e otimismo.[5]

Quando cliquei em enviar, visualizei um jovem estudante na Índia recebendo meu conselho. Naquele momento, me senti significativamente conectada a outro ser humano, com quem dificilmente eu teria chance de encontrar ou falar. Tive a oportunidade real de poder estender a mão para outra pessoa em um momento de dificuldade e dar-lhe um apoio importante. Em outras palavras, tive exatamente a experiência que Hand descreve como a meta da missão da Christel House no *The Extraordinaries*: "Literalmente, em questão de segundos, as pessoas podem, por nosso intermédio, envolver-se significativamente com uma criança em necessidade. Elas ficam tomadas de afeto e, depois, se lembram de nós e se lembram dessas crianças, e é disso que essa missão se trata."[6]

Antes de aceitar a missão, nunca tive intenção alguma de tentar ajudar uma criança no outro lado do mundo a sair-se bem em um teste importante, capaz de mudar sua vida. E não apenas porque isso não fazia parte de minha lista de tarefas. É que não estava em minha lista de tarefas *possíveis de serem feitas*. O bom design do jogo da Christel House mudou a noção que eu tinha e tornou incrivelmente fácil que desempenhasse um papel útil na vida de um estranho. E me mostrou uma capacidade de ajudar que eu não sabia ter. Deixou-me arrepiada.

Isso já é uma *epic win*, pois muda a perspectiva de quem somos, do quanto nos importamos com os outros e do que somos capazes de fazer por eles.

OS JOGOS DE PARTICIPAÇÃO SOCIAL estão inovando o potencial humano. Eles aumentam nossas chances de fazer o bem — e revelam nosso poder de ajudar uns aos outros imediatamente, onde quer que estejamos.

O *The Extraordinaries* é um exemplo perfeito de como as *epic wins* podem ser integradas a nossas vidas cotidianas e de como podemos gerar mais participação on-line ao redor do mundo. No entanto, ele está longe de ser o único exemplo. Vamos analisar mais dois projetos bastante ambiciosos, que tentam explorar a capacidade social das multidões: o *Groundcrew*, uma plataforma móvel de gestão de pessoas que permite realizar desejos da vida real, e o *Lost Joules*, um jogo de preservação de energia on-line que convida-o a fazer apostas, em dinheiro virtual, sobre a quantidade de bem social que outros jogadores são capazes de realizar.

GROUNDCREW — POTENCIALIZANDO A ECONOMIA DE COLABORAÇÃO MÓVEL

A melhor maneira de explicar o projeto de realização de desejos *Groundcrew* — desenvolvido pelo empreendedor social Joe Edelman, sediado em Cambridge, Massachusetts — é considerar, primeiro, sua fonte de inspiração: o jogo de simulação de vida *The Sims*, um dos games mais vendidos de todos os tempos.

Ao jogar *The Sims*, sua meta é fazer com que suas personagens fictícias se mantenham saudáveis e felizes. Você as mantém saudáveis atendendo às necessidades físicas delas: alimentando-as, colocando-as para dormir, certificando-se de que tomaram banho e de que estão indo ao banheiro regularmente. E você as mantém felizes atendendo a seus "desejos".

Como explica o manual do *The Sims 3*: "A cada dia, os Sims manifestam pequenos desejos, e adorariam contar com sua ajuda para atendê-los. Os desejos atendidos estimulam o humor de seu Sim e oferecem, como prêmio, pontos de Felicidade Duradoura."[7] Os Sims expressam seus desejos por meio do "painel de desejos", que está posicionado no campo de visão frontal do jogador e mostra a localização exata de cada Sim, o que ele quer e como você pode conseguir isso. Por exemplo: "O céu noturno está lindo e misterioso. Seu Sim quer explorar os padrões lógicos das estrelas. Use um telescópio: vale +150 de pontos de felicidade." O painel de desejos fez com que Edelman tivesse sua revolucionária ideia. "As pessoas reais têm desejos, da mesma forma que os Sims", diz Edelman. "O problema é que não sabemos quais são esses desejos ou como podemos ajudar a realizá-los. E se pudéssemos receber alertas em tempo real sobre como proceder para que as pessoas reais ficassem felizes?"[8]

Edelman, então, abriu uma companhia chamada Citizen Logistics, a fim de criar um painel de desejos para pessoas reais. Sua intenção: tornar a satisfação de desejos cotidianos de outros seres humanos tão fácil quanto o aumento do placar de felicidade eterna de nossos Sims favoritos.

Edelman percebeu que a parte logística seria o ponto fundamental. De imediato, não é fácil descobrir o que podemos fazer na hora e no local em que estamos para realizar o desejo de alguém. Ele determinou, então, que criaria um novo sistema que mapearia os desejos da vida real em nosso ambiente local. O conceito tem três características essenciais.

Primeiro, o jogador deveria ser capaz de fazer o login no sistema e visualizar todos aqueles que estivessem acessíveis a uma curta distância, capaz de ser alcançada a pé, por transporte público ou por carro, e que manifestassem um desejo naquele exato momento. Paralelamente, os jogadores com desejos próprios deveriam poder visualizar um mapa de todos os "agentes" disponíveis em sua área que estivessem com tempo livre para uma rápida aventura. Eles deveriam, ainda, ser capazes de manifestar seus desejos diretamente aos jogadores disponíveis, com mensagens de texto. Finalmente, o primeiro jogador a atender com sucesso ao desejo de outra pessoa dentro do tempo estipulado ganharia pontos de crédito, indicando que é um realizador de sonhos confiável. Isso lhe daria a permissão de atender a desejos mais desafiadores ao longo do tempo. Melhor ainda: esse jogador poderia gastar seus pontos de crédito acumulados para mobilizar e recompensar outros jogadores por terem atendido a seus próprios desejos.

Edelman não tinha certeza se a ideia iria funcionar, mas acreditava que valia a pena tentar — e, então, construiu uma plataforma de teste e convidou amigos e colegas das proximidades de Cambridge para usá-la em qualquer finalidade pretendida. Para sua satisfação, a ideia funcionou — e imediatamente. No primeiro dia em que o sistema estava no ar, o que Edelman chamou de Desejo #1 foi atendido. Como ele mesmo conta:

> Uma mulher estava no meio de um ensaio de dança no subsolo de uma casa em algum lugar de Boston. Ela estava completamente exausta, não podia abandonar o ensaio e estava querendo muito um *latte* para que pudesse continuar dançando. Foi esse o desejo

que ela postou no *Groundcrew*: "Me ajudem. Preciso tomar um *latte*."

Naquele exato momento, outra pessoa de Boston está observando o sistema. Ele vê o desejo da mulher. E percebe que está a apenas alguns quarteirões da dançarina. Parece destino. Ele pode fazer isso! Ele sabe como pedir um *latte*! Ele pode ajudar!

Cinco minutos depois, ele vai até o subsolo e afirma: "Trouxe seu pedido!", como se fosse a coisa mais importante do mundo. E é a coisa mais importante do mundo, naquele minuto, para a dançarina! Ela fica exultante. Diz que é o melhor *latte* que já tomou em sua vida. A pessoa que satisfez o desejo se sente um super-herói. Tudo isso acontece dentro de poucos minutos depois do alerta do desejo ser enviado.[9]

Tudo bem, então levar um *latte* para alguém não é, exatamente, o maior esforço para mudar o mundo que você poderia fazer.

Ou é?

Edelman gosta de contar a história do *latte* — mesmo que ela pareça um desejo trivial — porque, em seu ponto de vista, a história representa com perfeição o novo tipo de *epic win* que é possível obter em um mundo onde mais e mais pessoas estão querendo usar seus telefones celulares para anunciar onde estão e do que precisam. A *epic win* nada mais é do que uma capacidade humana aumentada de fazer algo positivo e de se sentir bem a cada dia, empregando melhor o tempo livre de cada um. Como Edelman costuma dizer: "Podemos amar muito mais pessoas quando conseguimos transformar seus desejos em realidade em poucos segundos. (...) Podemos amar as pessoas quando sabemos do que elas precisam."[10]

Essa não é apenas uma fantasia afetiva e vaga. Edelman está nos falando sobre a reinvenção de nossa ideia de sistemas econômicos cotidianos de dar e receber. "A maneira normal de se conseguir um *latte* é uma troca fria, econômica", diz ele. "Todos os dias, entramos em uma cafeteria sozinhos e abrimos mão de nosso dinheiro arduamente ganho para comprar um *latte*. Porém, esse *latte* foi diferente. Esse *latte* foi amor. Trata-se da invenção de uma forma diferente — melhor — de conseguir o que precisamos diariamente."[11]

⌒ SUA MISSÃO NO *GROUNDCREW*

"E se a vida real fosse mais parecida com um jogo? Nos últimos anos, a comunidade virtual ficou mais simples do que a comunidade física. Os jogos de computador propiciam diversão e prazer primorosamente projetados, (...) mas, quando temos de lidar com nossas vidas reais, estamos todos sozinhos. Quando será que participar do mundo real e lidar com questões verdadeiras será tão aventureiro, fácil, colaborativo e divertido?

Nossa definição de comunidade é a de pessoas reais, próximas umas das outras, pensando sobre as necessidades mútuas e ajudando-se entre si. Queremos observar a diminuição da solidão, do desamparo, do isolamento e dos gastos inúteis em toda a América e ao redor do mundo. Queremos um aumento da alegria, da aventura, da sociabilidade, do compartilhamento e do apoio.

Procuramos fazer com que os desejos humanos estejam mutuamente disponíveis, que sejam bons uns para os outros, que se alegrem reciprocamente, que façam bom uso de nossos recursos ecológicos e sociais e que se envolvam com a vida de uma maneira social, profunda e imprevisível."[12]

— Joe Edelman, fundador do *Groundcrew*

Imagine, por um momento, quais necessidades você poderia expressar no seu dia a dia: estou entediado; estou perdido; estou faminto; estou sozinho; estou com medo. O que você desejaria para atender a todas essas necessidades cotidianas?

Consigo pensar em vários pequenos desejos que poderia formular:

Estou estressada no trabalho e quero brincar de jogar bastão com um cachorro para me acalmar. Por favor, traga seu cachorro até aqui!

Estou embarcando no SFO esta manhã e quero ler sua cópia usada do novo livro do Dan Brown. Se você estiver pelo Terminal 1 entre as 7 e 8 horas, por favor, leve-a para mim!

Vou dar uma palestra na universidade amanhã; por favor apareça e tente me aplaudir o máximo possível quando eu terminar, porque meus pais estarão na plateia e quero que eles fiquem orgulhosos.

Nenhum desses desejos mudaria minha vida. Contudo, eles mudariam completamente minha noção de como conseguir o que quero da vida — e, mais importante, como compartilhar o que tenho com os outros.

De fato, o *Groundcrew* representa o potencial para um tipo inteiramente novo de economia, construída em torno da troca de três recompensas intrínsecas: a felicidade por fazer o bem, a emoção de cumprir um desafio e a satisfação de acumular pontos que significam algo real e maravilhoso — a habilidade de realizar os desejos de outras pessoas e as chances de ter seus próprios desejos atendidos no futuro.

Não há limites inerentes a essa nova economia do envolvimento: todas as três recompensas são recursos infinitamente renováveis. E a moeda virtual original do *Groundcrew*, o sistema de crédito PosX (abreviação para "experiência positiva") torna possível, pela primeira vez, acumular, quantificar e trocar tais recompensas intrínsecas.

"A disponibilidade de dispositivos baratos, integrados e programáveis é um feito tão grande para a economia humana quanto a invenção das notas de dinheiro e das moedas", explica Edelman. "Ela nos dá, pela primeira vez, a oportunidade de *mudar as regras do jogo*, de *regular os incentivos* e de criar um *acesso aos recursos* muito mais flexível — incluindo as outras pessoas —, tudo isso sem gerar as enormes burocracias e ineficiências informativas associadas às tentativas anteriores.

"Enquanto muitos continuam discutindo sobre o capitalismo e o socialismo, pela primeira vez, uma terceira opção mostra-se possível. Nesse exato momento, temos uma oportunidade de tornar as coisas mais equitativas, sustentáveis, íntimas e, também, mais bonitas e divertidas. Quando os incentivos se adaptam melhor a nossos profundos desejos humanos, a vida se torna mais apreciável, aventureira e gratificante."[13]

Quanto maior o número de missões das quais você participar, mais PosX receberá. No entanto, esse é apenas o começo da economia. Qualquer pessoa que se beneficie por completar sua própria missão também pode *lhe* presentear com PosX, pelo fato de você ter dado a chance de realizar algo que a fez se sentir bem. É uma ideia incrivelmente inteligente e radical, diretamente derivada do modelo econômico da indústria de jogos. As pessoas ficam felizes ao gastar dinheiro — ao comprar e assinar jogos —, pela oportunidade de realizar um trabalho árduo que seja intensamente recompensador. E uma economia do envolvimento verdadeiramente sustentável no mundo real deve se esforçar para se aproveitar desse mercado, se quiser realizar um trabalho melhor e mais recompensador.

No *Groundcrew*, você pode ser remunerado em moeda virtual por fazer um bom trabalho — mas também pode pagar os outros com essa mesma moeda por lhe atribuírem um bom trabalho. Isso criará um mercado para atender às tarefas de participação social. Significará muito mais pessoas tentando criar missões no mundo real, que você poderá cumprir imediatamente, propiciando uma esperança real de ser bem-sucedido, aumentando sua conectividade social e dando sentido a um dia que, de outra forma, seria entediante. Isso é crucial: só poderemos ter mais *epic wins* na vida cotidiana se pessoas inteligentes continuarem contribuindo com boas SPTs para nosso fluxo de trabalho coletivo de salvação do mundo.

Evidentemente, alguns desejos são mais urgentes do que outros. No momento, o *Groundcrew* está trabalhando com a AARP, uma organização sem fins lucrativos voltada para norte-americanos acima dos 50 anos, a fim de qualificar agentes para "fazer a diferença na vida de idosos que estejam por perto". Os agentes da *Groundcrew* recebem alertas por SMS e e-mail, com SPTs focadas especialmente em idosos: ajudá-los a se locomover, a fazer compras, a realizar pequenos trabalhos domésticos ou, simplesmente, oferecer-lhes companhia. Pelo fato dessas missões envolverem uma interação íntima com uma população potencialmente vulnerável, não são todos os agentes que podem assumir tais missões — somente os agentes mais confiáveis (aqueles que já acumularam PosX suficientes e que também tenham se submetido à análise de antecedentes criminais) são elegíveis para essas SPTs de "alta confiança".

Tenho de admitir — sou apaixonada pelos tipos de trocas íntimas idealizadas por Edelman ao inventar seu painel de desejos do mundo real. Acho que aprimorar as vidas cotidianas uns dos outros realizando pequenos esforços individuais em nosso tempo livre poderia aumentar dramaticamente a qualidade de vida mundial e levar a um uso mais sustentável e eficiente dos recursos materiais. Porém, o *Groundcrew* também é um projeto, capaz de aparelhar grandes multidões para realizar um único desejo.

Na verdade, desde que Edelman começou a desenvolver a plataforma do *Groundcrew*, ele aprimorou sua visão, de modo que os jogadores possam atender não apenas aos desejos individuais, mas também a metas organizacionais. Da mesma forma que o *The Extraordinaries*, o Groundcrew começou a fazer parcerias com instituições reais, a fim de encontrar voluntários para uma variedade de esforços não lucrativos de militância e de organização política.

O primeiro esforço de mobilização de multidão do *Groundcrew* foi para a Youth Venture, uma organização que incentiva jovens a fazer ações sociais e dar início a um "trabalho do bem" em suas comunidades. Uma iniciativa com a assinatura da Youth Venture é a Garden Angels, que visa coordenar esforços para criar hortas comunitárias, com o objetivo de distribuir as frutas e os vegetais ali desenvolvidos para as pessoas que mais precisam. Muitos reconhecem e apoiam esse esforço, mas não encontram uma maneira fácil de ajudar. É aí que surge o *Groundcrew* — criando um fluxo de trabalho de *epic win* para as hortas comunitárias.

O Garden Angels está utilizando o *Groundcrew* para organizar eventos de grandes multidões em hortas locais, como preparação do solo e colheita, além de reunir voluntários para pequenas atividades cotidianas: capinar, regar e garantir a segurança das hortas. Em vez de planejar um grande evento e torcer para que os voluntários apareçam, a Youth Venture espera que uma massa crítica de jogadores do *Groundcrew* sinalize sua disponibilidade para uma missão e, então, apresenta um evento de improviso, estrategicamente coordenado para se aproveitar da maior participação possível. Ao mesmo tempo, não há necessidade de os jogadores programarem seus esforços voluntários com antecedência; eles podem se cadastrar para receber mensagens de texto quando for preciso realizar uma pequena tarefa em uma horta nas proximidades (sempre que os jogadores se conectarem para informar sua localização, o sistema procurará as tarefas mais próximas). Edelman afirma que ao testar o *Groundcrew* em projetos como o Garden Angels, já se observou que, em média, houve "um aumento de cem vezes na disponibilidade de voluntários para os projetos".[14]

É assim que se aumenta nossa participação on-line social coletiva: multiplicando por cem o maior número de pessoas qualificadas para fazer esforços heroicos em seu tempo livre.

SEJA AJUDANDO indivíduos ou grandes organizações, a noção de quanto envolvimento social podemos esperar de qualquer pessoa aumenta dramaticamente quando o raciocínio divertido dos jogos se combina com a tecnologia inteligente. É por isso que muitos jogos de participação social estão se valendo não apenas de um bom design, mas também de tecnologias de ponta, que facilitam a conexão da ação individual com contextos épicos. Até aqui, os telefones celulares estiveram na vanguarda desse esforço — mas eles não são a única maneira de adicionar *epic wins* às nossas vidas cotidianas.

Vejamos o *Lost Joules*, que pretende ser o jogo de computador mais verde do mundo. Ele ajuda a conseguir *epic wins* em nossos próprios lares, transformando os medidores de eletricidade em controladores de jogos.

LOST JOULES

Imagine que, durante a tarde de uma sexta-feira, eu tenha um favor importante a lhe pedir. Para o bem do planeta, você precisa tentar poupar a maior quantidade de energia possível em sua casa nesse fim de semana. Desligue as luzes mais cedo, use dispositivos eletrônicos com menos frequência, tire a torradeira da tomada, pendure as roupas no varal em vez de usar a secadora de roupas. Até onde você iria para me fazer esse favor?

Agora, suponhamos que eu lhe dissesse que receberei cem dólares dependendo de sua habilidade de reduzir seu consumo total de energia em, pelo menos, 20% nesse fim de semana. Até onde você iria para me ajudar a ganhar?

Finalmente, um terceiro cenário. Dessa vez, receberei cem dólares dependendo de sua *inabilidade* de reduzir o consumo total de energia nesse fim de semana em 20%. Até onde você iria para provar que estou errada?

Não sou capaz de adivinhar seu consumo atual de energia — mas, quando o jogo *Lost Joules* começar, eu serei. É um jogo on-line de mercado de capitais, que permite aos participantes fazerem apostas (em moeda virtual) sobre o consumo de energia de cada pessoa no mundo real. Os jogadores têm uma forte motivação para apostar alto: se vencerem a aposta, poderão gastar a moeda virtual a ser recebida no "parque temático virtual" do *Lost Joules*, que abrigará uma infinidade de jogos parecidos com o *FarmVille*. Quanto mais apostas de energia você vencer, mais poderoso e rico se tornará seu avatar no *Lost Joules*.

O jogo funciona com medidores inteligentes, isto é, medidores de eletricidade doméstica que são conectados à internet. Os medidores inteligentes permitem que você monitore e analise como e onde sua energia está sendo consumida — eles podem, até mesmo, calcular exatamente quanto cada dispositivo de sua casa está lhe custando. Os estudos demonstraram que ter esse tipo de *feedback* facilita muito a redução do consumo de energia: em média, o usuário de um medidor inteligente será capaz de reduzir seu consumo em 10%.[15] E, isso, sem contar o incentivo de amigos, familiares e estranhos, nem suas tentativas de bater os maiores esforços que você fizer. Você pode imaginar a quantidade ainda maior de energia que poderia ser poupada se os medidores inteligentes fossem transformados em um bom jogo?

É isso que o *Lost Joules* está se propondo a descobrir. O aplicativo reúne informações pessoais dos medidores inteligentes dos jogadores e os desafia a atingir missões concretas de economia de energia. Ele divulga, então, essas informações para os outros jogadores — que apostarão em sua habilidade de atingir as missões de economia de energia. Se acharem que você é capaz de cumpri-las, apostarão em você — e, se duvidarem, investirão em outras pessoas. Os jogadores que cumprirem a maioria das missões com mais regularidade se tornarão superestrelas do mundo do *Lost Joules*, gerando retorno não apenas para si mesmos, mas também para todos aqueles que os incentivarem.

Ao criar um senso de urgência, apresentando um desafio claro e adicionando uma camada de competição social, o jogo transforma o que pareceria um esforço comum e mundano de fazer algum bem em um esforço extraordinário. Subitamente, desligar um dispositivo se torna uma *epic win*, com múltiplas recompensas: recompensas emocionais, como mais *fiero* e mais conectividade social; e recompensas virtuais, na forma de moedas do mundo de jogo.

Trata-se de uma ideia excelente e extremamente inovadora. O *Lost Joules* está tentando criar uma economia do envolvimento sustentável em torno do que é, atualmente, uma economia de energia não sustentável. Para motivar as pessoas a consumir menos energia não renovável, ele lhes oferece a oportunidade de consumir recompensas emocionais e virtuais completamente renováveis.

O jogo também está ajudando a conceber uma nova maneira de salvar o mundo: investindo nossa atenção social em pessoas que estão fazendo o bem. Como gosta de afirmar um dos criadores do *Lost Joules*, Richard Dorsey: "Não seria interessante se a cada momento em que retirássemos um dispositivo da tomada ou desligássemos um interruptor, alguém notasse?"[16] Ao transformar a economia de energia em uma experiência para diversos jogadores, o *Lost Joules* aproveita-se do efeito da rede: ele maximiza as *epic wins* privadas, dando-lhes um caráter de conquistas sociais espetaculares.

Evidentemente, muitas pessoas não desejarão ter seu consumo de energia inspecionado e transformado em alvo de apostas por terceiros. Contudo, considerando-se a história da crescente exposição pública na internet — de blogs a vídeos, de redes sociais a atualizações de status em tempo real —, é certo que a sedutora louvação em praça pública atrairá uma infinidade de jogadores. E graças aos dois níveis de design do jogo, até mesmo aqueles que não estiverem prontos a expor seu consumo pessoal de energia podem ajudar a orientar um comportamento de economia de energia, fazendo apenas investimentos virtuais.

Dessa forma, o *Lost Joules* representa uma importante inovação de design no campo de jogos de participação social. Ele propõe duas espécies diferentes de tarefas de participação social igualmente importantes, para pessoas com medidores inteligentes e para pessoas sem medidores inteligentes.

Em primeiro lugar, e mais visivelmente, os jogadores com medidores inteligentes podem enfrentar a tarefa de participação social de redução do consumo de energia. No jogo, essa é a principal missão de "fazer o bem". Porém, há ainda a SPT de prestar atenção às boas ações das outras pessoas. Aqueles que ainda não têm acesso a medidores inteligentes também podem jogar, apostando em jogadores que os possuem. E essa é uma contribuição real para o bem comum, já que estabelece recompensas sociais para os poupadores de energia. Todos gostam de se sentir valorizados; o *Lost Joules* usa a moeda virtual para nos ajudar a mostrar o quanto valorizamos as contribuições que podem mudar o mundo, feitas por outras pessoas.

Então, qual seria o melhor resultado possível para um jogo como o *Lost Joules*? Os jogos são grandes condutores da adoção de tecnologias; de modo geral, as pessoas mostram-se mais dispostas a testar novas tecnologias quando estas estão associadas a um bom jogo. E fazer com que as pessoas testem a tecnologia do medidor inteligente é cada vez mais importante, à medida que tentamos nos tornar consumidores de energia mais informados e eficientes. Os medidores inteligentes provaram ser notavelmente eficazes em mudar — para melhor — nossos comportamentos de consumo. Quanto mais pessoas os utilizarem, melhor.

No panorama geral, o potencial real do *Lost Joules* é demonstrar como fazer um bom uso das abundantes recompensas emocionais e virtuais propiciadas pelos jogos, a fim de motivar o comportamento de salvar do mundo. Nesse exato momento, é mais fácil e divertido ser um super-herói em um videogame do que ajudar a solucionar os problemas mundiais na vida cotidiana real. Todavia, os jogos de participação social, como o *Lost Joules*, estão começando a equilibrar a balança: em breve, poderemos ser capazes de fazer ambas as coisas ao mesmo tempo.

Os três projetos descritos neste capítulo — *The Extraordinaries*, *Groundcrew* e *Lost Joules* — estão começando a produzir desdobramentos. São todos projetos altamente especulativos, ainda em desenvolvimento, com resultados até agora modestos ou praticamente inexistentes. Eles estão muito além da vanguarda. Estão no *limite do sacrifício*: são tão novos, que há um risco significativo de que todos eles fracassem.

Na realidade, há uma boa chance de que alguns deles possam, até mesmo, terminar servindo como exemplos de *epic fails* [fracassos épicos], em vez de *epic wins*. Entretanto, como todo bom jogador sabe, o fracasso pode ser recompensador e fortalecedor, desde que se aprenda com os próprios erros. Testar nosso potencial para realizar mais do que imaginávamos ser possível nos faz chegar mais perto de alcançar, algum dia, o que pretendemos. Como diz a expressão popular, "mesmo caindo de cara no chão, ainda assim, você estará indo para a frente".

As *epic wins*, quando conectadas às causas do mundo real, nos ajudam a descobrir uma habilidade de contribuir para o bem comum, que desconhecíamos ter. Elas nos ajudam a frustrar as expectativas alheias sobre o que as pessoas comuns são capazes de alcançar em seu tempo livre. E nos ajudam a estabelecer metas que teriam parecido ridículas — impossíveis — se não tivéssemos tantos voluntários tão bem preparados para auxiliar uns aos outros e tão efetivamente mobilizados.

Em suma, os jogos de participação social estão nos transformando em super-heróis em nossas vidas reais.

E todos os super-heróis precisam de superpoderes.

De quais superpoderes precisamos mais? Superpoderes colaborativos — do tipo que nos capacite a combinar forças, ampliar as potencialidades uns dos outros e enfrentar problemas em escala planetária.

CAPÍTULO TREZE

Superpoderes colaborativos

Aos 21 anos de idade, o jovem norte-americano médio já passou algo em torno de 2 mil a 3 mil horas lendo livros — e mais de *10 mil* horas em jogos de computador e videogames.[1] A contar de 1980, quanto mais tarde a pessoa tiver nascido, maiores são as chances de essas estatísticas serem verdadeiras.

Para colocar esse número em perspectiva, 10 mil horas é quase exatamente o mesmo montante de tempo que um estudante médio norte-americano passa na sala de aula desde o início da quinta série até o fim da graduação em nível universitário — contando, é claro, que o aluno seja assíduo. Em outras palavras, a mesma quantidade de tempo que um estudante gasta aprendendo gramática, matemática, ciências, história, ciências políticas, geografia, línguas estrangeiras, artes, educação física e outras disciplinas ao longo do ensino fundamental e da faculdade, ele passa ensinando a si próprio (e aos outros) jogos de computador e videogames. E, ao contrário da educação formal, que dispersa a atenção entre uma variedade de matérias e habilidades diferentes, cada hora de jogo está voltada para o aprimoramento de apenas uma coisa: se tornar um jogador melhor.

Com 10 mil horas acumuladas, aos 21 anos de idade, quase todos esses jovens serão mais do que apenas bons jogadores. Eles serão jogadores *excepcionais*.

Isso porque 10 mil horas de prática antes dos 21 anos, de acordo com determinada teoria, é o primeiro prenúncio de sucesso extraordinário no futuro.

Malcolm Gladwell foi o primeiro a propor a teoria das 10 mil horas em seu livro *Outliers: The Story of Success*, um êxito de vendas. Em *Outliers*, Gladwell recupera as histórias de vida de indivíduos de alto desempenho, desde grandes violinistas até astros como jogadores de hóquei e Bill Gates, e chega à conclusão de que todos eles têm um fator autobiográfico comum. Ao completar 20 anos de idade, tais pessoas de alto desempenho nas mais diversas áreas já haviam acumulado, cada uma, pelo menos 10 mil horas de prática naquela coisa específica que acabaria transformando-as em superestrelas. Ao mesmo tempo, as pessoas que ocupavam a segunda posição — o parâmetro seguinte para músicos, atletas, técnicos e pessoas de negócios de sucesso (mas não de sucesso extraordinário) — tinham, em média, 8 mil horas ou menos de prática.

É claro que talento inato é importante, mas ele não tem o mesmo peso que a prática e a preparação. E, segundo Gladwell, 10 mil horas de prática e preparação parecem ser o limiar crucial, fazendo a diferença entre ser simplesmente bom em algo e se tornar extraordinário naquilo.

Isso significa que estamos bem avançados na criação de uma *geração inteira* de jogadores magistrais. Cada pessoa jovem que alcança 10 mil horas de prática de jogos será capaz de obter, no futuro, um extraordinário sucesso nos ambientes virtuais.

Potencialmente, trata-se de um recurso humano sem precedentes: centenas de milhões de pessoas ao redor do mundo que serão excepcionalmente boas na mesma coisa — seja qual for o aprimoramento propiciado pelos jogos.

O que nos leva à pergunta: no futuro, em que, exatamente, os jogadores estarão se tornando bons?

Estive pesquisando essa questão por aproximadamente uma década, primeiro como estudante de Ph.D. na University of California, em Berkeley e, depois, como diretora de pesquisa e desenvolvimento de jogos do Institute for the Future. Ao longo dos anos, ficou cada vez mais claro para mim que os jogadores — especialmente, os jogadores on-line — desenvolvem uma excepcional habilidade em uma área importante: a colaboração. Na verdade, acredito que os jogadores on-line estão entre as pessoas mais colaborativas da Terra.

A **colaboração** é uma maneira especial de trabalhar em conjunto. Ela exige três tipos distintos de esforço concentrado: *cooperação* (agir intencionalmente em prol de uma meta comum), *coordenação* (sincronizar esforços e compartilhar recursos) e *cocriação* (produzir coletivamente um novo resultado). Esse último elemento é o que distingue a colaboração de outros esforços coletivos: trata-se, fundamentalmente, de um ato *produtivo*. A colaboração não significa apenas atingir uma meta ou unir forças; ela significa criar coletivamente algo que seria impossível de criar sozinho.

Quase tudo pode ser criado por meio da colaboração: uma experiência de grupo, um recurso de conhecimento, uma obra de arte. Cada vez mais, os jogadores estão colaborando para criar todos esses resultados. Na verdade, eles estão colaborando até mesmo quando competem uns contra os outros. E até mesmo quando jogam sozinhos.

Parece incongruente: como se pode colaborar com uma pessoa quando você está enfrentando-a? Ou, o que é ainda mais difícil de conceber: como se pode colaborar sozinho? Contudo, o fato é que os jogadores on-line têm feito ambas as coisas, graças a dois fatores: os aspectos essencialmente colaborativos, inerentes à participação em qualquer bom jogo, e as recentes tecnologias de jogos e padrões de design, que sustentam as formas inteiramente novas de trabalhar em grupo.

A evolução dos jogos como plataforma colaborativa

Desde os tempos antigos, jogar sempre exigiu um esforço concentrado para a colaboração. Isso vale tanto para jogar dados quanto para jogos de carta, xadrez, esportes e qualquer outro tipo de jogo para diversos jogadores que se possa imaginar.

Cada jogo para diversos jogadores começa com um acordo de cooperação. Os jogadores concordam em jogar sob as mesmas regras e em buscar a mesma meta. Isso estabelece um **solo comum** para o trabalho coletivo.

Os jogos também exigem que coordenemos os recursos de atenção e participação. Os jogadores devem se apresentar ao mesmo tempo, com o mesmo pensamento e jogar em conjunto. Eles focam ativamente sua atenção no jogo e concordam em ignorar todo o resto enquanto estiverem jogando. Eles praticam **concentração compartilhada** e **envolvimento sincronizado**.

Os participantes dependem uns dos outros para jogar o mais arduamente possível, porque não é nada divertido vencer sem haver um desafio envolvido. Nesse sentido, os jogadores estimulam a **consideração mútua**. Além do respeito uns pelos outros, eles empregam seus maiores esforços e esperam, sinceramente, encontrar um parceiro ou adversário que valha a pena.

Os jogadores confiam uns nos outros o tempo todo para manter o jogo em andamento, mesmo que ele não esteja funcionando a seu favor. Sempre que permanecem em um jogo até o fim, os jogadores estão aprimorando sua habilidade de honrar um **compromisso coletivo**.

Talvez, mais importante do que tudo, os jogadores trabalham juntos para se convencer de que o jogo realmente tem importância. Eles conspiram a fim de dar um significado real a ele, além de ajudar uns aos outros a ficar emocionalmente atraídos pelo ato de jogar e colher as recompensas positivas por participar de um bom jogo. Sempre que ganham ou perdem, eles estão criando **recompensas recíprocas**.

Em resumo, os bons jogos não acontecem por acaso. Os jogadores trabalham para fazê-los acontecer. Sempre que você estiver em um jogo com alguém, a menos que esteja tentando deliberadamente estragar a experiência, estará efetivamente engajado em um comportamento altamente coordenado e *pró-social*. Ninguém força os jogadores a participar de acordo com as regras, a se concentrar profundamente, a tentar o melhor, a permanecer no jogo ou a agir como se estivessem preocupados com o resultado. Eles fazem isso voluntariamente, pelo benefício mútuo de ver todos participarem, porque isso faz com que o jogo se torne melhor.

Isso é verdadeiro até mesmo em jogos que envolvam competição feroz. Considere as origens da palavra "competir": ela vem do latim *competere*, verbo que significa "reunir-se, lutar juntos" (de "*com*" ou "com", e "*petere*", significando "lutar, procurar"). Mesmo que esteja competindo *contra* alguém, o jogador precisará se unir *a essa pessoa*: para lutar em prol da mesma meta, estimular o outro a fazer o melhor possível e participar integralmente, até que a competição chegue ao fim.

É por isso que, hoje, os jogadores competitivos on-line — até mesmo depois de serem virtualmente derrotados, feridos ou mortos por outros jogadores — agradecem uns aos outros, digitando ou dizendo "GG", abreviatura, em inglês, para "bom jogo". É gratificante perceber que, independentemente de quem vença ou perca, todos os que participaram de um bom jogo tentaram o melhor de si, jogaram com lealdade e trabalharam em conjunto. Esse é o gesto colaborativo fundamental, que está no cerne de todos os bons jogos para múltiplos jogadores: a criação ativa e combinada de uma experiência positiva. Os jogadores não apenas jogam um bom jogo. Eles *fazem* um bom jogo.

De fato, a habilidade de fazer um bom jogo em conjunto foi identificada recentemente por pesquisadores como uma potencialidade humana distintiva — talvez, verdadeiramente, *a* potencialidade humana distintiva. O psicólogo de desenvolvimento Michael Tomasello, autor de *Why We Cooperate* e codiretor do Max Planck Institute for Evolutionary Anthropology, em Leipzig, Alemanha, passou sua carreira concebendo experiências para investigar que tipos de comportamentos e habilidades diferenciavam os seres humanos das outras espécies. Sua pesquisa sugere que a habilidade de integrar jogos complexos em conjunto e de ajudar os outros a aprender as regras de um jogo representa a essência do que nos torna humanos — algo que ele chama de "intencionalidade compartilhada".[2]

Segundo Tomasello, a intencionalidade compartilhada é definida como "a habilidade de participar, ao lado de outras pessoas, de atividades colaborativas com metas e intenções compartilhadas".[3] Na presença da intencionalidade compartilhada, nos identificamos ativamente como parte de um grupo, concordamos deliberada e explicitamente com uma meta e podemos entender o que os outros esperam que façamos para trabalhar em prol daquela meta. A pesquisa de Tomasello revela que, em comparação com os seres humanos, outras espécies socialmente inteligentes, como os chimpanzés, simplesmente não parecem dispor da intencionalidade compartilhada. Elas não têm o instinto natural e a habilidade para focar sua atenção no mesmo objetivo, coordenar atividades em grupo, avaliar e reforçar o compromisso dos outros com a atividade e trabalhar por uma meta comum.

Sem a potencialidade humana para a intencionalidade compartilhada, não poderíamos colaborar; não teríamos nenhuma ideia de como construir algo em comum, estabelecer metas para o grupo ou assumir ações coletivas. De acordo com Tomasello, as crianças são capazes de praticar a intencionalidade compartilhada na mais tenra idade. A evidência: sua habilidade natural de jogar com os amigos e sua capacidade de reconhecer quando alguém não está jogando de uma maneira que favoreça o grupo.

Em um dos principais experimentos de Tomasello no Max Planck Institute, crianças entre 2 e 3 anos de idade foram ensinadas a brincar juntas em um novo jogo — um jogo de dados para as crianças de 2 anos, ou um jogo de peças de encaixar para as de 3 anos de idade.[4] Então, um títere, controlado por outro experimentador, se une a elas e joga incorretamente, segundo suas próprias regras. Tomasello e seus colegas relatam que as crianças refutaram imediata e universalmente esse mau comportamento e tentaram corrigir o títere, para que o jogo pudesse seguir com sucesso — mesmo sem ter recebido instruções para fazê-lo. Segundo as descobertas divulgadas, esse comportamento foi mais "veemente" entre as crianças de 3 anos, mas nitidamente disseminado, também, entre as crianças de 2 anos. Somos capazes de fazer um bom jogo em grupo — e estamos inclinados a fazê-lo praticamente desde o momento em que nascemos. Temos o desejo e a capacidade intrínseca de cooperar e coordenar nossas ações com os outros, nos envolver efetivamente em grupos e cocriar ativamente experiências positivas compartilhadas.

Porém, mesmo assim, esse desejo pode ser reduzido e nossas habilidades naturais podem enfraquecer ou, até mesmo, se perder, argumenta Michael Tomasello, se crescermos em uma cultura sem oportunidades suficientes para alimentá-los e desenvolvê-los.

Se quisermos atingir nosso potencial humano para nos tornarmos colaboradores extraordinários, temos de mergulhar em ambientes de alta colaboração — e devemos estimular os jovens a passar o maior tempo possível participando de grupos que incentivem e valorizem a cooperação. Felizmente, conforme os jogos on-line e para diversos jogadores vão se tornando cada vez mais centrais à cultura popular mundial, temos todo o estímulo de que necessitamos para praticar nossas naturais habilidades colaborativas. Esses tipos de jogos fortalecem nossa potencialidade para construir e exercitar a intencionalidade compartilhada.

Toda vez que concordamos em participar juntos de um jogo, estamos colocando em prática um dos talentos que nos tornam fundamentalmente humanos.

NÃO ESTOU sugerindo que os jogos on-line de hoje em dia são uma enorme utopia cooperativa. A descarga de adrenalina de "matar ou morrer" dos ambientes de jogador *versus* jogador pode, facilmente, encobrir as verdadeiras gradações de cooperação e colaboração que, de fato, existem independentemente disso. O conteúdo gráfico violento, em combinação com o anonimato da internet, não inspira a camaradagem entre estranhos. É por isso que interações sociais maléficas podem surgir — e surgem — em comunidades de jogadores hardcore ou especialmente competitivas, da mesma forma que comportamentos normalmente divertidos de jogadores, como zombar e usar linguagem depreciativa, também proliferam.

Mesmo nas partidas mais amistosas, muitos jogadores ficam profundamente preocupados se vão ganhar ou não. Eles buscam aquele momento de *fiero*, e terminam desapontados ou irritados quando perdem. Nesse caso, nem mesmo o espírito fundamentalmente colaborativo de fazer um bom jogo em grupo consegue aliviar a perturbação da perda.

Ainda assim, apesar de todos esses fatores potencialmente enfraquecedores, a cultura dos jogadores está se movendo insistentemente na direção de mais intencionalidade compartilhada — e não menos. Nos últimos anos, sistemas cooperativos de jogos (ou co-op) e de *criação colaborativa* mantiveram-se, consistentemente, como as tendências mais celebradas do ato de jogar.

No **modo co-op**, os jogadores trabalham em grupo para derrotar um oponente com inteligência artificial e aumentar mutuamente seus placares, em vez de competir entre si. Exemplos clássicos de jogos co-op incluem o *Rock Band* e a série de tiro em primeira pessoa *Left 4 Dead*. Embora haja elementos competitivos em ambos os jogos, o foco principal é trabalhar em conjunto para alcançar uma meta.

Mesmo em séries de jogos que já se especializaram em experiências de um único jogador ou jogador *versus* jogador, o modo co-op está se tornando cada vez mais central. O *Call of Duty: Modern Warfare 2*, de temática antiterrorista, revelou-se o produto de entretenimento de venda mais rápida na história mundial — teve um lucro bruto de 550 milhões de dólares em cinco dias, mais do que qualquer livro, filme, disco ou outro jogo jamais produzido —, e foi particularmente elogiado por seu novo modo Spec Ops, uma série de 23 missões extremamente desafiadoras, planejadas para serem jogadas com um amigo.

A atenção crescente da indústria para o modo co-op representa uma evolução extremamente significativa na cultura dos jogos. É o reconhecimento de que muitos jogadores ficam mais felizes ao enfrentarem juntos os desafios do que ao encarar os outros como oponentes. Os jogos co-op oferecem todas as recompensas emocionais de um bom jogo, enquanto ajudam os jogadores a evitar as emoções negativas que podem surgir em um jogo altamente competitivo: sentimentos de agressão, raiva, desapontamento ou humilhação. Por esse motivo, não é nenhuma surpresa que as pesquisas e as enquetes de opinião tenham demonstrado repetidamente que, em média, três entre quatro jogadores preferem o modo co-op ao modo multiplayer competitivo.[5]

Os criadores da indústria não estão apenas criando mais jogos co-op; eles também estão criando novas **ferramentas de coordenação em tempo real**, para nos ajudar a encontrar as pessoas certas com quem colaborar e no momento certo. A plataforma Xbox Live, por exemplo, permite que os jogadores monitorem quais integrantes de sua rede social estão logados no console do jogo, o que estão jogando naquele momento e quais outros jogos eles têm em seu diretório para jogar com você. É possível navegar pelos registros das conquistas de jogos de seus amigos e compará-los com os seus — o que ajuda a descobrir quem seria um bom parceiro em uma determinada fase ou em um jogo específico. Você também pode receber alertas no seu telefone celular ou computador sempre, por exemplo, que um amigo fizer o login para jogar no Xbox Live ou sempre que ele desbloquear uma conquista. Como resultado, aqueles que possuem um Xbox estão bastante conscientes do que os "cojogadores" potenciais estão fazendo a qualquer momento, no que eles são bons e quais dos seus recursos podem ser utilizados no jogo. A consciência do ambiente maximiza dramaticamente a habilidade dos jogadores para coordenar boas partidas.

Ao mesmo tempo, em **sistemas de criação colaborativa**, os jogadores são levados a criar um conteúdo digital próprio, de modo a desenvolver seus mundos favoritos para o benefício de outros jogadores. Tomemos como exemplo o *Little Big Planet* (*LBP*) — um dos mais aclamados jogos de criação colaborativa lançados nos últimos anos. No "modo de jogo" tradicional, você coopera com até três amigos para percorrer o mundo do jogo e coletar objetos — adesivos, utensílios, brinquedos e materiais de artesanato e construção. A qualquer momento, você pode sair do modo de jogo para entrar no "modo de criação"; aqui você estará em um ambiente de construção colaborativa chamado *Popit*, no qual poderá criar suas próprias paisagens originais de ação e aventura, a partir de objetos e materiais já coletados. Trata-se de um sistema de construção de cenários que poderia ser considerado o equivalente ao Google Docs do design de jogos. Várias pessoas podem visualizar e editar o nível ao mesmo tempo; ele, então, poderá ser compartilhado, ou, como o próprio jogo diz, "publicado", para o resto do mundo.

No espaço de um ano, mais de 1,3 milhão de cenários criados por jogadores do *LBP* foram publicados. Agora, compare esse número épico com o número relativamente pequeno de cenários oficiais do *LBP*: 45. Coletivamente, a base dos jogadores do *LBP* expandiu dramaticamente o universo do jogo a um fator de quase 30 mil. Como observou um jornalista especializado em games no release do primeiro aniversário do jogo: "Provavelmente, levaríamos inúmeras vidas para jogar todas aquelas criações."[6]

A habilidade de criar os próprios cenários e compartilhá-los com outros jogadores foi o diferencial (que resultou em vendas) do *Little Big Planet*. Porém, cada vez mais, séries de jogos bem-sucedidos estão oferecendo sistemas similares como um "valor agregado", para dar aos jogadores oportunidades mais explícitas de colaboração. Por exemplo, o *Halo 3* introduziu o novo sistema *Forge*, que convida os participantes a criar seus próprios cenários originais multiplayer do *Halo*, ou "mapas", customizando quais armas, veículos e ferramentas serão distribuídos, e a localização destes. Assim como o sistema *Popit* do *LBP*, os jogadores podem fazer o upload e compartilhar suas configurações customizadas uns com os outros. Utilizando as ferramentas do *Forge*, é possível criar, literalmente, bilhões de mapas diferentes. Então, em vez de restringir-se a um número finito de ambientes de jogo, a comunidade do *Halo* consegue manter o jogo em andamento, aumentando e diversificando indefinidamente os desafios do jogo.

Não é fácil criar um bom mundo, é claro. Assim, em paralelo ao conjunto crescente de sistemas de criação colaborativa, existe, também, um número crescente de guias, concebidos por jogadores, para ensinar a criar níveis e mapas melhores. Consideremos o exemplo do *Forge Hub*, um recurso para se aprimorar como criador de cenários do *Halo 3*. Ele oferece instruções extensivas sobre várias habilidades de criação de mapas e distribui os cenários concebidos pelos jogadores em diferentes conjuntos. É uma extensão natural do compartilhamento de conhecimentos e da cultura de inteligência coletiva, que já está acontecendo em mais de 10 mil wikis de jogos criados por jogadores. Os jogadores não estão apenas se ajudando entre si para se tornarem melhores jogadores; eles estão se ajudando para se tornar melhores designers.

Contudo, talvez, a inovação mais incomum dos últimos anos na cultura colaborativa entre jogadores tenha sido a noção do **jogo on-line massivo para jogador único**. É uma mudança no tradicional conceito do jogo on-line para multidões — e, à primeira vista, soa como um paradoxo impossível. Como pode haver uma experiência "para multidões" para jogador único quando, por definição, uma experiência de jogador único acontece isoladamente?

O inventor do termo é Will Wright, o famoso criador dos jogos *SimCity* e *The Sims*. Ele cunhou esse termo para descrever um jogo que criou em 2008, chamado *Spore*, uma simulação do universo que convida os jogadores a criar uma galáxia a partir da estaca zero, começando com uma criatura unicelular e evoluindo até espécies que vivem sobre a terra e, depois, se organizem em tribos, civilizações complexas e, finalmente, em uma megacivilização que faz viagens espaciais e constrói planetas.

Todo o ambiente de jogo do *Spore* é para um único jogador: um indivíduo controla todos os detalhes de simulação e conduz sozinho todas as batalhas, acasalamentos, negócios e explorações. Não há nenhum outro jogador no ecossistema simulado; tudo nesse mundo é controlado por inteligência artificial.

Então, o que o torna um jogo *massivo* para jogador único, em oposição a um simples jogo para uma só pessoa? Um grande percentual do conteúdo do mundo do jogo de cada jogador — as outras criaturas que ele encontra, as civilizações que visita — foi criado por outros jogadores, que contribuíram para a Sporepédia on-line, um banco de dados de conteúdo ecossistêmico. Quando você joga o *Spore* on-line, seu computador verifica a Sporepédia em busca de conteúdos novos e interessantes, e faz o download desses conteúdos em seu ecossistema pessoal, transformando seu mundo de jogo em uma mistura entre suas próprias contribuições originais e aquelas concebidas por diversos outros jogadores.

Embora não haja interação direta entre os jogadores, todos contribuíram indiretamente uns com os outros para criar o universo *Spore*. Você pode povoar aleatoriamente seu mundo com as criações de outros jogadores ou pode escolher a dedo as criações das quais mais gosta na Sporepédia. É possível até mesmo assinar um Sporecast, que fará automaticamente a atualização de seu mundo de jogo com novos conteúdos criados por seus amigos ou jogadores favoritos.

Os jogadores usam a Sporepédia e os fóruns e wikis do *Spore* para saber o que outros jogadores estão criando e para aprimorar suas próprias técnicas de criação. Eles não colaboram em tempo real enquanto jogam, mas, no fim, o mundo que os jogadores ajudam a criar é um produto colaborativo: uma combinação única das criações individuais de cada jogador, reunindo conteúdos de centenas, milhares ou até de milhões de outros jogadores, dependendo do quanto avançam no jogo e da quantidade de conteúdo que escolhem baixar.

Um jogo massivo para jogador único como o *Spore* sugere que os contextos épicos, combinados com ferramentas colaborativas de produção e sofisticadas plataformas de compartilhamento de conteúdo, podem criar oportunidades para o que poderíamos chamar de **colaboração leve e assincrônica**. Ela é menos interativa de imediato, mas, ainda assim, é capaz de produzir resultados em escala extrema. Até o momento, os jogadores do *Spore,* em mais de trinta países, já criaram e compartilharam mais de 144 milhões de objetos ecossistêmicos, variando entre criaturas, construções e veículos de viagens espaciais.

É CLARO, as habilidades colaborativas estão em ascensão no mundo todo, inclusive entre os não jogadores. Desde a disseminação da alfabetização básica na internet e os smartphones até a Web 2.0, em rápida expansão, e o know-how do crowdsourcing, as pessoas, em todos os lugares, estão se tornando cada vez mais conectadas, aprimorando, em muitas maneiras importantes, suas habilidades de cooperar, coordenar e criar em grupo. Nesse sentido, os jogadores são apenas parte de uma tendência social e tecnológica mais ampla, na direção de uma colaboração maior.

Porém, os jogadores têm *se divertido* tanto desenvolvendo suas habilidades colaborativas que, coletivamente, estão passando mais tempo do que qualquer outra pessoa no mundo aprimorando-as e colocando-as em prática. A cada dia, centenas de milhões de estranhos, de todas as partes do mundo, se unem para conceber e testar novas formas de colaboração. Quanto mais eles jogam juntos, e quanto mais se aproximam das 10 mil horas de prática colaborativa, mais compreensivelmente otimistas se tornam sobre o que podem fazer juntos — e, assim, procuram desafios ainda maiores. E, pelo fato de os jogadores terem desenvolvido tal apetite pela colaboração em escalas extremas, eles forçaram a indústria de jogos a desenvolver softwares e plataformas que enfatizam, cada vez mais, a colaboração como mecanismo central do ato de jogar.

Como resultado do foco da indústria na inovação das formas de cooperação, coordenação e cocriação, muitos jogadores on-line estão desenvolvendo um novo conjunto de *superpoderes colaborativos*, que transcendem o que eles — e também os não jogadores — são capazes de fazer em ambientes do mundo real, isto é, fora dos ambientes de jogo. Esses jogadores serão os primeiros a testar e aprimorar as formas pelas quais nos organizamos, ampliamos reciprocamente as habilidades individuais e contribuímos para o bem comum.

O que nos leva a outra correção da realidade:

↻ CORREÇÃO #13: 10 MIL HORAS COLABORANDO

> Em comparação aos jogos, a realidade é desorganizada e dividida. Os jogos nos ajudam a fazer um esforço concentrado — e, ao longo do tempo, nos dão superpoderes colaborativos.

Entretanto, o que quero dizer com *superpoderes* colaborativos?

Um superpoder não é apenas uma habilidade nova. É uma habilidade que, até o momento, ultrapassa qualquer habilidade previamente demonstrada e que muda efetivamente nossa noção do que é humanamente possível.

O termo "superpoder" sugere que algo está acontecendo para além do modelo tradicional de aprendizagem e de aquisição de habilidades. Normalmente, pensamos na prática como algo que nos faz passar do nível zero de habilidade para uma competência básica e, então (se continuarmos praticando) para uma competência maior e, por fim, para o domínio total. Contudo, o domínio total pressupõe a existência de um limite para o nível de habilidade passível de atingir. Então, por que parar no domínio total? O termo "superpoder" nos lembra que estamos no limiar de um novo tipo de potencialidade, que ainda não foi dominada por ninguém, em lugar nenhum. Não há evidência de até que ponto essas novas potencialidades poderão se desenvolver.

Com o que, exatamente, se parecem essas novas potencialidades?

Em minha pesquisa no Institute for the Future, desenvolvi um modelo de como uma pessoa com superpoderes colaborativos funciona. Esse modelo pressupõe três novas habilidades e destrezas.

Colaboradores extraordinários são bastante extrovertidos ou sociáveis em um ambiente on-line — mesmo que sejam introvertidos ou tímidos em ambientes presenciais. Eles têm o que chamo de **alto quociente de *ping*** ou alto PQ. (Em linguagem técnica, um "*ping*" é uma ferramenta de redes de computadores, que envia uma mensagem de um computador para outro, com o intuito de detectar se ele está acessível e ativo. Em caso positivo, esse computador vai mandar de volta a mensagem "*pong*", estabelecendo assim uma linha de comunicação ativa.) Colaboradores extraordinários não têm escrúpulos em relação à utilização desse recurso — ou a busca de contato próprio de meios eletrônicos — com outros usuários, a fim de solicitar-lhes a participação. Eles também têm grande probabilidade de responder com um *pong* quando outras pessoas lhes enviarem um *ping*. É isso que transforma o alto quociente de *ping* em uma espécie de capital social.

Evidentemente, o mecanismo será favorecido se a pessoa tiver sensibilidade suficiente para perceber a quem enviar o *ping* e quando (caso contrário, ela só passará spams de participação). É por isso que colaboradores extraordinários desenvolvem um tipo de **radar colaborativo** interno (ou sexto sentido) sobre quem poderia ser o melhor colaborador em uma tarefa ou missão específica. Esse sexto sentido provém da construção de uma rede social sólida e da manutenção de uma espécie de atenção periférica sobre o que as outras pessoas estão fazendo, onde elas estão e no que estão se tornando boas. E não se trata apenas de um sistema interno: de maneira geral, o radar colaborativo é maximizado com "sistemas de informação do ambiente", como as listas do Twitter, o painel de amigos do Xbox 360 ou o sistema de disponibilidade de voluntários do Groundcrew. Quanto mais forte for seu radar colaborativo, mais rapidamente você conseguirá potencializar as habilidades dos indivíduos na direção do esforço correto.

Finalmente, os colaboradores mais extraordinários do mundo exercem um superpoder que chamo de **visão de emergência**. É a habilidade de prosperar em um ambiente colaborativo caótico. Quanto maior e mais distribuído se torna um esforço colaborativo, maior a probabilidade de ele se tornar caótico e de difícil prognóstico. Sabemos disso a partir da física e da teoria dos sistemas: maior não significa ser "mais"; significa ser diferente. Esse é o princípio da *emergência*. É impossível predizer em que escala as coisas se processarão até chegarmos lá, e, provavelmente, elas serão muito mais complexas do que você esperava. Evidentemente, com o aumento da complexidade, vem o aumento do potencial para o caos.

Os colaboradores extraordinários são habilidosos e se sentem confortáveis ao trabalhar com sistemas complexos e caóticos. Eles não se importam com a confusão ou a incerteza. Eles mergulham no fluxo de trabalho e mantêm uma visão otimista, em vez de se sentirem perdidos. Eles têm a solidez de conhecimentos para filtrar grandes quantidades de ruído e continuar focados em indícios que são significativos para o trabalho. E rastreiam as possibilidades: sempre ficam abertos e atentos a oportunidades não planejadas e a percepções surpreendentes — especialmente em grandes escalas. Os colaboradores extraordinários estão dispostos a afastar-se ou a desfazer-se de velhas metas, caso surja uma meta mais alcançável ou épica. E estão sempre ampliando os horizontes, a fim de construir um panorama muito mais amplo: encontrando maneiras de estender os esforços colaborativos a novas comunidades, em ciclos de tempo mais duradouros e em prol de metas mais épicas.

Essas três formas de trabalho constituem o que considero como os mais importantes atributos de um colaborador extraordinário. Juntas, tais características nos permitem descobrir e contribuir com forças individuais e conhecimentos específicos para um grande esforço, cujo desfecho é incerto.

Esses superpoderes colaborativos ainda não estão amplamente disseminados. Eles se concentram entre os jogadores que, na década passada, jogaram os games que estiveram na vanguarda do co-op, da inteligência coletiva e da produção colaborativa. Porém, obviamente, os superpoderes colaborativos seriam extremamente úteis fora dos cenários de jogos. Eles poderiam ser aplicados com enorme resultado em muitos lugares diferentes do mundo real: reunião e análise de informações, ação social, avaliação de riscos, pesquisa científica, inovação de produtos e serviços, administração pública, e muitos outros.

De fato, se tais superpoderes colaborativos se tornarem disseminados o suficiente, será fácil imaginar um futuro no qual haja mais esforços coletivos atrelados à resolução de problemas em escala extrema, como a erradicação da fome, a prevenção das mudanças climáticas, a redução da atividade terrorista e a melhoria da saúde global. Porém, antes que possamos usar esses superpoderes para resolver os problemas do mundo real, precisamos distribuí-los amplamente por toda a sociedade. A colaboração é mais eficaz quando existem diversos agentes. Precisamos colocar os superpoderes colaborativos nas mãos do maior número possível de pessoas — especialmente dos jovens, que representam a próxima geração de agentes sociais e solucionadores de problemas.

É por isso que, em meu trabalho de criação de jogos comerciais, sempre me sinto atraída por projetos que possam servir como ambientes de aprendizagem dos superpoderes colaborativos. Penso nesses projetos como laboratórios de colaboração global, ou **colaboratórios**: espaços on-line para que jovens ao redor do mundo se unam, testem e desenvolvam sua habilidade de cooperar, coordenar e cocriar em escalas épicas.

A melhor maneira de apreender o *modus operandi* dos colaboradores extraordinários é o contexto de um verdadeiro colaboratório em funcionamento. Vamos, então, observar o *The Lost Ring*, um jogo de realidade alternativa que criei para os Jogos Olímpicos de Pequim, em 2008.

THE LOST RING — UM COLABORATÓRIO PARA PRATICAR NOVOS SUPERPODERES

Os Jogos Olímpicos estão esgotados. Foi o que pensei no verão de 2007, assim que fui convidada para conceber um jogo de realidade alternativa para os Jogos Olímpicos de Pequim.

Para 99,99% das pessoas, pensei comigo mesma, as Olimpíadas são apenas um espetáculo; propiciam, quando muito, uma emoção indireta. Não há participação real ou envolvimento ativo. Assistimos aos jogos, mas não jogamos de verdade.

Não deveria ser assim. A missão olímpica, afinal de contas, é unir o mundo com jogos e esportes. Também se espera que as Olimpíadas criem uma comunidade global. Contudo, até mesmo os maiores fãs não têm quase nenhuma interação com pessoas de outras partes do mundo durante os jogos. Não estamos fisicamente na vila olímpica, onde os diversos atletas de elite se reúnem. Ao contrário, estamos em casa, vendo os jogos pela televisão. Como podemos esperar que o mundo se una por meio dos Jogos Olímpicos, se 99,99% do mundo não participa, de fato, dos jogos?

Isso não me incomodaria tanto assim se eu não acreditasse piamente na missão olímpica. As Olimpíadas modernas são o esforço mais conhecido e duradouro de usar jogos como plataforma para estabelecer um solo comum, focar a atenção mundial, estimular o reconhecimento mútuo e criar uma comunidade global. Não poderia imaginar um contexto melhor do que as Olimpíadas para tentar construir um colaboratório global.

Foi aí que me ocorreu: será que a tradição olímpica de reunir o mundo inteiro para um intenso período de jogos poderia ser estendida dos atletas para os *jogadores*?

Se a resposta fosse positiva, isso representaria uma grande oportunidade para dar à crescente geração de exímios jogadores uma chance de demonstrar ao mundo seus extraordinários talentos. Assim como os maiores atletas mundiais, os melhores jogadores poderiam nos mostrar feitos colaborativos até então inconcebíveis. Eles poderiam inspirar todos nós a ampliar os limites de nossos próprios poderes colaborativos.

Portanto, como ainda contávamos com um ano de antecedência para os Jogos Olímpicos de Pequim, aceitei o convite do McDonald's, patrocinador mundial das Olimpíadas, e do Comitê Olímpico Internacional para colaborar com a AKQA, uma importante agência de criação digital, com sede em São Francisco. Nosso objetivo era criar um jogo on-line que daria aos jovens adultos ao redor do mundo a oportunidade de colaborar em uma escala tão impressionante quanto os próprios Jogos Olímpicos modernos. Juntos, passamos um ano inteiro trabalhando com uma equipe de desenvolvimento criativa composta por mais de cinquenta pessoas, a fim de ajudar os adeptos dos jogos de computador e videogames a transformar os Jogos Olímpicos de 2008 em um jogo que *eles* poderiam jogar, um esforço colaborativo que *eles* poderiam assumir.

Essa é a história do *The Lost Ring* e de como ele reinventou a realidade dos Jogos Olímpicos.

> *Quase todos vocês que estão ouvindo esse podcast não vão acreditar na história que estou prestes a contar. Como é possível, vocês irão pensar, que o maior esporte de todos os tempos tenha sido esquecido por quase 2 mil anos? Sou Eli Hunt, e essa é a lenda do Esporte Perdido de Olímpia.*
> — Da série de podcasts *Segredos dos Jogos Antigos*, postado em 24 de fevereiro de 2008.

> *Os antigos gregos o baniram, mas, mesmo assim, estamos jogando!*
> — De um convite para um evento de treinamento do Esporte Perdido de Olímpia, ocorrido em São Francisco, em 15 de abril de 2008

Em 24 de fevereiro de 2008, um personagem fictício, chamado Eli Hunt, lançou uma série de podcasts reais denominada *Segredos dos Jogos Antigos*. A série era divulgada na página inicial do intensamente acessado site do Comitê Olímpico Internacional, com o mote: "Investigue os mistérios olímpicos e conheça a história dos primeiros jogos!" Os visitantes do site de Hunt descobriram que os podcasts focavam no assim chamado Esporte Perdido de Olímpia — um jogo praticado com os olhos vendados, que Hunt, um arqueólogo amador, acreditava ter sido misteriosamente banido pelos antigos gregos de suas Olimpíadas, antes de tentarem destruir, igualmente, todas as evidências de que o jogo, de fato, existira.

A história do Esporte Perdido de Olímpia seria apenas uma lenda urbana da Antiguidade? Para provar o contrário, Hunt apresentou três convincentes provas: cacos de cerâmica da Grécia antiga, que mostravam corredores nus de olhos vendados; uma tabuleta de pedra desfigurada, datada de 530 A.C., contendo inscrições que traziam instruções de treinamento para um esporte olímpico que exigia uma estranha combinação de habilidades atléticas — "confiança, resistência, memória espacial e senso de orientação"; e uma placa de vitória com 21 séculos de idade, ofertada a um campeão das Olimpíadas antigas, chamado Demetros — um nome que os historiadores nunca tinham visto em nenhum outro objeto remanescente das Olimpíadas. Mais misteriosamente ainda, a placa de vitória chamava o desconhecido olimpiano de "campeão da *la paigna megas*" — do jogo mais importante.

Se o jogo de olhos vendados foi, realmente, o mais importante evento dos Jogos Olímpicos da Antiguidade, por que, então, os historiadores nunca tinham ouvido falar dele antes? Hunt deixava o seguinte desafio para os que acessavam sua página:

> Houve realmente um esporte perdido? Em caso positivo, como ele era jogado? E por que era considerado o mais importante de todos os jogos antigos? Se esse esporte de fato existiu, podemos supor apenas que os próprios gregos conspiraram para escondê-lo do restante do mundo. Porém, o que os teria levado a fazer isso? Mesmo diante das mais recentes pesquisas que fiz, é difícil aceitar que tudo que acreditamos conhecer sobre as Olimpíadas da Antiguidade pode estar errado. No entanto, se eu estiver certo, e se os antigos gregos realmente esconderam a verdade, então, talvez, surjam mais indícios para aqueles que se dispuserem a observar detidamente...

Dentro de 24 horas, uma comunidade de jogadores e blogueiros tomou conhecimento do mistério do esporte perdido e aceitou o desafio proposto por Hunt. Eles não acreditavam necessariamente nas provas que ele havia apresentado — porém, perceberam que alguma espécie de jogo interessante estava a caminho. E, pelo fato de Hunt ter legendado seus podcasts em sete línguas diferentes — inglês, francês, alemão, espanhol, português, japonês e mandarim —, esses jogadores provinham de todas as partes do mundo. Usando uma variedade de ferramentas de tradução para falar uns com os outros, os jogadores criaram um fórum de discussão, estabeleceram uma sala de bate papo, constituíram um wiki e começaram a enviar e-mails para Hunt, a fim de obter mais informações. Eles estavam determinados a ir até o fim do mistério do Esporte Perdido de Olímpia.

Os jogadores seguiram uma série de pistas retiradas do podcast de Hunt até outros blogs e websites, criando uma vasta rede de informações históricas reais e lendas urbanas, e, então, até o mundo real, onde — após seis curtas semanas — descobriram 27 artefatos físicos: as páginas de um misterioso texto ilustrado, chamado *Códex do Lost Ring*. Cada página continha mais informações sobre as regras e o objetivo do esporte perdido. Essas páginas, datadas de 1920, foram distribuídas em 27 países diferentes, em cinco continentes. O texto foi escrito na língua universal esperanto e, aparentemente, foi criado e escondido por uma geração anterior de investigadores do esporte perdido, que acabou falhando em seus esforços de ressuscitar o antigo jogo.

Como os jogadores encontraram tais artefatos? Primeiro, eles foram informados sobre uma ferramenta real de navegação da Grécia Antiga, conhecida como o "código onfálico", assunto do segundo podcast de Eli Hunt. Em seguida, trabalharam juntos em um wiki para traduzir um conjunto de 27 códigos onfálicos para modernas coordenadas de GPS. Depois, solicitaram aos membros de *suas* redes sociais, que, por sua vez, solicitaram a outros membros de suas redes sociais, que encontrassem pessoas dispostas a recuperar as páginas do códex nessas localidades distantes do mundo real, como uma livraria em Joanesburgo, um albergue no Rio de Janeiro e uma galeria de arte em Bangalore.

À medida que cada página ia sendo recuperada, os jogadores se voluntariavam para traduzi-las do esperanto para oito línguas diferentes — as sete originais do jogo mais o holandês, uma vez que um apreciável contingente de jogadores se formou nos Países Baixos. Eles conseguiram, assim, criar um registro completo e inteiramente novo do Esporte Perdido de Olímpia para pessoas de todas as partes do mundo.

A tradução do códex revelou, entre outras coisas, que o antigo jogo era oficialmente chamado de *O labirinto humano*, mas conhecido informalmente como *The Lost Ring*. Peça por peça, os jogadores ficaram sabendo que se tratava de um esporte de equipe para 16 jogadores: um corredor de olhos vendados e 15 "membros das paredes". Os membros das paredes usavam seus corpos para criar um labirinto em tamanho humano, perfilando-se no formato do lendário labirinto de Creta. O corredor, incapaz de ver ou perceber o trajeto, tentaria escapar do centro do labirinto o mais rapidamente possível, enquanto os membros das paredes murmuravam algo, para ajudar a orientá-lo. As dimensões oficiais do labirinto asseguravam que as equipes nunca conseguissem ter membros em número suficiente para cobrir toda a extensão dele em momento algum; ao contrário, eles tinham de correr à frente do corredor para criar mais paredes, antes que ele chegasse àquela parte do labirinto. Cada equipe de labirinto competia contra outras equipes de labirinto para fazer com que seu corredor encontrasse a saída mais rapidamente.

E o que fizeram os jogadores depois de solucionar o mistério do evento dos Jogos Olímpicos da Antiguidade? Fizeram o que qualquer jogador verdadeiro faria: começaram a jogá-lo. E se comprometeram a trazer de volta o esporte perdido a tempo para os Jogos Olímpicos reais de 2008. Equipes se formaram em todo o mundo: Singapura, Tóquio, Bangkok e Shangai; Londres, Paris, Zurique e Viena; São Francisco, Portland, Nova York e Dallas; Buenos Aires e São Paulo; Joanesburgo e Cidade do Cabo; Sidney, Melbourne e Wellington.

A cada fim de semana, por inúmeros meses, os jogadores se reuniram em diferentes cidades para reviver o Esporte Perdido de Olímpia e se tornarem mestres na corrida de olhos vendados através do labirinto. Eles fizeram o upload de centenas de vídeos de treinamento no YouTube e adicionaram milhares de fotos de treinamento no Flickr, a fim de mostrar como estavam melhorando, ensinar aos outros a jogar e trocar estratégias com outros atletas do esporte perdido.

As equipes se tornaram progressivamente mais rápidas, conforme fortaleciam a conjugação de esforços e testavam estratégias cada vez mais complexas. Em pouco tempo, um novo recorde mundial estava sendo estabelecido, a cada fim de semana, em algum lugar — Viena nessa semana, Nova York na outra, Shangai na próxima. O velocista e campeão olímpico norte-americano Edwin Moses se voluntariou para servir como treinador virtual on-line dos atletas do esporte perdido, enviando conselhos semanais por e-mail. Coletivamente, os atletas do esporte perdido ao redor do mundo instigavam uns aos outros, aprimorando seus melhores tempos, de uma média de 3 minutos e 30 segundos por corrida no início dos treinos para uma média 59 segundos por corrida no fim do verão, alcançando o recorde mundial de 38 segundos.

Em 24 de agosto de 2008, último dia dos Jogos Olímpicos de 2008, seis meses depois de Eli Hunt ter feito o upload de seu primeiro podcast, cem dos melhores jogadores de computador colocaram à prova seus conhecimentos sobre o esporte perdido. As seis melhores equipes de labirinto humano do mundo se reuniram em Pequim, São Francisco, Salvador, Londres, Tóquio e Wellington para competir em seus próprios campeonatos mundiais auto-organizados. Conforme a contagem final de medalhas era realizada nos Jogos Olímpicos reais, esses jogadores-transformados-em-atletas competiram uns contra os outros para conquistar medalhas de ouro honorário (Tóquio), prata (São Francisco) e bronze (Wellington) nas Olimpíadas do Esporte Perdido.

Esses são apenas alguns dos destaques do *The Lost Ring*, um jogo de realidade alternativa que levou um ano inteiro para ser desenvolvido e outros seis meses para ser jogado, resultando por criar uma comunidade de jogadores composta por cidadãos oriundos de mais cem países, em seis continentes: 28% da América do Norte, 25% da Europa, 18% da Ásia Pacífica, 13% da América Latina, 9%

da Oceania e ainda grupos menores, em áreas como Dubai, Israel e África do Sul. Mais de 250 mil jogadores participaram, e estimou-se em mais de 10 mil pessoas o número de participantes mais ativos — a equipe central de solucionadores de quebra-cabeças, tradutores, engenheiros sociais, pesquisadores e atletas —, exatamente o mesmo número de membros da comunidade oficial de atletas dos Jogos Olímpicos de 2008. Juntos, esses olimpianos da realidade alternativa criaram uma nova história dos jogos, com uma audiência on-line de mais de 2,9 milhões de pessoas.[7]

PARA O MCDONALD'S e a AKQA, o *The Lost Ring* foi um *marketing* inovador. Em vez de produzir um típico comercial de televisão sobre o apoio da rede de fast-food aos Jogos Olímpicos, eles criaram um jogo personalizado que dava às pessoas a oportunidade de se envolverem efetivamente nas Olimpíadas. Para o Comitê Olímpico Internacional, foi a chance de ajudar a fazer com que uma longa tradição se tornasse mais relevante a uma nova geração de jogadores.

Para mim, foi a oportunidade de criar um colaboratório global de alto nível. Por esse motivo, cada elemento do *The Lost Ring* foi criado para desafiar os jogadores a praticar a cooperação, a coordenação e a cocriação extraordinárias.

Para inspirar a cooperação global, usamos a estratégia de distribuir massivamente o conteúdo do jogo em línguas diferentes, em comunidades da internet e em várias localizações geográficas distantes umas das outras no mundo real, para impossibilitar que um único país — e, muito menos, um único jogador — vivenciasse o jogo sozinho. Pistas on-line fundamentais para o jogo foram escondidas em sites regionais e redes sociais — por exemplo, a rede social Hi6, popular na Argentina; o site de compartilhamento de vídeos 6roomsn, popular na China; e o Skyrock, uma comunidade de blogs popular na França. E, é claro, objetos físicos do jogo foram escondidos em praticamente todos os cantos da Terra. Nenhuma dessas pistas ou objetos era redundante; cada uma acrescentava uma informação importante à história do esporte perdido. Os jogadores, portanto, precisavam trabalhar em grupo para coletar todas as informações e traduzi-las para as outras pessoas. Para isso, tinham de expandir radicalmente seus horizontes de colaboração, realizando o *ping* por meio de múltiplos níveis de redes sociais ampliadas, para poderem encontrar pessoas capazes de se apresentar no local certo e na hora certa ou de traduzir algo de uma língua para outra. As tarefas eram, assim, delegadas continuamente a outras pessoas, que responsabilizavam-se pelo passo seguinte da cadeia que os levaria até o cumprimento da meta coletiva.

Também adotamos a estratégia de contar o que os jogadores chamam de "história caótica".[8] Em vez de lhes apresentar um único meio de absorver a história do jogo, quebramos essa história em milhares de pedaços, como em um quebra-cabeça, e, então, os distribuímos em muitas plataformas de mídia diferentes: podcasts e posts em blogs; vídeos e fotografias on-line; e-mails e postagens no Twitter assinados por personagens do jogo; e, até mesmo, troca de mensagens instantâneas em tempo real e interações presenciais com personagens apresentados como "mestres do jogo". Esse tipo de narrativa caótica força os jogadores a compreender o conteúdo do jogo por conta própria e a explicá-lo uns para os outros, usando habilidades de inteligência coletiva e plataformas autorais colaborativas. Uma história caótica não existe, realmente, até que os jogadores a organizem — por ora, trata-se apenas de uma rede de evidências, de materiais brutos que formarão uma determinada história. Depende dos jogadores compor a autêntica narrativa final, apresentando-a normalmente em um wiki que, enfim, trará a história "oficial" do jogo.

No caso do *The Lost Ring*, os jogadores juntaram as peças da história caótica e trabalharam, primeiramente, nos desafios da tradução, em um wiki especial chamado Find the Lost Ring, criado por eles. No fim do jogo, esse wiki continha um total de 730 arquivos de áudio, vídeo e imagens, assim como 943 artigos de texto — todos criados pelos jogadores. As páginas do site criadas por usuários incluíam a Timeline, um registro detalhado de cada descoberta e acontecimento principal durante os seis meses de duração do jogo; o *Códex*, uma compilação de imagens das 27 páginas de manuscrito encontradas ao redor do mundo, escaneadas em alta resolução e acompanhadas por sua tradução nas nove línguas adicionais; e os Labyrinth Training Reports, onde eram registrados os melhores tempos, vídeos e outros detalhes de acontecimentos relevantes aos treinos.

Evidentemente, para além da narrativa caótica, o esporte perdido foi criado para exigir colaboração intensa. As regras do jogo eram cooperativas — e elas asseguravam que os jogadores treinariam em equipe para aprimorar seu desempenho coletivo como grupo, em vez de competir com outros atletas. Para as equipes que progrediam no jogo, o movimento sincronizado deveria propiciar uma experiência coletiva de fluxo, semelhante à de dançar em grupo. E, como em todos os meus jogos de ação ao vivo, embuti um toque de liberação de oxitocina — os membros das paredes davam as mãos ou seguravam nos ombros uns dos outros —, de modo a fortalecer os vínculos cooperativos entre eles. Ao compor o labirinto humano juntos, os jogadores estariam envolvidos na cocriação de uma experiência de ponta.

Contudo, para além das regras do esporte, o que realmente exigia um intenso esforço colaborativo e de coordenação era o simples fato de que ninguém nunca havia jogado esse esporte do labirinto humano antes. Ninguém conhecia as regras e ninguém era um exímio praticante. Juntos, os participantes teriam de desbravar seu caminho por iniciativa própria, até dominar completamente o esporte. Eles teriam de trabalhar em conjunto como uma rede global para descobrir — para inventar —, pela primeira vez, os prós e os contras do esporte, para ensinar uns aos outros os melhores truques e para disseminar na rede os segredos do jogo. Os jogadores começaram a programar suas sessões de treinamento, de modo a ampliar o número de fusos-horários que pudessem participar ao mesmo tempo, em suas horas normais de vigília. Eles decidiram divulgar espontaneamente, por meio das redes de telefonia celular, os vídeos de suas sessões de treinamento ao vivo, para que as equipes de outras cidades pudessem observar e aprender. Esses foram atos extraordinários de coordenação.

Finalmente, a colaboração em massa funciona apenas quando todos da "massa" têm algo de útil com que contribuir. Todos precisam ter a oportunidade de contribuir com suas forças pessoais — quem eles são e o que fazem de melhor. Portanto, quando desenvolvi o *The Lost Ring* como colaboratório, uma de minhas metas principais era ser pioneira em um sistema que ajudasse os jogadores a identificar suas próprias forças particulares, a fim de orientá-los para os tipos de contribuições que poderiam fazer mais eficazmente ao jogo. Por esse motivo, uma das peças centrais do *Códex do Lost Ring* era a fábula de seis forças da Antiguidade, cada uma batizada em função de uma antiga virtude grega, descrevendo uma maneira distinta de agregar valor ao grupo:

- *Sofia*: Trago sabedoria, criatividade e astúcia para nossa missão. Sou uma pessoa que busca o conhecimento.
- *Thumos*: Trago coragem, energia e determinação para nossa missão. Sou um aventureiro.
- *Chariton*: Trago emoção, humanidade e charme para nossa missão. Sou um elo de ligação.
- *Dikaiosune*: Trago liderança, direção e concentração para nossa missão. Sou um piloto.

- *Sophrosune*: Trago equilíbrio, autocontrole e receptividade para nossa missão. Sou um conselheiro.
- *Mythopoeia*: Trago otimismo, visão e habilidade artística para nossa missão. Sou um descobridor da verdade.

O *Códex* incluía um teste com 12 questões que ajudavam o jogador a identificar suas forças particulares primária e secundária. Os jogadores escolheriam, dentre um conjunto de afirmações, aquela que melhor os descrevesse. Por exemplo:

- Sou um pensador original.
- Prefiro levar uma vida de aventuras.
- Gosto de ajudar os outros.

E:

- Gosto de estar no comando.
- Sou uma pessoa justa e honesta.
- Sempre vejo a beleza ao meu redor.

(Tais escolhas correspondem, respectivamente, a *Sofia*, *Thumos*, *Chariton*, *Dikaiosune*, *Sophrosune* e *Mythopoeia*).

Embora o jogo apresentasse essas seis forças como uma espécie de tradição da Antiguidade, na verdade, elas foram diretamente derivadas das pesquisas da psicologia positiva. Em 2004, os pesquisadores Martin Seligman e Christopher Peterson publicaram *Character Strengths and Virtues,* um manual com 24 categorias semelhantes a essas, divididas em seis grupos: **sabedoria e conhecimento** — forças cognitivas que provocam a aquisição e o uso do conhecimento; **coragem** — forças emocionais que envolvem o exercício da vontade de cumprir metas, apesar das oposições externa ou interna; **humanidade** — forças interpessoais que envolvem a dedicação e a amizade aos outros; **justiça** — forças cívicas que sustentam uma vida comunitária saudável; **sobriedade** — forças que protegem contra o excesso; e **transcendência** — forças que forjam conexões com o universo mais amplo e produzem significado.[9]

Em parceria com o Values in Action (VIA) Institute on Character, Seligman e Peterson conceberam um questionário com 240 perguntas, destinadas a medir as forças emocionais positivas que contribuem para o sucesso e bem-estar na vida.[10] A meta do questionário é "ajudar as pessoas a evoluírem na direção de seu maior potencial" e esse teste de personalidade se tornou o mais cientificamente validado do mundo. Mesmo assim, muitas pessoas nunca ouviram falar dele — nem sequer o experimentaram.

Eu queria que os jogadores conseguissem descobrir suas forças particulares como membros da comunidade do *The Lost Ring* porque acredito que esse recurso da psicologia positiva pode desempenhar um papel importante, no sentido de criar meios para que um número maior de pessoas contribua em esforços colaborativos. Criei, portanto, nosso questionário de forças da Antiguidade, inspirada em uma versão resumida do questionário oficial de forças da VIA. Minha pesquisa de 12 questões, que tomava os Jogos Olímpicos como base, não tinha validade científica — e não mergulhava profundamente nas 24 forças, mas apenas nas seis categorias mais genéricas. Porém, como uma primeira introdução às forças, pensei que poderia servir a uma poderosa finalidade: ajudar os jogadores a começar a identificar suas forças colaborativas e a colocá-las em prática na missão do *The Lost Ring*.

Depois de completar o teste das forças da Antiguidade e determinar as forças primária e secundária, os jogadores eram convidados a postar emblemas de força em suas páginas de rede social, declarando, por exemplo, "Eu sou Sofia", com uma descrição do que aquilo queria dizer. Esses emblemas se tornavam uma pista visual para os demais jogadores, que, então, se mantinham informados sobre as forças dos demais — ou seja, eles estavam construindo um radar colaborativo. Eli Hunt e os outros personagens do jogo começaram, então, a atribuir missões aos jogadores, com base em suas forças: por exemplo, os jogadores cerebrais *Sofia* eram desafiados a pesquisar fatos pouco conhecidos sobre outros jogos que haviam sido efetivamente banidos dos antigos Jogos Olímpicos, enquanto os jogadores aventureiros *Thumos* recebiam a tarefa de ir ao mundo real para apanhar os artefatos físicos, e os jogadores altamente sociais *Chariton* eram estimulados a ser os engenheiros sociais do jogo e a descobrir como estender a rede social da comunidade do *The Lost Ring*.

Até mesmo o próprio esporte perdido reservava papéis especiais para cada tipo de força a ser empregada:

- *Sofia*: Vocês são os melhores engenheiros. Estudem os desenhos do labirinto — e cheguem cedo para criá-lo e construí-lo.

- *Thumos*: Vocês são os corredores mais rápidos. Coloquem uma venda nos olhos e sigam em frente!
- *Chariton*: Vocês são os melhores treinadores. Congratulem a sua equipe e usem linguagem depreciativa com as outras.
- *Dikaiosune*: Vocês são os melhores capitães. Mantenham sua equipe coesa e concentrada em ser a mais rápida. Mantenham sua parede coordenada e trabalhando em conjunto!
- *Sophrosune*: Vocês são os melhores juízes. Certifiquem-se de que todos estejam seguindo as regras. Registrem os melhores tempos.
- *Mythopoeia*: Vocês contam as melhores histórias. Façam filmes e vídeos dos jogos! E divulguem as novidades sobre os melhores tempos alcançados em outras cidades — ajudem sua equipe local a se manter atualizada sobre como está sendo realizado o treinamento no resto do mundo.

O teste de forças e a atribuição de tarefas provaram ser um excelente recurso para aqueles jogadores que estavam tentando recrutar mais atletas para participar dos eventos de treinamento do esporte perdido e para envolver a infinidade de pessoas que se apresentavam para jogar, mas que não estavam acompanhando a história on-line. Eles ajudaram os jogadores experientes a convencer outras pessoas de que havia uma maneira significativa de contribuir imediatamente. Isso lhes deu uma ferramenta para direcionar os novos jogadores para as áreas nas quais eles tinham mais chances de serem bem-sucedidos e obter uma recompensa intrínseca — garantindo que nenhum contribuidor em potencial ficasse sem uma tarefa gratificante.

Como Seligman e Peterson têm assinalado, parece que ficamos mais felizes quando usamos nossas forças particulares em prol de uma boa finalidade em um cenário coletivo. Para mim, a maior evidência desse argumento foi ter observado os jogadores do *The Lost Ring* adotarem avidamente seus papéis das forças da Antiguidade e desempenhá-los tanto on-line quanto pessoalmente, à medida que davam vida ao esporte perdido.

Inicialmente, quando lançamos o *The Lost Ring*, não sabíamos até onde ele chegaria. Demos aos jogadores o material bruto para colocar em ação seus próprios esforços colaborativos — uma série de lendas urbanas on-line e documentos físicos misteriosos que sugeriam o potencial de ressuscitar um esporte olímpico perdido — mas eles fariam isso? E, se fizessem, como o fariam?

Estávamos confiantes de que poderíamos reunir uma comunidade global com nossa narrativa caótica e poliglota. Todavia, a comunidade conseguiria, de fato, trazer o esporte perdido de volta à vida? Ela inventaria suas próprias maneiras de ser não apenas boa no esporte, mas tão boa quanto um atleta olímpico? Ao planejar o jogo, realizamos testes do esporte perdido apenas algumas vezes, a maior parte delas com a equipe criativa do projeto, e, coletivamente, tivemos um desempenho lento e muito ruim. Nunca passou pela nossa cabeça as façanhas atléticas que nossos jogadores se mostraram capazes de cumprir — de fato, ninguém jamais as imaginou, até que os jogadores as assumissem para si. O esporte perdido nunca existiu de verdade — e nunca teria existido, também, se não fosse o esforço conjugado dos jogadores mundo afora.

Edwin Moses, atleta olímpico que realmente conquistou uma medalha de ouro e foi recordista mundial inúmeras vezes na prova de 400 metros com obstáculos, reuniu-se com nossa equipe de criação para observar vídeos dos melhores jogadores de cada continente. Ele pareceu sinceramente impressionado com o desempenho das equipes e elaborou alguns vídeos de apoio para cada uma delas. Depois, respondeu as perguntas dos jogadores em uma transmissão on-line em tempo real, dando conselhos sobre como se preparar melhor para um evento de disputa da medalha de ouro. Por fim, encontrou-se conosco ao nascer do sol na Grande Muralha da China, um dos lugares de eventos oficiais dos Jogos Olímpicos, para treinar pessoalmente a equipe de Pequim do esporte perdido, na corrida pela medalha de ouro da realidade alternativa. Quando concebemos inicialmente nossa corrida humana de olhos vendados dentro de um labirinto, nunca poderíamos imaginar que nossos jogadores levariam o *The Lost Ring* a tal nível de excelência atlética ou que seríamos capazes de fazer com que um verdadeiro campeão olímpico se envolvesse e se deixasse impressionar com o esporte. Porém, fizemos isso — graças aos esforços colaborativos dos jogadores.

No fim, nossos jogadores produziram dois resultados colaborativos extraordinários: a completa e vasta história do esporte perdido da Antiguidade e seu renascer nos dias modernos no wiki Find the Lost Ring — um documento multimídia de 943 páginas, escrito coletivamente por mais de mil dos principais jogadores — e uma comunidade de atletas que construiu e correu entre labirintos como se tivesse passado a vida inteira (e não apenas seis meses) treinando para isso. Esse foi um ato de verdadeira *visão de emergência* por parte dos jogadores. A partir do ambiente complexo e caótico das lendas de Eli Hunt e dos confusos mistérios do Codex, eles vislumbraram a oportunidade de inventar em grupo um caminho claro e colaborativo: criar um trabalho épico com uma história de realidade alternativa e colocar em cena esse impressionante espetáculo em cinco continentes. Como resultado, considero que os jogadores líderes do *The Lost Ring* — em especial os mil jogadores mais ativos que se apropriaram do wiki e coordenaram durante meses os treinamentos do esporte perdido — estão entre os verdadeiros especialistas em colaboração de sua geração.

Todos nascemos com o potencial de desenvolver superpoderes colaborativos. A pesquisa científica mostra que temos a habilidade e o desejo, desde a primeira infância, de cooperar, de coordenar atividades e de fortalecer os vínculos do grupo — em outras palavras, de fazer juntos um bom jogo. Contudo, esse potencial pode se perder se não empregarmos um esforço consistente na prática da colaboração.

Felizmente, já temos muitos colaboratórios cuidando disso. Para além dos jogos de realidade alternativa mundial, como o *The Lost Ring*, qualquer bom jogo on-line que disponha, por exemplo, do modo co-op, de circunstâncias adequadas para produção colaborativa e de uma próspera cultura de Wikia oferecerá a oportunidade perfeita para praticar os superpoderes colaborativos. E, graças à crescente disponibilidade de bons jogos ao redor do mundo, teremos mais oportunidades do que nunca para desenvolver esses superpoderes.

Isso está se tornando cada vez mais verdadeiro nos países em desenvolvimento, que tradicionalmente tiveram acesso limitado aos jogos on-line e às plataformas de jogos de ponta. Hoje em dia, os criadores de jogos estão concebendo plataformas de jogos on-line especificamente para as limitações de tecnologia de mercados emergentes como a Índia, o Brasil e a China. Como exemplo, temos o console de jogos de preço reduzido Zeebo, que se apresenta como "o console de videogame para o próximo bilhão de pessoas", e que conecta consoles que consomem pouca energia por meio de redes de telefonia celular, em vez de internet de banda larga. Paralelamente, jogos em rede estão sendo desenvolvidos para telefones celulares, onipresentes até mesmo na mais isolada das cidades africanas.

À medida que a indústria de jogos continuar dando ênfase aos modos de jogo co-op, de inteligência coletiva e de produção colaborativa, os superpoderes se disseminarão mais amplamente pelos jogadores. E, conforme mais e mais indivíduos começarem a pensar em si mesmos como jogadores — talvez, em grande parte, pelo fato de quererem desenvolver seus próprios superpoderes colaborativos —, essas novas habilidades extraordinárias se tornarão comuns — ou seja, serão a norma, em vez da exceção.

Bem, e o que seremos capazes de fazer com os superpoderes colaborativos que desenvolveremos ao longo da próxima década — e para além disso? Uma das primeiras metas épicas para os jogadores ao redor do mundo talvez seja, simplesmente, sobreviver ao século XXI.

Em seu livro *Wikinomics*, de 2006, um revolucionário manual para colaboração em escala extrema no mundo real, Don Tapscott e Anthony Williams fizeram um apelo histórico: "Precisamos colaborar ou pereceremos — para além de fronteiras, culturas, áreas de conhecimento e empresas, e com massas cada vez maiores de pessoas, ao mesmo tempo."[11]

"Colaborar ou perecer" talvez seja o grito de guerra mais urgente de nossos tempos. A habilidade de colaborar em escalas extremas deixou de ser apenas uma vantagem competitiva nos negócios ou na vida. Cada vez mais, é um imperativo para a sobrevivência da raça humana. Como os autores de *Wikinomics* sugeriram alguns anos depois, em um prefácio atualizado do livro, "o aplicativo contundente para a colaboração em massa pode ser, literalmente, salvar o planeta".[12]

Um aplicativo contundente é um programa tão valioso que acaba sendo o principal valor do sistema maior e faz com que inúmeras pessoas queiram adotá-lo: o e-mail, por exemplo, foi considerado o aplicativo contundente para o acesso doméstico à internet. Acredito piamente que o principal valor do desenvolvimento de nossos superpoderes criativos será comprovado por jogos que ajudem as pessoas a salvar o mundo real — mudando a forma como consumimos energia, como nos alimentamos, como criamos uma saúde melhor, como gerenciamos a administração pública, como concebemos novos negócios e como cuidamos uns dos outros e do ambiente.

Contudo, essas mudanças fundamentais não acontecem da noite para o dia — se quisermos sobreviver ao século XXI juntos, teremos de adotar horizontes mais amplos de pensamento, ação e colaboração. Precisaremos de jogos que ampliem nosso comprometimento coletivo em meses, anos ou até décadas à frente.

Precisaremos começar a jogar com o futuro.

CAPÍTULO CATORZE

Salvando o mundo real juntos

Estamos vivendo em uma era geológica que os cientistas denominam de "época antropocênica", do grego *anthropo-* ("humano"), e *-cene* ("novo" ou "recente"). É a era do impacto humano sobre a Terra.

Nosso impacto pode ser medido por uma infinidade de maneiras: aumento de níveis de dióxido de carbono na atmosfera, desmatamento e erosão continental, aumento do nível do mar. Talvez não tenhamos nos determinado a reconstruir o planeta sob nenhuma dessas formas — mas, ainda assim, foi o que fizemos. E, agora, temos de aprender meios melhores de reconstruí-lo, dessa vez intencionalmente, com disciplina e determinação.

Como diz Steward Brand, autor de *Whole Earth Discipline*, "a humanidade está, nesse momento, presa ao papel de guardiã do planeta. (...) Somos como deuses e *temos* de ficar bons nisso".[1]

Brand talvez seja mais conhecido como o fundador do *Whole Earth Catalog*, um catálogo da contracultura, publicado entre 1968 e 1972, que trazia "ferramentas e ideias para moldar o ambiente". (Quando lançou esse catálogo, ele escreveu: "Somos como deuses e talvez fiquemos bons nisso.")[2] Em 1996, Brand apareceu como cofundador da Long Now Foundation, uma fundação sediada em São Francisco, dedicada à reflexão e à responsabilidade de longo prazo — para a Terra e para a sobrevivência da espécie humana —, nos próximos 10 mil anos e mais além. Se quisermos ficar neste planeta por um tempo que se aproxime minimamente disso, diz Brand, temos de nos tornar melhores nas influências estratégicas que exercemos sobre nosso ecossistema. "Seremos forçados a aprender a conceber o planeta — em ambos os sentidos da palavra. Conceber como um dom e conceber como um artifício mental." Não apenas teremos de dominar a habilidade de transformar o modo como nosso ecossistema funciona, mas também teremos de descobrir as maneiras corretas de mudá-lo. E isso não será fácil.

"As forças em jogo no sistema da Terra são astronomicamente massivas e inimaginavelmente complexas", escreve Brand.[3] "Estamos enfrentando problemas e soluções que surgiram há múltiplas décadas e gerações. Cumprir o que é necessário exigirá diligência e paciência — uma *pressão* sustentada sobre vidas humanas inteiras para transpor as enormes defasagens e os calendários das dinâmicas climática, biológica e social."[4]

Felizmente, os jogadores levam vantagem nessa missão.

Afinal, eles vêm dominando a arte de concepção do planeta há anos. De fato, existe um gênero de jogos de computador conhecido como "jogos de deuses" — simulações de gestão do mundo e da população que dão a um único jogador a habilidade de moldar o curso dos eventos da Terra de maneira dramática, por vidas inteiras ou até mais do que isso.

Como vimos, o *The Sims*, de Will Wright, confere aos jogadores poderes similares aos dos deuses sobre as vidas cotidianas das pessoas. O *Civilization*, de Sid Meier, desafia os jogadores a orientar toda uma civilização (como os astecas, os romanos, os americanos, os zulus), do começo da Idade do Bronze (há 6 mil anos atrás), até a Era Espacial (ou 2100 D.C.). E o *Black & White*, de Peter Molyneux, convida os jogadores a reger todo o bioma de uma ilha remota, inspirando na população nativa uma alegre veneração ou uma obediência servil, por meio de uma combinação de intervenções ecológicas divinas, que podem ser tanto benevolentes quanto maléficas.

O que todos esses jogos de deuses têm em comum é estimular jogadores a praticar as três habilidades essenciais para a verdadeira concepção do planeta: ter uma visão de longo prazo, praticar a reflexão ecossistêmica e realizar a experimentação piloto.

Ter uma visão de longo prazo significa trabalhar em escalas muito maiores do que normalmente conseguiríamos em nossas vidas cotidianas. Os participantes de jogos de deuses têm de considerar suas ações a cada momento, no contexto de um futuro bastante distante: a simulação de uma vida inteira, o surgimento e o declínio de toda uma civilização ou, até mesmo, o percurso completo da história da humanidade.

A **reflexão ecossistêmica** é uma maneira de observar o mundo como uma rede complexa de partes interconectadas e interdependentes. Um bom pensador ecossistêmico estudará e saberá como antecipar as formas pelas quais as mudanças em uma parte do ecossistema impactarão as outras — geralmente, ele fará isso de um modo surpreendente e com longo alcance.

A **experimentação piloto** é o processo de conceber e realizar vários pequenos testes de diferentes estratégias e soluções, de modo a descobrir o melhor curso de ação a seguir. Quando você já testou com sucesso uma estratégia, pode ampliar seus esforços para provocar um impacto ainda maior. Considerando-se que os jogadores querem maximizar seu sucesso, eles não se fixam logo no primeiro plano que lhes vem à mente. Ao contrário, percebem cuidadosamente a maneira de abordar o sistema, farejando e esmiuçando até encontrar as estratégias que pareçam maximizar com segurança o sucesso.

Tomadas em conjunto, essas três maneiras de pensar e agir são exatamente os tipos de esforços que Brand recomenda em *Whole Earth Discipline*. Em vez de aproveitar o dia, ele diz, "aproveite o século".[5]

E aconselha: "A participação tem de ser sutil e empírica, e armazenar-se, então, na direção correta. Se fizermos os movimentos certos na hora certa, tudo ainda poderá correr bem."[6]

EVIDENTEMENTE, não é possível utilizar os atuais jogos de computador comerciais como ambientes de teste para solucionar os problemas reais que enfrentamos. Eles simplificam radicalmente as forças atuantes nos complexos ecossistemas nos quais vivemos. Porém, enquanto tentamos desenvolver sistemas para envolver muitas pessoas nos esforços de mudar o mundo, podemos prestar atenção a uma importante pista dos mais bem-sucedidos jogos de deuses. Especificamente, podemos aprender com a habilidade que esses jogos têm de mudar a maneira pela qual os jogadores pensam o mundo e seus próprios poderes dentro do mundo.

Consideremos, por exemplo, o mais épico dos jogos de deuses já projetados — a simulação do universo *Spore*, desenvolvida por Will Wrigth e produzida pela Maxis. De todos os jogos de deuses que surgiram até agora, o *Spore* é o mais explicitamente ligado à noção de concepção do planeta — e o mais intencionalmente focado em fazer com que os jogadores pensem em si mesmos como seres capazes de mudar o mundo real.

No *Spore*, os jogadores controlam o desenvolvimento de uma única espécie através de cinco estágios de evolução: das origens unicelulares (estágio um) até a transformação em criaturas sociais que vivem sobre a terra (estágio dois), que formam tribos (estágio três), constroem civilizações tecnologicamente sofisticadas (estágio quatro) e, finalmente, se aventuram em uma exploração espacial intergalática (estágio cinco). Cada passo se amplia para dar ao jogador o controle sobre um sistema mais complexo. Os usuários progridem da manipulação do DNA celular até o aumento dos comportamentos inteligentes de suas criaturas; da organização de uma divisão de trabalho em sua tribo até o crescimento da economia global; do avanço de interesses nacionais pelo comércio, ações militares ou desenvolvimento espiritual até a colonização de outros planetas e sua transformação em ecossistemas habitáveis. Eles podem passar o tempo que quiserem em qualquer estágio, aplicando estratégias diferentes para aprimorar sua espécie e transformar o ambiente.

O *Spore* é divertido e recompensador de se jogar, mas não foi concebido apenas para debelar o tédio ou nos dar felicidade. Como Wright afirmou em inúmeras ocasiões, ele destina-se à disseminação de um senso de *potencialidade criativa* entre os jogadores, pretendendo inspirá-los a adotar o tipo de visão planetária de longo prazo que pode salvar o mundo real.

Consideremos o seguinte intercâmbio, que ocorreu logo após o lançamento do *Spore*, em 2008, quando a popular revista de ciências *Seed* promoveu um encontro público entre Wright e o renomado astrobiólogo Jill Tarter. O tópico do encontro: como jogos como o *Spore* estão preparando os jovens a ter um papel mais ativo na reinvenção do mundo real.

> **TARTER:** Continuo pensando sobre a geração que está sendo exposta a toda essa rica e maravilhosa oportunidade de jogar como um fenômeno educativo. Penso, também, que ela espera poder manipular o mundo real da mesma forma que faz com o mundo dos jogos. Como resolveremos isso? Como transformaremos esses jovens em membros socialmente funcionais da humanidade em um único planeta? (...)
> Estou ansioso para saber como o fato de aprender a ser bom em um jogo me tornará bom na vida, me tornará bom em mudar o mundo e me dará habilidades que me permitirão reinventar nosso ambiente.
>
> **WRIGHT:** Bem, (...) se há um aspecto da humanidade que desejo maximizar é a imaginação, que é provavelmente nossa ferramenta cognitiva mais poderosa. Penso nos jogos como uma extensão da imaginação dos jogadores, da mesma maneira que um carro expande nossas pernas ou que uma casa expande nossa pele. (...)

A imaginação humana é uma coisa incrível. Somos capazes de construir modelos do mundo à nossa volta, testar nossos cenários hipotéticos e, em certo sentido, simular o mundo. Penso que essa habilidade é, provavelmente, uma das características mais importantes da humanidade.[7]

Por que Wright acredita que maximizar nossa capacidade inata de imaginação é tão importante nesse exato momento da história da humanidade? É uma questão, pura e simplesmente, de sobrevivência.

O nome *Spore* já é uma pista importante: a definição de um esporo, na biologia, é a de "uma estrutura reprodutiva que está adaptada para a dispersão e a sobrevivência por períodos prolongados de tempo em condições desfavoráveis".[8] É uma metáfora perfeita para as atuais circunstâncias da raça humana.

Entramos coletivamente naquele que, muito provavelmente, será um tempo de condições planetárias cada vez mais desfavoráveis, em grande parte causadas por nós mesmos — clima instável, temperaturas extremas e um ambiente cada vez mais exaurido. Precisamos nos adaptar para sobreviver. Precisamos imaginar soluções em escala planetária e dispersá-las o mais amplamente possível.

Precisamos nos tornar mais parecidos com esporos.

E há um chamado explícito para fazer isso, no caso dos jogadores que completam com sucesso todos os cinco estágios do jogo. O *Spore* tem o que os criadores de jogos chamam de "condição primária de vitória": uma supermeta que representa a suprema conquista do jogo. A condição primária de vitória no *Spore* é desenvolver sua criatura unicelular até o estágio de uma civilização intergalática que realiza viagens espaciais e é tão bem-sucedida que acaba alcançando um destino galáctico particular: um buraco negro até o centro da galáxia.

Os jogadores que alcançam o buraco negro recebem um "cajado da vida", que lhes permite transformar qualquer planeta da galáxia *Spore* em um ecossistema vibrante e diverso: repleto de plantas e criaturas de todos os tipos, com atmosfera respirável, redes de alimentação sustentável e suprimento abundante de água (não é de se espantar que os jogadores também se refiram a ele como o "dispositivo do Gênesis").

O cajado da vida é o caminho mais curto para transformar um planeta que seria inabitável em habitável. Além do cajado da vida, os jogadores recebem uma mensagem e uma missão especial:

Você viajou muito longe e superou diversos obstáculos. Seus esforços criativos não passaram despercebidos. Seus esforços heroicos provaram que você merece e é digno de avançar para o próximo nível de sua existência. Você está prestes a receber o poder. Sim, é isso mesmo, O PODER. O poder de criar e disseminar a vida, a inteligência e o bom senso em todo o cosmos. Use esse poder com sabedoria. Há uma oportunidade maravilhosa de começar a trabalhar em um planeta específico: observe o terceiro astro a partir do Sol."

Portanto, a comunidade do *Spore* traduziu sua mensagem final do jogo como um divertido imperativo para reconstruir a própria Terra — que é, evidentemente, o terceiro astro a partir do Sol.

No fim, uma vitória no *Spore* é um estímulo para retornar ao mundo real. Os jogadores são informados: "Seu jogo o preparou para se tornar um verdadeiro criador e protetor da vida na Terra." Certamente, não por transformá-los em especialistas em geoengenharia, ciência atmosférica ou planejamento ecológico, mas, ao contrário, por plantar a semente da criatividade e do ativismo planetários. Como disse Wright, no encontro da *Seed*:

Todos os problemas realmente difíceis que estamos enfrentando agora são problemas planetários. Há um valor real em ser empurrado na direção da conscientização global e da visão de longo prazo. Essa é uma das coisas que considero bastante úteis nos jogos. (...) Penso que essas são as linhas de tempo que precisamos considerar — os horizontes dos próximos cem ou duzentos anos. Porque a maior parte das piores coisas que estão acontecendo nesse exato momento são o resultado de um raciocínio de curtíssimo prazo.

Podemos nos libertar das cadeias cognitivas do raciocínio isolado de curto prazo com jogos que dirijam nossa atenção coletiva para o futuro e nos desafiem a assumir uma perspectiva global.

OS JOGOS DE DEUSES COMO o *Spore* nos ajudaram a começar essa viagem de modo bem-sucedido. Agora, um gênero diferente de jogos pode nos levar aonde precisamos ir: jogos de prognóstico massivos para múltiplos jogadores, ou, abreviadamente, **jogos de prognóstico**.

Os jogos de prognóstico combinam a inteligência coletiva com a simulação em escala planetária. Eles solicitam aos jogadores que reimaginem e reinventem as maneiras pelas quais nos alimentamos, nos transportamos, conseguimos água, projetamos cidades, fabricamos bens e potencializamos nossas vidas. Eles foram concebidos para criar inúmeras comunidades capazes de investigar os desafios de longo prazo que enfrentamos, propor soluções imaginativas e coordenar nossos esforços para começar a colocar em ação nossas melhores ideias em escala planetária.

É um processo que chamo de **prospecção massiva para múltiplos jogadores**. E os jogos de prognóstico do futuro são uma ferramenta perfeita para ajudar o maior número possível de pessoas a participar desse processo.[9]

O que nos leva à nossa correção final da realidade:

CORREÇÃO #14: PROSPECÇÃO MASSIVA PARA MÚLTIPLOS JOGADORES

A realidade está presa ao presente. Os jogos nos ajudam a imaginar e a inventar o futuro juntos.

Como funciona exatamente a prospecção massiva para múltiplos jogadores? A melhor maneira de entender o processo é começar com o projeto que inspirou o gênero dos jogos de prognóstico.

> *World Without Oil*: Jogue antes de passar por isso
> *Você sabe que o petróleo lhe faz mal.*
> *Algum dia, você precisará limitar o uso dele.*
> *Em 30 de abril, junte-se ao* World Without Oil — *e jogue antes de passar por isso.*
> — Anúncio do jogo.

Em abril de 2007, o mundo ficou sem petróleo.

Não ficou totalmente sem petróleo — ficou, simplesmente, sem petróleo *suficiente*. A demanda diária por petróleo ao redor do mundo começou a ultrapassar nossa capacidade diária de produção. A escassez surgiu, as reservas foram utilizadas, e, mesmo assim, a lacuna entre a oferta e a demanda mundiais aumentou mais ainda.

Os Estados Unidos estavam entre os países mais afetados. Durante os piores dias da crise, quase 22% dos norte-americanos não conseguiram ter acesso à gasolina, enquanto uma em cada dez empresas norte-americanas sucumbiu à pressão da elevação dos custos de combustível e diminuiu sua capacidade operacional.

Duas estratégias principais emergiram para lidar com essa crise.

Poderíamos reduzir coletivamente nossa demanda diária por petróleo, de modo a equilibrá-la com a oferta disponível.

Ou poderíamos competir ainda mais agressivamente pelo petróleo disponível — com nossos próprios vizinhos, outras empresas, outros estados e outros países.

Obviamente, isso não aconteceu de verdade — pelo menos, não para a maioria de nós.

Mas para 2 mil jogadores on-line, esse cenário do pico do petróleo foi a base de um experimento modificador, que durou seis semanas: uma simulação colaborativa, projetada para descobrir o que *aconteceria* se a demanda por petróleo ultrapassasse eventualmente nossa oferta, e o que poderíamos fazer em relação a isso.

O projeto foi denominado World Without Oil (WWO), revelando-se o primeiro esforço massivo padronizado para envolver indivíduos comuns na criação de um prognóstico imersivo do futuro.

C COMO JOGAR O *WORLD WITHOUT OIL*

Na essência, o *World Without Oil* é muito simples. É um jogo de "E se...?".

E se uma crise do petróleo começasse hoje — o que aconteceria? Como ela afetaria as vidas das pessoas comuns?

O que você faria para sobreviver à crise? Como ajudaria os outros?

Vamos brincar de "E se...?" e descobrir.

Crie sua própria história em meio à crise do petróleo — e compartilhe-a conosco por e-mail ou telefone, por fotos ou posts em blogs, por vídeos ou podcasts.

Então, inscreva-se em nosso "centro nervoso" do cidadão, em worldwithoutoil.org, para acompanhar os acontecimentos e compartilhar as soluções. Todos os dias, atualizaremos as informações sobre a crise e destacaremos nossas histórias favoritas de todo o país e do mundo inteiro.

Nenhum especialista sabe melhor do que você como um choque do petróleo poderia impactar sua família, seu trabalho, sua vida. Portanto, conte para nós o que você sabe.

Porque a melhor maneira de mudar o futuro é jogar com ele antes.

Patrocinado pela Corporation for Public Broadcasting e apresentado pela Independent Television Service (ITVS), o *World Without Oil* foi inicialmente concebido por Ken Eklund, escritor independente e designer de interatividade sediado em São José, Califórnia. Ele elaborou a ideia em resposta a um anúncio da ITVS sobre financiamentos de até 100 mil dólares, que estavam sendo disponibilizados para jogos on-line educativos e inovadores. Fui convidada pela ITVS para compor a comissão de avaliação das propostas de jogos em rede.

"Hoje em dia, ninguém tem um panorama claro sobre a disponibilidade do petróleo ou sobre o que acontecerá quando a demanda, inevitavelmente, ultrapassar a oferta", escreveu Eklund em sua proposta. "Isso dependerá imensamente de como as pessoas comuns responderão à crise. Até agora, ninguém pensou em lhes perguntar o que elas poderiam fazer. O *WWO* evocará, antecipadamente, a sabedoria das multidões, à medida que os jogadores trabalharem em grupo para perceber as forças que o povo tem para regular a crise — e descobrir as melhores maneiras de preparar, cooperar e criar coletivamente soluções, se e quando uma escassez real do pico do petróleo acontecer."

O *WWO* foi projetado como um experimento de raciocínio massivo para multidões: eles passariam seis semanas imaginando como uma crise de tais proporções poderia atuar em comunidades locais, nas indústrias e em suas próprias vidas. Eles fariam prognósticos altamente pessoais usando as mídias sociais. E iriam se basear em um "painel de realidade alternativa" para obter atualizações diárias da situação, na forma de noticiários ficcionais, relatos em vídeo e indicadores econômicos da crise do pico do petróleo, a fim de discorrer detalhadamente sobre seus prognósticos pessoais.

Os jogadores também seriam bastante encorajados a levar ainda mais adiante a simulação, vivendo todo dia alguns momentos de suas vidas reais como se a escassez de petróleo fosse verdadeira. Qual seria a dificuldade de se chegar ao trabalho, ou de preparar o jantar, ou ver os amigos e a família se a situação fosse real? Os jogadores foram desafiados a testar a própria habilidade que tinham de se adaptar, de forma rápida e dramática, a uma potencial crise do petróleo. Em vez de apenas imaginar uma situação do pico do petróleo, poderiam começar a fazer mudanças e testar soluções adaptativas de verdade.

Cada dia do tempo real corresponderia a uma semana de simulação. Isso capacitaria os jogadores a considerar impactos e estratégias de longo prazo. O jogo em si duraria 32 dias, de modo que a situação se processaria ao longo de 32 semanas.

O *WWO* daria aos jogadores a percepção de um futuro plausível, ajudando-os a se preparar para os piores resultados, ou, até mesmo, a preveni-los. O jogo também criaria um registro coletivo de como uma situação real do pico do petróleo poderia se desenrolar — um tipo de guia de sobrevivência para o futuro, um registro de enorme valor para educadores, criadores de políticas públicas e organizações de toda a espécie.

Aceitei com alegria o convite de Eklund para me unir à equipe do projeto como a "arquiteta da participação" do jogo — uma forma divertida de dizer que meu trabalho ajudaria a assegurar que cada jogador descobrisse uma maneira de contribuir significativamente para o esforço colaborativo.

Evidentemente, de início, tínhamos de atrair uma comunidade de jogadores. Estabeleci a meta em mil jogadores, um número baseado em minha experiência com comunidades on-line e inteligência coletiva. Mil participantes me parece um patamar decisivo para permitir que um jogo on-line se torne interessante — esse número garante uma diversidade mínima entre os jogadores, além de participantes suficientes para enfrentar missões em escala épica e produzir uma interação caótica razoável, de modo a gerar resultados complexos e surpreendentes.

Nas seis semanas anteriores ao lançamento, divulgamos o projeto on-line e em eventos públicos. Pedimos aos nossos amigos e colegas para criarem blogs sobre o assunto. Anunciei o jogo em minha palestra no Serious Games Summit, um encontro anual com duração de dois dias, realizado em São Francisco, para pessoas que trabalham com jogos voltados para o ensino, treinamento e resolução de problemas reais. A ITVS se comunicou com educadores e criadores de mídia em todo o país. Não havia nenhum outro plano de marketing ou orçamento promocional para o jogo. Era, simplesmente, um convite público e aberto para simular o futuro e a participação no jogo era gratuita.

Por fim, quem se apresentou para jogar? Reuniram-se mais de 1.900 pessoas (quase o dobro de nossa meta inicial), divididas igualmente entre homens e mulheres, representando todos os cinquenta estados norte-americanos, além de uma dúzia de países estrangeiros. A maioria dos jogadores estava na faixa dos 20 a 30 anos de idade, mas havia grupos significativos de todas as faixas etárias, de adolescentes a idosos. E nossos jogadores mais ativos trouxeram para o jogo uma gama surpreendentemente diversa de preocupações pessoais e conhecimentos específicos da vida real. Por exemplo:

- Peakprophet, do Tennessee, que se descreveu como "agricultor por hobby", previu o colapso da cadeia de abastecimento de alimentos frescos — tomando para si, então, a tarefa de ensinar a outros jogadores a plantar suas próprias hortas e a aumentar a autossuficiência de alimentos.
- Lead_tag, um soldado que ocupava um posto no Iraque, atualizou seu blog todos os dias do jogo, criando uma série de 32 reflexões sobre os desafios de participar de uma guerra em meio a uma crise do petróleo.
- Anda, uma estudante universitária que cursava bacharelado de Belas Artes em design gráfico no San Francisco Art Institute, criou 11 histórias em quadrinhos na rede, no estilo mangá, sobre como ela e as amigas se ajudariam mutuamente durante a crise do petróleo e sobre como a crise poderia afetar sua aptidão para encontrar emprego depois de formadas.
- OrganizedChaos, uma expedidora de uma fábrica da General Motors em Detroit, contribuiu com 55 postagens em blogs, vídeos e podcasts, e previu que muito em breve — com pico do petróleo ou não — ela não teria mais emprego. Como resultado, no fim do jogo, ela decidiu voltar à faculdade na vida real, a fim de se preparar para uma nova carreira na economia do pós-petróleo.

Depois de formar nossa comunidade de prognosticadores, era crucial que uma parcela significativa de nossos jogadores permanecesse envolvida com o jogo ao longo das seis semanas. Isso porque, quando se trata de prever o futuro, nossas primeiras ideias são, em geral, mais óbvias e genéricas — e, portanto, menos úteis. Mesmo no caso de um especialista em prognósticos, é preciso algum tempo para se chegar às especificidades mais interessantes e derivar possibilidades inesperadas. Assim, adotamos inúmeras estratégias para manter os jogadores envolvidos e dispostos a investigar produtivamente os diferentes aspectos da situação.

Primeiro, a cada dia de jogo, acrescentávamos uma nova informação ao cenário: blecautes contínuos em companhias de eletricidade que dependiam do petróleo; empresas aéreas que cancelavam voos e aumentavam dramaticamente o custo dos bilhetes; prateleiras vazias e escassez de alimentos devido à incapacidade de se abastecer os mercados locais. Em contrapartida, os jogadores nos informavam sobre as dificuldades de lidar com o inconstante suprimento de energia elétrica em seus lares; viajantes de negócios que ficavam presos em outros países em função do súbito fechamento dos aeroportos; transportes públicos abarrotados em cidades e municípios cujos sistemas eram previamente subutilizados; um discreto, porém perturbador, aumento do número de pessoas que preferiam passar parte da semana trabalhando em casa; o aumento dos furtos de bicicleta e um novo mercado negro desses veículos; aulas ministradas de forma improvisada em casa, como resultado imediato da escassez de gasolina em áreas suburbanas e rurais; e festas americanas com a vizinhança, para administrar a escassez de alimentos.

Outra ferramenta importante para estimular a participação contínua era o painel de realidade alternativa, que incluía um mapa mostrando 38 regiões diferentes, como o metrô de Boston, a linha de metrô entre Cincinnati e Columbus, os Grandes Lagos, as Grandes Planícies e o Atlântico Sul, cada uma com seu próprio conjunto de "medidores de energia", refletindo o aumento e a queda da qualidade de vida local, a força econômica e a estabilidade social. Os medidores de energia variavam em resposta direta à atividade do jogador. Quanto mais prognósticos positivos eles faziam, quanto mais estratégias cooperativas desenvolviam e quanto mais efetivamente reduziam seu consumo próprio e diário de petróleo, mais favoráveis eram as medições regionais. Entretanto, se os jogadores optassem por imaginar uma evolução mais drástica dos fatos, ou se escolhessem focar nas consequências do aumento da competição, ou se relatassem dificuldades ou transtornos significativos para se adaptar a um estilo de vida com menor consumo, as medições refletiriam o aumento do caos, a calamidade crescente ou, até mesmo, o colapso econômico. Os medidores criavam um nítido circuito de *feedback* entre as histórias dos jogadores e as atualizações da situação.

É claro que a considerável audiência on-line conquistada pelo *World Without Oil* também foi um grande incentivo para que os jogadores contassem as melhores histórias possíveis. Para cada indivíduo que apresentava sistematicamente seus prognósticos, tivemos mais 25 pessoas acompanhando o jogo e escrevendo sobre ele. Essa reverberação das ideias dos jogadores fez com seus esforços parecessem mais significativos.

No fim, o jogo produziu mais de 100 mil objetos de mídia on-line — incluindo um conjunto principal de mais de 2 mil documentos de prognóstico do futuro elaborados pelos jogadores e dezenas de milhares de postagens em blogs e artigos com reflexões sobre o jogo e suas descobertas. Um dos comentários o definiu como uma "rede de novidades, estratégia, ativismo e expressão pessoal, que cresce e se altera continuamente".[10]

No começo, a maioria dos jogadores concentrou seus esforços em imaginar como as competições locais, regionais e internacionais pelos recursos do petróleo se comportariam nesse novo ambiente de maior escassez. Eles imaginaram um cenário sombrio, antecipando os piores resultados possíveis e as mais sérias ameaças. Eles previram roubo de gasolina, motins, falta de alimentos, saques disseminados, desemprego, fechamento de escolas e, até mesmo, ações militares ao redor do mundo. Em um nível pessoal, contavam histórias sobre estresse, ansiedade e crises familiares.

Contudo, no curso de 32 semanas, esse equilíbrio mudou. Praticamente na metade do jogo, tendo exaurido suas piores fantasias, os jogadores começaram a se concentrar em soluções potenciais. Passaram a imaginar os resultados na melhor das hipóteses: novas formas de cooperação para consumir menos, foco na comunidade local e na infraestrutura da vizinhança, economia de tempo no transporte diário, reagrupamento geográfico da família ampliada e mais tempo despendido na busca de um novo sonho americano — a felicidade construída em torno de noções de sustentabilidade, simplicidade e conectividade social.

O jogo começou com matizes quase apocalípticos; terminou com otimismo explícito, ainda que cauteloso. Os resultados desse cenário ideal não foram sugeridos como probabilidades — e, certamente, não como fatalidades —, mas, ao contrário, como possibilidades *plausíveis* pelas quais valia a pena continuar trabalhando.

Não havia nenhuma instrução explícita para que os jogadores dessem vazão inicialmente aos pensamentos negativos e, depois disso, mudassem radicalmente para o otimismo. Porém, na verdade, essa é uma estratégia de prognóstico bastante expressiva. Os pesquisadores sinalizaram uma característica particular dos norte-americanos, de não acreditar que o pior possa realmente acontecer, pois somos sistematicamente treinados por nossa cultura para focar no que é positivo. É um deficiência que nos torna mais suscetíveis a eventos catastróficos, como o furacão Katrina ou o colapso do mercado imobiliário em 2008, por exemplo. Em *Never Saw It Coming*, a socióloga Karen Cerulo argumenta que nossa inaptidão coletiva para focar em futuros negativos é o maior ponto fraco de nossa cultura.[11] Como resumiu um comentarista do livro de Cerulo: "Estamos individual, institucional e socialmente comprometidos com o sonho."[12] Somos muitos bons no pensamento positivo, mas temos a tendência de evitar pensar nas piores hipóteses, o que, infelizmente, nos torna mais vulneráveis e menos resistentes, caso elas venham a se concretizar.

O *World Without Oil* ofereceu aos jogadores um espaço para o pensamento realista; foi isso que criou um sentido de urgência para encontrar soluções. Essa mentalidade também emprestou um senso de seriedade e realismo até mesmo às mais esperançosas histórias que os jogadores contariam no jogo — histórias que, depois, compilamos em um guia: "A a Z: Um mundo para além do petróleo."[13] O guia contém algumas das soluções comunitárias mais interessantes concebidas pelos jogadores, e pode sinalizar o quanto o prognóstico colaborativo final foi massivamente multifacetado. Eis aqui alguns de meus tópicos favoritos, retirados desse documento:

- Arquitetura sem petróleo — observações de participantes de uma convenção nacional de arquitetura sobre como projetar e construir casas em um mundo sem petróleo.
- Irmandade sem petróleo — uma série de sermões e orações para pastores, ministros e outros líderes espirituais, oferecendo orientações sobre como agir compassivamente durante a crise do petróleo.
- Vizinhança sem petróleo — diretrizes sobre como construir relações pessoais mais sólidas com os vizinhos geograficamente mais próximos, as pessoas que mais provavelmente nos prestarão assistência durante uma crise do petróleo.
- Sua mãe sem petróleo — reflexões de mães de crianças pequenas sobre como cuidar dos filhos em um mundo sem petróleo.
- Zum-zum sem petróleo — conversas entre fãs de corridas automobilísticas sobre o futuro da NASCAR e sobre potenciais parcerias com corridas de veículos alternativos, incluindo corridas de veículos elétricos e corridas de veículos de tração humana.

"As previsões são de uma qualidade espantosa", afirmou um comentarista do *WWO*, posteriormente. "Os jogadores chegaram ao coração de um assunto complexo."[14] Penso que "coração" é a palavra-chave aqui, pois os jogadores estavam contando histórias sobre os futuros com os quais mais se preocupavam — o futuro de seu ramo de trabalho, de sua religião, de sua própria cidade ou de seus filhos.

Concluído o jogo, o diretor criativo Ken Eklund refletiu sobre suas conquistas. "O *WWO* não apenas despertou a consciência sobre nossa dependência do petróleo. Ele despertou nossa imaginação democrática. Ele tornou tais assuntos *reais*, e isso, por sua vez, levou a um envolvimento real e a uma mudança real nas vidas das pessoas. Com o *WWO*, os jogadores se transformaram em cidadãos melhores." Isso ficou bastante evidente nos comentários subsequentes dos jogadores. Um deles relatou:

> Eu realmente acho que o *WWO* mudou minha vida. De fato, passei a usar mais sacolas de pano nos supermercados, a andar mais e dirigir menos, a desligar as luzes, e, sim, a reciclar. Meus amigos, familiares e colegas de trabalho perceberam a diferença. Com certeza, essa coisa toda me transformou em uma pessoa diferente.[15]

Enquanto outro escreveu:

> Essa experiência foi incrível. Aprendi tanto que comecei a pensar de forma diferente até mesmo em pequenas coisas de meu dia a dia. (...) As histórias e sugestões me deram esperanças de que boas ideias estão aparecendo, de que as pessoas estão estendendo as mãos para ajudar umas às outras nesse tempo em que vivemos, de que as habilidades e os conhecimentos necessários estão sendo preservados e serão guardados como relíquias até o momento em que precisarmos deles desesperadamente. Vocês me mostraram que, realmente, há muita gente fantástica por aí (...) [e] que vocês vão encontrar uma saída.[16]

Atualmente, toda a simulação está salva em uma espécie de máquina do tempo on-line, em worldwithoutoil.org, onde se pode vivenciar o jogo desde o primeiro dia até o trigésimo segundo dia. Cada dia do jogo foi capturado ao vivo, de modo que se pode observar exatamente como a colaboração se processou; há, também, diretrizes para se jogar sozinho hoje — por conta própria, com sua família, com os colegas, na sala de aula ou com os vizinhos. Na verdade, a simulação tem sido repetida inúmeras vezes em escala menor, para ajudar indivíduos e comunidades a se prepararem e a inventarem suas próprias soluções para viver em um mundo muito além do petróleo.

TALVEZ VOCÊ ESTEJA SE PERGUNTANDO, como muitos já quiseram saber desde então: "Por que os jogadores participaram?"

Por que alguém iria querer jogar um jogo sério como o *World Without Oil*, em vez de um jogo de fantasia, um jogo escapista, um jogo de completo bem-estar?

Fiz a mim mesma essa pergunta — antes do *WWO* ser lançado, enquanto ele estava sendo jogado, e após isso, até mesmo quando comprovamos que os jogadores estavam se divertindo e os espectadores se deixando arrebatar ao constatar os desdobramentos do projeto.

Eis aqui no que passei a acreditar em relação a jogos como o *WWO*. Ao transformar um problema real em um obstáculo voluntário, ativamos um interesse, uma curiosidade, uma motivação, um esforço e um otimismo mais genuínos, coisa que dificilmente seríamos capazes de fazer de outra maneira. Conseguimos mudar nossos comportamentos da vida real no contexto de um jogo ficcional exatamente porque não há nenhuma pressão negativa em torno da decisão da mudança. Somos motivados unicamente pelo estresse positivo e por nosso próprio desejo de nos envolver com um jogo de uma forma mais gratificante, bem-sucedida, social e significativa.

Também acredito firmemente que muitos jogadores querem fazer algo que tenha um significado de verdade no mundo real, da mesma maneira que seus esforços têm importância nos mundos de jogos. Um jogador foi quem melhor resumiu essa questão:

> Quando penso no *World Without Oil*, chego à conclusão de que foi o mais incrível e o melhor jogo para multidões do qual já participei. De modo geral, os jogos levam muito tempo para conquistar coisas úteis na vida real, mas o *WWO* me ensinou muito, reduziu minha conta de eletricidade e me manteve focado em fazer coisas que tinham importância para mim.[17]

Os jogadores estão prontos e dispostos a assumir desafios fora dos ambientes estritamente virtuais. Ao mesmo tempo, as pessoas que normalmente não jogam ficam felizes em participar quando os jogos podem ajudar a fazer a diferença no mundo de verdade.

Os números ainda são modestos. Não se pode sequer comparar os 2 mil jogadores do *WWO* com a comunidade ativa do *Spore*, com mais de 1 milhão de participantes. No entanto, ao contrário do *Spore*, que representa aproximadamente duas décadas do trabalho coletivo no sentido de aprimorar o gênero de simulação planetária e de jogos de deuses (o *SimEarth* foi lançado em 1990), realizado por alguns dos mais inteligentes programadores de computador, mais criativos designers de jogos e mais brilhantes artistas do mundo, ainda estamos, basicamente, nos dias do *pong* dos jogos de prognóstico do futuro (e, ainda por cima, com o orçamento operacional de um *Pong*).

Somos um *Pong*, competindo com o *Spore*. Ainda estamos longe de formar uma dupla.

Contudo, à medida que esse campo começar a atrair cada vez mais os melhores programadores, criadores, designers e artistas do mundo; à medida que mais pessoas forem expostas a tais jogos e aprenderem a jogá-los; e à medida que investirmos não apenas milhares, mas milhões de dólares no desenvolvimento dos mundos futuros, aumentaremos nossas habilidades de construção de tais mundos, da mesma forma que vimos aumentando nossas habilidades de construção do mundo virtual ao longo dos últimos trinta anos. Com atenção e investimento suficientes, começaremos a criar ambientes futuros imersivos tão envolventes quanto nossos mundos virtuais prediletos.

O WORLD WITHOUT OIL mudou a vida de muitos de nossos jogadores — e foi uma experiência que também mudou minha vida.

Foi a prova do conceito que me convenceu de que, realmente, podemos salvar o mundo real com o tipo correto de jogo. Foi o projeto que me inspirou a definir minha maior esperança para o futuro: a de que um criador de jogos possa ganhar, em breve, um Prêmio Nobel.

Desde então, venho anunciando essa meta aonde quer que eu vá, na esperança de inspirar outros criadores de jogos a se unirem a essa missão. É evidente que, tanto dentro quanto fora da indústria de jogos, de forma geral, sou recebida com ceticismo quando sugiro essa ideia. Como pode um jogo fazer tamanho bem ao mundo real, a ponto de merecer tal prêmio?

Mesmo com base em um projeto tão promissor como o *World Without Oil*, é verdade que conquistar um Prêmio Nobel ainda é uma ambição bastante grande. Mas consideremos esse fato: Albert Einstein, que ganhou seu próprio Prêmio Nobel em física no ano de 1921, fez, em determinada ocasião, esta notável observação: "O jogo é a forma mais elevada de investigação." Essa citação aparece em diversas biografias de Einstein e circula, amplamente, em inúmeras compilações de frases famosas, mas, curiosamente, suas origens permanecem obscuras. Ninguém parece ter registrado o contexto da afirmação de Einstein — quando ou onde ele a fez ou o que ele quis dizer com isso. Por que um renomado físico iria classificar o *jogo*, e não a *ciência*, como a forma mais elevada de investigação? É um mistério — que venho tentando decifrar em grande parte do meu tempo livre.

Embora, evidentemente, eu não possa assegurar que tenha desvendado o mistério, elaborei uma teoria. E ela provém diretamente do trabalho realizado com o *World Without Oil*.

A partir do relato de muitos de seus biógrafos, sabemos que Einstein era um jogador — apesar de, algumas vezes, ser um jogador reticente. Durante toda a vida, ele manteve uma relação de amor e ódio com o xadrez. Ele jogava xadrez entusiasticamente quando criança, embora tenha abandonado o hábito por um longo tempo durante sua vida adulta, chegando, uma vez, a insistir com o *New York Times*: "Não costumo jogar nenhum jogo. Não há tempo para isso. Quando acabo de trabalhar, não quero nada que me exija trabalho mental."[18] Ainda assim, muitos amigos e colegas se lembram de jogar incontáveis partidas de xadrez com Einstein, particularmente em fases posteriores da vida dele.

Os historiadores sugeriram que Einstein evitou o xadrez durante o auge de sua carreira científica precisamente porque gostava muito do jogo, e achava que ele poderia desviar sua atenção. "O xadrez nos domina com as próprias relações que estabelece", ele afirmou, certa vez, "aprisionando a mente e o cérebro".[19] Em outras palavras, quando Einstein começou a refletir sobre o xadrez, descobriu-se incapaz de parar. Por quê? Provavelmente porque, como muitos mestres desse jogo já observaram, o xadrez se transforma em um problema incrivelmente arrebatador, e se torna ainda mais arrebatador quando pensamos sobre ele.

O problema central do xadrez é algo perfeitamente delineado, claro e circunscrito: como você manipula um conjunto de 16 peças com diferentes habilidades, de modo a capturar o bem mais valioso de seu oponente, enquanto protege simultaneamente seu próprio bem? No entanto, tal problema pode ser abordado sob uma infinidade de estratégias diferentes, pois cada esforço estratégico mudará as possibilidades futuras no espaço do problema. Como diz um famoso ditado: "O xadrez é infinito."

> Há 400 posições diferentes para o primeiro movimento de cada jogador. Há 72.084 posições depois do segundo movimento de cada jogador. Há mais de 9 milhões de posições depois do terceiro movimento de cada jogador. Há mais de 288 milhões de posições possíveis depois do quarto movimento de cada jogador. Há mais jogadas potenciais do que o número de elétrons em nosso universo.[20]

O espaço de possibilidades do xadrez é tão grande e complexo que um indivíduo não tem a menor chance de entendê-lo ou explorá-lo inteiramente — mesmo que passe uma vida inteira investigando-o, como muitos enxadristas fazem.

Felizmente, ao mesmo tempo em que o xadrez é um jogo para duplas, ele também é um projeto massivo para multidões. A comunidade global de jogadores de xadrez colaborou por séculos para explorar e documentar o espaço de seu problema o mais completa e criativamente possível. De fato, desde que os atuais jogadores de xadrez começaram a jogá-lo, eles passaram a registrar as partidas, a compartilhar as estratégias, a formalizar as abordagens bem-sucedidas e a divulgá-las para o benefício de outros. Mesmo depois de séculos de jogos coletivos, a comunidade de xadrez continua procurando um melhor entendimento do problema, inventando abordagens ainda mais surpreendentes e bem-sucedidas e armazenando em suas mentes as muitas e massivas possibilidades do jogo, à medida que fazem avançar os conhecimentos humanos acumulados sobre ele, um movimento de cada vez.

Ser mais do que um mero jogador casual de xadrez é se tornar parte dessa rede de resolução de problemas. Significa unir-se a um esforço intensamente colaborativo para se tornar intimamente familiar com um espaço de possibilidades que poderia parecer incrivelmente complexo sem essa sustentação. E acredito que foi isso que Einstein quis dizer quando descreveu o jogo como uma forma elevada de investigação. Quando um número suficiente de pessoas se dedica a determinado jogo, ele se torna um estudo massivamente colaborativo de um problema, um teste em escala extrema de uma ação potencial em um espaço de possibilidades específico.

Acredito que essa seja a direção na qual estamos nos encaminhando com os jogos de prognóstico do futuro. Esses jogos nos ajudam a identificar um problema do mundo real e a estudá-lo a partir de múltiplos e massivos pontos de vista. Eles apresentam o problema de uma forma irresistível, e nos ajudam a compilar um registro de estratégias múltiplas e massivas para abordá-lo. Eles nos oferecem um espaço seguro para imaginar as possíveis consequências de qualquer movimento que possamos fazer. E nos ajudam a antecipar os movimentos múltiplos e massivos que as outras pessoas provavelmente farão.

Foi exatamente o que tentamos fazer com o *World Without Oil*. Definimos um problema: a escassez de petróleo, sem nenhuma possibilidade de aumentar a oferta. Havia uma meta clara: resolver o desequilíbrio entre a oferta e a demanda. As estratégias possíveis eram infinitas. Pedimos aos jogadores que criassem suas próprias estratégias, tendo como base seus próprios pontos de vista únicos: uma combinação de localização geográfica, idade, experiência de vida e valores pessoais. Pedimos que testassem diferentes ações em escala local e que relatassem suas descobertas. Consideradas em conjunto, todas as histórias e soluções dos jogadores representaram perspectivas massivas e múltiplas sobre o mesmo problema. Foi, realmente, uma investigação elevada.

E, em um mundo de mudanças climáticas, tensões geopolíticas e instabilidades econômicas, há uma infinidade de outros problemas a serem enfrentados por nossa imaginação coletiva.

Se pudermos desenvolver o mesmo tipo de inteligência sobre os problemas reais que enfrentamos, assim como os jogadores fazem em relação a seus jogos favoritos, então *seremos* capazes de colocar em prática uma melhor concepção do planeta. Elevaremos nossa compreensão coletiva a respeito dos desafios que enfrentamos. E construiremos uma comunidade global de indivíduos prontos a desempenhar seu papel no discernimento dos movimentos corretos a fazer no futuro.

Ao fim do *World Without Oil*, fiquei impressionada em como os jogadores se mostraram otimistas. Apesar de terem passado quase um mês imaginando previsões incrivelmente sombrias, eles acabaram se sentindo melhores — e não piores — em relação ao futuro e suas habilidades de impactá-lo. Eles vivenciaram um senso de potencialidade aprimorada, maior resistência e esperança realista.

Em outras palavras, se tornaram o que o futurista Jamais Cascio chama de "indivíduos esperançosos superpoderosos", ou, na sigla em inglês, SEHIs.[21]

Um **SEHI** (pronuncia-se *SEH-hee*) é alguém que se sente não apenas otimista em relação ao futuro, mas também *pessoalmente capaz* de mudar o mundo para melhor. De acordo com Cascio, os SEHIs fortalecem seu sentimento de confiança com base nas tecnologias de rede, que maximizam e agregam as habilidades individuais de impactar o bem comum.

Cascio cunhou o termo "SEHI" em contraposição a outro termo, "homens enfurecidos superpoderosos", que o colunista Thomas Friedman, do *New York Times*, usou em seus artigos sobre terrorismo na era globalmente conectada. Osama bin Laden, escreveu Friedman, queria criar homens enfurecidos superpoderosos que se sentissem capazes de deixar sua marca no mundo, de formas terríveis.[22] Em resposta, Cascio explica:

> A base do argumento do "indivíduo enfurecido superpoderoso" (SEAI) é que algumas tecnologias podem capacitar indivíduos ou pequenos grupos a promover ataques a infraestruturas ou a pessoas, em uma escala que, em décadas passadas, teria exigido os recursos de um exército. (...) No entanto, as pessoas enfurecidas não são as únicas que podem se fortalecer com tais tecnologias. Em contraste, a base do argumento do "indivíduo esperançoso superpoderoso" (SEHI) é que essas tecnologias também podem capacitar indivíduos ou pequenos grupos a conduzir ações socialmente benéficas, em uma escala que, em décadas passadas, teria exigido os recursos de uma enorme organização não governamental ou de negócios.[23]

Os SEHIs não ficam esperando que o mundo se salve sozinho. Eles inventam e disseminam suas próprias missões humanitárias. Mais importante do que isso, eles são "capazes de fazê-lo em números menores, a grande velocidade e com um impacto muito maior" do que uma organização lenta e avessa ao risco. É claro que, em um mundo ideal, os SEHIs seriam capazes de formar vínculos entre si e coordenar seus esforços — para evitar esforços redundantes, aprender com os erros uns dos outros e ampliar as habilidades individuais de fazer a diferença. Os SEHIs desorganizados teriam dificuldades em dar passos significativos. Já os organizados — bem, eles poderiam mudar tudo.

Portanto, um ano depois do experimento do *World Without Oil*, Cascio e eu formamos uma equipe no Institute for the Future para pensar nesses milhões de possíveis SEHIs — para dar-lhes uma plataforma de organização e um novo jogo do qual participar.

Ele foi batizado de *Superstruct*, e sua promessa era simples: dedique-se ao jogo, invente o futuro.

Superstruct: inventando o futuro da organização

A cada ano, o Institute for the Future produz um Prognóstico para os Próximos Dez Anos. É uma projeção para a década seguinte, de modo a identificar novas forças econômicas, práticas sociais e realidades de mudança ambiental que impactarão a forma pela qual os grandes negócios, governos e organizações não lucrativas irão funcionar, e a definir os novos desafios que enfrentarão. Como gostamos de dizer no IFTF: "Dez anos é um horizonte bom e útil — longe o suficiente para esperar por mudanças reais, perto o suficiente para que esteja dentro de nosso alcance."[24]

Cada Prognóstico para os Próximos Dez Anos (TYF, na sigla em inglês) tem um tema definidor, uma questão norteadora. Em 2008, a diretora do programa TYF, Kathi Vian, decidiu que a questão norteadora do prognóstico do ano seguinte seria: qual é o futuro da escala para a organização humana?

Estávamos entrando, nitidamente, em uma década de desafios em escalas extremas: colapso econômico, pandemias, mudanças climáticas, risco contínuo de terrorismo global e transtornos na cadeia mundial de abastecimento de alimentos, apenas para citar alguns. Sabíamos que as organizações existentes teriam de reinventar a si mesmas caso quisessem, simplesmente, sobreviver; e, mais ainda, se pretendessem fazer alguma diferença.

"Sabemos que as velhas formas de organizar a raça humana não são mais suficientes. Elas não estão adaptadas ao mundo altamente conectado no qual vivemos. Elas não são rápidas o bastante, ou colaborativas o bastante, ou ágeis o bastante", escreveu Vian, durante nossos primeiros encontros para debater o tema. "Precisamos criar meios mais adequados para que o mundo trabalhe em conjunto no futuro. Precisamos de organizações interligadas em rede, que possam solucionar melhor os problemas, se mobilizar mais rapidamente, ser mais responsáveis e superar as velhas formas de fazer e pensar que nos paralisam".

Eis, então, o que pretendíamos descobrir: como os negócios, os governos e as organizações não lucrativas poderão somar forças para fazer com que cada um deles se torne mais resistente durante as cries? Como as organizações existentes poderão trabalhar em conjunto para enfrentar esses problemas em escala planetária? Como essas entidades envolverão os indivíduos superpoderosos que desejam participar da mudança do mundo — e que farão isso sozinhos, por bem ou por mal, se não se sentirem envolvidos?

Nossa hipótese era a de que sobreviver à próxima década exigiria formas inteiramente novas de cooperação, coordenação e criação em conjunto. Assim, queríamos descobrir um novo termo estratégico que expressasse as formas revolucionárias de se trabalhar em conjunto em escalas extremas — um termo que pudesse mudar completamente nossa reflexão acerca de como nos adaptar para a chegada da próxima década.

Estudamos várias possibilidades, mas assim que vimos o termo "superestruturar", sabíamos que havíamos encontrado o que estávamos procurando.

superestruturar
verbo trans. [L. *superstructus*, p.p. de *superstruere*, construir sobre; *super-*, sobre + *-struere*, construir. Veja *super-*, e *estrutura*.] Construir sobre ou com base em outra estrutura; erigir algo sobre uma fundação.[25]

"Superestruturar" é um termo que aparece quase sempre no campo da engenharia e arquitetura. Superestruturar um prédio é remodelá-lo, torná-lo mais resistente.

A superestruturação não significa apenas dar novas dimensões a alguma coisa. Significa trabalhar sobre uma fundação existente e levá-la a novas direções, indo além dos limites presentes. Significa criar vínculos flexíveis com outras estruturas, de modo a reforçá-las mutuamente. E superestruturar significa crescer de uma maneira estratégica e criativa, para que novas e mais poderosas estruturas, antes inimagináveis, possam ser erguidas.

Portanto, *superestruturar* realmente parecia capturar o processo de remodelação e reinvenção que queríamos explorar no Prognóstico para os Próximos Dez Anos. Contudo, qual seria a melhor forma de investigar um processo que, na prática, ainda não existia?

Concluí minha pós-graduação em uma ciência social chamada "estudos de performance", cuja uma das principais metodologias de pesquisa é *colocar em prática* ou *desempenhar*, de fato, o tema que se está estudando. Nossa determinação, portanto, é construir uma superestrutura.

Decidimos superestruturar nosso próprio projeto de Prognóstico para os Próximos Dez Anos ao abri-lo para o público. Conduziríamos nossa pesquisa preliminar do TYF como um experimento colaborativo ao vivo e on-line, com duração de seis semanas — completamente aberto a qualquer um que quisesse se juntar a nós.

Denominamos esse experimento, naturalmente, de *Superstruct*, e o concebemos como um jogo de prognóstico massivo para multidões. Queríamos que o mundo inteiro nos ajudasse a prever o futuro das tarefas de organização em escalas extremas — ou épicas — voltadas para a sobrevivência às ameaças globais reais e a resolução de problemas reais em escalas planetárias. E nos comprometemos a utilizar todo e qualquer prognóstico coletivo que os jogadores sugerissem como base para nosso relatório e nossa conferência anuais, que seriam realizados na primavera seguinte.

O núcleo da equipe de criação do projeto foi composto pela diretora do programa, Kathi Vian; o diretor de desenvolvimento, Jamais Cascio; e eu, a diretora de jogos. Passamos seis meses trabalhando com uma equipe complementar de mais 12 pesquisadores e designers do IFTF, a fim de imaginar o cenário de 2019, pesquisar os tópicos do jogo, criar um conteúdo imersivo, conceber o jogo propriamente dito e construir o website.

O jogo foi lançado em 22 de setembro de 2008, com um release de imprensa de uma organização fictícia chamada Global Extinction Awareness System. O release estava datado de 22 de setembro de 2019.

Para divulgação imediata:
22 de setembro de 2019
Restam apenas 23 anos para os seres humanos
A *Global Extinction Awareness System* começa a contagem regressiva para o Homo sapiens.

Com base nos resultados de uma simulação de supercomputação conduzida durante um ano, a Global Extinction Awareness System (GEAS) reajustou — de "indefinido" para 23 anos — o "horizonte de sobrevivência" do *Homo sapiens* — a raça humana.

"O horizonte de sobrevivência identifica o momento depois do qual se espera que uma população ameaçada comece a vivenciar um colapso catastrófico", disse a presidente da GEAS, Audrey Chen. "É o ponto a partir do qual, provavelmente, uma espécie não mais se recuperará. Ao identificar o horizonte de sobrevivência em 2042, a GEAS deu à civilização humana um prazo definitivo para fazer mudanças substantivas no planeta e em seus hábitos."

Segundo Chen, a última simulação da GEAS se valeu de mais de 70 petabytes de informações ambientais, econômicas e demográficas, e foi validada por dez modelos probabilísticos cruzados.

Os modelos da GEAS revelaram a probabilidade de uma combinação potencialmente fatal de cinco das assim chamadas "superameaças", que representam uma colisão entre os riscos ambientais, econômicos e sociais.

"Cada superameaça em si mesma representa um sério desafio à capacidade adaptativa do mundo", afirmou o diretor de pesquisas da GEAS, Hernandez García. "Agindo juntas, as cinco superameaças podem destruir irreversivelmente a habilidade de sobrevivência da espécie."

A GEAS notificou as Nações Unidas antes de fazer o anúncio público. Vaira Vike-Freiberga, porta-voz do Secretário Geral das Nações Unidas, divulgou a seguinte nota: "Somos gratos ao trabalho da GEAS, e tratamos seu último prognóstico com seriedade e profundo pesar."

A GEAS convida os cidadãos, as famílias, as corporações, as instituições e os governos a debater uns com os outros e começar a traçar planos para lidar com as superameaças.

Escolhemos um ponto de partida intencionalmente provocativo para a situação, por várias razões. Primeiro, queríamos que os jogadores propusessem soluções impressionantes. Portanto, tínhamos de imaginar uma situação que inspirasse um senso de admiração e encantamento — um épico "E se...?". O que você faria se acordasse certa manhã e descobrisse que o mais confiável supercomputador do mundo calculara que toda a espécie humana estava em perigo, assim como estão, hoje em dia, os tigres, os ursos polares e os pandas?

Segundo, queríamos aprender algo novo e, então, tínhamos de incentivar que nossos jogadores imaginassem coisas anteriormente inconcebíveis. Queríamos criar um contexto de prognóstico bem distante de suas preocupações comuns do dia a dia, para que eles se sentissem livres para colocar a criatividade extrema em prática, e confortáveis para expor ideias "discrepantes" ou inesperadas.

E, terceiro, queríamos oferecer a nossos jogadores uma meta clara, uma maneira de medir seu sucesso no jogo. O horizonte de sobrevivência da GEAS nos propiciou a maneira perfeita para fazer ambas as coisas. Desafiaríamos nossos jogadores a trabalhar juntos para estender o horizonte de sobrevivência o máximo possível, para além do ano 2042. Cada ano que acrescentassem ao horizonte representaria uma etapa significativa no jogo (a extensão do horizonte de sobrevivência se basearia em um algoritmo, calculado a partir do número de jogadores ativos, das missões concluídas e das conquistas desbloqueadas).

Para fundamentar o jogo em alguns tópicos específicos de prognóstico, identificamos cinco áreas essenciais nas quais os jogadores poderiam causar um impacto significativo em nosso horizonte de sobrevivência. Eram as cinco superameaças, desafios em escala extrema que representavam a grande ameaça à sobrevivência da humanidade. Porém, elas não eram apenas ameaças — eram, também, oportunidades, áreas decisivas para esforços e inovação coordenados entre as organizações e outros SEHIs.

Se você quisesse fazer a diferença em nosso mundo de jogo de 2019, teria de escolher uma dessas superameaças e começar a enfrentá-la com as melhores e mais surpreendentes ideias que pudesse ter. Estas eram as cinco superameaças:

- *Quarentena* diz respeito à resposta global para a deterioração da saúde e o aumento das doenças pandêmicas, incluindo a crise da síndrome de angústia respiratória (ReDS, na sigla em inglês). O desafio: como proteger e aprimorar nossa saúde global, especialmente diante das pandemias?
- *Esfomeados* foca no iminente colapso do sistema mundial de alimentação, levando a falhas de segurança alimentar e escassez ao redor do mundo. O desafio: como podemos nos alimentar de modo mais sustentável e seguro?
- *Luta pelo poder* resulta no enorme levante político e econômico, bem como nos transtornos à qualidade de vida, que podemos sofrer à medida que tentamos deixar de ser uma sociedade com base no petróleo para nos transformarmos em uma sociedade com base em energia solar, eólica e biocombustíveis. O desafio: como reinventar a maneira pela qual produzimos e consumimos energia?
- *Planeta fora da lei* acompanha as tentativas de hackear, perturbar, atemorizar ou, então, tirar proveito das redes de comunicação, sensores e informações nas quais confiamos cada vez mais para conduzir nossas vidas. O desafio: como podemos estar mais seguros em uma sociedade globalmente interligada em rede?

- *Exílio de gerações* observa as dificuldades de organizar a sociedade e a administração pública diante de um desafio específico: o desaparecimento de habitats seguros para 300 milhões de refugiados e imigrantes, que foram forçados a deixar seus lares e, em muitos casos, seus países, devido a mudanças climáticas, colapsos econômicos e guerras. O desafio: como podemos nos administrar e cuidar melhor de cada um, para além das fronteiras geopolíticas tradicionais?

Com o intuito de ajudar os jogadores a apreender rapidamente os detalhes desse complexo cenário, para cada uma dessas superameaças criamos um pequeno vídeo e uma série de manchetes de jornal descrevendo os eventos decorrentes. Também divulgamos um relatório on-line, datado do ano de 2019, esboçando alguns dos dilemas que cada uma dessas superameaças poderia ensejar, e como estes poderiam interagir e maximizar uns aos outros. No relatório, enfatizávamos um senso de otimismo sobre a habilidade humana de derrotar as superameaças.

> A espécie humana tem uma longa história de superação de imensos obstáculos, geralmente saindo deles mais forte do que antes. De fato, alguns antropólogos argumentam que a inteligência humana surgiu em consequência da última grande idade do gelo, um período de enorme estresse ambiental, que demandou flexibilidade, capacidade de previsão e criatividade por parte do pequeno número dos primeiros *Homo sapiens*. Historicamente, provou-se que aqueles que profetizaram a derrocada da civilização humana estavam sistematicamente errados, pela capacidade de nossa espécie tanto de se adaptar quanto de transformar as condições em que vive.
>
> A GEAS não acredita nesse futuro como algo inevitável. Talvez seja esse o mais importante elemento de nosso prognóstico. Não se trata de *destino*. Se agirmos agora — e agirmos com inteligência, flexibilidade, capacidade de previsão e criatividade —, poderemos evitar a ameaça final. Poderemos até sair desse período mais fortes do que éramos antes.

O relatório e os vídeos terminavam com o mesmo chamado à ação: junte-se a nós para inventar o futuro da espécie humana. Anunciamos que os voluntários se encontrariam na rede social on-line chamada *Superstruct*. E divulgamos um convite público — em blogs, no Facebook, por e-mail, no Twitter — de adesão à rede. Nossa mensagem principal: todos têm um papel a desempenhar na reinvenção do funcionamento do mundo. E, no fim, atraímos 8.647 indivíduos esperançosos superpoderosos, que contribuíram com suas melhores ideias para o futuro, em nosso experimento superestruturante.

Todavia, antes de enfrentar as superameaças, nossos jogadores tinham uma primeira missão importante: inventar seus futuros eus.

Como em qualquer rede social dos dias atuais, nossa rede social de 2019 solicitava que o usuário preenchesse um perfil. Nosso perfil, porém, era diferente: ele focava na *capacidade de sobrevivência*. Quais são as habilidades, recursos e comunidades específicas das quais você pode se valer para enfrentar essas superameaças? Com que qualificação exclusiva você pode contribuir para reinventar o mundo? Encorajamos os jogadores a se divertir imaginando seus futuros eus, mas também lhes pedimos para serem honestos. Isso era essencial. *Não* invente uma personagem fictícia, foi o que dissemos. Trata-se de um jogo real, não de um jogo de desempenho de papéis. Queremos saber quem você *realmente* acha que poderá ser em 2019. Sinta-se à vontade para sonhar alto, mas certifique-se de que está ancorado na realidade.

Eis aqui o perfil. Como você responderia essas questões? Lembre-se: não é quem você é hoje. É quem você poderia ser no futuro.

O SEU MUNDO EM 2019
Onde você mora?
Com quem mora?
O que faz? Onde trabalha?
O que é mais importante para você?
Como você se tornou essa pessoa? Houve algum divisor de águas importante para você nos últimos dez anos?

SUAS FORÇAS ÚNICAS
O que você domina mais que a maioria das pessoas? Conte-nos sobre suas habilidades e destrezas.

> Quem você conhece? Conte-nos sobre as comunidades e grupos dos quais participa, e que tipo de pessoa faz parte de suas redes social e profissional.

Essa primeira missão ajudou os jogadores a mergulhar no futuro. Obrigou-os a se imaginarem no ano de 2019 e a pensar em como seu trabalho e suas vidas poderiam se modificar até lá. Também os auxiliou a identificar os recursos pessoais dos quais poderiam se valer para enfrentar as superameaças. No fundo, o objetivo do *Superstruct* era descobrir novos papéis a serem desempenhados por indivíduos, organizações e comunidades, em esforços muito maiores e de longo prazo, a fim de melhorar a vida nesse planeta. Para cumprir essa meta, tínhamos de ajudar nossos jogadores a fazer conexões diretas entre suas habilidades, recursos e capacidades atuais e as demandas do futuro.

Se tivéssemos de pedir a uma pessoa comum que ela resolvesse pessoalmente os problemas da economia, colocasse fim a uma pandemia ou erradicasse a fome, provavelmente, ela nem sequer saberia por onde começar. Portanto, demos aos jogadores um local específico como ponto de partida: suas próprias comunidades, grupos e redes sociais, usando seus melhores conhecimentos como suporte para sugerir soluções.

Finalmente, essa missão nos trouxe algumas informações concretas sobre nossos jogadores. Pedimos que eles nos contassem, sigilosamente, um pouco sobre quem eles eram em 2008, para nos ajudar a contextualizar seus prognósticos e suas ideias. Essas informações de 2008 não apareciam no perfil público dos jogadores; serviam somente para nos auxiliar durante o processo de pesquisa, de modo que pudéssemos fazer a referência cruzada entre suas ideias sobre o futuro e sua idade, localização e ocupação na vida real. Queríamos descobrir mais sobre como os SEHIs avaliavam a si mesmos e a que tipos de projetos eles tinham mais probabilidade de se dedicar.

Afinal, quem superestrutura? Eis aqui o que descobrimos.

Dentre os quase 9 mil prognosticadores que se dispuseram a participar do esforço, a grande maioria estava entre os 20 e 40 anos de idade, e o restante estava espalhado em uma curva de sino. Nosso jogador mais jovem tinha 10 anos (ele estava particularmente interessado no futuro da alimentação, especialmente na "carne criada em laboratório", que, efetivamente, é uma tecnologia alimentar emergente). Nossa jogadora mais velha tinha 90 anos (ela estava interessada no futuro da educação).

Tivemos jogadores provenientes de 49 dos cinquenta estados norte-americanos, e de mais de cem países ao redor do mundo. Reunimos um grupo surpreendentemente diverso de profissionais, incluindo chefes de máquinas, gerentes de tecnologia, diretores de criação; estivadores, *concierges* de hotel e curadores de museus; astrofísicos, cientistas atmosféricos, matemáticos; enfermeiros, bombeiros e fotógrafos. Havia, também, inúmeros estudantes universitários e de pós-graduação, executivos seniores, membros das forças armadas e servidores públicos.

Com que conhecimentos específicos esses diversos participantes contribuíram para o jogo? Os jogadores definiram seus conhecimentos específicos em áreas tão amplas quanto ativismo sindical, logística de transportes e robótica; barismo, histórias em quadrinhos, siderurgia; imigração, silvicultura e moda; turismo, cuidados de saúde e jornalismo; engenharia química, serviço de assistência a crianças ou enfermos e comércio eletrônico; consultoria, defesa e recursos humanos; medicina legal, direitos humanos e nanotecnologia.[26]

Essas foram algumas das muitas habilidades e recursos que solicitamos que os jogadores utilizassem para enfrentar as cinco superameaças. E pedimos que as enfrentassem de uma forma bastante específica: inventando superestruturas.

↻ COMO INVENTAR UMA SUPERESTRUTURA

Esse é um jogo de sobrevivência, e precisamos que você sobreviva.

Estamos enfrentando superameaças e precisamos nos adaptar.

As estruturas existentes na civilização humana já não são mais suficientes. Precisamos de uma nova série de superestruturas para nos transcender, para levar os seres humanos ao próximo estágio.

Você pode ajudar. Superestruture agora. É seu legado para a raça humana.

P: O QUE É UMA SUPERESTRUTURA?
R: Uma superestrutura é uma rede altamente colaborativa, construída com base em grupos e organizações existentes.

HÁ QUATRO CARACTERÍSTICAS
QUE DEFINEM UMA SUPERESTRUTURA:
1. Uma superestrutura **une duas ou mais comunidades diferentes** que ainda não estão trabalhando em conjunto.

2. Uma superestrutura é projetada **para ajudar a resolver um problema grande e complexo**, que nenhuma organização existente poderá resolver sozinha.
3. Uma superestrutura **se aproveita dos recursos, habilidades e atividades únicas de cada um de seus subgrupos**. Todos contribuem com algo diferente e, juntos, criam uma solução.
4. Uma superestrutura é **fundamentalmente nova**. Deve soar como uma ideia que ninguém nunca teve antes.

P: QUE TIPOS DE GRUPOS PODEM SE UNIR PARA FORMAR SUPERESTRUTURAS?
R: Qualquer tipo de grupo. Com e sem fins lucrativos, profissional e amador, local e global, religioso e secular, on-line e off-line, divertido e sério, grande e pequeno.

QUALQUER COMUNIDADE EXISTENTE PODE SER ADICIONADA A UMA SUPERESTRUTURA! EIS AQUI ALGUNS EXEMPLOS:
- Empresas.
- Famílias.
- Pessoas que vivem no mesmo prédio ou vizinhança.
- Organizações industriais e comerciais.
- Organizações sem fins lucrativos e não governamentais.
- Conferências ou festivais anuais.
- Igrejas.
- Governos locais ou nacionais.
- Comunidades on-line.
- Grupos de redes sociais.
- Grupos de torcedores.
- Clubes.
- Equipes.

P: COMO EU CRIO UMA NOVA SUPERESTRUTURA?
R: Comece escolhendo uma comunidade à qual já pertença. Com o que sua comunidade poderia contribuir singularmente para resolver uma ou mais das superameaças? E com quem mais você gostaria de trabalhar para fazer isso acontecer?

Quando estiver pronto para compartilhar sua ideia, crie um novo artigo wiki. Use os campos do wiki (nome, lema, missão, quem precisamos, como trabalhamos e o que podemos cumprir) para descrever sua nova superestrutura.

P: CRIEI UMA SUPERESTRUTURA. E AGORA?
R: Quando você já tiver uma descrição básica de sua superestrutura, convide outros SEHIs e seus próprios amigos, colegas, vizinhos e redes para se associar.

Se você tornou pública sua superestrutura, fique atento a seu wiki para dar as boas-vindas aos novos membros e ver como a superestrutura evolui. Se você a deixou no modo privado, certifique-se de verificar periodicamente o wiki para aceitar novos membros, de modo que eles possam ajudá-lo a construir sua superestrutura.

Juntos, os membros do *Superestruct* podem ajudar a editar o wiki até que ele reflita exatamente a maneira como sua superestrutura deve funcionar.

NÃO PARE AGORA!

Depois de criar sua primeira superestrutura, há muito mais coisas a fazer. Você pode criar superestruturas para outras superameaças. Ou pode conceber superestruturas derivadas de sua superestrutura original. Pode inventar superestruturas competitivas ou superestruturas maiores, para absorver superestruturas que já existem.

Continue superestruturando — e nos surpreenda com suas grandes ideias!

A regra mais importante para inventar uma superestrutura era a de que ela deveria ser diferente de qualquer organização já existente. Ela deveria ser uma combinação fundamentalmente nova de pessoas, habilidades e escalas de trabalho. No entanto, também tinha de apresentar uma abordagem plausível para um problema — oferecer uma maneira para que as pessoas que não trabalham normalmente em desafios como fome, pandemias, mudanças climáticas, colapso econômico ou segurança na rede pudessem fazer a diferença.

Inventar uma superestrutura era o elemento principal do jogo; era assim que os jogadores ganhavam pontos de sobrevivência (de um a cem pontos), computados no placar total de sobrevivência. Quanto mais engenhosa, claramente explicada, criativa e surpreendente era a superestrutura, mais pontos o jogador ganhava. O jogador também poderia acumular pontos ao se associar e contribuir com ideias em superestruturas de outros jogadores.

O que é, exatamente, um placar de sobrevivência? Descrevemos da seguinte forma para os jogadores:

> Seu Placar de Sobrevivência é um número entre 0 e 100, que aparece em seu Perfil de Sobrevivência. Quando você se associa pela primeira vez, seu placar é equivalente a 0. Qualquer placar maior do que 0 significa que você, pessoalmente, está se tornando mais e mais importante para a sobrevivência da espécie. Se atingir um placar de 100, você, pessoalmente, é absolutamente fundamental para o futuro da raça humana.

Em outras palavras, o sistema de marcação de pontos não foi concebido para ser competitivo, mas, simplesmente, para registrar o progresso pessoal dos jogadores.

Vamos analisar algumas breves descrições de algumas das superestruturas particularmente mais bem pontuadas, e dos SEHIs que as criaram.

NÓS TEMOS ENERGIA — ROUPAS PARA CAPTAR ENERGIA

> Você não precisa comprar energia de uma empresa. Você pode fabricar sua própria energia. A roupa que você usa todos os dias pode ajudá-lo a captar e economizar energia, que pode ser usada para carregar seu laptop, seu telefone celular e seu mp3 player ou para produzir calor.
>
> Pense: jaquetas com painéis solares que captam energia e podem ser usadas para fornecer calor elétrico quando você usar a jaqueta à noite. Bandanas com flores feitas de painel solar que captam a energia que você precisa para carregar seu iPod. Saias com babados que se aproveitam da energia eólica e a armazenam em uma pequena bateria que você pode retirar e usar para carregar qualquer coisa. Um cinto com um coletor de ondas sonoras que transforma o ruído ambiental em fonte de energia.

Estamos criando e reunindo projetos para todos os tipos de fontes de energia que possam ser "vestidos". Faremos protótipos de trabalho desses designs e os apresentaremos em um desfile de moda chamado Nós Temos Energia. Precisamos de sua ajuda para compartilhar e aprimorar esses projetos, de modo que o maior número possível de pessoas possa captar a própria energia.

A superestrutura Nós Temos Energia foi criada pelo SEHI Solspire, ou, na vida real, Pauline Sameshima, professora adjunta do departamento de ensino e aprendizagem da Washington State University. Ela pediu à sua turma de design que criasse uma série de protótipos de trabalho reais e produzisse desfiles de moda improvisados no campus da universidade, exibindo roupas que incorporassem os tipos de tecnologias de energia descritas acima. A sua missão como SEHI: usar a rápida fabricação de protótipos e a inovação em termos de design para enfrentar a superameaça Luta pelo poder, ajudando a inventar o futuro da energia.

CAIXAS ELETRÔNICOS DE SEMENTES — RETIRE SEU ALIMENTO GRATUITAMENTE

A comida não deveria custar nada. As sementes também não deveriam custar nada.

Por isso, essa superestrutura foi criada: para construir uma rede de Caixas Eletrônicos de Sementes, de modo que qualquer pessoa que precise de sementes possa ir facilmente a um caixa eletrônico e obtê-las gratuitamente.

O que pretendemos: disseminar o conceito alimentar de Plante Você Mesmo (GYO, na sigla em inglês), e estabelecer as bases para uma rede mais ampla de alimentos gratuitos.

Projetamos uma rede segura de Caixas Eletrônicos de Sementes, instalados em instituições bancárias ao redor do mundo. Entretanto, como protótipo, estamos propondo um instrumento realmente simples: máquinas de chicletes. Encheremos as máquinas com sementes e as adaptaremos para que não precisem de dinheiro, nem mesmo de moedas. As instalaremos do lado de fora de mercearias e mercados de agricultores.

Essa superestrutura foi inventada pelo SEHI Jorge Guberte, artista digital de 25 anos da cidade de São Paulo, Brasil. Sem nenhuma conexão direta com a indústria alimentar ou agrícola, ele propôs uma solução completamente inesperada e em larga escala para a superameaça Esfomeados. Sua missão como SEHI: tornar o acesso à comida um direito civil básico e ajudar a inventar o futuro de nossa alimentação.

A REPÚBLICA DEMOCRÁTICA CENTRO-AFRICANA (DCAR) — O ESTADO DOS REFUGIADOS

A DCAR, República Democrática Centro-Africana, é um "organismo que se assemelha a um estado", ou WSLE (na sigla em inglês), uma entidade paraestatal de 16 milhões de pessoas localizada na África oriental, uma região disputada pelos países vizinhos, que, apesar de terem praticamente perdido a vontade de continuar lutando, não permitirão que um deles declare vitória.

Os esforços humanitários nessa área desorganizada tinham, portanto, de prover muitas funções básicas do Estado, como serviços de identificação, o fornecimento do que corresponderia a passaportes, a distribuição de uma moeda eletrônica básica e a tentativa geral de manter o curso normal da vida, até que alguém restabelecesse a governabilidade naquela área.

No fim, depois de quatro ou cinco anos de governo interino usando um software de democracia eletrônica e telefones celulares biométricos, a DCAR começou a ter um *status* semioficial, paraestatal. Assim como Taiwan, o país não pode declarar de fato sua completa soberania, mas os dispositivos dos governos anteriores da região passaram sua legitimidade, tecnicamente, para os conselhos de refugiados da DCAR, e, contanto que não se crie um exército, ninguém parece se preocupar com refugiados se autogerenciando, tentando administrar suas vidas até que os governos resolvam suas disputas territoriais.

Qualquer um pode apoiar a DCAR. Você precisa apenas se lembrar como é importante que os refugiados conquistem seus direitos políticos, de modo a administrarem suas próprias vidas, da mesma forma que nós fazemos. Ser um refugiado já é duro o suficiente, e é ainda mais difícil quando se é igualmente oprimido!

Se você quiser se envolver mais, exiba a bandeira da DCAR sempre que puder, e deixe as pessoas saberem que a DCAR ainda é importante.

A superestrutura DCAR foi fundada pelo SEHI Hexayurt, ou Vinay Gupta, renomado especialista mundial em prestação de auxílio em situações de catástrofe. Ele também inventou o Hexayurt, um abrigo barato e leve, criado para oferecer moradia sustentável para refugiados. Ele queria atacar a ameaça Exílio de gerações no contexto da crise atual de refugiados africanos. Sua missão como SEHI: ajudar a inventar o futuro da paz e da administração pública.

NENHUMA DESSAS ideias vai reinventar a maneira pela qual o mundo funciona por si mesmo. Porém, ao lado de mais de quinhentas superestruturas criadas pelos jogadores, elas, efetivamente, comprovam uma nova realidade: que a solução de problemas em escalas extremas pode envolver pessoas comuns; que todas as escalas da organização humana podem ser combinadas e recombinadas de formas surpreendentes; que a reinvenção contínua não é apenas possível — é um imperativo evolutivo para a próxima década.

RODAMOS O *SUPERSTRUCT* como um experimento ao vivo de prognóstico durante seis semanas. E quais foram os resultados finais?

Depois de jogar, os participantes levantaram e organizaram seus esforços em um catálogo de soluções chamado Catálogo da Superestrutura Total (uma brincadeira com o *Whole Earth Catalog*, de Stewart Brand), que pode ser consultado on-line, em Superstruct.wikia.com.

Além desse catálogo contendo 550 superestruturas, os jogadores criaram mais de mil brilhantes histórias em primeira pessoa sobre as superameaças, contadas em vídeos e fotos, atualizações de blogs e Twitter, mensagens de Facebook e podcasts. Esse mundo permanece on-line como um recurso para outros prognosticadores, organizadores de políticas públicas, educadores e indivíduos interessados em explorar e analisar tais registros.

Estabelecemos fóruns tradicionais de discussão, de modo a propiciar aos jogadores uma caixa de ressonância das estratégias que eles desejassem aplicar em suas superestruturas. Os jogadores discutiram mais de quinhentos tópicos diferentes, tais como: "Comunicando-se em rede com o mundo off-line: como atingir as pessoas que não estão on-line?"; "O que podemos fazer com as bicicletas: além de nos exercitar, como utilizá-las para ajudar a resolver alguns de nossos grandes problemas?" e "A arte pela arte: qual o papel das artes em 2019? Que papel a arte pode desempenhar durante tempos de crises épicas?" Há material de leitura suficiente nesses fóruns, abrangendo dúzias de relatórios de prognósticos do futuro — e está tudo salvo na rede para visualização pública.

Em termos de jogabilidade, tivemos 19 jogadores alcançando o placar de sobrevivência de 100 pontos — o equivalente a ganhar o cajado da vida no *Spore* ou a alcançar o nível 80 para sua personagem no *World of Warcraft*. Convidamos esses 19 jogadores a se transformar em nosso "SEHI 19", e estendemos o convite para que continuassem colaborando com o Institute for the Future. Todos os jogadores, mas em particular o SEHI 19, se tornaram uma espécie de superestrutura para o próprio IFTF.

Finalmente, nossa equipe de Prognóstico para os Próximos Dez Anos passou seis meses analisando os resultados do jogo de prognóstico. Preparamos o relatório de pesquisa anual do TYF, "Superestruturando a próxima década", desenvolvendo os temas explorados em nosso cenário e analisando os mais promissores métodos de superestruturação demonstrados pelos jogadores. Desde então, tornamos esses materiais — incluindo um conjunto de "Cartões estratégicos do *Superstruct*", um mapa visual do ecossistema *Superstruct* e três cenários alternativos da concepção do planeta para os próximos cinquenta anos — disponíveis ao público no website do Institute for the Future.[27]

Ah, e se você estiver se perguntando — quanto bem nossos jogadores fizeram coletivamente, de acordo com a Global Extinction Awareness System?

Ao fim de seis semanas, os jogadores haviam aumentado o horizonte de sobrevivência da espécie humana até o ano 2086 — ou um ano a mais para cada mil pontos de capacidade de sobrevivência que ganharam coletivamente. Isso significa que eles nos deram 44 anos a mais nesse planeta — tempo suficiente para que nascessem mais duas gerações de potenciais indivíduos esperançosos superpoderosos, que começariam a trabalhar sobre esses problemas conosco.

Toda a experiência talvez tenha sido mais bem sintetizada em uma postagem no Twitter, feita por um de nossos jogadores. Ela resume exatamente o que o IFTF queria atingir com o jogo.

"Essa é a minha visão favorita do futuro, de todos os tempos", escreveu ele, "porque é a primeira na qual me sinto pessoalmente capaz de fazer a diferença".

O *Superstruct* foi criado com o objetivo de despertar os jogadores para a possibilidade de fazer o futuro juntos — um primeiro passo fundamental para aumentar nosso envolvimento coletivo diante das superameaças globais. Porém, para produzir uma mudança verdadeira no mundo, não basta disseminar uma sensação de superfortalecimento e de esperança. Temos, também, de estimular, em todos os jogadores, a capacidade concreta de mudar o mundo. Temos de ajudá-los a cultivar habilidades e destrezas específicas de criação do futuro e a adquirir o conhecimento prático do qual necessitam, a fim de aumentar suas chances de fazer uma diferença real e sustentada.

A esperança superpoderosa e a criatividade colaborativa devem ser combinadas com *aprendizagem prática* e *desenvolvimento real de potencialidades*. E isso não pode acontecer apenas nas partes do mundo onde a tecnologia de computadores e de videogames já esteja disseminada. Os jogos para mudar o mundo devem ser projetados de forma personalizada e específica para as regiões mais empobrecidas do planeta, nas quais as habilidades de fabricação do futuro são mais urgentemente necessárias — por exemplo, áreas em desenvolvimento na maior parte da África.

Esses foram as duas percepções essenciais que me levaram ao meu jogo mais recente, o *EVOKE*.

EVOKE: curso intensivo para mudar o mundo

O *EVOKE* foi criado para qualificar os jovens ao redor do mundo, especialmente os da África, a começar a enfrentar ativamente os mais urgentes problemas mundiais — pobreza, fome, energia sustentável, acesso à água potável, preparos para desastres naturais, direitos humanos.

Apelidado de "curso intensivo para mudar o mundo" e produzido para o World Bank Institute, o braço educativo do Banco Mundial, o *EVOKE* é um jogo de rede social projetado para ajudar os jogadores a fazer suas próprias especulações acerca da mudança do mundo, em apenas dez semanas. Pode ser jogado em computadores, mas é otimizado para telefones celulares — a tecnologia social mais onipresente na África.

O mundo do *EVOKE* é ambientado em um futuro dez anos à frente. A história, contada na forma de uma graphic novel, segue as aventuras de uma rede de super-heróis secretos, sediada na África. A rede é formada por "inovadores sociais sigilosos", um conceito que inventamos para o jogo.

A **inovação social**, obviamente, é um conceito real — e um método cada vez mais importante para enfrentar a pobreza planetária. Ela significa aplicar maneiras empreendedoras de refletir e trabalhar na resolução de problemas sociais que são usualmente enfrentados pelos governos ou por agências de amparo e auxílio. O princípio básico da inovação social é que qualquer um, em qualquer lugar, pode dar início a seu próprio projeto ou empreendimento para tentar resolver um problema social. Também conhecida como "empreendedorismo social", ela enfatiza o ato de assumir riscos, o entendimento do contexto local e a procura por inovações revolucionárias, em vez da aplicação de soluções produzidas em massa.

No entanto, o que é a inovação social *sigilosa*? No mundo do *EVOKE*, os inovadores enfrentam os problemas sociais com discrição e exposição super-heroicas — publicamente e, ainda assim, de forma misteriosa, como o Batman e o Homem-Aranha —, com o intuito de capturar o imaginário mundial para que as soluções tenham uma chance real de se popularizarem e se espalharem viralmente. Os super-heróis do *EVOKE* são particularmente conhecidos por aplicar um método de inovação conhecido entre os atuais e verdadeiros especialistas em desenvolvimento como "ingenuidade africana".

Erik Hersman, especialista em tecnologia e editor do blog AfriGadget, é um dos principais proponentes da ingenuidade africana. Hersman, que cresceu no Sudão e agora vive no Quênia, descreve-a da seguinte forma:

> Um menino malauiano faz um cata-vento com partes de uma bicicleta velha e folhas de metal. Um homem queniano fabrica máquinas de solda com material de ferro velho, madeira e fios de cobre. Um empreendedor etíope constrói máquinas de café com cartuchos de velhos projéteis. Um cientista malauiano inventa uma nova fábrica de microenergia que usa açúcar e levedo. Um jovem sul-africano concebe um parapente a partir de sacos plásticos, cordas e arame flexível. Embora você, provavelmente, não fique sabendo dessas histórias pela imprensa internacional, essas são apenas algumas das incríveis fábulas de ingenuidade africana que estão acontecendo todos os dias em milhares de vilas, regiões, áreas industriais, comércios à beira de estrada e casas ao redor do continente. Os africanos estão transformando o pouco

que têm à sua maneira, usando a criatividade para superar os desafios da vida.[28]

Muitos especialistas na África, incluindo Hersman, acreditam que as pessoas que enfrentam os mais árduos problemas no mundo em desenvolvimento dos dias de hoje serão aquelas mais capazes de, no futuro, solucionar qualquer crise, em qualquer lugar do mundo. De fato, os solucionadores de problemas da África atual podem dar um grande salto em relação ao restante do mundo, apresentando soluções mais baratas, eficientes e sustentáveis, simplesmente porque não têm outra escolha. Os obstáculos que enfrentam são tão grandes, e os recursos dos quais dispõem são tão limitados, que as suas soluções *têm* de ser criativas, totalmente plenas de recursos e mais resistentes do que as soluções tradicionais, desenvolvidas pelos outros países.

O *EVOKE* foi criado para ajudar os jogadores a se tornarem uma parte da emergente cultura de ingenuidade africana — para fortalecer, hoje, suas habilidades de inovação social, de modo a terem uma chance real de se transformarem em super-heróis mundiais no futuro.

E como o jogo funciona? Ao longo de uma "temporada" de dez semanas, os participantes são desafiados a completar uma série de dez missões e dez buscas. Os desafios de cada semana estão centrados em um novo "chamado urgente".

Um **evoke**, nesse mundo de jogo, é um *chamado urgente para a inovação*, uma mensagem de SOS eletrônico enviada de uma cidade em crise para a rede secreta de resolução de problemas da África. Nos dois primeiros episódios do jogo, por exemplo, a rede do *EVOKE* é solicitada a evitar a escassez de alimentos em Tóquio e a reconstruir o Rio de Janeiro, após um colapso na infraestrutura de energia.

Depois de ler o chamado urgente on-line, os jogadores são desafiados a interagir no mundo real — e a ter uma experiência real e em primeira mão, enfrentando uma crise urgente em escala pequena e local. Vejamos as duas primeiras missões do *EVOKE*.

CHAMADO URGENTE: Segurança alimentar
Mais de 1 bilhão de pessoas passam fome todos os dias. Essa semana, VOCÊ tem o poder de mudar pelo menos uma dessas vidas. Seu objetivo: aumentar a segurança alimentar de, pelo menos, uma pessoa em sua comunidade. Lembre-se: a segurança alimentar não significa o fornecimento temporário de ajuda ou

de uma única refeição. Significa soluções de longo prazo para a fome e a escassez de alimentos. Eis aqui algumas ideias sobre como começar:

- Ajude alguém a preparar uma horta caseira.
- Voluntarie-se em uma horta comunitária local.
- Invente uma maneira de facilitar o compartilhamento de alimentos entre as pessoas de sua comunidade e os outros.
- Crie uma iniciativa para os agricultores locais.

CHAMADO URGENTE: Mudança de poder
Hoje em dia, menos de 10% da eletricidade mundial é produzida por fontes de energia sustentável. Essa semana, descubra o SEU poder de ajudar a mudar tal estatística. Seu objetivo: criar uma nova maneira de recarregar algo que você usa todos os dias. Dê uma olhada em volta. Algo que VOCÊ usa ou faz todos os dias poderia ser recarregado de forma diferente — com energia solar, energia eólica ou energia cinética, por exemplo. Talvez seja o telefone celular. Talvez seja a luz que você usa à noite para ler. Sua solução deverá ser mais barata ou mais sustentável do que a fonte de energia atualmente usada.

Para ajudá-los a pensar detidamente em soluções criativas para essas tarefas desafiadoras, oferecemos aos jogadores "arquivos de investigação" secretos, que registram inovações sociais já existentes na África e em outras partes do mundo — projetos que podem despertar a própria ingenuidade africana dos jogadores e inspirá-los em seus esforços.

Para receber crédito por suas missões, os jogadores devem compartilhar uma postagem em blog, um vídeo ou um ensaio fotográfico, indicando o esforço que fizeram e o que aprenderam. Outros jogadores julgam as evidências da missão, a fim de certificá-la e conceder os poderes do *EVOKE*: +1 de disseminação, por exemplo, ou +1 de compartilhamento de conhecimentos, ou +1 de percepção local. Ao longo do jogo, enquanto vão completando as dez missões, os jogadores elaboram um portfólio pessoal de esforços para mudar o mundo (sua coleção de postagens em blogs, vídeos e fotos), assim como um perfil de seus atributos únicos de fabricação do mundo (um display interativo de todos os poderes do EVOKE que ganharam).

Ao mesmo tempo, os jogadores também são desafiados a completar uma série de dez buscas on-line. Essas buscas são projetadas para ajudá-los a descobrir sua própria "história de origem". As instruções do jogo explicam: "Nas histórias em quadrinhos, a história de origem revela como um personagem se tornou um super-herói — de onde vêm seus poderes, quem o inspirou e que acontecimentos o levaram a adotar o caminho de mudar o mundo. Antes que VOCÊ possa mudar o mundo, é preciso descobrir suas origens de super-herói." Com o tempo, o registro das missões dos jogadores se torna uma espécie de cartão de visitas de mudança do mundo, descrevendo, por exemplo, a sua identidade secreta. O registro das missões incluiria respostas a questões como: "Quais são as três coisas que você mais domina ou executa melhor do que a maioria de seus amigos e familiares?". Ou: "Quais são as três características de personalidade ou habilidades que o fazem se destacar da multidão?" O registro das missões também representa o heroico apelo à ação feito pelos jogadores, ao responderem questões como: "Se você tivesse o poder de convencer alguma pessoa agora — ou cem pessoas, ou 1 milhão de pessoas — a fazer algo, quem seria e qual seria seu pedido?" Ao concluir tais buscas introspectivas, os jogadores não estão apenas reconhecendo suas próprias forças ou mapeando seu próprio futuro. Eles também estão desenvolvendo as bases de um plano de gestão multimídia, que podem usar para atrair colaboradores, orientadores e investidores.

Partiu inicialmente de Robert Hawkins, especialista sênior em educação do World Bank Institute, a ideia de um jogo de inovação social. "A demanda é enorme para jogos como esses", me disse Hawkins, quando me convidou para que eu fizesse parte do projeto como diretora de criação. "As universidades africanas continuam nos informando que precisam de ferramentas melhores para envolver os estudantes nos problemas do mundo real e desenvolver suas capacidades de criatividade, inovação e ações de empreendedorismo. Esse jogo precisa atender a esse desejo, servindo como um motor para a criação de empregos, agora e no futuro." De fato, o jogo foi divulgado entre os estudantes universitários da África anglófona como: "Treinamento gratuito de emprego — o emprego da invenção do futuro."

Os jogadores do *EVOKE* não estão apenas aprendendo habilidades do mundo real; o mundo real também está lhes concedendo homenagens e recompensas. Os jogadores que completam com sucesso dez missões on-line em dez semanas recebem uma distinção especial para aperfeiçoar seus currículos: uma certificação oficial como Inovador Social do World Bank Institute. Os melhores jogadores também ganham orientação pós-jogo com inovadores sociais experientes e bolsas de estudo são atribuídas para que possam compartilhar sua visão do futuro na reunião anual do *EVOKE*, em Washington, D.C.

Na primeira experiência com o jogo, levada a cabo na primavera de 2010, mais de 19 mil jovens de mais de 150 países se inscreveram, incluindo mais de 2.500 estudantes da África subsaariana — transformando-a na maior comunidade on-line colaborativa de solução de problemas da África até o momento.

Coletivamente, em apenas dez semanas, esse grupo inicial de jogadores completou mais de 35 mil missões de fabricação do futuro, documentadas na rede do *EVOKE*. Como desafio final, os jogadores propuseram mais de cem novas iniciativas sociais — empreendimentos criativos que planejavam desenvolver no mundo real, com o apoio dos fundos de financiamento de sementes e dos atuais programas de assistência do World Bank Institute. Tais iniciativas inspiradas pelo *EVOKE* incluem:

- *Evokation Station*, um programa piloto criado e administrado por estudantes universitários da Cidade do Cabo, África do Sul, e projetado para dar às pessoas as habilidades e os conhecimentos necessários para plantar o próprio alimento para suas famílias, servindo, ainda, como fonte adicional de renda. Atualmente, o programa está sendo testado em uma das comunidades mais pobres da Cidade do Cabo, Monwabisi Park, um assentamento informal, ou área de grileiros, de mais de 20 mil pessoas desabrigadas que têm vivido, nos últimos 12 anos, sem água corrente, saneamento básico, casas adequadas, estradas ou acesso a cuidados de saúde e empregos.

- *Solar Boats*, um projeto de e para jovens mulheres da Jordânia, cuja meta é converter mais de 120 barcos com fundo de vidro do Golfo de Aqaba em barcos movidos à energia solar, de modo a economizar combustível, diminuir a poluição dos corais e da vida marinha do Mar Vermelho e obter praias mais limpas e navegação de custo reduzido.

- *Spark Library*, uma iniciativa desenvolvida por um estudante norte-americano de pós-graduação em arquitetura, de criação e gestão de um novo tipo de biblioteca de inteligência coletiva na África subsaariana. Para consultar um livro de uma Spark Library, você deve, primeiro, contribuir com algum conhecimento local ou pessoal, ajudando a construir um banco de dados de conhecimentos nativos ou tradicionais sobre o ambiente, as práticas culturais e os recursos naturais.

À medida que escrevo esse capítulo, já estão em andamento planos de desenvolver novas temporadas do *EVOKE*, com base em seu sucesso prévio. As próximas temporadas do jogo vão focar na atenção e no envolvimento com um único tema, como energia, segurança alimentar ou direitos das mulheres. Paralelamente, a primeira temporada — o programa principal do *EVOKE* — será traduzida para o árabe no Oriente Médio, para o espanhol na América Latina, para o mandarim na China, e diversas outras línguas, de modo a alcançar ainda mais estudantes. E, para dar sustentação ao jogo do *EVOKE* em regiões da África sem acesso confiável à internet, episódios da primeira temporada do *EVOKE* estão sendo compilados em uma única graphic novel, com todas as missões e buscas adaptadas para o estilo de um livro de exercícios. A interatividade com base em mensagens de texto — uma vez que a maioria dos jovens dos países em desenvolvimento tem acesso à telefonia celular — irá assegurar que esses jogadores de "caneta e papel" mantenham-se conectados à rede global do EVOKE.

E qual é a meta de todas essas adaptações? Garantir que, com o tempo, cada jovem desse planeta receba formação em resolução urgente de problemas e concepção do planeta — e tenha acesso gratuito e livre à rede global de colaboradores, investidores e orientadores potenciais que podem mudar o mundo.

DE QUE MANEIRA OS JOGOS que fabricam o futuro, como o *World Without Oil*, o *Superstruct* e o *EVOKE*, evoluirão em um futuro no qual se configurem as condições ideais?

Ao fim do *Superstruct*, todos os especialistas em jogos do IFTF tiveram a oportunidade de selecionar e saudar sua superestrutura favorita durante a Superstruct Honors, transmitida on-line em tempo real. Escolhi uma superestrutura chamada The Long Game, proposta pelo jogador Ubik2019, um de nossos mais ativos jogadores. O The Long Game representa, para mim, o que os jogos de fabricação do futuro devem pretender se tornar no fim do século XXI: um *colaboratório épico* para nossos mais arrebatadores esforços globais de desenvolvimento.

Na vida real, o Ubik2019 é Gene Becker, ex-diretor mundial de desenvolvimento de produtos de alto desempenho e mobilidade da Hewlett-Packard e, hoje, fundador e diretor administrativo do Lightning Laboratories, uma empresa de consultoria em tecnologias emergentes que trabalha com uma série de empresas Global 2000 e empresas de pré-investimento recém-criadas. Becker trouxe para o *Superstruct* uma sensibilidade particularmente aguçada sobre como desenvolver iniciativas em escala global e sobre como aumentar as novas tecnologias de rede voltadas para inovações. Eis aqui a grande ideia de Becker para uma nova superestrutura:

THE LONG GAME

Promovendo uma mentalidade de longo prazo com um jogo que dura mil anos.

> *De quem precisamos*: SEHIs que acreditem que uma mentalidade de longo prazo e uma abordagem divertida da vida podem contribuir para nos aprimorar como pessoas, fazer escolhas melhores quanto a nossas ações e suas consequências, evitar potencialmente o tipo de supercrises que estamos enfrentando agora em 2019 e dar a cada indivíduo do planeta a oportunidade de deixar um legado significativo para a raça humana.
>
> *O que podemos atingir*: Se você aplicasse hoje apenas 1 dólar em um investimento com retorno médio real de 3% ao ano, em mil anos ele valeria 7 trilhões de dólares, livre de inflação e taxas. Agora, pense no que seus descendentes daqui a trinta gerações poderiam ser capazes de fazer com tanto capital — e pense em como você poderia lhes comunicar seus desejos de como gastar isso tudo.
>
> Agora, considere como poderíamos investir nosso capital *não financeiro* — intelectual, natural, social, familiar, genético —, de tal maneira que seu valor aumentasse ao longo do tempo. Seria um rico presente que poderíamos outorgar ao futuro da humanidade. (...)[29]

Um jogo de mil anos, combinando investimento financeiro e não financeiro de nossos recursos mais importantes — como, exatamente, um jogo assim funcionaria?

Durante o experimento do *Superstruct*, analisamos diferentes ideias, focando principalmente na estrutura, em detrimento do tema, da história ou do conteúdo. Imaginamos, por exemplo, o mundo inteiro reservando um dia por ano para jogar, como uma espécie de feriado mundial. Evidentemente, como em todos os bons jogos, a participação seria opcional. Contudo, a supermeta seria, ao fim de mil anos, envolver praticamente 100% da população humana no jogo.

Jogadores entusiastas poderiam passar tanto tempo quanto quisessem durante o ano preparando-se para o dia mundial de jogo. Jogadores casuais poderiam simplesmente entrar em um local de jogos (on-line ou no mundo real) e participar por alguns minutos, algumas horas ou, até mesmo, durante as 24 horas do dia mundial de jogo.

Esse dia inteiro mundial de jogo representa um "movimento" do jogo. E imaginamos que o *The Long Game* poderia ser jogado em rodadas de cinquenta movimentos cada. Portanto, se você jogasse o *The Long Game* durante toda a vida, seria possível fazer uma jogada completa pelo menos uma vez, talvez até duas.

Cada décimo movimento representaria uma ocasião maior e mais significativa, propiciando um tipo de oportunidade vital de subida de nível a cada década. Cada vigésimo quinto e cada quinquagésimo movimentos, o marco intermediário e o fim de cada rodada, seriam uma oportunidade ainda mais vital — cada uma delas representando o resultado de um quarto de século dos esforços dos jogadores.

O que estaria compreendido, especificamente, em um movimento do jogo? Antecipamos uma combinação de eventos. Rituais sociais e jogos de roda, para construir um solo comum. Desafios de inteligência coletiva e façanhas coletivas — no estilo dos tradicionais mutirões para construção de celeiros em comunidades rurais —, para concentrar a energia e a atenção do mundo em um único problema e em uma única transformação. E exercícios de prognóstico do futuro, para criar uma dinâmica compartilhada para o futuro e decidir coletivamente os desafios e temas da série de jogos do ano seguinte.

Evidentemente, ninguém jamais viveria o bastante para ver o começo e o fim do jogo — nem chegaria perto disso. Todavia, o jogo seria uma *linha divisória* para a humanidade, uma conexão tangível entre nossas ações de hoje e o mundo que nossos descendentes herdarão amanhã. Ele criaria um senso de admiração e encantamento, inspirando-nos a imaginar como essa aventura massiva da qual somos parte poderia se comportar, e a tentar provocar um impacto tão significativo no jogo quanto possível, de modo que pudéssemos fazer a diferença durante toda a vida, prolongando seus efeitos durante muitas e muitas vidas mais.

Não é tão difícil imaginar as pessoas passando suas vidas inteiras jogando um único jogo. Muitos jogadores do *World of Warcraft* já vêm jogando seu jogo favorito por quase uma década, da mesma forma que a comunidade do *Halo*. E muitos de nós passamos a vida inteira tentando dominar jogos como o xadrez, o pôquer ou o golfe.

E já temos um precedente histórico de sociedades que mantiveram viva, por todo um milênio, a bem-sucedida tradição dos jogos — os antigos gregos realizaram suas Olimpíadas a cada quatro anos, ininterruptamente, por quase mil anos.

O *The Long Game* ainda não existe. Porém, pode ser exatamente aquilo de que o mundo está precisando.

Pretender envolver cada ser humano do planeta em um único jogo não é uma meta arbitrária. Cumprir essa meta significaria transformar o planeta e a sociedade global de uma maneira decisiva.

Seria preciso que cada cidade do mundo tivesse algum nível de acesso à internet, por meio de computadores pessoais ou telefones celulares, de modo que todos, verdadeiramente, pudessem contribuir com o jogo. O acesso universal à internet é, em si mesmo, uma meta digna e significativa. Hoje em dia, aproximadamente uma em cada quatro pessoas do planeta possui acesso confiável e diário à rede mundial.[30] Quando todas as famílias nas remotas cidades da África, ou no que hoje são as favelas da Índia, ou em toda a Nicarágua — quando elas e todas as pessoas do mundo tiverem acesso ao *The Long Game*, isso significará um acesso maior à educação, à cultura e também às oportunidades econômicas.

Mais do que isso, para que cada pessoa do planeta jogue o mesmo jogo, seria preciso haver livre comunicação entre todas as fronteiras geopolíticas. O que precisamos fazer para que todos os cidadãos da Coreia do Norte, por exemplo, possam jogar o *The Long Game*?

Se tivermos a determinação de produzi-lo, e se criarmos os meios para a participação universal, o *The Long Game* pode ser o bom jogo que a humanidade jogará para nos levar coletivamente ao próximo nível, alcançando uma nova escala de cooperação, coordenação e cocriação. Como exortou Kathi Vian, na introdução ao Prognóstico para os Próximos Dez Anos do *Superstruct*:

> Amplie os horizontes. Observe a próxima década tendo em mente o milênio de mudanças. Foque no progresso do universo a partir de estruturas revolucionárias, do átomo até a célula viva, a biota, a comunidade de nações, a economia global. É assim que o futuro se tornará novo, dando continuidade ao incrível experimento de reorganizar-se em função de uma maior complexidade, e criando as próximas e surpreendentes estruturas nesse longo caminho evolutivo.

Parece claro, para mim, que os jogos são os mais prováveis candidatos a servir como a próxima grande estrutura revolucionária da vida na Terra.

Não há garantias, é claro, de que a evolução vai continuar seguindo qualquer um dos caminhos imaginados, a não ser o caminho do aprimoramento da capacidade de sobrevivência em um determinado ambiente. No entanto, todas as evidências históricas parecem sugerir que a colaboração contribui para aumentar a capacidade de sobrevivência humana e continuará a fazê-lo, desde que possamos inovar as formas de trabalhar em conjunto.

Primeiro, os humanos inventaram a linguagem. Depois, a agricultura e as cidades; o comércio e as formas democráticas de governo; e, então, a internet — todos eles, meios de apoiar a vida humana e a colaboração em escalas maiores e mais complexas.

Temos jogado bons jogos praticamente desde o momento em que nos tornamos humanos. Chegou a hora de jogá-los em escalas extremas.

Juntos, podemos enfrentar o que pode ser o obstáculo mais inteiramente vantajoso e épico de todos: uma missão integralmente planetária, usando os jogos para aumentar a qualidade global de vida, nos preparar para o futuro e amparar nossa Terra até o próximo milênio — e mais além.

CONCLUSÃO

A realidade é melhor

Se vou ser feliz em algum lugar,
Ou alcançar a plenitude em algum lugar,
Ou aprender verdadeiros segredos em algum lugar,
Ou salvar o mundo em algum lugar,
Ou me sentir mais forte em algum lugar,
Ou ajudar alguém em algum lugar,
Também posso fazê-lo na realidade.

— ELIEZER YUDKOWSKY, FUTURISTA[1]

Podemos jogar quaisquer jogos que desejarmos.
Podemos criar qualquer futuro que possamos imaginar.
Essa é a grande ideia da qual partimos, 14 capítulos atrás, ao nos determinarmos a investigar por que os bons jogos nos tornam melhores e como eles podem nos ajudar a mudar o mundo.

Ao longo do percurso, reunimos os segredos da indústria — desenvolvidos há mais de trinta anos — sobre alguns dos mais bem-sucedidos criadores de jogos de computador e videogames do mundo. Comparamos esses segredos com as mais importantes descobertas científicas da década passada, provenientes do campo das pesquisas em psicologia positiva. Identificamos inovações essenciais no território emergente dos projetos de realidade alternativa. E acompanhamos como o design de jogos está criando novas formas para trabalharmos em conjunto em escalas extremas e para solucionarmos os maiores problemas do mundo real.

Avaliamos exaustivamente todas as maneiras pelas quais os jogos otimizam a experiência humana, como eles nos ajudam a fazer coisas incríveis juntos e por que eles propiciam um envolvimento duradouro. Como resultado, estamos equipados, agora, com 14 maneiras de consertar a realidade — 14 maneiras pelas quais podemos usar os jogos para sermos mais felizes em nossas vidas cotidianas, para ficarmos mais bem conectados com as pessoas das quais gostamos, para nos sentirmos mais recompensados por empregar nossos melhores esforços e para descobrirmos novas formas de fazer a diferença no mundo real.

Aprendemos que um bom jogo é, simplesmente, um obstáculo desnecessário — e esses obstáculos desnecessários aumentam a automotivação, despertam o interesse e a criatividade e nos ajudam a trabalhar no limite máximo de nossas habilidades (*Correção #1: Enfrente obstáculos desnecessários*).

Aprendemos que o ato de jogar é o extremo oposto emocional da depressão: é uma descarga revigorante de atividade, combinada com um senso de otimismo em nossa própria capacidade (*Correção #2: Ative emoções positivas extremas*). É por isso que os jogos podem nos deixar de bom humor quando todo o resto desaba — quando estamos com raiva, quando estamos entediados, quando estamos ansiosos, quando estamos sozinhos, quando estamos desesperançados ou quando estamos sem rumo.

Descobrimos como os designers de jogos nos ajudam a atingir um estado de produtividade bem-aventurada: com metas claras e acionáveis e resultados nítidos (*Correção #3: Faça mais trabalho gratificante*). Vimos como os jogos tornam o fracasso divertido e nos treinam a concentrar nosso tempo e energia em metas verdadeiramente alcançáveis (*Correção #4: Encontre mais esperança de sucesso*). Vimos como eles fortalecem nossa resistência social e nos estimulam a agir de uma maneira que nos torna mais simpáticos aos olhos dos outros (*Correção #5: Fortaleça sua conectividade social*), e como contribuem para que nossos maiores esforços pareçam ter um significado verdadeiro (*Correção #6: Mergulhe na escala épica*).

Se quisermos continuar aprendendo a aprimorar nossa qualidade de vida real, precisamos continuar explorando a indústria dos jogos comerciais para obter esse tipo de percepção. A indústria já provou sistematicamente, e continuará provando, ser o nosso único e melhor laboratório de pesquisa para descobrir novas formas de fabricar, de modo seguro e eficiente, a suprema felicidade humana.

TAMBÉM EXPLORAMOS como os jogos de realidade alternativa estão reinventando nossas experiências da vida real em todos os sentidos, desde os voos comerciais até a educação pública, dos cuidados de saúde até o trabalho doméstico, de nossas rotinas de exercícios físicos às vidas sociais.

Vimos como esses jogos podem nos ajudar a apreciar mais nossas vidas reais, em vez de querer fugir delas (*Correção #7: Participe integralmente do que quer que seja, sempre que quiser*). Analisamos como os pontos, níveis e conquistas podem nos motivar a superar as situações mais difíceis e nos inspirar a trabalhar mais arduamente para nos excedermos em coisas que já fazemos (*Correção #8: Procure recompensas significativas para o aumento do esforço*). Observamos como os jogos podem ser um ponto de partida para a criação de comunidades e fortalecer nossa capacidade de participação social, nos conectando em espaços tão diversos quanto museus, casas de repouso e movimentadas calçadas urbanas (*Correção #9: Divirta-se mais com estranhos*). Observamos, até mesmo, as maneiras pelas quais os jogos de grandes multidões podem facilitar a adoção das recomendações da ciência para viver uma vida melhor — pensar sobre a morte todos os dias, por exemplo, ou dançar mais (*Correção #10: Invente e adote novos hacks da felicidade*).

Essas realidades alternativas prematuras podem não representar as soluções finais, completas ou escaláveis para os problemas que estamos tentando resolver. Contudo, são demonstrações nítidas do que tem se tornando possível fazer nos últimos tempos. E, à medida que um número cada vez maior de grandes organizações mundiais e de promissoras empresas recém-criadas começarem a navegar nas águas da realidade alternativa, esse espaço de design experimental se tornará uma fonte importante de inovação, tanto tecnológica quanto social.

FINALMENTE, EXPLORAMOS como os jogos muito grandes podem contribuir para salvar o mundo real — ajudando a gerar uma participação on-line maior em nossos mais importantes esforços coletivos.

Analisamos os jogos de crowdsourcing, que envolvem com sucesso dezenas de milhares de jogadores, dispostos a enfrentar problemas do mundo real gratuitamente — desde a cura do câncer até a investigação de escândalos políticos (*Correção #11: Contribua para uma economia do envolvimento sustentável*).

Observamos jogos de participação social que ajudam os jogadores a salvar vidas e a atender a desejos verdadeiros, criando tarefas de voluntariado do mundo real que parecem tão heroicas, tão gratificantes e tão prontamente atingíveis quanto as missões de jogos on-line (*Correção #12: Procure mais epic wins*).

Aprendemos que as pessoas jovens estão passando mais tempo nos jogos de computador e videogames — em média, 10 mil horas, até atingir os 21 anos de idade. E aprendemos que essas 10 mil horas são o tempo suficiente para nos tornarmos extraordinários naquilo que todos os jogos nos tornam bons: cooperação, coordenação e criação coletiva de algo novo (*Correção #13: Passe 10 mil horas colaborando*).

E, finalmente, vimos como os jogos de prognóstico podem transformar pessoas comuns em indivíduos superpoderosos — nos treinando para construir uma visão de longo prazo, praticar o pensamento ecossistêmico e comandar massivamente múltiplas estratégias de resolução de problemas em escala planetária (*Correção #14: Desenvolva a prospecção massiva para multidões*).

Jogos muito grandes representam o futuro da colaboração. Eles são, simplesmente, nossa maior esperança de solucionar os mais complexos problemas de nosso tempo. Nunca antes na história da humanidade ofereceu-se a tantas pessoas a oportunidade de realizar um trabalho que realmente tem importância e de participar diretamente na mudança do mundo como um todo.

ALÉM DE elaborar essas 14 correções, documentamos 14 maneiras pelas quais, em comparação com nossos melhores jogos, colocamos a realidade em jogo.

A realidade é muito fácil. A realidade é deprimente. É improdutiva e desesperançada. É desconectada e trivial. É difícil de penetrar. É supérflua, não nos recompensa, é solitária e isoladora. É difícil de aceitar. Não é sustentável. É pouco ambiciosa. É desorganizada e dividida. Está presa ao presente.

A realidade é todas essas coisas. Porém, ao menos de uma forma importante, a realidade também é melhor: a realidade é o nosso destino.

Estamos programados para nos preocuparmos com a realidade — por meio de cada célula de nosso corpo e cada neurônio de nosso cérebro. Somos o resultado de cinco milhões de anos de adaptações genéticas, cada uma delas criada para nos ajudar a sobreviver a nosso ambiente natural e a lutar em nosso mundo real e físico.[2]

É por isso que nossa única e mais urgente missão na vida — a missão de cada ser humano do planeta — é se envolver com a realidade, tão completa e profundamente quando pudermos, em todos os momentos de nossas vidas.

No entanto, isso não significa que estamos proibidos de jogar.

Significa, simplesmente, que temos de parar de pensar nos jogos somente como um divertimento escapista.

E como poderíamos pensar nos jogos a não ser como um divertimento escapista?

Deveríamos pensar nos jogos da mesma forma que os antigos lidianos fizeram.

Vamos voltar, mais uma vez, à provocativa história que Heródoto nos contou sobre por que os antigos lidianos inventaram os jogos de dados: para que pudessem se unir e sobreviver a uma fome que durou 18 anos, alternando seus dias entre jogar dados e se alimentar.

Compartilhamos três valores decisivos com os antigos lidianos quando se trata de como e por que nos dedicamos aos jogos hoje em dia.

Para os famintos e sofredores lidianos, os jogos eram uma maneira de aumentar a qualidade real de vida. Essa era a sua função principal: oferecer emoções positivas reais, experiências positivas reais e conexões sociais reais em meio a um momento difícil.

E, para nós, essa ainda é a função principal dos jogos na atualidade. Eles servem para melhorar as nossas vidas reais. E servem perfeitamente a esse propósito, melhor do que qualquer outra ferramenta existente. Ninguém está imune ao tédio ou à ansiedade, à solidão ou à depressão. Os jogos solucionam esses problemas, de forma rápida, barata e dramática.

A vida é dura, e os jogos a tornam melhor.

ORGANIZAR GRANDES GRUPOS de pessoas também é duro — e os jogos facilitam essa tarefa.

Os jogos de dados ofereceram aos lidianos novas regras de envolvimento. As regras de envolvimento eram simples: jogar em tais dias, se alimentar em outros. Porém, essas duas regras simples, pelo menos como Heródoto as imaginou, davam sustentação aos esforços de lidianos de todo o reino para coordenar seus escassos recursos e cooperar juntos enquanto a fome perdurou — 18 longos anos.

Foi a instituição do ato diário de jogar que uniu o reino e tornou possível empregar esforços tão grandes durante um período tão longo de tempo. Cada vez mais, nós também estamos usando os jogos para criar regras melhores de envolvimento e ampliar nosso círculo de cooperação. Mais e mais, reconhecemos o poder inigualável dos jogos para criar um solo comum, concentrar nossa atenção coletiva e inspirar esforços de longo prazo.

Os jogos são uma maneira de criar uma nova infraestrutura cívica e social. Eles são os pilares do esforço coordenado. E podemos aplicar tal esforço em qualquer tipo de mudança que desejarmos fazer, em qualquer comunidade, em qualquer parte do mundo.

Os jogos nos ajudam a trabalhar juntos para alcançar objetivos massivamente.

E, FINALMENTE, como os lidianos perceberam rapidamente, os jogos não dependem de recursos escassos ou não renováveis.

Podemos jogar indefinidamente, não importando o quão limitados sejam nossos recursos.

Mais do que isso, quando jogamos, consumimos menos.

Essa talvez seja a lição que passou mais despercebida na história que Heródoto nos contou. Para os antigos lidianos, os jogos eram, na verdade, uma maneira de inaugurar e respaldar uma maneira mais sustentável de vida. Era impossível que continuassem consumindo seus recursos naturais com as mesmas taxas de antigamente; portanto, novos jogos proporcionaram-lhes a adoção de hábitos mais sustentáveis.

Hoje em dia, estamos apenas começando a perceber essas possibilidades. Estamos começando a questionar a riqueza material como fonte de felicidade autêntica. Estamos começando a perceber novas formas de evitar a extenuação do planeta e o esgotamento mútuo, devido a nossa crescente necessidade de mais coisas. Alternativamente, estamos procurando aumentar a riqueza de nossas experiências, relacionamentos e emoções positivas.

Quanto mais prestamos atenção às recompensas reais e completamente renováveis que obtemos dos jogos, melhor compreendemos: os jogos são uma maneira sustentável de vida.

COMPARTILHAMOS com os antigos lidianos estas três verdades eternas sobre os jogos: os bons jogos podem desempenhar um papel importante no aprimoramento de nossa qualidade real de vida. Eles auxiliam a cooperação social e a participação cívica em escalas bastante consideráveis. E nos ajudam a levar vidas mais sustentáveis e a nos tornar uma espécie mais resistente.

Todavia, de uma maneira crucial, também somos diferentes dos antigos lidianos quando se trata dos tipos de jogos que escolhemos jogar.

Os jogos de dados dos lidianos faziam muitas coisas, mas o que eles *não* faziam, tanto ou quanto sabemos a partir de Heródoto, era resolver efetivamente o problema da fome em si mesmo. Os jogos aliviavam o problema do sofrimento individual. Eles solucionavam o problema da desorganização social. Solucionavam o problema de como consumir recursos cada vez mais escassos. Porém, não solucionavam o problema do colapso do abastecimento de comida em si. Eles não reuniam as melhores mentes para testar e desenvolver novas formas de se conseguir ou fabricar alimentos.

Atualmente, os jogos já evoluíram o bastante para respaldar essa quarta e importantíssima função. Os jogos de hoje, de modo geral, têm conteúdo — conteúdo sério —, concentrando nossa atenção nos problemas reais e urgentes que temos à nossa frente. Estamos embutindo os problemas reais dentro dos jogos: problemas científicos, problemas sociais, problemas econômicos, problemas ambientais. E, com nossos jogos, estamos inventando novas soluções para alguns dos desafios humanos mais prementes.

Os antigos lidianos tinham apenas os jogos de dados. Hoje em dia, estamos desenvolvendo um tipo muito mais poderoso de jogo. Estamos fazendo jogos *para mudar o mundo*, para solucionar problemas reais e orientar a ação coletiva real.

E, AFINAL, o que aconteceu com os antigos lidianos?

Se é possível acreditar em Heródoto, sua história tem um surpreendente final feliz.

Depois de 18 anos jogando dados, escreve Heródoto, os lidianos perceberam que não haveria um fim palpável para o problema da escassez de alimentos. Eles constataram que não poderiam simplesmente sobreviver à fome esperando que ela fosse embora e se entretendo para fugir à situação de calamidade. Eles tinham de estar à altura e enfrentar o obstáculo frente à frente.

E assim foi decidido: eles jogariam juntos uma partida final.

A população do reino foi dividida em duas, nos diz Heródoto, e, aleatoriamente, foi decidido qual das duas metades continuaria em Lídia e qual delas partiria em busca de um território mais hospitaleiro.

Essa partida final foi o que levou os lidianos à sua própria *epic win* — uma inesperada, mas profundamente triunfante solução para o problema da fome. Os recursos alimentícios em Lídia, conforme se revelou, poderiam sustentar metade da população com muito mais facilidade, e, de fato, sabemos, a partir de outros relatos históricos, que o reino não apenas sobreviveria por muitos séculos, como ainda prosperaria. Enquanto isso, de acordo com Heródoto, os lidianos que partiram em busca de uma nova moradia se estabeleceram, com grande sucesso, na atual região da Toscana, Itália, onde desenvolveram a altamente sofisticada cultura etrusca.

Os etruscos, como se sabe, são reconhecidos atualmente como a mais importante influência exercida sobre a cultura romana. Os historiadores concordam majoritariamente que os etruscos foram os primeiros a desenvolver as grandes habilidades de planejamento urbano e engenharia civil e que foram seus esforços de aprimoramento da arte, da agricultura e da administração pública que lançaram as bases para o modificador Império Romano — e, portanto, para grande parte da civilização ocidental conforme a conhecemos.

Contudo, os lidianos que jogavam foram realmente tão influentes no curso da civilização humana? Por séculos, diferentes versões da história da região italiana sustentaram, como motivo de orgulho local, que os etruscos eram nativos de lá, e não imigrantes. Ao mesmo tempo, como muitas das histórias escritas por Heródoto, esse relato das origens dos etruscos tem sido recebido com certo ceticismo. A lenda dos lidianos famintos e seus jogos é tão fantástica que muitos historiadores modernos a desqualificam como sendo um mito ou uma fábula, talvez inspirados em fatos, mas não vinculados a eles.

Entretanto, surgiram pesquisas científicas recentes que, afinal, confirmam de modo conclusivo inúmeros detalhes essenciais do relato de Heródoto sobre os lidianos, tanto em relação à fome que enfrentaram quanto à eventual migração em massa.

Atualmente, os geólogos acreditam que houve um resfriamento global catastrófico entre os anos 1159 e 1140 A.C. — um intervalo de 19 anos, que eles identificaram usando uma datação por anéis de árvores.[3] Um anel de árvore é uma camada de madeira produzida ao longo do período de crescimento de uma árvore; durante estiagens ou períodos de escassez, os anéis das árvores ficam extremamente estreitos, em comparação com as temporadas normais. Examinando anéis de árvores fossilizadas, os geólogos concluíram que o resfriamento global causou estiagens e fomes severas durante quase duas décadas do século XII A.C., particularmente na Europa e na Ásia. Os historiadores acreditam, agora, que esse resfriamento global pode ter desencadeado a fome de 18 anos em Lídia, descrita por Heródoto.

Paralelamente, em 2007, uma equipe liderada por Alberto Piazza, geneticista da Università degli Studi di Torino, Itália, fez uma descoberta amplamente considerada como um marco revolucionário no campo da genética humana. A equipe de pesquisadores analisou o DNA de três diferentes populações atuais da Toscana, tidas como descendentes diretas dos etruscos. Descobriu-se que o DNA dos etruscos estava muito mais ligado ao DNA dos povos da Ásia Menor do que ao de outros italianos, e, de modo ainda mais decisivo, encontrou-se uma variação genética compartilhada apenas por pessoas da Turquia, região que fora inicialmente povoada pelos lidianos. Como afirmou Piazza, à época das descobertas de sua equipe: "Acreditamos que nossa pesquisa oferece provas convincentes de que Heródoto estava certo, e de que os etruscos, de fato, vieram da antiga Lídia."[4]

Com essa moderna confirmação científica de dois detalhes cruciais do relato de Heródoto, a lenda dos antigos lidianos assume um novo significado. Uma afirmação surpreendente se torna, subitamente, mais plausível: talvez muito da civilização ocidental, conforme a conhecemos, se deve à habilidade dos lidianos de se manterem unidos e jogar um bom jogo.

Ao fim, os jogos de dados não eram apenas uma maneira de ter felicidade em meio a tempos difíceis. Eles também estavam ensinando a sociedade como um todo a trabalhar incondicionalmente em conjunto, em prol de metas coletivamente acordadas. Estavam treinando os lidianos a se ater a um senso de otimismo urgente, mesmo diante de perspectivas assustadoras. Estavam construindo um sólido tecido social. E lembravam, permanentemente, que cada lidiano era parte de algo maior.

Essas foram exatamente as boas habilidades e destrezas de jogos às quais os antigos lidianos recorreram para sobrevier à catastrófica mudança climática e reinventar sua própria civilização.

Se eles fizeram isso naquela época, podemos fazê-lo novamente.

Temos nos dedicado coletivamente aos jogos de computador por mais de três décadas. Segundo esse cálculo, acumulamos nossos 18 anos de preparação para um bom jogo e um pouco mais. Temos os superpoderes colaborativos. Temos a tecnologia interativa e as redes de comunicação global. Temos os recursos humanos — mais de meio bilhão de jogadores, um número que aumenta cada vez mais.

Mais de 3 mil anos depois de os antigos lidianos explorarem suas habilidades e destrezas de jogos para reinventar o mundo, estamos prontos a fazer o mesmo.

Estamos prontos para a próxima *epic win* da humanidade.

NÃO PODEMOS MAIS nos dar ao luxo de considerarmos os jogos como algo separado de nossas próprias vidas reais e de nosso trabalho real. Isso não seria apenas um desperdício do potencial deles para fazer o bem de fato — seria, simplesmente, falso.

Os jogos não nos desviam de nossas vidas reais. Eles *preenchem* nossas vidas reais: com emoções positivas, atividade positiva, experiências positivas e forças positivas.

Os jogos não estão nos levando à derrocada da civilização humana. Eles estão nos levando à sua reinvenção.

Nosso grande desafio de hoje em dia, e do restante do século, é promover uma maior integração dos jogos a nossas vidas cotidianas, e abraçá-los como uma plataforma para a colaboração em nossos mais importantes esforços planetários.

Se nos comprometermos com a exploração do poder dos jogos para produzir a verdadeira felicidade e a verdadeira mudança, então uma realidade melhor será mais do que provável — será possível. E, nesse caso, nosso futuro juntos será absolutamente extraordinário.

Agradecimentos

Não poderia ter escrito este livro sem a inspiração, a colaboração, o aconselhamento e o apoio dos seguintes indivíduos. Eu agradeço imensamente:

A Chris Parris-Lamb, minha agente na Gernert Company, por ter visualizado este livro antes de mim, por me convencer a escrevê-lo e, mais importante do que isso, por percorrer um labirinto com os olhos vendados na primeira vez que nos encontramos. **+50 de Coragem**

A Laura Stickney e Alex Bowler, meus editores imensamente talentosos na Penguin Press, e a Jonathan Cape, por tanta sabedoria e encorajamento editorial. Obrigada por descobrir o que era importante no livro e buscar um esclarecimento real para minhas ideias (e por assegurar que eu tenha usado a palavra "impressionante" *menos* de cem vezes no manuscrito final). **+50 de Orientação épica**

A todos da Penguin Press, Jonathan Cape e a Gernert Company, por levar a sério a ideia de que os jogos podem nos tornar melhores e mudar o mundo — e por emprestar suas enormes habilidades e talentos a esse projeto. **+100 de Trabalho em equipe**

Aos meus brilhantes colegas do Institute for the Future, por estarem sempre concentrados na próxima década, e especialmente aos meus orientadores, que me ensinaram como pensar sobre o futuro: Marina Gorbis, Jean Hagan, Bob Johansen e Kathi Vian. **+100 de Visão**

A todos do Leigh Bureau, por me ajudar a aperfeiçoar minha história sobre o poder dos jogos, e por encontrar oportunidades para apresentá-la a comunidades e organizações incríveis ao redor do mundo. **+50 de Encorajamento**

Aos organizadores de conferências que me convidaram a dar palestras que inspiraram este livro — Hugh Forrest (pela SXSW), Eric Zimmerman (pelo discurso de abertura do Game Developers), Susan Gold (pelo IGDA Education Summit) e June Cohen, Kelly Stoetzel e Chris Anderson (pelo TED); e ao programa Conference Associate da Game Developers Conference, por oferecer oportunidades concretas aos aspirantes a criadores de jogos. **+20 de Mudança de vida**

Aos grandes *designers* e pesquisadores de jogos cujos trabalhos me inspiraram e serviram de referência para este livro — os mais influentes, Edward Castronova, Katherine Isbister, Raph Koster, Frank Lantz, Nicole Lazzaro e Katie Salen. **+20 de Grandes ideias**

Aos psicólogos positivos cujas pesquisas me ajudaram a entender por que adoramos tanto os jogos; suas descobertas são o motor para o meu *design* de jogos, especialmente: Mihály Csíkszentmihályi, Dacher Keltner, Sonja Lyubomirsky e Martin Seligman. **+25 de Bem-estar, +25 de Felicidade, +25 de Satisfação na vida e +25 de Fluxo**

Aos incríveis desenvolvedores e criadores de jogos que me ensinaram esse ofício — especialmente Elan Lee, Sean Stewart, Jim Stewartson, Ian Fraser e Finnegan Kelly. **+100 de Gênios criativos**

Aos jogadores do *EVOKE*, do *The Lost Ring*, do *Superstruct*, do *CryptoZoo*, do *World Without Oil*, do *Top Secret Dance-Off*, do *Bounce*, do *Cruel 2 B Kind* e do *Tombstone Hold'Em*, por ousar ir aonde nenhum jogador havia ido antes. **+50 de Diversão**

Aos meus colaboradores mais próximos nesses projetos — Kiyash Monsef, Robert Hawkins e Nathan Verrill, no *EVOKE*; Jamais Cascio e Kathi Vian no *Superstruct*; Ken Eklund e Cathy Fischer, no *World Without Oil*; Greg Niemeyer e Ken Goldberg, no *Bounce*; Ian Bogost, no *Cruel 2 B Kind*; Julie Channing, Edwin Veelo, Toria Emery e todos os especialistas globais em títeres, no *The Lost Ring*; e Elan Lee, no *Tombstone Hold'Em*. **+100 de Colaboração de super-heroica**

Agradecimentos

A Mike e Paula Monsef, por me encorajar a escrever e por sempre participar integralmente dos meus jogos. **+200 de Cuidado**

Aos meus pais, Kevin e Judy, que compraram um Commodore 64 usado para mim e minha irmã quando estávamos na quinta série, para que pudéssemos praticar o processamento de textos no Bank Street Writer e aprender a programar nossos próprios jogos no BASIC. **+500 de Amor**

À minha irmã gêmea, Kelly, pelo apoio ao longo do processo de escrita deste livro — e por me dizer, há mais de dez anos (em um rompante de discernimento empático), que, com base em meus talentos e forças da infância, eu deveria inventar uma carreira para mim mesma, combinando o *design* de jogos e o falar em público. Parecia uma coisa maluca. Porém, ela estava certa. **+1000 de Força de vontade compassiva**

E, mais importante do que tudo, ao meu marido, Kiyash, que é minha maior *epic win* de todos os tempos e o melhor aliado possível quando se trata de fazer a vida valer a pena. "Você sabe, meu amor, se há algo que aprendi, é isto: ninguém sabe o que vai acontecer no fim, então é melhor aproveitar a viagem." **+1000 de Curiosidade, +1000 de Encantamento, +5000 de Significado**

Apêndice

COMO JOGAR

Esta lista foi elaborada para ajudá-lo a conhecer mais os jogos que estão nesse livro — e jogá-los em primeira mão. Se você quiser se envolver ativamente na comunidade de pessoas que já estão criando e participando de jogos que mudarão o mundo, estes recursos lhe mostrarão por onde começar.

COMO DESCOBRIR MAIS

Para ler mais casos de estudo e ficar sabendo sobre novos e recentes jogos de realidade alternativa, jogos de prognóstico, hacks da felicidade, jogos de multidão e colaborativos, visite o website deste livro, www.realityisbroken.org.

ONDE SE ENVOLVER

Se você quiser ajudar a criar, testar, financiar ou encomendar um jogo elaborado para causar um impacto positivo — aprimorar as vidas dos jogadores, solucionar problemas reais ou mudar o mundo —, associe-se à rede social Gameful, em **www.gameful.org**.

Outras organizações dedicadas a missões similares incluem a Games for Change (www.gamesforchange.org), a Games Beyond Entertainment (www.gamesbeyondentertainment.com) e o encontro acadêmico anual Games, Learning, and Society Conference (www.glsconference.org).

O QUE JOGAR

Grande parte dos jogos de realidade alternativa e de mudança do mundo descritos neste livro são gratuitos e estão disponíveis on-line ou no seu telefone celular. Outros não podem mais ser jogados, mas foram arquivados para consulta pública. Os melhores recursos on-line para conhecê-los ou jogá-los estão descritos abaixo. Muitos dos jogos aqui mencionados estavam, no momento da publicação do livro, ainda em formato beta ou como protótipos, e, portanto, sua disponibilidade pode variar; acompanharemos sua disponibilidade e o surgimento de novos jogos no website do livro, www.realityisbroken.org.

Os jogos abaixo estão listados em ordem alfabética, com o capítulo no qual são descritos aparecendo logo depois do nome.

BOUNCE
(Capítulo 9) Uma versão beta desse jogo de conversação transgeracional, desenvolvido pelo UC Berkeley Center para a New Media, por Irene Chien, Ken Goldberg, Jane McGonigal, Greg Niemeyer e Jeff Tang está disponível em inglês e espanhol, em http://heidegger.ieor.berkeley.edu/bounce/.

CHORE WARS
(Capítulo 7) Uma versão beta do jogo de administração de tarefas, criado por Kevan Davis, pode ser jogado no www.chorewars.com.

COME OUT & PLAY FESTIVAL
(Capítulo 9) Descubra quando e onde o festival anual de rua para novos jogos portáteis e sociais está acontecendo em www.comeoutandplay.org.

THE COMFORT OF STRANGERS
(Capítulo 9) Descubra mais sobre como jogar esse jogo social de rua, criado por Simon Evans e Simon Johnson, em http://swarmtoolkit.net, ou assista a um curto documentário em http://vimeo.com/1204230.

CRUEL 2 B KIND
(Capítulo 10) Um pequeno documentário do jogo de assassinato benevolente, criado por Jane McGonigal e Ian Bogost, está disponível em www.cruelgame.com, onde você também pode fazer o download de um kit para rodar o seu próprio jogo *Cruel 2 B Kind*.

DAY IN THE CLOUD
(Capítulo 8) Você pode jogar a versão arquivada desse jogo a bordo, desenvolvido pela Google Apps e a Virgin America, onde quer que você esteja — mesmo se não estiver em uma aeronave! —, em www.dayinthecloud.com.

EVOKE
(Capítulo 14) Você pode se associar à rede de inovação social do jogo EVOKE, criado por Jane McGonigal e Kiyash Monsef, e desenvolvido pelo World Bank Institute e a Natron Baxter Applied Gaming, em www.urgentevoke.com.

THE EXTRAORDINARIES
(Capítulo 12) Associe-se ao jogo de microvoluntariado, criado por Jacob Colker e Ben Rigby, ou crie a sua própria missão sem fins lucrativos, em http://app.beextra.org/home.

FOLD IT!
(Capítulo 11) Você pode solucionar quebra-cabeças de dobramento de proteínas para a ciência em http://fold.it/portal, uma parceria entre os departamentos de ciência da computação e engenharia e bioquímica da University of Washington.

FOURSQUARE
(Capítulo 8) Cadastre-se nesse jogo social de gerenciamento da vida em www.foursquare.com, ou procure na loja de aplicativos do seu smartphone ou no mercado o aplicativo *Foursquare* para telefones celulares.

FREE RICE
(Capítulo 11) Jogue para ajudar a acabar com a fome em http://freerice.com, um website sem fins lucrativos mantido pelo Programa Mundial de Alimentação das Nações Unidas.

GHOSTS OF A CHANCE
(Capítulo 9) Explore o arquivo do jogo experimental do Smithsonian Museum e cadastre-se para jogar uma versão de 90 minutos no museu, em www.ghostsofachance.com.

GROUNDCREW
(Capítulo 12) Organize sua própria equipe de agentes para enfrentar quaisquer problemas sociais em http://groundcrew.us, e aprenda mais sobre a companhia que está por trás da plataforma e sobre seu fundador, Joe Edelman, em http://citizenlogistics.com.

HIDE & SEEK FESTIVAL AND SANDPIT
(Capítulo 9) Mantenha-se atualizado sobre as novas experiências e jogos portáteis de imersão social que estão sendo inventados e testados publicamente no Reino Unido, em www.hideandseekfest.co.uk.

INVESTIGATE YOUR MP'S EXPENSES
(Capítulo 11) Jogue com a ferramenta de crowdsourcing e acompanhe as atualizações da investigação política do jornal *The Guardian* sobre os membros do parlamento do Reino Unido, em http://mps-expenses.guardian.co.uk.

JETSET
(Capítulo 8) Veja mais capturas de tela do jogo de aeroporto desenvolvido pela Persuasive Games e faça o download para o seu iPhone, em www.persuasivegames.com/games/game.aspx?game=jetset.

LOST JOULES
(Capítulo 12) Aprenda mais sobre esse projeto de jogo de medidores inteligentes, com registro ainda pendente, inventado pela Adaptive Meter, em http://lostjoules.com.

THE LOST RING
(Capítulo 13) Para saber mais sobre o *The Lost Ring*, criado a partir de uma parceria entre o McDonald's, a AKQA, Jane McGonigal e o Comitê Olímpico Internacional, explore o wiki criado por jogadores, em http://olympics.Wikibruce.com/Home, ou assista ao estudo de caso interativo, em http://work.akqa.com/thelostring/.

NIKE+
(Capítulo 8) Veja todos os desafios Nike+ e inscreva-se para participar do jogo de corrida em www.nikeplus.com; um sensor barato da Nike+ e um iPhone ou iPod são necessários para jogar.

PLUSONEME
(Capítulo 8) Envie a uma pessoa conhecida +1 de inspiração, +1 de gentileza, +1 de humor, ou dúzias de outras forças positivas, em http://plusoneme.com, criado por Clay Johnson.

QUEST TO LEARN
(Capítulo 7) Faça o download dos modelos de currículo e matérias da primeira escola pública do mundo baseada em jogos, desenvolvida pelo Institute of Play, em http://q2l.org.

CRIADOR DE CRIATURAS DO SPORE
(Capítulo 13) Contribua para a galáxia *Spore*, criando sua própria criatura gratuitamente em www.spore.com, da Maxis/Electronic Arts.

SUPERBETTER
(Capítulo 7) Para conhecer as regras desse jogo de convalescência de lesões ou doenças, ou para compartilhá-lo com amigos e familiares, visite www.superbetter.org.

SUPERSTRUCT
(Capítulo 14) Para visualizar o arquivo desse jogo de prognóstico do futuro, criado pelo Institute for the Future, vá até www.superstructgame.org. Para saber mais sobre o jogo e fazer o download dos resultados do jogo, visite o blog do Superstruct, arquivado em http://iftf.org/search/node/superstruct.

TOMBSTONE HOLD'EM
(Capítulo 10) Para conhecer as regras desse jogo de pôquer em cemitério, inventado por Jane McGonigal para a 42 Entertainment, visite www.avantgame.com/tombstone.

TOP SECRET DANCE-OFF
(Capítulo 10) Você pode visualizar o primeiro protótipo desse jogo de aventura de dança, desenvolvido por Jane McGonigal, em http://topsecret.ning.com. Versões futuras do jogo serão anunciadas em www.realityisbroken.org.

WORLD WITHOUT OIL
(Capítulo 14) Explore um replay semanal da simulação do pico do petróleo, apresentada pela ITVS e produzida por Writer Guy, ou faça o download dos planos de aula para professores, em http://worldwithoutoil.org.

Notas

1. Suits, Bernard. *The Grasshopper: Games, Life and Utopia* (Ontário, Canadá: Broadview Press, 2005), 159.

INTRODUÇÃO
1. Castronova, Edward. *Exodus to the Virtual World* (Nova Iorque: Palgrave Macmillan, 2007), xiv—xvii. Esse trecho condensado do prefácio é citado com a permissão do autor.
2. "China Bars Use of Virtual Money for Trading in Real Goods". *Release* de imprensa do Ministério do Comércio, República Popular da China, 29 de junho de 2009. http://english.mofcom.gov.cn/aarticle/newsrelease/commonnews/200906/20090606364208.html.
3. "Newzoo Games Market Report: Consumer Spending in US, UK, GER, FR, NL, & BE". Newzoo, Amsterdã, maio de 2010. http://corporate.newzoo.com/press/GamesMarketReport_FREE_030510.pdf; "Games Segmentation 2008 Market Research Report". The NPD Group, maio de 2010. http:// www.npd.com/press/releases/press_100527b.html.
4. Essas estatísticas regionais foram retiradas de uma variedade de relatórios da indústria e de estudos de pesquisa de mercado conduzidos nos últimos três anos, conforme se segue: "An Analysis of Europe's 100 Million Active Gamers". Strategy Analytics, setembro de 2008. http://www.strategyanalytics.com/reports/ix7hx8in7j/single.htm; "IA9 Interactive Australia 2009". Pesquisa nacional preparada pela Bond University, para a Interactive Games & Entertainment Association, agosto de 2009. www.igea.net/wp.../2009/08/IA9-Interactive-Australia-2009-Full-Report.pdf; "Online Games Market in Korea". Pearl Research, julho de 2009. http://www.researchandmarkets.com/reportinfo.asp?report_id=1208384; "Games Market Summary: Russia". Preparado pela Piers Harding-Rolls para a Games Intelligence/Screen Digest, junho de 2010. http://www.screendigest.com/intelligence/games/russia/games_intel_russia_100/view.html?start_ser=gi&start_ toc=1; "Emerging Markets for Video Games". Chris Stanton-Jones, para a Games Intelligence/Screen Digest, março de 2010. http://www.screendigest.com/reports/10_03_18_emerging_markets_video_games/10_03_18_emerging_markets_video_games/view.html; "Online Games Market in Vietnam". Pearl Research, novembro de 2008. http://www.mindbranch.com/Online-Games-Vietnam-R740-14/; "Study: Vietnam, India Gaming Population To Hit 25 Million By 2014". Pearl Research, março de 2010. http://www.gamasutra.com/view/news/27525/Study_Vietnam_India_Gaming_Population_ To_Hit_25Million_By_2014.php; "Gaming Business in the Middle East". Game Power 7 Research Group, fevereiro de 2010. http://images.bbgsite.com/news/download/gaming_business_in_the_

middle_ east_KOGAI_2009.pdf; Menon, Naveen. "Insights on Mobile Gaming in India". Vital Analytics, março de 2009. http://www.telecomindiaonline.com/telecom-india-daily-telecom-insightson-mobile-gaming-in-urban-india.html. "The Global Entertainment & Media Outlook: 2010-2014". PricewaterhouseCoopers, junho de 2010. http://www.pwc.com/gx/en/global-entertainment-media-outlook. As estatísticas do mercado de jogadores estão em constante mudança; as tendências mundiais estão em crescimento em todos os países; portanto, é provável que números mais elevados sejam mais precisos para cada uma das regiões a cada ano que passa desde a publicação dos estudos.

5. "Major Findings of the 2008 Annual Review & Five-Year Forecast Report on China's Video Game Industry". Niko Partners Research, San José, 2 de maio de 2008. www.nikopartners.com/pdf/npr_050208.pdf.
6. "Games Segmentation 2008 Market Research Report". The NPD Group.
7. Dromgoole, Sean. "A View from the Marketplace: Games Now and Going Forward": GameVision Europe Ltd., março de 2009. http://www.scribd.com/doc/13714815/Sean-Dromgoole-CEO-Some- Research-Gamevision.
8. Em 2009, o gasto anual com jogos nos Estados Unidos foi de US$ 25,3 bilhões; no Reino Unido, foi de £ 3,8 bilhões; na Alemanha, de € 3,7 bilhões; e, na França, de € 3,6 bilhões. "Newzoo Games Market Report".
9. Rawlinson, George, trad., com Henry Rawlinson e J. G. Wilkinson. *The History of Herodotus: A New English Version* (Nova Iorque: D. Appleton, 1861), 182. http://www.archive.org/stream/historyofherodot01herouoft#page/n5/mode/2up.
10. As primeiras taxas como essas já foram propostas; por exemplo, no Texas, em 2006, e pelos legisladores do Novo México, em 2008. Mencionado em "Texas Politician Proposes 100 Percent Game Tax". GameSpot, 25 de janeiro de 2006. http://www.gamespot.com/news/6143114.html; e "New Mexico's Videogame Nanny Tax". CNET News, 11 de fevereiro de 2008. http://news.cnet.com/New-Mexicos-video-gamenanny- tax/2010-1043_3-6229759.html.
11. "Essential Facts About the Game Industry: 2010 Sales, Demographic and Usage Data". Entertainment Software Association, 16 de junho de 2010. http://www.theesa.com/facts/pdfs/ESA_Essential_Facts_ 2010.PDF.
12. Reinecke, Leonard. "Games at Work: The Recreational Use of Computer Games During Work Hours". *Cyberpsychology, Behavior, and Social Networking* [anteriormente *CyberPsychology & Behavior*], agosto de 2009, 12(4): 461—65. DOI: 10.1089/cpb.2009.0010.
13. Fahey, Rob. "It's Inevitable: Soon We Will All Be Gamers". *The Times* (UK), 7 de julho de 2008. http://www.timesonline.co.uk/tol/comment/columnists/guest_contributors/article4281768.ece.

PARTE UM

1. Csíkszentmihályi, Mihály. *Beyond Boredom and Anxiety: The Experience of Play in Work and Games* (São Francisco: Jossey-Bass, 1975), 206.

CAPÍTULO 1

1. Suits, *The Grasshopper*, 38. Katie Salen e Eric Zimmerman estavam entre os primeiros pesquisadores de jogos a delinear essas três características como essenciais aos jogos, com base no trabalho de Bernard Suits. Assim como muitos outros *designers* de jogos e

pesquisadores, devo-lhes um agradecimento por haver chamado a atenção para a definição de Suits. Salen, Katie e Eric Zimmerman. *Rules of Play: Game Design Fundamentals* (Cambridge: MIT Press, 2004).
2. O *Tetris* foi considerado "o maior jogo de todos os tempos" pela *Electronic Gaming Monthly*, edição 100, dentre outras. "The Best Videogames in the History of Humanity", uma extraordinária compilação das listas dos maiores jogos, elaborada por J. J. McCullough, pode ser encontrada em http://www.filibustercartoons.com/games.htm.
3. Uma dissertação de mestrado provando que o *Tetris* é literalmente invencível: Brzustowski, John. "Can You Win at *Tetris*?". University of British Columbia, Mestrado em Ciências, Matemática, 1992. http://www.iam.ubc.ca/theses/Brzustowski/brzustowski.html.
4. Csíkszentmihályi, *Beyond Boredom and Anxiety*, 36.
5. Carse, James P. *Finite and Infinite Games: A Vision of Life as Play and Possibility* (Nova Iorque: Free Press, 1986), 3.
6. Sutton-Smith, Brian. *Ambiguity of Play* (Cambridge: Harvard University Press, 2001), 198.
7. Esse tipo de coleta de informações em tempo real permite aos pesquisadores reunir dados muito melhores do que as pesquisas ou questionários tradicionais. É muito mais fácil relatar suas atividades e seus estados de espírito no momento da ação do que tentar se lembrar, horas ou dias depois, o que estavam fazendo e como estavam se sentindo.
8. Csíkszentmihályi, Mihály. *Flow: The Psychology of Optimal Experience* (Nova Iorque: Harper Perennial, 1991). Veja também: Csíkszentmihályi, M. "Optimal Experience in Work and Leisure". *Journal of Personality and Social Psychology*, 1989, 56(5): 815—22; Csíkszentmihályi, M. e R. Kubey. "Television and the Rest of Life: A Systematic Comparison of Subjective Experience". *Public Opinion Quarterly*, 1981, 45: 317—28; e Kubey, R., R. Larson e M. Csíkszentmihályi. "Experience Sampling Method Applications to Communication Research Questions". *Journal of Communication*, 1996, 46(2): 99—120.
9. Kash, Thomas et al. "Dopamine Enhances Fast Excitatory Synaptic Transmission in the Extended Amygdala by a CRF-R1-Dependent Process". *Journal of Neuroscience*, 17 de dezembro de 2008, 28(51): 13856—65. DOI: 10.1523/JNEUROSCI.4715-08.2008.
10. Gregory, Erik M. "Understanding Video Gaming's Engagement: Flow and Its Application to Interactive Media". *Media Psychology Review*, edição 1, 2008. http://www.mprcenter.org/mpr/index.php?option=com_content&view=article&id=207&Itemid=163.
11. Yee, Nick. "MMORPG Hours vs. TV Hours". The Daedalus Project: The Psychology of MMORPGS, 9 de março de 2009, vol. 7—1. http://www.nickyee.com/daedalus/archives/000891.php.
12. Ben-Shahar, Tal. *Happier: Learn the Secrets to Daily Joy and Lasting Fulfillment* (Nova Iorque: McGraw-Hill, 2007), 77.
13. Nicole Lazzaro merece o crédito por introduzir esse termo na indústria dos jogos, por meio de suas apresentações na Conferência de Criadores de Jogos anual.
14. Hoeft, Fumiko et al. "Gender Differences in the Mesocorticolimbic System During Computer Game-Play". *Journal of Psychiatric Research*, março de 2008, 42(4): 253—8. http://spnl.stanford.edu/publications/pdfs/Hoeft_2008JPsychiatrRes.pdf.

CAPÍTULO 2
1. Csíkszentmihályi, Beyond Boredom and Anxiety, xiii.
2. Ibid., 37.

3. Ibid., 1, 197.
4. "Study: Women Over 40 Biggest Gamers". CNN, 11 de fevereiro de 2004. http://edition.cnn.com/2004/TECH/fun.games/02/11/video.games.women.reut/index.html.
5. Sutton-Smith, Brian e Elliot Avedon, eds. The Study of Games (Nova Iorque: Wiley, 1971).
6. Thompson, Clive. "Halo 3: How Microsoft Labs Invented a New Science of Play". Wired, 21 de agosto de 2007. http://www.wired.com/gaming/virtualworlds/magazine/15-09/ff_halo.
7. Sudnow, David. Pilgrim in the Microworld (Nova Iorque: Warner Books, 1983), 41. Texto completo disponível online em http://www.sudnow.com/PMW.pdf.
8. Ibid., 35.
9. Ibid., 9.
10. Ibid., 20.
11. Corey Lee M. Keyes explica como o fluxo se encaixa no panorama geral da psicologia positiva em "What Is Positive Psychology?". CNN, 24 de janeiro de 2001. http://archives.cnn.com/2001/fyi/teachers.tools/01/24/c.keyes/.
12. Hoeft, Fumiko et al., "Gender Differences".
13. Thompson, Clive. "Battle with 'Gamer Regret' Never Ceases". Wired, 10 de setembro de 2007. http://www.wired.com/gaming/virtualworlds/commentary/games/2007/09/games-frontiers_0910?current Page=all.
14. Jenkins, David. "Chinese Online Publishers Sign 'Beijing Accord'". Gamasutra News, 24 de agosto de 2005. http://www.gamasutra.com/php-bin/news_index.php?story=6312.
15. Lyubomirsky, S., K. M. Sheldon e D. Schkade. "Pursuing Happiness: The Architecture of Sustainable Change". *Review of General Psychology*, 2005, 9: 111—31; e Sheldon, K. M. e S. Lyubomirsky. "Is It Possible to Become Happier? (And if So, How?)". *Social and Personality Psychology Compass*, 2007, 1: 1—17.
16. Originalmente descrito por Brickman e Campbell em "Hedonic Relativism and Planning the Good Society". In M. H. Apley, ed., *Adaptation Level Theory: A Symposium* (Nova Iorque: Academic Press, 1971), 287—302. Acessado mais recentemente em Bottan, Nicolas Luis, Pérez Truglia e Ricardo Nicolás. "Deconstructing the Hedonic Treadmill: Is Happiness Autoregressive?", Social Science Research Network, janeiro de 2010. http://ssrn.com/abstract=1262569.
17. O termo "autotélico" foi originalmente cunhado por Csíkszentmihályi, em *Beyond Boredom and Anxiety*, 10.
18. Lyubomirsky, Sonja. *The How of Happiness: A Scientific Approach to Getting the Life You Want* (Nova Iorque: Penguin Press, 2008), 64.
19. Nelson, Debra L., e Bret L. Simmons. "Eustress: An Elusive Construct, and Engaging Pursuit". *Research in Occupational Stress and Well-being*, 2003, 3: 265—322.
20. Devo o crédito a Chris Bateman por me esclarecer sobre as bases neuroquímicas do *fiero*, em "Top Ten Videogame Emotions". Only a Game, 9 de abril de 2008. http://onlyagame.typepad.com/only_a_game/2008/04/top-ten-videoga.html.
21. Berns, G. S. "Something Funny Happened to Reward". *Trends in Cognitive Sciences*, 2004, 8(5): 193—94. DOI: 10.1016/j.tics.2004.03.007.
22. Keltner, Dacher. *Born to Be Good: The Science of a Meaningful Life* (Nova Iorque: Norton, 2009), 219—20.
23. Ibid., 250—69.

24. Gilbert, Elizabeth. *Eat, Pray, Love* (Nova Iorque: Viking, 2006), 260.
25. Muitos dos estudos em cujos resultados me baseei para elaborar esse conjunto de recompensas intrínsecas estão relatados nos seguintes livros: *Authentic Happiness* e *Learned Optimism*, de Martin Seligman; *Character Strengths and Virtues*, de Seligman e Christopher Peterson; *The How of Happiness*, de Sonja Lyubomirsky; *Happier*, de Tal Ben-Shahar; *Generation Me*, de Jean M. Twenge; *Beyond Boredom and Anxiety*, de Mihály Csíkszentmihályi; e *The Geography of Bliss*, de Eric Weiner.
26. Lyubomirsky, *The How of Happiness*, 16.

CAPÍTULO 3
1. Esse é um cálculo aproximado — obtido pela soma do número médio de assinantes a cada ano desde 2004, que subiu de 2 milhões para 11,5 milhões, multiplicado pelas horas médias por jogador, de acordo com as estatísticas da Blizzard e da pesquisa da Universidade de Stanford, computadas até o início de 2010. Essa não é uma maneira precisa de se medir o ato de jogar, mas mesmo com uma margem de erro de 50%, ainda estaríamos falando de uma magnitude de milhões de anos de jogos.
2. Em 2008, os cientistas descobriram fósseis que sugerem que os primeiros ancestrais bípedes do homem datam de 6 milhões de anos atrás. Richmond, Brian G. e William L. Jungers. "*Orrorin tugenensis* Femoral Morphology and the Evolution of Hominin Bipedalism". *Science*, 21 de março de 2008, 319(5870): 1662. DOI: 10.1126/science.1154197.
3. Nielsen computa dezessete horas por semana para cada jogador do *World of Warcraft*, enquanto um pesquisador de Stanford calcula vinte e duas horas; outros estudos confirmam números consistentes em torno dessa média. "Online Games Battle for Top Spot". BBC News, 26 de dezembro de 2007. http://news.bbc.co.uk/2/hi/technology/7156078.stm; and "*WoW* Basic Demographics". The Daedalus Project, 2009, vol. 7—1. http://www.nickyee.com/daedalus/archives/001365.php.
4. "Full Transcript of Blizzard 2010 Plans". Activision Blizzard Fourth-Quarter Earnings, teleconferência, postada online pela INC Gamers, 11 de fevereiro de 2010. http://www.incgamers.com/News/20949/ full-transcript-blizzard-2010-plans; e "*World of Warcraft* Expansion Shatters Sales Records". *PC Magazine*, 20 de novembro de 2008. http://www.pcmag.com/article2/0,2817,2335141,00.asp.
5. O termo "produtividade bem-aventurada" foi aplicado pela primeira vez ao *WoW* por uma equipe de cientistas da computação da Escola de Informática da Universidade de Indiana; eles estavam estudando a resistência incomumente alta nos jogadores do *WoW*, particularmente diante do que pareciam tarefas repetitivas e geralmente entediantes. Bardzell, S., J. Bardzell, T. Pace e K. Reed. "Blissfully Productive: Grouping and Cooperation in *World of Warcraft* Instance Runs". In *Proceedings of the 2008 ACM Conference on Computer Supported Cooperative Work*, San Diego, 8—12 de novembro de 2008 (Nova Iorque: ACM, 2008), 357—60. DOI: http://doi.acm.org/10.1145/1460563.1460621.
6. Castronova, *Exodus to the Virtual World*, 124.
7. Cavalli, Earnest. "Age of Conan's Maximum Level Only 250 Hours Away". *Wired*, 14 de maio de 2008. http://www.wired.com/gamelife/2008/05/age-of-conans-m/.
8. "Why Questing Is the Fastest and Most Enjoyable Way to Level". WoW Horde Leveling, 23 de janeiro de 2007. http://wowhordeleveling.blogspot.com/2007/01/why-missãoing-is-fastest-and-most.html.
9. Cavalli, "Age of Conan's Maximum Level".
10. Lyubomirsky, *The How of Happiness*, 67.

11. "*World of Warcraft*: Wrath of Lich King Review". GameSpot, 13 de novembro de 2008. http://www.gamespot.com/pc/rpg/worldofwarcraftwrathofthelichking/review.html.
12. Seligman, Martin. *Authentic Happiness* (Nova Iorque: Free Press, 2004), 40.
13. "Raiding for Newbies". WoWWiki. http://www.wowWiki.com/Raiding_for_newbies.
14. "World of Warcraft: Phasing Explained". MMORPG. 28 de setembro de 2008. http://www.mmorpg.com/discussion2.cfm/post/2329941#2329941.
15. Calvert, Justin. "Wrath of Lich King Review". Gamespot. 13 de novembro de 2008. http://www.gamespot.com/pc/rpg/worldofwarcraftwrathofthelichking/review.html.
16. De Botton, Alain. *The Pleasures and Sorrows of Work* (Nova Iorque: Pantheon, 2009), 80.
17. Crawford, Matthew. "The Case for Working with Your Hands". *New York Times Magazine*, 21 de maio de 2009. http://www.nytimes.com/2009/05/24/magazine/24labor-t.html.
18. Reinecke, Leonard, "Games at Work".
19. De Botton, *The Pleasures and Sorrows of Work*, 260.

CAPÍTULO 4
1. Entrevista pessoal com Nicole Lazzaro, 25 de abril de 2009.
2. Ravaja, Niklas, Timo Saari, Jari Laarni, Kari Kallinen e Mikko Salminen. "The Psychophysiology of Video Gaming: Phasic Emotional Responses to Game Events". *Changing Views: World in Play*. Digital Games Research Association, junho de 2005. http://www.digra.org/dl/db/06278.36196.pdf.
3. O estudo foi denominado Descoberta #1 em Pesquisas de Jogos, na Conferência de Criadores de Jogos anual, em 2006. Referências dos maiores estudos podem ser encontradas em http://www.avantgame.com/top10.htm.
4. "Can I Have My Life Back?". Comentário de um jogador do *Super Monkey Ball*, Amazon, 1º de julho de 2002. http://www.amazon.co.uk/review/R27IJK4R3ITHIR/ref=cm_cr_rdp_perm/.
5. Thompson, Clive. "The Joy of Sucking". *Wired*, 17 de julho de 2006. http://www.wired.com/gaming/gamingreviews/commentary/games/2006/07/71386?currentPage=all.
6. Koster, Raph. *A Theory of Fun for Game Design* (Phoenix: Paraglyph Press, 2004), 8—9.
7. Ibid., 40.
8. Ibid., 118.
9. Seligman, Martin. *Learned Optimism: How to Change Your Mind and Your Life* (Nova Iorque: Free Press, 1998), 164—66.
10. Ibid., 69.
11. Nesse, R. M. "Is Depression an Adaptation?". *Archives of General Psychiatry*, 2000, 57: 14—20. Texto integral também disponível em http://www-personal.umich.edu/~nesse/Articles/IsDepAdapt-ArchGenPsychiat-2000.pdf; e Kellera, M. C. e R. M. Nesse. "The Evolutionary Significance of Low Mood Symptoms". *Journal of Personality and Social Psychology*, 2005, 91(2): 316—30. Texto integral também disponível em http://www-personal.umich.edu/~nesse/Articles/Keller-Nesse-EvolDepSx-JPSP-2006.pdf.
12. Lyubomirsky, *The How of Happiness,* 213.
13. "*Rock Band* Franchise Officially Surpasses $1 Billion in North American Retail Sales, According to the NPD Group". *Release* de imprensa da empresa, Nova Iorque, 26 de março de 2009. http://www.rockband.com/news/one_billion_dollars.
14. Davies, Chris. "Pro Drum Kit Mod into Full-Size *Rock Band* Controller". Slash Gear,

11 de janeiro de 2009. http://www.slashgear.com/pro-drum-kit-mod-into-full-size-rock-band-controller-119585/.
15. "*Guitar Hero II*: Playing vs. Performing a Tune". Ludologist. http://www.jesperjuul.net/ludologist/?p=312; e "In *Rock Band*, Actually Play Drums and Sing". Ludologist. http://www.jesperjuul.net/ludologist/?p=412.
16. Lang, Derrik J. "*Rock Band 2* Will Include New Instruments, Online Modes, Songs". Associated Press, 30 de junho de 2008. Acessível em http://www.usatoday.com/tech/gaming/2008-06-30-rock-band-2_N.htm.
17. Brightman, James. "*Guitar Hero*, *Rock Band* Players Showing Increased Interest in Real Instruments". GameDaily, 25 de novembro de 2008. http://www.gamedaily.com/games/rock-band-2/playstation-3/game-news/guitar-hero-rock-band-players-showing-increased-interest-in-real-instruments/.
18. Seligman, *Learned Optimism*, 174.

CAPÍTULO 5
1. O jogo é tão similar que, na verdade, o *Lexulous* (inicialmente conhecido como Scrabulous) quase foi condenado no processo de infração de direitos autorais movido pelos criadores originais do jogo de tabuleiro. Timmons, Heather. "Scrabble Tries to Fight a Popular Impostor at Its Own Game". *New York Times*, 7 de abril de 2008. http://www.nytimes.com/2008/04/07/technology/07scrabulous.html.
2. McDonald, Thomas. "Absolutely Scrabulous!" *Maximum PC*, 24 de setembro de 2008. http://www.maximumpc.com/article/%5Bprimary-term%5D/absolutely_scrabulous.
3. "What Happened to Scrabulous?". New Home of Suddenly Susan, 26 de setembro de 2008. http://desperatelyseekingsuddenlysusan.wordpress.com/2008/09/26/what-happened-to-scrabulous/.
4. Por exemplo, "Facebook Friends?", captura de tela feita em 27 de março de 2009. http://www.flickr.com/photos/bennynerd/3389278659/; "Baby's First Scrabulous Game", captura de tela feita em 28 de fevereiro 2008. http://www.flickr.com/photos/chickitamarie/2299675218/; e "Online Scrabble with Mom", captura de tela feita em 15 de abril de 2009. http://www.flickr.com/photos/jaboney/3444811350/.
5. "Domination", captura de tela feita em 14 de maio de 2008. http://www.flickr.com/photos/yummiec00kies/ 2494160470/.
6. "The Big Pic+ure of my #U+$@(<Kicking", captura de tela feita em 27 de maio de 2008. http://www.flickr.com/photos/hemantvt83/2529818600/.
7. "Stepdaughter Spurns Scheduled Scrabulous". Postcards from YoMama, 19 de fevereiro de 2009. http://www.postcardsfromyomomma.com/2009/02/19/stepdaughter-spurns-scheduled-scrabulous/.
8. "Loving Scrabulous", captura de tela feita em 12 de agosto de 2007. http://www.flickr.com/photos/etches-johnson/1095923577/.
9. "Funny *Lexulous* Game", captura de tela feita em 11 de julho de 2009. http://www.flickr.com/photos/avantgame/ 3710408343/in/photostream/.
10. "Bring It, Ben!", captura de tela feita em 10 de abril de 2008. http://www.flickr.com/photos/kendalchen/ 2404592798/.
11. Brophy-Warren, Jamin. "Networking Your Way to a Triple-Word Score". Wall Street Journal, 13 de outubro de 2007. http://online.wsj.com/public/article_print/SB119222790761657777.html.

12. Weiner, Eric. *The Geography of Bliss* (Nova Iorque: Twelve, 2008), 325.
13. Ibid., 114.
14. McElroy, Griffin. "*FarmVille* Community Surpasses 80 Million Players". Joystiq, 20 de fevereiro de 2010. http://www.joystiq.com/2010/02/20/*FarmVille*-community-surpasses-80-million-players/; e *FarmVille* Application Info, AppData, acessado em março de 2010. Estatísticas atuais disponíveis em http://www.appdata.com/facebook/apps/index/id/102452128776.
15. "The Most Intense Game of Scrabulous Ever", captura de tela feita em 3 de junho de 2008. http://www.flickr.com/photos/mariss007/2547926935/.
16. "Online Scrabble with Mom".
17. "My Amazing *Lexulous* Score — 87 points!", captura de tela feita em 12 de junho de 2009. http://www.flickr.com/ photos/sour_patch/3621419260/.
18. "Pwn". Entrada da Wikipédia, acessada em 1º de maio de 2010. http://en.Wikipedia.org/Wiki/Pwn.
19. Keltner, *Born to Be Good*, 163.
20. "*WarioWare: Smooth Moves* Review". GameSpot, 12 de janeiro de 2007. http://www.gamespot.com/wii/puzzle/wariowaresmoothmoves/review.html.
21. Bateman, "Top Ten Videogame Emotions".
22. Ibid.
23. Ekman, Paul. *Emotions Revealed: Recognizing Faces and Feelings to Improve Communication and Emotional Life* (Nova Iorque: Times Books, 2003), 197.
24. Seligman, *Learned Optimism*, 282.
25. Ibid., 282, 284.
26. Jenkins, Henry. "Reality Bytes: Eight Myths about Videogames Debunked". The Videogame Revolution, PBS, 2005. http://www.pbs.org/kcts/videogamerevolution/impact/myths.html.
27. "*Braid* Review". IGN, 4 de agosto de 2008. http://xboxlive.ign.com/articles/896/896371p1.html.
28. "*Braid* Is Now Live". Blog oficial do *Braid*, 5 de agosto de 2008. http://braid-game.com/news/?p=255.
29. "*Braid* Thrives on Live". *Edge*, 13 de agosto de 2008. http://www.edge-online.com/news/braid-thrives-live.
30. Ducheneaut, Nicolas, Nicholas Yee, Eric Nickell e Robert J. Moore. "Alone Together? Exploring the Dynamics of Massively Multiplayer Online Games". In Conference Proceedings on Human Factors in Computing Systems, CHI 2006, Montreal, Canadá, 22—27 de abril de 2006, 407—16. http:// www.nickyee.com/pubs/Ducheneaut,%20Yee,%20Nickell,%20Moore%20-%20Alone%20Together% 20(2006).pdf.
31. Short, J., E. Williams e B. Christie. *The Social Psychology of Telecommunications* (Londres: Wiley, 1976).
32. Morrill, Calvin, David A. Snow, e Cindy H. White. *Together Alone: Personal Relationships in Public Spaces* (Berkeley: University of California Press, 2005). O termo "sozinho, mas em grupo" no contexto dos jogos é inspirado nesse texto da teoria social, que descreve "laços sociais que paradoxalmente combinam aspectos de durabilidade e brevidade, de proximidade e distância emocionais, de estar em grupo e sozinho".
33. "That's Right! I Solo in Your MMOs!". Mystic Worlds, 9 de junho de 2009. http://notadiary.typepad.com/mysticworlds/2009/06/thats-right-i-solo-in-your-mmos.html.

34. Ibid.
35. Myers, David G. "The Secrets of Happiness". *Psychology Today*, outubro de 2009. http://www.psychologytoday.com/articles/199207/the-secrets-happiness?page=2.
36. Ito, Mizuko et al. *Hanging Out, Messing Around, and Geeking Out: Kids Living and Learning with New Media* (Cambridge: MIT Press, 2009), 195.
37. Cookman, Daniel. "Pick Your Game Community: Virtual, or Real?". Lost Garden, 5 de fevereiro de 2006. http://lostgarden.com/2006/02/pick-your-game-community-virtual-or.html.
38. Ibid.
39. "12 Ways Video Games Actually Benefit 'Real Life'". Pwn or Die, 12 de maio de 2009. http://www.pwnordie.com/blog/posts/15739.

CAPÍTULO 6

1. "13 Billion Kills: Join the Mission". *Halo 3* forum, Bungie.net, 20 de fevereiro de 2009. http://www.bungie.net/News/content.aspx?type=topnews&link=TenBillionKills.
2. Ibid.
3. "Players Attempt to Hit 7 Billion Kills While *Halo 3* Killcount Exceeds Global Population". Joystiq, 27 de junho de 2008. http://xbox.joystiq.com/2008/06/27/players-attempt-to-hit-7-billion-kills-while-halo-3-killcount-ex/.
4. Leith, Sam. "*Halo 3*: Blown Away". *Telegraph*, 22 de setembro de 2007. http://www.telegraph.co.uk/culture/3668103/Halo-3-blown-away.html.
5. "Campaign Kill Count: 10,000,000,000". *Halo 3* forum, Bungie.net, 13 de abril de 2009. http://www.bungie.net/Forums/posts.aspx?postID=32064021&postRepeater1-p=3.
6. Ibid.
7. Ibid.
8. Seligman, *Learned Optimism*, 287.
9. "Bungie: 10 Billion Covenant Killed in *Halo 3* (...) and Growing". Joystiq, 13 de abril de 2009. http://xbox.joystiq.com/2009/04/13/bungie-10-billion-covenant-killed-in-halo-3-and-growing/.
10. "*Halo 3* Review". NZGamer, 24 de setembro de 2007. http://nzgamer.com/x360/reviews/538/halo-3.html.
11. Paul Pearsall. *Awe: The Delights and Dangers of Our Eleventh Emotion* (Deerfield Beach, Florida: HCI, 2007), 193.
12. Keltner, *Born to Be Good*, 268.
13. Polack, Trent. "Epic Scale". Gamasutra, 16 de julho de 2009. http://www.gamasutra.com/blogs/TrentPolack/20090716/2412/Epic_Scale.php.
14. Kuhrcke, Tim, Christoph Klimmt e Peter Vorderer. "Why Is Virtual Fighting Fun? Motivational Predictors of Exposure to Violent Video Games". Artigo apresentado no encontro anual do International Communication Association, Dresden, Alemanha, 25 de maio de 2009. http://www.allacademic.com/meta/p91358_index.html.
15. "Return of the New Hotness". Bungie.net, 27 de agosto de 2009. http://www.bungie.net/news/content.aspx?type=topnews&link=NewHotness.
16. Kelly, Kevin. "Scan This Book!". *New York Times*, 14 de março de 2006. http://www.nytimes.com/2006/05/14/magazine/14publishing.html.
17. "Watch New *Halo 3* Ad: 'Two Soldiers Reminisce'". Joystiq, 22 de setembro de 2007. http://www.joystiq.com/2007/09/22/watch-new-halo-3-ad-two-soldiers-reminisce/.

18. "*Halo 3* Ad Brings Battle to Reality". *Escapist*, 12 de setembro de 2007. http://www.escapistmagazine.com/forums/read/7.48542.
19. Crecente, Brian. "*Halo* Diorama May Tour Country". Kotaku, 13 de setembro de 2007. http://kotaku.com/gaming/gallery/halo-diorama-may-tour-country-299470.php.
20. "Watch New *Halo 3* Ad", Joystiq.
21. "Hindsight: *Halo 3*". Ascendant Justice, 1º de março de 2008. http://blog.ascendantjustice.com/halo-3/hindsight-halo-3/.
22. Leith, "*Halo 3*: Blown Away".
23. Curry, Andrew. "Gobekli Tepe: The World's First Temple?". *Smithsonian*, novembro de 2008. http://www.smithsonianmag.com/history-archaeology/gobekli-tepe.html#ixzz0T0oKlRQ6.
24. McIntosh, Lindsay. "'Neolithic Cathedral Built to Amaze' Unearthed in Orkney Dig". *The Times* (RU), 14 de agosto de 2009. http://www.timesonline.co.uk/tol/news/uk/scotland/article6795316.ece.
25. Curry, "Gobekli Tepe".
26. Ibid.
27. "Just the Right Sense of 'Ancient'." Xbox.com, 19 de fevereiro de 2002. www.xbox.com/en-US/games/splash/h/halo/themakers3.htm. Citado na entrada da Wikipédia "Halo Original Soundtrack", acessada em 1º de maio de 2010. http://en.Wikipedia.org/Wiki/Halo_Original_Soundtrack. Citado originalmente em http://www.xbox.com/en-US/games/h/halo/themakers3.htm.
28. "*NCAA Football 10* Review". Team Xbox, IGN, 10 de julho de 2009. http://r.views.teamxbox.com/xbox-360/1736/NCAA-Football-10/p1/.
29. Robertson, Margaret. "One More Go: Why *Halo* Makes Me Want to Lay Down and Die". Offworld, 25 de setembro de 2009. http://www.offworld.com/2009/09/one-more-go-why-halo-makes-me.html.
30. "*Halo 3* Wiki: About". HaloWiki, versão 22:53, 13 de fevereiro de 2009. http://haloWiki.net/p/Main_Page.
31. "*NCAA Football 10* Season Showdown". Inside EA Sports, 14 de maio de 2009. http://insideblog.easports.com/archive/2009/05/14/ncaa-football-10-season-showdown.aspx.
32. Huizinga, Johan. *Homo Ludens* (Boston: Beacon Press, 1971), 446.
33. Gentile, Douglas A., Craig A. Anderson, Shintaro Yukawa et al. "The Effects of Prosocial Video Games on Prosocial Behaviors: International Evidence From Correlational, Longitudinal, and Experimental Studies". *Personality and Social Psychology Bulletin*, 2009, 35: 752—63.
34. "Some Video Games Can Make Children Kinder and More Likely to Help". Science Daily, 18 de junho de 2009. http://www.sciencedaily.com/releases/2009/06/090617171819.htm.
35. Maslow, Abraham. *Motivation and Personality* (Nova Iorque: Harper Collins, 1987), 113.

PARTE DOIS

CAPÍTULO 7
1. Site pessoal de Kevan Davis, acessado em 1º de maio de 2010. http://kevan.org/cv.
2. "*Chore Wars* Player Testimonials". *Chore Wars*. http://www.chorewars.com/testimonials.php.

3. McGonigal, Jane. *This Might Be Game: Ubiquitous Play and Performance at the Turn of the Twenty-First Century*. Dissertação para o PhD em Estudos de Desempenho na Universidade da Califórnia, Berkeley. 2006. http://avantgame.com/McGonigal_THIS_MIGHT_BE_A_GAME_sm.pdf
4. Por exemplo, o jogo de realidade alternativa Why So Serious?, criado pela 42 Entertainment para o *The Dark Knight*, alcançou uma audiência de mais de 10 milhões de pessoas, de acordo com o estudo de caso viral *Dark Knight* "Why So Serious?" (acessível em http://www.youtube.com/watch?v=cD-HRI-N3Lg). O enorme sucesso desse ARG pode ser atribuído não apenas ao excelente *design* de jogo, mas também à popularidade mundial da franquia de cinema *Batman,* à qual o jogo estava ligado.
5. Ito, Mizuko, Heather A. Horst, Matteo Bittanti, Danah Boyd, Becky Herr-Stephenson, Patricia G. Lange, C. J. Pascoe e Laura Robinson et al. "Living and Learning with New Media: Summary of Findings from the Digital Youth Project". White paper, The John D. and Catherine T. MacArthur Foundation Reports on Digital Media and Learning, novembro de 2008. http://digitalyouth.ischool.berkeley.edu/report.
6. Prensky, Marc. "Engage Me or Enrage Me: What Today's Learners Demand". *Educause Review*, setembro/outubro de 2005, 40(5): 60. http://net.educause.edu/ir/library/pdf/erm0553.pdf.
7. King, Nigel S. "Post-Concussion Syndrome: Clarity Amid the Controversy?". *British Journal of Psychiatry*, 2003, 183: 276—78.
8. Thompson, Bronwyn. "Goals and Goal Setting in Pain Management". HealthSkills, 1º de dezembro de 2008. http://healthskills.wordpress.com/2008/12/01/goals-and-goal-setting-in-pain-management/.
9. McGonigal, Jane. "SuperBetter: Or How to Turn Recovery into a Multiplayer Experience". Avant Game, 25 de setembro de 2009. http://blog.avantgame.com/2009/09/super-better-or-how-to-turn-recov ery.html.
10. DeKoven, Bernie. "Creating the Play Community". In *The New Games Book* (Garden City, NY: Doubleday, 1976), 41—42.

CAPÍTULO 8
1. "Key Findings from a Survey of Air Travelers". Peter D. Hart Research Associates/The Winston Group, 30 de maio de 2008. http://www.poweroftravel.org/statistics/pdf/ki_dom_atp_summary.pdf.
2. Seligman, *Learned Optimism*, 17—30.
3. "Jetset: A Serious Game for iPhones". VuBlog, 16 de fevereiro de 2009. http://blog.vudat.msu.edu/?p=232.
4. Desafio Day in the Cloud. *Website* oficial, acessado em 24 de junho de 2009. http://www.dayinthecloud .com.
5. A resposta correta é *A primeira noite de um homem (The Graduate)*, pela frase: "Srta. Robinson, está tentando me seduzir?"
6. As submissões criativas funcionam de modo diferente dos quebra-cabeças; elas não desbloqueiam automaticamente os pontos enquanto se está na aeronave, pois têm de ser julgadas por seu mérito criativo pelos coordenadores do jogo, que estão no solo. Trata-se de uma gratificação um tanto retardada no atual estágio do *design* do jogo, mas pode-se imaginar, com facilidade, uma versão atualizada que permita aos passageiros que estão

esperando nos portões de embarque ou comprando bilhetes online, por exemplo, naveguem e avaliem as submissões, de modo que as submissões criativas sejam julgadas antes dos jogadores aterrissarem.
7. "Day in the Cloud — Virgin Flight 921". Onigame, 24 de junho de 2009. http://onigame.livejournal.com/ 41979.html.
8. Ibid.
9. "Nike Plus Is a Statwhore Online Game That You Play by Running". Ilxor.com, 13 de julho de 2009. http:// www.ilxor.com/ILX/ThreadSelectedControllerServlet?boardid=67 &threadid=73699.
10. Fox, Jesse e Jeremy N. Bailenson. "Virtual Self-Modeling: The Effects of Vicarious Reinforcement and Identification on Exercise Behaviors". *Media Psychology*, 2009, 12: 1—25. DOI: 10.1080/15213260802669474.
11. Donath, Judith. "Artificial Pets: Simple Behaviors Elicit Complex Attachments". In Marc Bekoff, ed., *The Encyclopedia of Animal Behavior* (Santa Bárbara, CA: Greenwood Press, 2004).
12. "How Often Do Foursquare Users Actually Check In?" *Business Insider*, 7 de maio de 2010. http://www.businessinsider.com/how-often-do-foursquare-user-actually-check-in-2010-5.
13. "Left the House". Página do produto, em Split Reason. http://www.splitreason.com/product/622.

CAPÍTULO 9
1. Evans, Simon e Simon Johnson. "The Comfort of Strangers". Swarm Toolkit. http://swarmtoolkit.net/index.php?option=com_content&task=view&id=18&Itemid=49.
2. Entrevista por email com Simon Johnson, 3 de maio de 2009.
3. Turner, Victor. *Dramas, Fields, and Metaphors: Symbolic Action in Human Society* (Ithaca: Cornell University Press, 1975), 45.
4. "Necklace of the Subaltern Betrayer". Ghosts of a Chance, 15 de setembro de 2008. http://ghostsofa chance.com/main_site/index.php?p=object&id=1.
5. Bath, Georgina. "Ghosts of a Chance Alternate Reality Game Report". Smithsonian American Art Museum, Washington, D.C., 6 de novembro de 2008. http://ghostsofachance.com/GhostsofaChance_ Report2.pdf.
6. Simon, Nina K. "An ARG at the Smithsonian: Games, Collections, and Ghosts". Museum 2.0, 8 de setembro de 2008. http://museumtwo.blogspot.com/2008/09/arg-at-smithsonian-games-collections.html.
7. A idade avançada está associada a qualidades negativas, como decréscimo de posição, poder e habilidade cognitiva, segundo Mahzarin Banaji, que conduziu estudos sobre envelhecimento na Harvard University. As descobertas publicadas incluem Cunningham, W. A., M. K. Johnson, J. C. Gatenby, J. C. Gore e M. R. Banaji. "Neural Components of Social Evaluation". *Journal of Personality and Social Psychology*, 2003, 85: 639—49.

CAPÍTULO 10
1. Saba, Moussavi, Somnath Chatterji et al. "Depression, Chronic Diseases, and Decrements in Health: Results from the World Health Surveys". *The Lancet*, 8 de setembro de 2007, 370(9590): 851—58. DOI: 10.1016/S0140-6736(07)61415-9.
2. Lyubomirsky, *The How of Happiness*, 14.

3. Ibid., 7.
4. Ibid., 72.
5. Ibid.
6. Seligman, *Authentic Happiness*, xii.
7. Weiner, *The Geography of Bliss*, 310.
8. Ben-Shahar, *Happier*, 165—66.
9. Williams, Sam. "Hack, Hackers and Hacking". In *Free as in Freedom: Richard Stallman's Crusade for Free Software* (Sebastopol, CA: O'Reilly, 2002). Também disponível online em http://oreilly.com/openbook/freedom/appb.html.
10. Caplan, Jeremy. "Hacking Toward Happiness". *Time*, 21 de junho de 2007. http://www.time.com/time/magazine/article/0,9171,1635844,00.html.
11. Cunhei o termo em 2007, mas, naquela época, já estava fazendo isso há anos. Eu só precisava de uma forma de descrevê-lo para outros técnicos, de modo que pudessem começar a fazê-lo também. Apresentei o termo em uma intervenção na Web 2.0 Expo, em São Francisco, no dia 18 de abril de 2007.
12. Morrill et al., *Together Alone*, 231.
13. Essa afirmação é baseada na revisão de literatura das descobertas dos experimentos de pesquisa da psicologia positiva sobre atos de gentileza, nos quais os participantes, tipicamente, não conhecem uns aos outros antes de serem colocados em um cenário de teste cooperativo. É um exemplo perfeito de sociabilidade transitória.
14. Keltner, *Born to Be Good*, 3.
15. Ibid., 7—8.
16. Tais regras foram criadas em conjunto com Sean Stewart, o premiado autor de ficção científica e literatura fantástica, durante o projeto Last Call Poker.
17. Tad Friend, "The Shroud of Marin". *The New Yorker*, 29 de agosto de 2005.
18. Davidson, Amy. "California Dying: Q&A with Tad Friend". *The New Yorker* online, 29 de agosto de 2005. http://www.newyorker.com/archive/2005/08/29/050829on_onlineonly01?currentPage=all.
19. Pujol, Rolando. "NYC Cemeteries Dying from Neglect". *AM New York,* 29 de maio de 2009.http://amny.com/urbanite-1.812039/nyc-cemeteries-dying-from-neglect-1.1286733.
20. Weiner, *The Geography of Bliss*, 73.
21. Hecht, Jennifer Michael. *The Happiness Myth: The Historical Antidote to What Isn't Working Today* (Nova Iorque: Harper One, 2008), 57.
22. Ibid., 58.
23. Ben-Shahar, *Happier*, 147—48.
24. Hecht, *The Happiness Myth*, 59.
25. Keltner, *Born to Be Good*, 195.
26. Quoted in Keltner, *Born to Be Good*, 186.
27. Hecht, *The Happiness Myth*, 298.
28. Csíkszentmihályi, *Beyond Boredom and Anxiety*, 102—21.
29. Keltner, *Born to Be Good*, 220.
30. Weiner, *The Geography of Bliss*, citando John Stuart Mill, 74.

PARTE TRÊS
1. Flugelman, Andrew. "The Player Referee's Non-Rulebook". In *The New Games Book*, 86.

CAPÍTULO 11

Partes desse capítulo foram extraídas de "Engagement Economy: The Future of Massively Scaled Participation and Collaboration", um relatório especial da *Technology Horizons*, que criei para o Institute for the Future, em setembro de 2008. O relatório completo original, publicado pela IFTF, está disponível em http://iftf.org/node/2306.

1. "How the *Telegraph* Investigation Exposed the MPs' Expenses Scandal Day by Day". *Telegraph*, 15 de maio de 2009. http://www.telegraph.co.uk/news/newstopics/mps-expenses/5324582/How-the-Telegraphinvestigation-exposed-the-MPs-expenses-scandal-day-by-day.html.
2. Wintour, Patrick e Nicholas Watt. "MPs' Expenses: Critics Attack Censorship as Redactions Black Out Documents". *Guardian*, 19 de junho de 2009. http://www.guardian.co.uk/politics/2009/jun/18/mps-expenses-censorship-black-out.
3. Jeff Howe. *Crowdsourcing: Why the Power of the Crowd Is Driving the Future of Business* (Nova Iorque: Crown Business, 2008), 4—17.
4. Andersen, Michael. "Four Crowdsourcing Lessons from the *Guardian*'s (Spectacular) Expenses-Scandal Experiment". Nieman Journalism Lab, 23 de junho de 2009. http://www.niemanlab.org/2009/06/ four-crowdsourcing-lessons-from-the-guardians-spectacular-expenses-scandal-experiment/.
5. "Participation on Web 2.0 Websites Remains Weak". Reuters, 18 de abril de 2007. http://www.reuters.com/article/technologyNews/idUSN1743638820070418.
6. Wright, Steven e Jason Groves. "Shameless MPs Try to Dodge Trial Using 1689 Law Which Protects Them from Prosecution". *Daily Mail*, 8 de fevereiro de 2010. http://www.dailymail.co.uk/news/article-1248688/MPs-expenses-Three-Labour-MPs-Tory-peer-charged-false-accounting.html#ixzz0ikXMZse6.
7. Shirky, Clay. "Gin, Television, and Social Surplus". *Blog* pessoal, 26 de abril de 2008. http://www.shirky.com/herecomeseverybody/2008/04/looking-for-the-mouse.html.
8. Internet World Stats — Usage and Population Statistics, acessado em 31 de dezembro de 2009. http://www.internetworldstats.com/stats.htm.
9. "Wikipedia Is an MMORPG". Projeto da Wikipédia, acessado em 1º de maio de 2010. http://en.Wikipedia.org/Wiki/Wikipedia:Wikipedia_is_an_MMORPG.
10. Ibid.
11. Puente, Maria. "Learn, Fight Hunger, Kill Time All at Once at Freerice.com". *USA Today*, 23 de janeiro de 2008. http://www.usatoday.com/life/lifestyle/2008-01-23-freerice_N.htm.
12. A resposta é "que cresce pelo vértice".
13. "Frequently Asked Questions". Free Rice. http://www.freerice.com/faq.html.
14. Anderson, Frank. "Can Videogames Make the World a Better Place?". BitMob, 25 de agosto de 2009. http://bitmob.com/index.php/mobfeed/foldinghome-distributed-computing.html.
15. Pietzsch, Joachim. "The Importance of Protein Folding". Horizon Symposia: Connecting Science to Life, projeto online do jornal *Nature*. http://www.nature.com/horizon/proteinfolding/background/importance.html.
16. McElroy, Griffin. "Joystiq Set to Overtake G4 in Folding@home Leaderboards Tonight". Joystiq, 8 de fevereiro de 2010. http://playstation.joystiq.com/tag/folding@home; e Stella, Shiva. "Sony Updates Folding@home for PS3 Folks Trying to Save the World". Game

Bump, 19 de dezembro de 2007. http://www.gamebump.com/go/sony_updates_folding_home_for_ps3_folks_trying_to_save_the_ world.
17. Stasick, Ed. "Leave Your PS3 on for a Good Cause This Sunday Night!". Joystiq, 21 de março de 2007. http://playstation.joystiq.com/2007/03/21/leave-your-ps3-on-for-a-good-cause-this-sunday-night/.
18. Rimon, Noah. "Folding@home Petaflop Barrier Crossed". *Blog* do PlayStation, 19 de setembro de 2007. http://blog.us.playstation.com/2007/09/foldinghome-petaflop-barrier-crossed/.
19. Khan, Shaan. "Turning In-Game Achievements into Real-World Action". Thinkers & Doers, 30 de julho de 2009. http://blogs.waggeneredstrom.com/thinkers-and-doers/2009/07/turning-in-game-achievements-in-real-world-action/.
20. Dumitrescu, Andrei. "PlayStation 3 Will Catch Up to the Xbox 360 in 2011". Softpedia, 5 de agosto de 2009. http://news.softpedia.com/news/PlayStation-3-Will-Catch-Up-to-the-Xbox-360-in-2011-118402.shtml.
21. Jacques, Robert. "Folding@home Clocks Up a Million PS3 Users". V3, 6 de fevereiro de 2008. http://www.v3.co.uk/vnunet/news/2208966/folding-home-clocks-million-ps3.
22. "Computer Game's High Score Could Earn Nobel in Medicine". RichardDawkins.net forum, 11 de maio de 2008. http://forum.richarddawkins.net/viewtopic.php?f=5&t=44321.
23. O jogo foi desenvolvido pelo estudante de doutorado Seth Cooper e pelo pesquisador de pós-doutorado Adrien Treuille, ambos em ciência da computação e engenharia, trabalhando com Zoran Popović, professor de ciência da computação e engenharia da Universidade de Washington; David Baker, professor de bioquímica da UW e pesquisador do Howard Hughes Medical Institute; e David Salesin, professor de ciência da computação e engenharia da UW. Designers profissionais de jogos ofereceram conselhos durante a criação do jogo.
24. Fahey, Mike. "Humans Triumph Over Machines in Protein Folding Game Foldit". *Kotaku*. 6 de agosto de 2010. http://www.kotaku.com.au/2010/08/humans-triumph-over-machines-in-protein-folding-gamefoldit/.
25. Cooper, Seth, Firas Khatib et al., e jogadores de Foldit. "Predicting protein structures with a multiplayer online game". *Nature*. Agosto de 2010. 466, 756—60. http://www.nature.com/nature/journal/v466/n7307/full/nature09304.html.
26. Deci, Edward L., Richard Koestner e Richard M. Ryan. "A Meta-Analytic Review of Experiments Examining the Effects of Extrinsic Rewards on Intrinsic Motivation". *Psychological Bulletin*, novembro de 1999, 125(6): 627—68. DOI: 10.1037/0033-2909.125.6.627.
27. "Job Listings". Bungie.net, acessado em 1º de maio de 2010. http://www.bungie.net/Inside/jobs.aspx.

CAPÍTULO 12

1. "Epic Win". Entrada do Urban Dictionary. http://www.urbandictionary.com/define.php?term=epic%20win.
2. Respostas no Twitter a @avantgame de @tobybarnes, @changeist e @incobalt, em 4 de novembro de 2009.
3. Muitas das missões de microvoluntariado do The Extraordinaries são mais parecidas com as tarefas de inteligência humana, ao estilo do Amazon Mechanical Turk — classificação, marcação e distribuição de objetos digitais para museus, cientistas e agências de governo,

por exemplo. Isso é importante, mas não representa a *epic win*. Em conversas telefônicas com os criadores do projeto, no começo de 2010, soube que a companhia objetiva focar no desenvolvimento de missões portáteis mais próximas do mundo real e confiar menos nas tarefas online de inteligência humana.
4. "Chat with an Extraordinary: Nathan Hand of Christel House". *Blog* do The Extraordinaries, 17 de novembro de 2009. http://www.theextraordinaries.org/2009/11/chat-with-an-extraordinary-nathan-hand-of-christel-house.html.
5. Wenner, Melissa. "Smile! It Could Make You Happier". *Scientific American*, setembro de 2009. http://www.scientificamerican.com/article.cfm?id=smile-it-could-make-you-happier.
6. "Chat with an Extraordinary", *Blog* do The Extraordinaries.
7. Guia oficial do jogo *The Sims 3*. Prima Official Game Guides, 2 de junho de 2009, 42. http://www.primagames.com/features/sims3/.
8. Edelman, Joe. "Make a Wish". Live talk, Ignite Amherst, 22 de setembro de 2009. http://igniteshow.com/amherst.
9. Entrevista pessoal com Joe Edelman, 12 de julho de 2008.
10. Edelman, "Make a Wish".
11. Ibid.
12. Edelman, Joe. "Your Life: The Groundcrew Mission". Groundcrew. http://groundcrew.us/papers/your-life.
13. Edelman, Joe. "The Mobile Manifesto: How Mobile Phones Can Replace a Broken Economy". *Blog* de Joe Edelman, janeiro de 2009. http://nxhx.org/thoughts/manifesto.html.
14. Edelman, Joe. "Volunteering with Groundcrew". Groundcrew. http://groundcrew.us/papers/volunteering.
15. Jeyes, Dave. "Google Wants to Smarten Up Your Home with PowerMeter". Tech.Blorge, 10 de fevereiro de 2009. http://tech.blorge.com/Structure:%20/2009/02/10/google-wants-to-smarten-up-your-homewith-powermeter-2/.
16. Kho, Jennifer. "Adaptive Meter: Playing the Energy Conservation Game". Earth2Tech, 29 de março de 2009. http://earth2tech.com/2009/03/29/playing-the-energy-conservation-game/.

CAPÍTULO 13
1. Richards, C. "Teach the World to Twitch: An Interview with Marc Prensky". Futurelab, dezembro de 2003. www.futurelab.org.uk/resources/publications_reports_articles/web_articles/Web_Article578; e "Designing Games with a Purpose". *Communications of the ACM*, agosto de 2008, 51(8): 58—67. DOI: http://doi.acm.org/10.1145/1378704.1378719.
2. Tomasello, Michael. *Why We Cooperate* (Cambridge: MIT Press, 2009).
3. Tomasello, Michael e Malinda Carpenter. "Shared Intentionality". *Developmental Science*, dezembro de 2006, 10(1): 121—125.
4. Rakoczy, Hannes, Felix Warneken e Michael Tomasello. "The Sources of Normativity: Young Children's Awareness of the Normative Structure of Games". *Journal of Developmental Psychology*, maio de 2008, 44(3): 875—81.
5. "Which Do You Prefer: Competitive or Cooperative Multiplayer?". *Escapist*, 24 de outubro de 2009. http://www.escapistmagazine.com/forums/read/9.151529.
6. Contreras, Paul Michael. "LittleBigPlanet Sets Another Milestone for Number of Levels". PlayStation Lifestyle, 20 de novembro de 2009. http://playstationlifestyle.net/2009/11/20/littlebigplanet-sets-another-milestone-for-number-of-levels/.

7. Brunelli, Richard. "Grand Prize Winner: McDonald's Brave New World". *AdWeek*, 1º de dezembro de 2008. http://www.adweek.com/aw/content_display/custom-reports/buzza-awards/e3i9417c5a4a703467d97b51be9e35149f8.
8. O termo foi cunhado por Sean Stacey, que coordena o Unfiction (www.unfiction.com), fórum comunitário líder desde 2003 em jogos de realidade alternativa de ficção caótica e de *crossmedia*.
9. Peterson, Christopher e Martin Seligman. *Character Strengths and Virtues: A Handbook and Classification* (Nova Iorque: Oxford, 2004).
10. "The VIA Classification of Character Strengths". The Values in Action (VIA) Institute, 23 de outubro de 2008. http://www.viacharacter.org/Classification/tabid/56/Default.aspx.
11. Tapscott, Don e Anthony D. Williams. *Wikinomics: How Mass Collaboration Changes Everything* (Nova Iorque: Portfolio, 2008), 33.
12. Ibid., x.

CAPÍTULO 14
1. Brand, Stewart. *Whole Earth Discipline: An Ecopragmatist Manifesto* (Nova Iorque: Viking, 2009), 275, 298.
2. Brand, Stewart. "The Purpose of the *Whole Earth Catalog*". *Whole Earth Catalog*, outono de 1968. Versão eletrônica disponível em http://wholeearth.com/issue/1010/article/195/we.are.as.gods.
3. Brand, *Whole Earth Discipline*, 276.
4. Ibid., 298.
5. Ibid.
6. Ibid., 276.
7. "Jill Tarter and Will Wright in Conversation". *Seed*, 2 de setembro de 2008. http://seedmagazine.com/content/article/seed_salon_jill_tarter_will_wright/.
8. "Spore". Entrada da Wikipédia, acessada em 1º de maio de 2010. http://en.Wikipedia.org/Wiki/Spore.
9. Para a história do termo "jogos de prospecção massiva para múltiplos jogadores" e seu desenvolvimento no Institute for the Future, veja: "Institute for the Future Announces First Massively Multiplayer Forecasting Platform". Institute for the Future. Palo Alto: 22 de setembro de 2008. http://iftf.org/node/2319; "Massively Multiplayer Forecasting Games: Making the Future Real". Institute for the Future. Palo Alto: 7 de setembro de 2008. http://iftf.org/node/2302.
10. Simon, Nina. "The Aftermath of the ARG World Without Oil". Museum 2.0, 27 de julho de 2007. http://museumtwo.blogspot.com/2007/07/game-friday-aftermath-of-arg-world.html.
11. Cerulo, Karen. *Never Saw It Coming: Cultural Challenges to Envisioning the Worst* (Chicago: University of Chicago Press, 2006).
12. Gravois, John. "Think Negative!". Slate, 16 de maio de 2007. http://www.slate.com/id/2166211.
13. "A to Z: A World Beyond Oil". World Without Oil, 31 de maio de 2007. http://community.livejournal.com/worldwithoutoil/20306.html.
14. Guité, François. Citado em "Buzz: World Without Oil", World Without Oil. http://www.worldwith outoil.org/metabuzz.htm.

15. "Everything Falls Apart — the End (Semi-OOG)". Postagem no *blog* de um jogador de WWO, 31 de maio de 2007. http://fallingintosin.livejournal.com/12325.html.
16. "Fond and Sad Goodbye". World Without Oil — The Texts, 1º de junho de 2007. http://wwotext.blogspot.com/2007/06/fond-and-sad-goodbye.html.
17. "Ending Thoughts (OOG)". Postagem no *blog* de um jogador de WWO, 31 de maio de 2007. http://monkeywithoutoil.blogspot.com/2007/05/ending-thoughts-oog.html.
18. "New Chess Theory Not for Einstein: Scientist Denies Ever Playing 'Three-Dimensional' Game, Even for Relaxation". *New York Times*, 28 de março de 1936.
19. Ibid.
20. Reid, Raymond. "Chesmayne: History of Chess". 1994. Acessível em http://www.chessposter.com/english/chesmayne/chesmayne.htm.
21. Cascio, Jamais. "Super-Empowered Hopeful Individual". Open the Future, março de 2008. http://openthefuture.com/2008/03/superempowered_hopeful_individ.html.
22. Friedman, Thomas. *The Lexus and the Olive Tree: Understanding Globalization* (Nova Iorque: Farrar, Straus and Giroux, 1999), 381.
23. Ibid.
24. Essa citação particular foi retirada de "The Fifty-Year View", apresentação de prognósticos de Jamais Cascio para o período de dez anos, abril de 2009, no Institute for the Future. http://iftf.org/files/deliverables/50YearScenarios.ppt.
25. "Superstruct FAQ". Institute for the Future, 22 de setembro de 2008. http://www.iftf.org/node/2096.
26. Análise demográfica feita por Kathi Vian, para o relatório de prognósticos para os próximos dez anos de 2009, apresentada no encontro anual. http://www.iftf.org/node/2762.
27. The Institute for the Future. www.iftf.org.
28. Hersman, Erik. "Solving Everyday Problems with African Ingenuity". Africa Good News, fevereiro de 2009. http://www.africagoodnews.com/innovation/solving-everyday-problems-with-african-ingenuity.html.
29. Becker, Gene. "The Long Game". Superstruct, 2008. http://www.superstructgame.org/SuperstructView/510.
30. Internet World Stats — Usage and Population Statistics.

CONCLUSÃO

1. Yudkowsky, Eliezer. "If You Demand Magic, Magic Won't Help". Less Wrong, 22 de março de 2008. http://lesswrong.com/lw/ou/if_you_demand_magic_magic_wont_help/.
2. Isso significa 5 milhões de anos antes do começo da linha do tempo da espécie hominídea, em *Australopithecus ramidus*.
3. "Archaeological Tree-Ring Dating at the Millennium". *Journal of Archaeological Research*, setembro de 2002, 10(3): 243—75. http://www.springerlink.com/content/hhv8qd78hh7r5pfb/.
4. "Ancient Etruscans Were Immigrants from Anatolia, or What Is Now Turkey". European Society of Human Genetics, *release* de imprensa, 16 de junho de 2007. http://www.eurekalert.org/pub_releases/2007-06/esoh-aew061307.php; veja também Wade, Nicholas. "DNA Boosts Herodotus' Account of Etruscans as Migrants to Italy", *New York Times*, 3 de abril de 2007. http://www.nytimes.com/2007/04/03/science/03etruscan.html.

Este livro foi composto na tipologia Sabon Lt Std,
em corpo 10/14,6, impresso em papel off-white,
no Sistema Digital Instant Duplex da
Divisão Gráfica da Distribuidora Record.